edition suhrkamp

Redaktion: Günther Busch

W0065703

Reinhold Grimm ist Professor der Germanistik an der University of Wisconsin, Madison, USA. Er hat sich in zahlreichen Büchern und Aufsätzen mit Fragen der Literaturgeschichte und der Ästhetik beschäftigt, insbesondere auch mit dem Werk Bertolt Brechts.

Immer mehr rückt heute die Diskussion um das »kulturelle Erbe« ins Zentrum der literaturwissenschaftlichen Aufmerksamkeit. Bertolt Brecht spielt dabei eine entscheidende Rolle, die jedoch in ihrer vollen Konsequenz und Radikalität bisher noch nicht genügend erkannt ist. Das beste Beispiel dafür liefert sein Verhältnis zu Friedrich Nietzsche, mit dem er sich erstaunlicherweise zeit seines Lebens auseinandergesetzt hat. Gestützt auf eine Fülle von Belegen, vermag Reinhold Grimm in den hier versammelten Studien, die allesamt Brechts Verhältnis zur Überlieferung und zur Kunst betreffen, nachzuweisen, daß Brecht in der Tat imstande war, nicht nur die fortschrittliche Tradition, sondern sogar den Gegner des Fortschritts zu beerben.

Reinhold Grimm
Brecht und Nietzsche
oder
Geständnisse eines Dichters

Fünf Essays und ein Bruchstück

Politisches Theater

Suhrkamp Verlag

edition suhrkamp 774
Erste Auflage 1979
© Suhrkamp Verlag, Frankfurt am Main 1979. Erstausgabe. Printed in Germany.
Alle Rechte vorbehalten, insbesondere das der Übersetzung, des öffentlichen Vor-
trags und der Übertragung durch Rundfunk und Fernsehen, auch einzelner Teile.
Satz, in Linotype Garamond, Druck und Bindung bei Georg Wagner, Nördlingen.
Gesamtausstattung Willy Fleckhaus.

Inhalt

Vorwort 7

Geständnisse eines Dichters 11

Brechts Anfänge 55

Porträt mit biblischen Zügen 77

Marxistische Emblematik 106

Brechts Rad der Fortuna 138

Brecht und Nietzsche 156

Nachweise 246

Vorwort

Der Doppeltitel dieses Bandes ist kein koketter Manierismus. Er markiert vielmehr so genau wie möglich die Spannweite der hier zur Debatte stehenden doppelten Thematik.

Denn es geht in der Tat um ›Brecht und Nietzsche‹, will sagen um extreme Beispiele für *Brechts Verhältnis zur Tradition* – ein Verhältnis, das weitaus komplexer ist, als es die biederen Erbepfleger, ob östlicher oder westlicher Provenienz, und deren radikale Opponenten, die avantgardistischen Bilderstürmer gleich welcher Observanz, sich je träumen lassen. (Richtiger und böse gesagt: Jene dürfen, diese wollen es sich nicht träumen lassen.) Gerade Brechts Umgang mit dem noch immer bestgehaßten Philosophen der Moderne, dem »Ahnen des Faschismus« nach Lukács, lehrt mit aller Deutlichkeit, daß der marxistische *Dichter* – ich betone dieses Wort mit Absicht – sogar den Gegner zu beerben vermochte und sich damit, über jede orthodoxe Verhärtung oder häretische Verkrampfung hinaus, als der bessere Marxist (und bessere Dichter) erwiesen hat. Und ähnliches gilt selbstverständlich für seinen Umgang mit dem Christentum und der christlichen Tradition: er erst recht, der im folgenden immer wieder teils unmittelbar (*Porträt mit biblischen Zügen,* auch *Brechts Anfänge*) und teils mittelbar und verknüpft mit dem reichen Erbe des Barock (*Marxistische Emblematik,* auch *Brechts Rad der Fortuna*) ganz zwanglos, ja notwendig zur Sprache kommt, läßt sich nicht einfach fromm ›vereinnahmen‹ oder kaltschnäuzig und rüde ›erledigen‹. Weder mit pastörlichem Salbadern noch mit dem professoralen (ohnehin meist vulgärmarxistischen) Holzhammer ist dieser Faszination Brechts durch das Christentum, die sich als kompromißlose, jedoch lebenslange Auseinandersetzung äußerte, ernsthaft beizukommen, sowenig wie seiner entsprechenden Haltung zu Nietzsche. Der Dichter Bertolt Brecht war sowohl mit dem Christentum als auch mit dessen glühendstem Hasser, der sich selber als »Antichrist« empfand und bezeichnete, aufs engste vertraut. Beide wußte er souverän zu beerben.

Dies also die eine, zweifellos an Kernbereiche des Brechtschen Lebens und Schaffens rührende Thematik und Problematik. Was darin zum Austrag kommt, ist eine *historische Dialektik*. Die andere, nicht minder zentrale Thematik und zugleich Problematik ist diejenige von Kunst und Kampf, dichterischem Gestalten und politischem Handeln. In ihr vollzieht sich eine *ästhetische und ideologische Dialektik*. Zustimmung und Ablehnung, gieriges Aufgreifen und ungeduldiges Verwerfen, Zusammenhänge, die überraschen, und Widersprüche, die ihrerseits zum Widerspruch reizen: sie kennzeichnen jeden dieser zwei Themenkreise im Wesen und Werk des marxistischen Dichters. Zeit seines Lebens kam die innere Bewegung, die sie erfüllt, nicht wirklich zur Ruhe. Daß diese Kreise auch untereinander verschränkt und verflochten sind, bedarf kaum der Erwähnung. Man vergleiche nur etwa die Überlegungen zum linearen wie zyklischen (doch gleichwohl progressiven) Brechtschen Geschichtsdenken, die sich bei der Betrachtung seines »Rads der Fortuna« ergeben! Nicht bloß die Verwandtschaft mit Nietzscheschen Gedanken, namentlich eben der ewigen Wiederkehr bei gleichzeitigem Fortschritt, drängt sich dabei auf, sondern auch die verblüffende Übereinstimmung beider, Brechts *und* Nietzsches, mit Vermutungen, wie sie zum Beispiel Engels in seiner *Dialektik der Natur* anstellte. Nicht zufällig liefern einem Gedichte wie *Der Radwechsel*, dieses makellose Kunstgebilde aus den so politischen *Buckower Elegien*, für solche Erwägungen das Stichwort.

Denn es geht in der Tat auch um ›Geständnisse eines Dichters‹, will sagen um *Brechts Verhältnis zur Kunst*, sein nicht allein historisches oder politisches, sondern dichterisches, ja menschliches Verständnis und Selbstverständnis. Und wie zuvor verfangen die Patentlösungen – das grobe Zutappen der einen, das brüske Wegwischen der anderen – ganz und gar nicht. Weder läßt sich (wie dies zeitweilig in Westdeutschland, bei Vertretern einer gewissen ›alten Rechten‹, üblich war) eine reine, von allem peinlich Politischen sorgsam entschlackte ›Kunst‹ noch auch (wie dies, abermals in Westdeutschland, bei manchen der sogenannten ›neuen Linken‹ in Schwang gekommen ist) eine ebenso blanke und pure, von allem Ästhetischen brutal gesäuberte ›Politik‹ aus dem Brechtschen Leben, Denken und Schaffen herauslösen. Selbst als operativer Text ist Brechts Dichtung Kunst; selbst als Natur- oder Liebesgedicht ist Brechts Kunst operativ. Seine literarische Produktion – und ich gebrauche diesen Begriff in umfassendem Sinne – ist immer Gebilde, das am Ästhetischen teilhat, und Waffe, die der Politik dient, und darum unweigerlich den Gesetzen des einen wie der anderen unterworfen . . . Binsenwahrheiten; ich weiß. Aber eben deshalb kann man sie nicht oft genug wiederholen. Ich habe solche Überzeugungen schon vor zwanzig Jahren ausgesprochen und werde an ihnen, allen modischen und methodischen Schwankungen zum Trotz, weiterhin festhalten.

Das soll aber wahrhaftig nicht heißen, daß sich gar nichts geändert habe. Sonst nämlich müßte ich, wie Herr Keuner, vor Schreck ›erbleichen‹. Nein, meine sechs Beiträge enden nicht nur mit einem Bruchstück, sondern fügen sich von vornherein nur bruchstückhaft zusammen. Was sie allenfalls bilden, ist eine widersprüchliche Einheit. Indes – liegt diese nicht in der Natur der Sache? Reden wir nicht von einem Dichter, der so provokant wie ehrlich erklärte, man müsse überhaupt zu verhindern suchen, »daß etwas fertig wird«? Und dachte nicht sein unliebsames Vorbild, der Aphoristiker im Philosophengewand, ganz ähnlich? Wie soll man über Brecht, wie über Nietzsche oder vollends über Brecht *und* Nietzsche, Brechts Kunst *und* Politik anders als bruchstückhaft und widersprüchlich schreiben? Auch sind beileibe nicht alle jene Brüche und Widersprüche, selbst im besten Fall, gut dialektischer Art . . . Doch sei's drum, würde vielleicht Herr Keuner, der Denkende, entgegnen. Wer denn (so noch einmal Brecht irgendwo) widerspräche sich schon niemals? Bloß ein ganz gewöhnlicher, ein völlig biederer und platter Mensch! (Man braucht ja nicht unbedingt darauf stolz zu sein; aber man darf sich ruhig damit abfinden.)

Bleibt noch hinzuzufügen, daß das Bildmaterial aus Brechts *Kriegsfibel*, auf das ich (zu Recht, wie ich glaube) in meinem Text über *Marxistische Emblematik* so großen Wert lege, diesmal leider wegfallen mußte. Nun gibt es zwar mittlerweile Neudrukke, und nicht der *Kriegsfibel* nur, sondern sogar meines Essays. Dennoch ist auch das, sieht man näher zu, ein Keunerscher Widerspruch. Aber – um ein letztes Mal Bertolt Brecht zu zitieren – »so what«?

Charlottesville, im September 1978   *R. G.*

Zur Zitierweise:

Alle Brecht-Nachweise im Text beziehen sich auf die Ausgabe der *Gesammelten Werke in 20 Bänden* (Frankfurt, 1967); Band- wie Seitenzahlen erscheinen in arabischen Ziffern.

Alle Nietzsche-Nachweise im Text beziehen sich auf die von Karl Schlechta herausgegebenen *Werke in drei Bänden* (München, 1954 ff.); Bandzahlen erscheinen in römischen, Seitenzahlen in arabischen Ziffern.

Abweichungen oder zusätzliche Nachweise verzeichnen in beiden Fällen jeweils die Anmerkungen.

Geständnisse eines Dichters

Ausschließlich wegen der zunehmenden Unordnung
In unseren Städten des Klassenkampfs
Haben etliche von uns in diesen Jahren beschlossen
Nicht mehr zu reden von Hafenstädten, Schnee auf den Dächern,
Frauen
Geruch reifer Äpfel im Keller, Empfindungen des Fleisches
All dem, was den Menschen rund macht und menschlich
Sondern zu reden nur mehr von der Unordnung
Also einseitig zu werden, dürr, verstrickt in die Geschäfte
Der Politik und das trockene »unwürdige« Vokabular
Der dialektischen Ökonomie
Damit nicht dieses furchtbare gedrängte Zusammensein
Von Schneefällen (sie sind nicht nur kalt, wir wissen's)
Ausbeutung, verlocktem Fleisch und Klassenjustiz eine Billigung
So vielseitiger Welt in uns erzeuge, Lust an
Den Widersprüchen solch blutigen Lebens
Ihr versteht. (9, 519)

O nein, Bertolt Brecht will sie nicht abschaffen. Er will sie nicht zurücknehmen, all solchen Geständnissen zum Trotz. Sie soll sein. *Die Kunst soll sein.* Nie, selbst nicht in diesen Zeilen aus dem Exil, die so sehr nach Abschied und endgültiger Absage klingen, hat Brecht die Kunst verworfen. Sie soll sein: auch wenn sie uns ein Verbrechen, ein Frevel, eine schreiende Ungerechtigkeit und Unmöglichkeit dünkt, weil immer noch der Mensch dem Menschen ein Wolf ist; weil überall Menschen von Menschen, Klassen von Klassen, ganze Völkerschaften und Kontinente wie ehedem geknechtet, ausgesaugt und zu Tode geschunden werden; weil heute mehr denn je eine entmenschte Menschheit, Opfer und Henker zugleich, in ihrer blutigen Jauche zu ersticken droht. Die Kunst, trotz allem, soll sein. Sogar die ›reine‹ Kunst, wie uns gerade der politische Dichter Brecht vertraut hat, mitten in unseren finsteren Zeiten.

Gerade er nämlich, der sein Werk ohne Abstrich als Kampf für die Befreiung der Ausgebeuteten und Unterdrückten, der Entrechteten und Entwürdigten, Erniedrigten und Beleidigten verstand, zeugte auch für die Kunst, selbst für die ›reine‹. Gerade

Brecht, der sich so völlig in den Dienst der Vermenschlichung der Menschheit, der Bewohnbarmachung des Planeten gestellt hatte, wollte, daß Kunst sei. Noch indem er sie verleugnete, erklärte er sich für sie. Er, der hier »ausschließlich wegen der zunehmenden Unordnung« – welch maßlose Mäßigung – jeglichem Kunstgenuß ein für allemal abzuschwören scheint, tut dies ja mit den Mitteln der Kunst, als Dichter, in Vers und vollendeter, meisterhaft gehandhabter Sprache; ja, mehr noch: der uns solches beteuert, der die Kunst »nur mehr« als Waffe gebrauchen will, hat sich ausdrücklich und unzweideutig (und zudem ungefähr um dieselbe Zeit) zum Kunstgenuß bekannt! In Brechts aus dem Nachlaß veröffentlichter Schrift *Me-ti*, seiner auch *Buch der Wendungen* genannten Sammlung dialektisch-didaktischer Prosa im Stil der alten Chinesen, befindet sich ein Text, der beinah noch leiser und verhaltener wirkt als jene sechzehn Verse, der aber darum kaum minder unerhört ist. Denn dieses kleine Stück Prosa – Gleichnis oder aphoristische Parabel, indes voller Wirklichkeitsgehalt – trägt den Titel *Über reine Kunst*.

Doch hören wir Brechts Bekenntnis! Hören wir, was Me-ti, der politische Philosoph, von Kin-jeh, dem politischen Dichter, zu berichten weiß:

Me-ti sagte: Neulich fragte mich der Dichter Kin-jeh, ob er in diesen Zeitläuften Gedichte über Naturstimmungen schreiben dürfe. Ich antwortete ihm: Ja. Als ich ihn wieder traf, fragte ich ihn, ob er Gedichte über Naturstimmungen geschrieben habe. Er antwortete: Nein. Warum, fragte ich. Er sagte: Ich stellte mir die Aufgabe, das Geräusch fallender Regentropfen zu einem genußvollen Erlebnis des Lesers zu machen. Darüber nachdenkend und hie und da eine Zeile skizzierend, erkannte ich es als nötig, dieses Geräusch fallender Regentropfen für alle Menschen, also auch für solche Menschen zu einem genußvollen Erlebnis zu machen, die kein Obdach besitzen und denen die Tropfen zwischen Kragen und Hals fallen, während sie zu schlafen versuchen. Vor dieser Aufgabe schreckte ich zurück.
Die Kunst rechnet nicht nur mit dem heutigen Tag, sagte ich versucherisch. Da es immer solche Regentropfen geben wird, könnte ein Gedicht dieser Art lange dauern. Ja, sagte er traurig, wenn es keine solche Menschen mehr geben wird, denen sie zwischen Kragen und Hals fallen, kann es geschrieben werden. (12, 509)

Nicht bloß eine utopische und fiktionale, auch eine historische Dimension zeichnen dieses Prosastück aus. Denn Kin-jeh ist zwar eine erfundene Gestalt, Me-ti hingegen eine der Geschichte.

Er lebte, ein Dialektiker und ›Sozialethiker‹ laut Auskunft der Quellen, vor über zweieinhalb Jahrtausenden als Zeitgenosse und weltanschaulicher Mitbewerber des Konfuzius. Brecht ist wieder einmal, wie so oft, in eine Vielzahl von poetischen Gewändern geschlüpft, um gleichwohl, ja eben dadurch ›bei wirklichen Ärmeln herauszukommen‹. Sowenig wie seine Wahl zweier Figuren kann uns deren chinesische Verkleidung, ohnehin durchsichtig genug, über das Bekenntnishafte seines Textes täuschen. Und sie soll es auch nicht. Der philosophische Dialektiker Me-ti ist genauso ein *alter ego* Brechts wie der dialektische Lyriker Kinjeh. Ununterscheidbar, in beredtem Schweigen, gehen beide an jener ›Wendung‹ ihres Gesprächs (»schreckte ich zurück« / »sagte ich versucherisch«) ineinander über und in ihrem Dichter auf. Was *Über reine Kunst* erfüllt, ist dieselbe brennende Aktualität, die uns schon aus Brechts Versen entgegenschlug. Weder das Licht einer fernen Zukunft noch die Schatten der Vergangenheit vermögen diese Gegenwart zu überdecken.

Freilich, während dort, im Gedicht, ein zutiefst betroffenes Ich vor uns und der Nachwelt Rechenschaft ablegt, unterredet es sich hier, im Prosatext, mit sich selber. Doch seine Geständnisse sind die gleichen. Abermals nämlich lauten sie: ›Reine‹ Kunst oder Lyrik – für die nun als traditionsreiches Beispiel das stimmungsgesättigte Naturgedicht eintritt – kann und darf heute nicht geschaffen werden; selbst Zeilen, die lediglich »das Geräusch fallender Regentropfen« (oder eben den »Geruch reifer Äpfel im Keller«, den Anblick von »Schnee auf den Dächern«) zum Gegenstand haben, sind dem Dichter verwehrt. Ja, solch genußvolles Schreiben und Lesen ist nicht etwa nur, im Wissen um Not und Verzweiflung, einfach verpönt und unerlaubt. Es ist, angesichts unserer »blutigen Welt« mit ihrem so »furchtbaren gedrängten Zusammensein« des naturhaft Schönen mit menschlichem Unrecht und Elend, schlechterdings unsittlich. Ethik und Ästhetik scheinen unversöhnbar, das soziale mit dem künstlerischen Gewissen qualvoll entzweit zu sein: solange jene zärtlich plätschernden Regentropfen den Obdachlosen zwischen Kragen und Hals fallen und jener unschuldige Schnee (er ist »nicht nur kalt«, sondern auch ein altes Symbol der Reinheit, »wir wissen's«) fröhlich von den Dächern glänzt, nachdem er die Leichen der Erfrorenen zugeweht hat – ›barmherzig‹, wie manche Poeten behaupten. Und was soll der Apfelduft in den kühlen, geräumigen Kellern der Reichen, wenn anderswo, in den stinkenden Kellerlöchern der Armut, Kinder verhungern und Kranke verrekken? »Vor dieser Aufgabe« – wiederum: welch maßlose Mäßigung! – »schreckte« der Dichter beidemal »zurück«. Sowohl in Brechts Versen als auch in seinem Prosastück ist die Kunst geradezu unmöglich geworden, zumindest als ›reine Kunst‹; was allein noch bleibt, ist die ›Kunst als Waffe‹ und damit der schmerzliche Wille zu Abkehr und Verzicht: um, wie es mit der äußersten Sachlichkeit und Spröde heißt, »also einseitig zu werden, dürr, verstrickt in die Geschäfte der Politik und das trockene ›unwürdige‹ Vokabular der dialektischen Ökonomie . . .« In der Tat, das lyrische Ich und dessen epische Maske oder *persona* gestehn uns das gleiche. Der einzige Unterschied zwischen ihnen ist offenbar der, daß im Gedicht der Entschluß, der aus der Erzählung erst folgt, bereits deutlich und unwiderruflich verkündet wird. Indes, hat nicht auch Kin-jeh, im stummen Gespräch mit Me-ti, längst »beschlossen«, was Brechts Verse unumwunden aussprechen? so wie umgekehrt Brechts Gedicht, obwohl es nirgends von »Kunst«, geschweige denn »reiner Kunst« redet, diese dennoch ständig und unüberhörbar meint?

Vollends unüberhörbar ist aber, was Kin-jeh sich und uns (und damit zugleich seinem Dichter) nicht bloß zwischen den Zeilen, sondern wortwörtlich, wenn auch »traurig«, verkündet, um nicht zu sagen: verheißt. Denn einst, so weiß er genau, »kann es geschrieben werden«, obzwar nicht von ihm, wie er fürchtet: dieses Gedicht über den Regen, den Schnee und den Duft reifer Äpfel im Keller, über »Hafenstädte«, »Frauen« und die »Empfindungen des Fleisches«, überhaupt über »all« das, »was den Menschen rund macht und menschlich«. Einmal, so weiß Brecht, wird der Mensch dem Menschen nicht mehr ein Wolf, sondern endlich »ein Helfer« sein; einmal, irgendwann in der Zukunft, wird und muß dieses menschliche Kunstgebilde geschaffen werden. Ethik und Ästhetik, selbst wenn sie »in finsteren Zeiten«, bevor »es so weit sein wird«, gänzlich unversöhnbar wären, sind miteinander zu versöhnen (vgl. 9, 722 ff.). Sie *sind* zu versöhnen; im doppelten Sinne. Die Verheißung ist eine unabdingbare Forderung. Brechts und Kin-jehs Erkenntnis, ihre bange Einsicht in die Unsittlichkeit reiner Kunst heute, enthüllt sich, in neuerlicher ›Wendung‹, als sittlich-ästhetisches Postulat. Je weniger nämlich Kunst jetzt möglich sein mag, um so mehr soll sie es dann sein. Sie *soll* dereinst sein – auch und gerade als ›reine‹, als scheinbar ›überflüssige‹, als angeblich ›entbehrliche‹. Und sogar, ja erst recht, als ›heitere‹. Nicht anders als der schlichte, jedoch beileibe nicht triviale, sondern höchst materialistisch konkrete »Schnittlauch für'n Salat« (wie Brecht, der »eine gute Sache« stets »auch lustig ausdrücken« konnte, in den *Tagen der Commune* schrieb) gehört die Kunst, gehören Verse, die dem Menschen die Welt zum »genußvollen Erlebnis« zubereiten, zu jenem humanen »Extra«, um dessentwillen die Kommunarden zu den Waffen gegriffen haben und im Grunde jeder Ausgebeutete und Entrechtete, jeder Beleidigte und Unterdrückte sich empört, sich auflehnt und erhebt (vgl. 5, 2147 f. u. 14, 1442). All diese Kunst soll und muß sein: nach Kin-jeh wie nach Brecht.

Und trotzdem, so scheint es, besteht nach wie vor ein nicht unbeträchtlicher Unterschied zwischen ihnen. Schaut nicht Kin-jeh vor allem in die Zukunft, Brechts lyrisches Ich hingegen in die Vergangenheit? Spricht nicht jener von einer Kunst, die noch nicht sein *kann*, und dieses von einer, die nicht mehr sein *darf*? Ist nicht, was beide wirklich gemeinsam haben, einzig und allein das düstere Dazwischen: der Verzicht auf Kunst in einer so unmenschlichen Gegenwart? – Aber sollte das die letzte und ganze Antwort Bertolt Brechts sein? Wenn Kunst nur in der Abwesenheit gegenwärtig ist – heißt dies nicht auch, daß sie eben damit, als abwesende, Gegenwärtigkeit besitzt oder zu gewinnen vermag? Ist nicht dies das eigentliche, das geheime ›Testament‹ des frühen Villon-Bewunderers Brecht? Nicht umsonst habe ich mehrfach aus dem wohl berühmtesten seiner Gedichte der dreißiger Jahre, *An die Nachgeborenen*, zitiert. Denn auch in ihm, diesem gewaltigen, nun wahrhaft *Großen Testament*, das zur selben Zeit entstand wie *Über reine Kunst* und die paar Verse, die *Ausschließlich wegen der zunehmenden Unordnung* überschrieben sind –, auch in ihm ist es die Natur, sind es die »Naturstimmungen«, die den Dichter mitten im politischen Kampf beschäftigen. Sie vor allem (neben den »Empfindungen des Fleisches«, der Liebe) vertreten auch hier den menschlichen wie künstlerischen Bereich des Erlebens und Gestaltens und neuerlichen Erlebens. Von ›Genuß‹, gar von ›heiterem‹, ist allerdings keine Rede mehr. Im Gegenteil, so lakonisch wie summarisch – so daß man beinah darüber hinwegliest – verrät uns Brecht:

> Der Liebe pflegte ich achtlos
> Und die Natur sah ich ohne Geduld. (9, 724)

War er *ganz* »achtlos«? *ganz* »ohne Geduld«? Gleichviel: wie in den bittern Zeilen seines vermeintlichen Abschieds von der Kunst, die so kunstvoll sind, erfährt der Dichter der Menschlichkeit abermals gerade das Menschlichste, und namentlich eben in der Kunst, mit schlechtem Gewissen. Und wie in seinem fernöstlich gedämpften, doch darum nicht weniger strengen (und kunstvollen) Prosadialog dient ihm das Naturgedicht, die Lyrik der reinen Stimmung, als entscheidendes Paradigma. Die berühmtesten Verse aus jener berühmten Elegie sind ja bekanntlich diejenigen, worin Brecht sowohl sich, dem Dichter, als auch uns, seinen »Nachgeborenen«, die wir leider noch immer seine Zeitgenossen sind, selbst ein harmloses »Gespräch über Bäume« verbietet. Nein: »fast« verbietet. Oder verbieten möchte:

> Was sind das für Zeiten, wo
> Ein Gespräch über Bäume fast ein Verbrechen ist
> Weil es ein Schweigen über so viele Untaten einschließt! (9, 723)

Solche Verse, bei aller Verhaltenheit, sind ein einziger Aufschrei. Darf man denn überhaupt, so fragte Brecht durch Kin-jeh, »in diesen Zeitläuften Gedichte über Naturstimmungen schreiben«? mitten in dieser »blutigen Verwirrung«, dieser »Unordnung« und »Willkür«, dieser »entmenschten Menschheit« und »Welt, gleichend einem Schlachthaus«? (So Brechts Worte in seiner *Heiligen Johanna der Schlachthöfe* [vgl. 2, 671 f.].) Muß man denn nicht, wenn schon nicht die unmittelbaren Erlebnisse des Menschlichen, Runden und Schönen, die man nicht ausschalten kann, so wenigstens die mittelbaren verleugnen, ächten und aus der Gegenwart verbannen? Muß man nicht heute auf jede künstlerische Nachgestaltung, jede Lebenssteigerung und -erleichterung durch die Kunst – »denn die leichteste Weise der Existenz ist in der Kunst« (16, 700) – schweren Herzens verzichten? Kin-jeh wie sein Dichter, so schmerzlich es für sie auch sein mochte, zogen diesen Schluß, trotz Brechts Erkenntnis im *Kleinen Organon für das Theater*. Der Dichter zog ihn wiederholt: »ausschließlich wegen der zunehmenden Unordnung«, wegen des »furchtbaren gedrängten Zusammenseins«. Er zieht ihn nicht zuletzt auch in *An die Nachgeborenen*. Doch sind seine Worte nicht dabei erst recht vollkommene Sprache, ganz und gar vollen-

dete Dichtung? Schuf er nicht wieder, die Kunst qualvoll vernei-
nend, makellose Kunst? Ja, sind wir nicht versucht – ›fast‹
versucht – zu sagen: ›reine‹ Kunst?

Vergessen wir ferner nicht, daß Me-ti, jenes ›versucherische‹
Ich in Brechts Doppelmaske, Kin-jehs Frage bejaht! Und auch
sein Bescheid hat Gewicht. Er läßt sich nicht rundweg als Ironie
abtun (obwohl, zugegeben, etwas davon in ihm mitschwingt).
Was Me-ti in Sachen Kunst ›beschlossen‹ hat, gilt ebenfalls: es
wird sowenig widerrufen wie das, was nicht allein Brecht, sondern »etliche von uns«, wie es heißt, »in diesen Jahren beschlossen [haben]«. Kunst und Abkehr von der Kunst, Kunstgenuß und
unerbittliche Sittlichkeit, Lust und Askese stehen bei Brecht
nebeneinander, ja gehen ineinander auf. Der Dichter fand sich
nicht einfach ›zwischen‹ zwei Künsten oder Kunstperioden, deren alte nicht mehr, deren neue noch nicht sein soll; er dämmerte
nicht schlechthin in einer Hölle, gleichweit entfernt vom verlore-
nen wie vom verheißenen Paradies. (Das sind nicht etwa meine
Bilder, sondern seine eigenen: »Am Sankt Nimmerleinstag / Wird
die Erde zum Paradies«, singt man im *Guten Menschen von
Sezuan*; und im selben Stück erklärt Brecht: »Die Zeiten sind
furchtbar, diese Stadt [diese gesamte heillose Welt] ist eine Hölle«
[vgl. 4, 1562 u. 1546].) Zudem geht es ihm keineswegs bloß um
derlei Einsichten, Erwägungen oder Entschlüsse und deren politisch sicherlich ebenso klare wie dichterisch meisterhafte (auch
bildhafte) Bekundung. Weder diese Gemeinsamkeiten noch jener
Unterschied spielen für Me-ti, Brechts anderes *alter ego*, eine
Rolle. »Die Kunst rechnet nicht nur mit dem heutigen Tag«, lesen
wir bei ihm im Wortlaut; und sinngemäß: »Da es immer solche
[Naturstimmungen und genußvolle Kunsterlebnisse] geben wird,
könnte ein Gedicht dieser Art lange dauern.« So der Anwalt
»reiner Kunst« – und hat nicht auch er recht? Zählt nicht auch
sein Bescheid (der des politischen Philosophen, wohlgemerkt) zu
Bertolt Brechts ganzer und letzter Antwort? Kein Jota davon
wird von ihm zurückgenommen . . .

Gewiß, Brecht begegnete dem naturhaft Schönen ohne viel
Hingabe oder Verweilen; er sah »die Natur« schwerlich mit
Geduld. Aber: Brecht »sah« sie; sein flüchtiger, nahezu widerwil-
liger, förmlich schuldbewußter Blick nahm die Dinge wahr;
etwas von ihrer Schönheit, wie wenig immer, blieb in seinen
Augen haften und ist – und sei es lediglich als Verneinung – in

einige seiner Verse eingegangen. Es sind im wahrsten Sinne
›kostbare‹ Zeilen, wie man einstmals zu sagen pflegte und vielleicht, wer weiß, noch einmal sagen wird. Selbst das »Gespräch
über Bäume« und was es einschließt, Brechts »Schweigen über so
viele Untaten« – das nie das seine war, da er unermüdlich die
Stimme wider das Unrecht erhob –, selbst solche hoffnungslos
auseinanderklaffenden Gegensätze treten einander nicht unbedingt oder gar unvermittelt gegenüber. Jenes, das dichterische
Gespräch, ist immerhin nur »fast ein Verbrechen«; und aus
diesem, dem so oft ja erzwungnen und doch stets aufs neue
gebrochnen politischen Schweigen, werden nicht bloß Abscheu
vor den Henkern, Erbitterung über die Opfer, »roter Zorn« (so
in der *Kriegsfibel* [vgl. 10, 1046]) und das Entsetzen über die
unzähligen Greuel laut. Wie die reine Kunst, so erlangt die
Brechtsche Natur, abermals stellvertretend für alles, »was den
Menschen rund macht und menschlich«, gerade als abwesende
ihre Gegenwärtigkeit. Gerade ihre Aufhebung verleiht ihr Dauer.
Man könnte auch wieder an einen der großen Franzosen erinnern
(den der Dichter zwar diesmal kaum ›verehrte‹, jedoch gleichwohl zur Genüge kannte, nämlich Mallarmé) und mit ihm verallgemeinernd bestimmen: Gerade indem die Dinge als Wirklichkeit
verneint, aus der Gegenwart in die Abwesenheit verwiesen werden, werden sie erst völlig wirklich, sind sie erst endgültig
gegenwärtig – als (reine) Sprache, als (reine) Kunst. *Une élévation
ordinaire verse l'absence.*[1] »Abwesenheit« – aber auch, wie ich
absichtlich roh übersetze, »eine bloße Aufhebung«. Oder wie
Hugo Friedrich schreibt: »Ausschließlich in der Sprache [als
Kunst] haben diese abgewiesenen Dinge ihre Anwesenheit.« Mallarmés Lyrik ist eine »Dichtung der Negativitäten« (so nochmals
Friedrich): »Was sachlich vernichtet ist durch die Sprache, die
sein Wegsein aussagt, erhält in der gleichen Sprache, durch seine
Benennung, seine geistige Existenz.«[2] Unverkennbar die Entsprechungen bei Brecht. Doch haben sie bei ihm, dem politischen
Dichter, sowenig mit *poésie pure* zu tun, wie es *littérature engagée* – um auch das zweite Sartresche Stichwort aufzugreifen
– beim Symbolisten Mallarmé gibt. Dessen Ethik war ebensosehr
eine ästhetische, wie Brechts Ästhetik eine ethische war.

Trotzdem: Ästhetik und Ethik, Kunst und Sittlichkeit, Natur
und Geschichte sind auch »in diesen Zeitläuften«, nicht erst in
irgendeiner blassen Zukunft, versöhnbar. Mehr noch: sie *sind*

versöhnt, wie widersprüchlich auch immer. Hier und heute, selbst bei Bertolt Brecht. Und dies um so dauerhafter, je qualvoller Brecht jene zerreißenden Widersprüche erfahren, je rückhaltloser er das, was den Menschen böse macht und unmenschlich, erlebt und in seiner Dichtung aufgehoben hat. Ja, dieser leidenschaftliche Dichter der Menschlichkeit wie des Klassenkampfs wußte wie selten einer noch um die eigene, ständig aus ebensolchem Kampf erwachsende Gefährdung. Brecht hat sie ohne jede Einschränkung (man denke an sein Lehrstück *Die Maßnahme*) vor der Mit- und Nachwelt bekannt:

> Auch der Haß gegen die Niedrigkeit
> Verzerrt die Züge.
> Auch der Zorn über das Unrecht
> Macht die Stimme heiser. Ach, wir
> Die wir den Boden bereiten wollten für Freundlichkeit
> Konnten selber nicht freundlich sein. (9, 725)

Je unverhüllter der Dichter spricht, desto ergreifender rührt er uns an. Mit gutem Grund ist darum seine Klage aus dem Exil, als Brecht »öfter als die Schuhe die Länder wechselnd« beinah verzweifelte (vgl. ebd.), seit langem eins seiner berühmtesten Gedichte. Aber nicht minder ergreifend, ja erschütternd sind die paar Zeilen, die er zwar ebenfalls »an die Nachgeborenen« richtete, jedoch »ausschließlich wegen der zunehmenden Unordnung«. Denn dieses kargste und sprödeste unter seinen Geständnissen – ein einziger Satz! – ist zugleich das am unbarmherzigsten und unabsehbarsten offene. »Versteht« man es recht, wie der Dichter bittet, so geht es sogar über jene ›Elegie‹ hinaus.

Daß derartige Verse nicht bloß möglich, sondern unumgänglich waren und sind, zeugt auf überwältigende Weise für die Macht der Dichtung, für die »Notwendigkeit der Kunst« (Ernst Fischer).[3] Und gerade daß und wie in ihnen das unschuldig Naturhafte unlösbar im Leid, in der Schuld und Verstrickung des Geschichtlichen aufgehoben und damit aufbewahrt ist, macht sie zu solch unwiderleglichen Zeugnissen nicht nur der Brechtschen Lyrik, sondern der Poesie überhaupt. Doch so einzigartig sie hierin sein mögen: sie stehn in Brechts Schaffen durchaus nicht allein. Es gibt bei ihm eine ganze Reihe von Gedichten, in denen die Verweigerung des Lyrischen zum reinsten lyrischen Ausdruck wird. Schon ihre Überschriften sind beredt. *In finsteren Zeiten, Schlechte Zeit für Lyrik, Die Landschaft des Exils*: so und ähnlich lauten die Titel dieser Gedichte. Das zuerst erwähnte liefert vielleicht, jedenfalls was die Technik und den sprachlichen Mechanismus betrifft, das beste Beispiel für eine Mallarmésche ›Evokation durch Negation‹ im Werk Brechts. Dreimal beginnt der Dichter mit einer ausdrücklichen Verneinung; dreimal sagt er buchstäblich: »Man wird *nicht* sagen . . .« Was indes folgt, sind genau jene »Naturstimmungen« und »Empfindungen des Fleisches«, von denen er nicht mehr reden, die er sich und uns am liebsten nicht mehr gestatten möchte. Aber ebendamit werden sie beschworen: der Wind in den Bäumen; das sommerliche Spiel am Wasser; die Frau, die leise in die Kammer tritt. Freilich, genauso bezeichnend ist auch der plötzliche, durch dieselbe sprachliche Formel erzielte Umschlag, mit dem *In finsteren Zeiten* endet:

Man wird nicht sagen: Als da der Nußbaum sich im Wind schüttelte
Sondern: Als der Anstreicher die Arbeiter niedertrat.
Man wird nicht sagen: Als das Kind den flachen Kiesel über die
　　　　　　　　　　　　　　　Stromschnelle springen ließ
Sondern: Als da die großen Kriege vorbereitet wurden.
Man wird nicht sagen: Als da die Frau ins Zimmer kam
Sondern: Als da die großen Mächte sich gegen die Arbeiter verbün-
　　　　　　　　　　　　　　　　　　　　　　　　　deten.
Aber man wird nicht sagen: Die Zeiten waren finster
Sondern: Warum haben ihre Dichter geschwiegen? (9, 587)

Bis in die Wortwahl hinein kehrt hier der Gegensatz zwischen Brechts »Gespräch über Bäume« und seinem lauten »Schweigen über so viele Untaten« wieder. Daß trotzdem Hitler nicht beim Namen genannt wird, sondern rhetorisch-verächtlich als »der Anstreicher« erscheint, darf uns dabei nicht beirren. Verse dieser Art sind einerseits, als Naturlyrik, Meisterstücke einer Poesie des Nicht-Sagbaren und dennoch Gesagten und andererseits, ja erst recht, kompromißlose politische Dichtung.

Insbesondere in Gedichten aus dem dänischen Exil stößt man immer wieder auf solche Verse. Mit die eindrucksvollsten enthält die lyrische Trilogie *Frühling 1938*:

I
Heute, Ostersonntag früh
Ging ein plötzlicher Schneesturm über die Insel.
Zwischen den grünenden Hecken lag Schnee. Mein junger Sohn
Holte mich zu einem Aprikosenbäumchen an der Hausmauer
Von einem Vers weg, in dem ich auf diejenigen mit dem Finger
　　　　　　　　　　　　　　　　　　　　　　　　　deutete

Die einen Krieg vorbereiteten, der
Den Kontinent, diese Insel, mein Volk, meine Familie und mich
Vertilgen mag. Schweigend
Legten wir einen Sack
Über den frierenden Baum.

II
Über dem Sund hängt Regengewölke, aber den Garten
Vergoldet noch die Sonne. Die Birnbäume
Haben grüne Blätter und noch keine Blüten, die Kirschbäume
                                                    hingegen
Blüten und noch keine Blätter. Die weißen Dolden
Scheinen aus dürren Ästen zu sprießen.
Über das gekräuselte Sundwasser
Läuft ein kleines Boot mit geflicktem Segel.
In das Gezwitscher der Stare
Mischt sich der ferne Donner
Der manövrierenden Schiffsgeschütze
Des Dritten Reiches.

III
In den Weiden am Sund
Ruft in diesen Frühjahrsnächten oft das Käuzlein.
Nach dem Aberglauben der Bauern
Setzt das Käuzlein die Menschen davon in Kenntnis
Daß sie nicht lang leben. Mich
Der ich weiß, daß ich die Wahrheit gesagt habe
Über die Herrschenden, braucht der Totenvogel davon
Nicht erst in Kenntnis zu setzen. (9, 815 f.)

Diese drei Gedichte sind in zweifacher Hinsicht aufschlußreich.
Zum einen (wovon noch zu sprechen sein wird) gaben sie Brecht
zu einem höchst bemerkenswerten Selbstzeugnis Anlaß – und
zwar über die ›Reinheit‹, ja ›Autarkie‹ der Kunst; zum andern
(aber das bedarf kaum der Erläuterung) eignet auch ihnen wieder
höchste poetische Leuchtkraft – und nicht etwa obwohl, sondern
gerade weil sie so ganz, so ohne Zögern und Vorbehalt mit ihrer
geschichtlichen Stunde identisch sind. Jedes von ihnen ist zugleich reines Naturgedicht und große politische Lyrik, zeitlose
Idylle und historisches Epigramm: bis zum Rand, bis zum Bersten mit dieser doppelten Realität in all ihrer Gegensätzlichkeit
erfüllt und dennoch ausgewogen. Darauf weist übrigens schon
der Titel hin; denn scheinbar lediglich eine Datierung, wie als ob
es sich um private Gelegenheitsverse handelte, reißt er in Wahr-

heit deren Widersprüche, eben indem er sie vereint, in ihrer vollen Schärfe auf. Es sind, gleichsam leitmotivisch, nochmals diejenigen zwischen der friedlichen Welt der Bäume (des Aprikosenbäumchens am Haus, der Birn- und Kirschbäume im Garten, der Weiden am Sund) und der gnadenlosen, der mörderischen Welt der Verfolgungen und des immer drohender heraufziehenden Vernichtungskrieges; zwischen dem »Gespräch« über jene, das nicht verstummen will, und dem »Schweigen« über diese, das im selben Atemzug, mit denselben dichterischen Worten zur mahnenden, warnenden, weithin schallenden Stimme wird. Wenn sich in das Gezwitscher der Vögel, diese naturhaften Laute der Stille, der »ferne Donner . . . der Schiffsgeschütze« mischt, sind Stimmungslyrik und politische Aussage unauflöslich miteinander verschmolzen.

Sollte am Ende darin Brechts Reinheit und Autarkie der Kunst bestehen –? Doch sosehr er mit Me-ti an solcher Dichtung festhielt, so sehr blieb er trotzdem mit Kin-jeh der Meinung, daß dies eine *Schlechte Zeit für Lyrik* sei. Seine gleichnamige, abermals so lyrische Beichte entstammt ja ebenfalls jenen Jahren »unter dem dänischen Strohdach«, wie es im Motto der *Svendborger Gedichte* heißt (vgl. 9, 631). Und auch in ihr finden sich einige der eindrucksvollsten und berühmtesten Verse aus dem Brechtschen Exilschaffen:

Ich weiß doch: nur der Glückliche
Ist beliebt. Seine Stimme
Hört man gern. Sein Gesicht ist schön.

Der verkrüppelte Baum im Hof
Zeigt auf den schlechten Boden, aber
Die Vorübergehenden schimpfen ihn einen Krüppel
Doch mit Recht.

Die grünen Boote und die lustigen Segel des Sundes
Sehe ich nicht. Von allem
Sehe ich nur der Fischer rissiges Garnnetz.
Warum rede ich nur davon
Daß die vierzigjährige Häuslerin gekrümmt geht?
Die Brüste der Mädchen
Sind warm wie ehedem.

In meinem Lied ein Reim
Käme mir fast vor wie Übermut.

In mir streiten sich
Die Begeisterung über den blühenden Apfelbaum
Und das Entsetzen über die Reden des Anstreichers.
Aber nur das zweite
Drängt mich zum Schreibtisch. (9, 743 f.)

Wieder sind es hier Kin-jehs »Naturstimmungen« mitsamt Brechts »Empfindungen des Fleisches«, die dem Politischen, dem Geschichtlich-Gesellschaftlichen entgegengesetzt (und somit der Dichtung einverleibt) werden; wieder auch, wie in *An die Nachgeborenen,* begegnet jenes für Brecht so überaus erhellende »fast«, in dem sich, so zaghaft wie unüberhörbar, die Stimme Me-tis, des Anwalts der künstlerischen Belange, meldet. Durchaus folgerichtig hat der »Reim« – will sagen: die Kunst, die Dichtung – das einfache »Gespräch« abgelöst; ja, statt des »Verbrechens« steht nun, weitaus harmloser und zugleich verräterischer, der »Übermut«! Aber Brechts Verse sind darum nicht weniger ernst und ergreifend. Nicht zufällig werden die »lustigen Segel« dem »rissigen Garnnetz«, wird die gekrümmte »Häuslerin« den jungen »Mädchen« gegenübergestellt: beides entspricht aufs genaueste den leitmotivischen Bäumen, die diesmal nicht bloß im Bild des »blühenden Apfelbaums« erscheinen, sondern ergänzt durch das Gegenbild des »verkrüppelten Baums im Hof«. Auch solche Gegenbilder (ich erinnere an das Lied *Der Pflaumenbaum,* gleichfalls aus den *Svendborger Gedichten,* oder an die *Morgendliche Rede an den Baum Griehn* aus der *Hauspostille*) sind Leitmotive im Werk des Dichters; doch wir brauchen darüber sowenig zu sprechen wie über Brechts formale, rein verstechnische Besonderheiten und Neuerungen (also *Über reimlose Lyrik mit unregelmäßigen Rhythmen,* wie sie bereits im Titel des bekannten Aufsatzes charakterisiert sind). Es genügt vollauf, daß der Dichter sich wiederum jener ›Evokation durch Negation‹ bedient, die das naturhaft Schöne und menschlich Runde ins Nichts verbannt und ebendadurch zum Sein und zur Dauer beruft. Denn Brecht sah und besang sie sehr wohl, »die grünen Boote und die lustigen Segel des Sundes«, die er nicht zu sehen, nicht zu besingen behauptet. Immer stritt sich in ihm die poetische »Begeisterung« mit dem politischen »Entsetzen« – und wahrhaftig nicht bloß über die »Reden des Anstreichers« und den faschistischen Abschaum. Und obwohl ihn »nur« das eine »zum Schreibtisch« drängte, schrieb er doch auch, desto erschütternder, über das andere.

Daß diese *poésie engagée* unlösbar im historischen Moment wie im lyrischen Augenblick verankert ist, lehren nicht zuletzt Verse aus Brechts finnischem und amerikanischem Exil. Schon ihre Titel – man denke wieder an *Frühling 1938* – sind zumeist äußerst konkret; und nicht allein zeitlich, sondern auch örtlich. So preisen zum Beispiel zwei Strophen, die sich sogar den Luxus des Reims erlauben, eine *Finnische Gutsspeisekammer 1940*. Brecht, der das Niedere nicht weniger schätzte als das Hohe, der die Freuden »de[s] Gaumen[s] und der Hoden« (wie sein dicker Glücksgott singt [vgl. 10, 892]) nicht minder genoß als Beglückungen subtilerer Art, hat selbst damit ein politisches Gedicht geschaffen:

> O schattige Speise! Einer dunklen Tanne
> Geruch geht nächtlich brausend in dich ein
> Und mischt sich mit dem süßer Milch aus großer Kanne
> Und dem des Räucherspecks vom kalten Stein.
>
> Bier, Ziegenkäse, frisches Brot und Beere
> Gepflückt im grauen Strauch, wenn Frühtau fällt!
> Oh könnt ich laden euch, die überm Meere
> Der Krieg der leeren Mägen hält! (9, 820)

Wie in jenen anderen, den reimlosen und gleichwohl so kunstvollen Versen Brechts, so ließen sich auch hier formale Einzelheiten – sogenannte ›Feinheiten des Ausdrucks‹, die er sich eigentlich hätte versagen müssen – und deren künstlerische Leistung untersuchen. Insbesondere im lautlichen Bereich böte sich derlei an. Unübertrefflich etwa die sinnliche Qualität (und damit lyrische Intensität) der Klangfolge in der Zeile: »Gepf*lü*ckt im gra*u*en Stra*u*ch, wenn Fr*üh*t*au* fä*llt*.« Ähnlich könnte man, im gedanklichen Bereich, auf die für Brecht höchst bezeichnenden Vorstellungen vom Glück und Glücklichsein eingehen, die nämlich nicht allein in *Schlechte Zeit für Lyrik* auftauchen, sich nicht bloß, wie billig, um die zentrale Figur des chinesischen Glücksgotts ranken, sondern auch sonst in der Brechtschen Dichtung von entscheidender Bedeutung sind. Für jeden, der gesunden Sinn und unverdorbene Sinne für Kunst hat und diese Dichtung einigermaßen überschaut, lassen sich solche Bezüge förmlich mit Händen greifen, fallen solche ›verbotenen‹ Kunstgriffe fortwährend ins Ohr und ins Auge.

Betrachten wir daher noch ein zweites Gedicht aus demselben Umkreis! Es ist, trotz seiner poetischeren Überschrift *Finnische Landschaft,* nunmehr erst recht politisch:

> Fischreiche Wässer! Schönbaumige Wälder!
> Birken- und Beerenduft!
> Vieltöniger Wind, durchschaukelnd eine Luft
> So mild, als stünden jene eisernen Milchbehälter
> Die dort vom weißen Gute rollen, offen!
> Geruch und Ton und Bild und Sinn verschwimmt.
> Der Flüchtling sitzt im Erlengrund und nimmt
> Sein schwieriges Handwerk wieder auf: das Hoffen.
>
> Er achtet gut der schöngehäuften Ähre
> Und starker Kreatur, die sich zum Wasser neigt
> Doch derer auch, die Korn und Milch nicht nährt.
> Er fragt die Fähre, die mit Stämmen fährt:
> Ist dies das Holz, ohn das kein Holzbein wäre?
> Und sieht ein Volk, das in zwei Sprachen schweigt. (9, 822)

Brecht konnte nicht verhindern, daß ihn stets aufs neue die Natur in all ihrer Schönheit und Mächtigkeit überfiel, ja ›fast‹ überwältigte. Aber wollte er es überhaupt? Geradezu hymnisch ruft der Dichter die »Wässer« und »Wälder«, die »milde Luft« und die Erde mit ihrem »Birken- und Beerenduft« an; geradezu eine Lyrik der Elemente (wie sie später einer seiner Erben, Johannes Bobrowski, schuf)[4] entfaltet er in diesen Zeilen. Doch nicht einmal hier wird die nördliche Landschaft (sowenig wie die östliche bei Bobrowski) zum Selbstzweck. Der dichterische Aufschwung erfolgt, gewiß; und er ist hinreißend genug. Aber dann nimmt der politische »Flüchtling«, der scheinbar so romantisch »im Erlengrund« sitzt, »sein schwieriges Handwerk wieder auf: das Hoffen«. Es ist ein Hoffen und unentwegtes Hinarbeiten, mit welch schwachen Mitteln auch immer: nicht nur auf die Beendigung des Krieges, sondern jedweder »Unordnung« und »Ausbeutung«, sowohl auf dem »Gute«, dem Land, wie »in unseren Städten des Klassenkampfs«. Alle natur- und sinnenhaften Eindrücke, all jene so intensiv, so hymnisch elementar beschworenen Stimmungen und Empfindungen verblassen, verwischen sich, schwinden. Brecht zählt sie sorgfältig auf: »Geruch und Ton und Bild und Sinn verschwimmt.« Denn gerade indem sie im Leben nicht dauern dürfen, bleiben sie in der Kunst aufgehoben – wenn auch bloß (wie der Flüchtling und Dichter inständig hoffte), um dereinst desto sicherer und greifbarer wiederzukehren. Doch mit, nein in ihnen (beides ist ja untrennbar verbunden) bleibt auch die bittere Wirklichkeit und Gegenwart: »ein Volk, das in zwei Sprachen schweigt«. Dieser unvergeßliche Vers, dieser so beredte Reim übers »Schweigen«, der die Strophe zusammenfaßt, das gesamte Gedicht krönend und zum makellosen Kunstgebilde rundend: sie sind – wie jedes dieser Geständnisse eines Dichters, jedes dieser poetisch-politischen Gespräche und Selbstgespräche »über Bäume« – alles andere als ›übermütig‹ oder gar ›ein Verbrechen‹. Ganz im Gegenteil: sie sind reinste humane Kunst, die in tödlichem Ernst um reinste Humanität ringt.

Vielleicht verstehen wir jetzt, was es hieß, wenn ein Dichter wie Brecht Verse wie die folgenden schrieb:

> Aber auch ich auf dem letzten Boot
> Sah noch den Frohsinn des Frührots im Takelzeug
> Und der Delphine graulichte Leiber, tauchend
> Aus der Japanischen See.
> Und die Pferdewäglein mit dem Goldbeschlag
> Und die rosa Armschleier der Matronen
> In den Gassen des gezeichneten Manila
> Sah auch der Flüchtling mit Freude.
> Die Öltürme und dürstenden Gärten von Los Angeles
> Und die abendlichen Schluchten Kaliforniens und die Obstmärkte
> Ließen auch den Boten des Unglücks
> Nicht kalt. (10, 830)

Ausgerechnet diese Verse jedoch – obgleich abermals reimlos, unregelmäßig und beinah prosanah, abermals abgefaßt »in kärglicher Sprache«, wie der Dichter von seinem Lehrstück *Die Mutter* gestand (17, 1053) –, ausgerechnet sie, diese armen zwölf Zeilen, waren dem Flüchtling »schon zu reich«. Brecht notierte es wörtlich Ende 1944 in seinem *Arbeitsjournal,* dem Tagebuch, das er vor allem während der Exiljahre führte.[5] Selbst, ja gerade *Die Landschaft des Exils* (so der Titel des Gedichts) war dem Dichter schon oder noch zu reich: nicht obwohl, sondern weil er hier »ohne allen Umschweif« (was er an seinen Texten sonst lobte [vgl. 17, 1053]) das für ihn im Grunde bereits nicht mehr Sagbare, wie verhalten auch immer, sagte. Brecht fand, er habe damit der Dinge und ihrer Schönheit – in der vermenschlichten, der humanisierten Natur vielleicht mehr noch als in der reinen – nicht nur »gut«, sondern zu gut »geachtet«. Denn weder negiert er sie im

Sinne Mallarmés, durch pure Verneinung, noch setzt er ihnen, im Sinne seiner eigenen Auffassung von der Kunst als Waffe, eine kämpferische Bejahung entgegen. Der Dichter des Klassenkampfs wagte ein einziges Mal, wonach ihn stets verlangt, was ihn immer wieder »zum Schreibtisch« gedrängt hatte, ohne daß er ihm nachgeben durfte: uneingeschränkt lyrisch zu sprechen. Er »sah noch« und »sah auch«, so heißt es unmißverständlich; ja, er »sah . . . mit Freude«. Und was er sah, sang er unmittelbar. Wenn dieser »Flüchtling«, der »Bote des Unglücks«, dann doch verneint, so geschieht das eindeutig, in welch »kärglicher Sprache« auch, mit umgekehrter Bewertung. Die »Öltürme« und die »dürstenden Gärten«, die »abendlichen Schluchten« und die »Obstmärkte« lassen selbst ihn »*nicht* kalt«.

Auch der hierin Brecht aufs engste verwandte Bobrowski, dem es auf seine Weise ganz ähnlich erging, wollte lyrisch so uneingeschränkt, so unmittelbar sprechen. Auch ihn drängte es zum feiernden, preisenden Anruf; auch er sehnte sich danach, *Immer zu benennen*, wie er eins der bekenntnishaftesten Gedichte aus seiner ›reimlosen Lyrik mit unregelmäßigen Rhythmen‹ überschrieben hat:

> Immer zu benennen:
> den Baum, den Vogel im Flug,
> den rötlichen Fels, wo der Strom
> zieht, grün, und den Fisch
> im weißen Rauch, wenn es dunkelt
> über die Wälder herab.

Doch selbst Bobrowski, der sich der reinen Natur viel stärker hingab als Brecht, wußte um den Trug der Farben, die Verlockung durch die poetischen Zeichen:

> Zeichen, Farben, es ist
> ein Spiel, ich bin bedenklich,
> es möchte nicht enden
> gerecht.[6]

Um solcher Gerechtigkeit willen verwarf Brecht jene zwölf ergreifenden Zeilen, die nicht bloß zum Verhaltensten, sondern auch zum Zartesten, ja Rührendsten (ich scheue das Wort nicht) in seiner gesamten Dichtung gehören. »Gedichte wie *Die Landschaft des Exils* nehme ich nicht auf«, notierte er, als er in Kalifornien seine Sammlung der *Gedichte im Exil* zusammenstellte, »das ist schon zu reich.«[7] Wie der jüngere, aber ebenfalls so früh verstorbene Bobrowski empfand Bertolt Brecht das ästhetische »Spiel« als »bedenklich«. Gleich Kin-jeh schreckte er – und sei's erst im Rückblick – vor dem, was es »einschließt«, zurück. »Ausschließlich wegen der zunehmenden Unordnung« wollte dieser Dichter, der sich einst zynisch, in baalischer »Billigung« der an Widersprüchen so ›reichen‹ Welt mit ihren »Schneefällen« und ihrem »verlockten Fleisch«, den »armen B. B.« genannt hatte (vgl. 8, 261), fortan reden und schreiben.

Aber wenn jene Zeilen, innerhalb der Brechtschen Geständnisse, auf ihre Art genauso unerhört sind wie die sechzehn Zeilen, von denen wir ausgingen, so kann man diese, deren Autor »nur mehr von der Unordnung«, von »Ausbeutung« und »Klassenjustiz« zu sprechen gedenkt, nun beim besten Willen nicht als »zu reich« bezeichnen. In ihnen herrscht wahrlich die äußerste Kargheit, ja Glanzlosigkeit des Ausdrucks, herrschen Kahlheit, Nacktheit, ja schlechterdings der »Mangel«, wie Brecht im *Arbeitsjournal*[8] bekannte. Doch aus ebensolchem Mangel sowohl im »Ausdruck« als auch im »Rhythmus« – dies des Dichters schonungslose Hinzufügung – gewinnt der Text seine Ausdrucksmächtigkeit und rhythmische Vielfalt; ebendaraus erwachsen seine Kraft, seine fast unerträgliche Fülle und dichterische Intensität. Wenn es zutrifft, daß tatsächlich irgend etwas in Brechts Lyrik »in einer Art ›basic German‹ geschrieben« ist, wie der Dichter bei der gleichen Gelegenheit behauptet hat[9], so sind es diese Verse aus den dreißiger Jahren. Aber diese selben Verse bilden auch ein Gedicht, das uns noch heutigentags, ja heute mehr denn je, bis auf den Grund zu erschüttern vermag.

Es beginnt wie ein Geschäftsbrief oder eine amtliche Verlautbarung. Oder meinetwegen wie eine sinistre diplomatische Note. Die Alltäglichkeit dieses Anfangs ist schwerlich zu überbieten; seine ›Dürre‹ hat in der gesamten Lyrik der Weltliteratur kaum ihresgleichen. ›Ausschließlich wegen der zunehmenden‹ – was? Verteuerung der Rohstoffe? Unsicherheit auf den Straßen? Verschärfung der politischen Spannungen? – ›sehn wir uns leider (sieht die Regierung sich zu ihrem Bedauern) genötigt, Schritte zu unternehmen, die . . .‹ Könnte es nicht ohne jede Schwierigkeit, völlig zwingend, so weitergehen? Wäre darüber irgend jemand, der diesen Text anderswo läse, auch nur im geringsten erstaunt? Denn die Sprache der »Geschäfte« und der »Politik« wird hier ja keineswegs bloß beredet, sondern tatsächlich gesprochen: sie ist vorhanden, ist leibhaft anwesend und gegenwärtig! Und nicht allein sie, sondern noch eine Menge ähnlicher Sprachelemente und Redeformen, die angeblich ebenfalls ›unlyrisch‹ und deshalb herkömmlicherweise aus der Poesie ausgeschlossen sind, die von Brecht jedoch ganz bewußt verwendet und für seine Zwecke eingesetzt werden. So etwa das Fremdwort und der *terminus technicus* oder wissenschaftliche Fachbegriff, auch das polemische, pflichtgetreu als solches kenntlich gemachte Zitat (»unwürdig««); dazu überhaupt alles Fach-, Amts- und selbst Umgangssprachliche mit seiner logischen (»also«) bzw. lockeren (»wir wissen's«) Verknüpfung und mithin jeweils ›unpoetischen‹ Qualität. Weder die pedantischen Gänsefüßchen noch die hyperkorrekte Klammer fehlen in diesem so vielfältig ›fehlerhaften‹, von ›Mangel‹ so erfüllten Gedicht. In ihm ist »jedes ungewöhnliche [will sagen: betont ›poetische‹, absichtlich ›lyrische‹] Wort« sorgsam vermieden: weil nämlich derlei dem Dichter zuinnerst »widerstrebt« hätte, wie er wiederum in jener Notiz von 1944[10] gesteht (und wovon er, beiläufig, für alle seine *Gedichte im Exil* überzeugt war). Brecht wollte kein hochtönendes Pathos, sondern höchste Simplizität; er wollte um keinen Preis eine erhabene, sondern eine durch und durch ›gewöhnliche‹, eine menschlich-einfache – wenn man will: volkstümlich-schlichte – und jedenfalls für die Masse der Arbeitenden und Kämpfenden brauchbare und verständliche ›Aufhebung‹. Oder um noch einmal, allerdings kühn genug, Mallarmé zu bemühen: Brecht wollte und erreichte in solchen Versen *une élévation ordinaire*.

Diese freilich gilt für das Werk ihres Verkünders, das Muster derartiger *absence*, nur in den allerseltensten Fällen, da bekanntlich er, hoch über der ›viehischen‹ Dumpfheit, ja Dummheit der Masse, *au-dessus du bétail ahuri des humains*[11], in Wirklichkeit auf eine ganz andere ›Aufhebung‹ sann. »Seine Angst vor dem Banalen resultiert häufig in Banalitäten«, vermerkt daher grausam, doch nicht zu Unrecht Brechts *Arbeitsjournal* unterm 2. 7. 1940. Der Dichter hat Mallarmé diese eine Eintragung von knapp einer halben Seite gewidmet, die indes ganze Monographien über die dunkle und hermetische, aber trotz allem kongeniale Lyrik des Franzosen aufwiegt.[12] Ja, man könnte den soeben zitierten Satz, vom Kopf auf die Füße gestellt, geradezu auf Brecht selber anwenden. Denn obwohl sich der Dichter dies sicherlich verbeten hätte, ließe sich von Brecht das genau Umge-kehrte, jedoch gleichwohl genau Entsprechende sagen wie von Mallarmé: daß nämlich seine Angst oder Scheu, die vorm Patheti-schen und Monumentalen, häufig zu einer neuen Pathetik, einer eigenen und unverwechselbaren Monumentalität führe. Wer ver-möchte auch die strenge Schönheit, die lapidare Poesie jener paar asketischen Zeilen zu leugnen? Gerade durch den Verzicht auf alle herkömmlichen Wirkungsmittel erlangt ja Brechts Text seine unerhörte, gänzlich ungeahnte Wirkung und Aussicht auf Dauer. Und eine Reinheit und Haltbarkeit dieser Art, eine ›lapidare‹ im Wortsinn, bezogen auf Verse, die in Stein gemeißelt, in Waffen und Werkzeuge eingeritzt werden können: sie widerstrebte dem Dichter zweifellos ebensowenig, wie ihm das »trockene ... Vo-kabular der dialektischen Ökonomie« widerstrebte. Die Geste, mit der er es ein ›unwürdiges‹ nennt, ist so ernsthaft wie ironisch. (Man erwäge auch, daß Brecht das *Kommunistische Manifest* allen Ernstes zu versifizieren versuchte!) Gerade durch seinen ver-meintlich unlyrischen, unpoetischen Tonfall empfängt Brechts Gedicht seine unvermutete Poetizität, eine Art ›edler Einfalt und stiller Größe‹ in der Sprache des 20. Jahrhunderts; gerade sein scheinbar ganz und gar ›würdeloser Jargon‹ (um es so pointiert wie möglich auszudrücken) verleiht ihm Würde, Adel, ja sogar Weihe – wenn auch, weiß der Himmel, keine im Sinne etwa Stefan Georges, des von Brecht wohl bestgehaßten Lyrikers unter seinen Landsleuten. Nicht mittels Erlesenheit und Esoterik, son-dern »reinlich die Worte setzend« (wie er so bescheiden wie bedeutsam in seinem Briefgedicht über *Die Mutter* schrieb [vgl. 17, 1053]) erzielte der Dichter des Klassenkampfs diese karge und spröde, reinliche oder reine Würde, die – was er selbst am zuverlässigsten wußte – eine wesenhaft ›klassische‹ war. Brecht lehnte zwar jede bürgerliche Klassikvorstellung mit ihren ver-staubten Winckelmannschen Begriffen radikal ab, jedoch beileibe nicht die Klassik schlechthin, und am wenigsten die der marxisti-schen ›Klassiker‹ mit ihrer trockenen Klarheit und rauhen Würde. Nicht einmal ironisch hätte er bei ihnen (oder sich) von ›edler Einfalt und stiller Größe‹ gesprochen; statt dessen pries er ihre (und seine) Schmucklosigkeit, ja klassische Nacktheit und platter-dings »Grobheit«! Man lese dazu nur Brechts Gedicht *Der Gedanke in den Werken der Klassiker,* entstanden wiederum ungefähr gleichzeitig mit seinen ›unwürdigen‹ Versen! Ist es nicht, recht besehen, eine Rühmung, die sowohl ihren Gegenstand als auch sich selber, sowohl Karl Marx, Friedrich Engels und Wladimir Iljitsch Lenin als auch Bertolt Brecht meint? Vom Gedanken in den Werken all dieser Klassiker heißt es in diesem Klassikerlob:

> Nackt und ohne Behang
> Tritt er vor dich hin, ohne Scham, denn er ist
> Seiner Nützlichkeit sicher.
> Es bekümmert ihn nicht
> Daß du ihn schon kennst, ihm genügt es
> Daß du ihn vergessen hast.
> Er spricht
> Mit der Grobheit der Größe. Ohne Umschweife
> Ohne Einleitung
> Tritt er auf, gewohnt
> Beachtung zu finden, seiner Nützlichkeit wegen. (8, 568)

Kein Zweifel: Brechts »Trockenheit« der Klassizität, die ihm Walter Benjamin für seine Prosa attestierte, prägt in exemplarischem Maß auch seine Lyrik. Und auch das hat bereits Benjamin erkannt. Wir dürfen sein Urteil im Brief an Brecht vom 20. Mai 1935 ohne weiteres verallgemeinern. Solche Texte, bestimmt es unzweideutig und seinerseits lapidar, »haben die Trockenheit und ... unbegrenzte Konservierbarkeit durchaus klassischer Schriften«.[13] Vielleicht trifft dieses Urteil, das ebensosehr ein künstlerisches wie ein politisches ist, auf keins von Brechts Werken uneingeschränkter zu als auf *Ausschließlich wegen der zunehmenden Unordnung*. »Gebaut« – so diesmal Benjamins *Kommentare zu Gedichten von Brecht* – nicht nur »aus primitiven [nämlich ursprünglichen, ›reinen‹] Worten«, sondern aus Worten, die nicht minder primitiv (nämlich ›reinlich‹) gesetzt und zusammengebaut sind, stellt es ein meisterhaft geformtes Kunstgebilde dar. Es ist, gerade in seiner so kunstlos wirkenden Trockenheit, eine »außerordentlich artistische Leistung«. So, mit Fug und Recht, abermals der bewundernde Freund in seinen *Kommentaren*.[14]

Doch auch damit noch nicht genug. Denn Brechts Gedicht, das wie ein Geschäftsbrief, eine offizielle Bekanntmachung, ein regierungsamtliches Kommuniqué beginnt und so unabsehbare Perspektiven eröffnet, endet ja als rückhaltlose, als unbarmherzige Beichte! Und das alles in einem Satz! Wie manche der Hymnen

Hölderlins, so besteht dieses Geständnis eines Dichters, obschon nicht im entferntesten hymnisch, aus einem einzigen riesigen Satzbogen, der sich über sämtliche sechzehn Zeilen spannt; obwohl anscheinend ruhig und völlig sachlich, ganz trocken geschäftsmäßig und unbeteiligt hingesagt, wird es in einem einzigen Atem, und zudem mehrfach gewaltsam gestaut, förmlich herausgepreßt! Allein in der Schreibweise, dem bloßen Duktus der Sprache, sind hier jene zerreißenden Widersprüche, ist die gesamte gedrängte Gegensätzlichkeit aus *Über reine Kunst*, aus *An die Nachgeborenen, Frühling 1938* (und wie die betreffenden Texte alle heißen, die sich unschwer vermehren ließen) bereits vollständig enthalten! und nicht nur enthalten, sondern auch aufgehoben! und nunmehr auf unvergleichliche, wahrhaft würdige Weise! Darf man nicht solchen Versen, selbst gegen den Willen ihres Dichters, sogar die *edle* Einfachheit, die *noble simplicité* des Klassischen zuerkennen?

Ich habe mit Bedacht den Namen Friedrich Hölderlins erwähnt, so wie vorhin denjenigen Georges. George wie Hölderlin nämlich – ähnlich wie Heine und Karl Kraus, denen man noch Gottfried Benn zuzählen könnte – spielen in Brechts Auffassung von der Lyrik und Lyrikentwicklung, insbesondere eben der deutschen, eine maßgebliche, eine (im Guten wie Schlimmen) geradezu richtungweisende Rolle. Die unregelmäßigen Kola seiner reimlosen Verse sind ja weder freirhythmische im Gefolge der harten Fügung Hölderlins noch lose, nachlässig gereihte nach Art des prosanahen Parlandos mancher Bennschen Gedichte, und sie sind dennoch an beidem beteiligt. Man müßte vielleicht beinah altmodisch definieren, Brechts Zeilen seien rhythmisch und trotzdem ungezwungen, seien ›poetisch‹ und ›prosaisch‹ zugleich. Oder sollen wir sie, mit seinem eigenen Vokabular, als »gestisch« und »dialektisch« kennzeichnen? Zugestanden, zumindest mit dem zweiten dieser Begriffe ist inzwischen allerhand Schindluder getrieben worden, nicht anders als mit dem so oft mißbrauchten des Realismus. Und gleichwohl erweisen sich das Gestische und das Dialektische wie Realistische nicht allein als berechtigt, sondern als unentbehrlich. Denn was ich für die Rhythmik der Brechtschen Verssprache skizziert habe, gilt für Brechts Sprache und Dichtung insgesamt. Sein Gesamtwerk ist, wie er einmal von seinem Bühnenidiom sagte, weder nur expressiv oder gar expressionistisch noch auch bloß naturalistisch oder lediglich natürlich:[15] es ist vielmehr, alle Vorzüge dieser Stile und Epochen widerspruchsvoll vereinend, ebenso realistisch wie dialektisch. (Ganz zu schweigen vom Gestischen, d. h. der eminenten Sprechbarkeit der Brechtschen Sätze, in denen Laut- und Sinngebärde, Rhythmus und Bedeutung gerade in ihrer Widersprüchlichkeit mustergültig vereinigt sind.) Brecht hat in der Tat, auf seine Weise und unter den schwierigsten Umständen, jene »schöne widersprüchliche Einheit« wiederhergestellt, die er im *Arbeitsjournal* nicht etwa an den marxistischen Klassikern, sondern am Klassiker Goethe und dessen Lyrik rühmt, die er aber gleich nach Goethe, bei Heinrich Heine und Hölderlin, in eine »völlig profane« und »völlig pontifikale« Entwicklung zerfallen sieht, eine Entwicklung, die sich dann – »welch ein Abstieg!« – bis zu George und selbst Kraus fortgesetzt habe.[16]

Dem Dichter kamen diese ›Gedanken über Gedichte‹, diese Überlegungen zu ›Problemen der Lyrik‹, als er, wie er unterm 22. 8. 1940 so drastisch wie erhellend gesteht, die notwendige »Sprach*waschung*« an seinen »finnischen Epigrammen« vornahm. Selbst er fühlte sich offenbar nicht ungefährdet. In der »profanen Linie«, der von Heine zu Kraus oder eben Benn, »verlottert« nämlich die Sprache »immer mehr«, Brecht zufolge: weil, wie er erklärt, »die Natürlichkeit durch kleine Verstöße gegen die Form erreicht werden soll«. Brecht tadelt scharf die »Witzigkeit«, die sich dabei einstelle, da er sie für »ziemlich unverantwortlich« hält; er spricht vom ›Schematismus‹ des Ausdrucks, vom Schwinden der »Spannung« zwischen den Wörtern, ja überhaupt von einer Wortwahl, die förmlich »unachtsam« sei. Man entziehe sich rundweg der »Verpflichtung«, echt »lyrische Wirkung« anzustreben, bemerkt Brecht; und er schließt mit dem in seinen Augen vernichtenden Verdikt: »Der Dichter vertritt nur noch sich selber.«

Das ist wieder mit der ganzen Grausamkeit des Kenners und Konkurrenten formuliert – aber trifft es nicht trotzdem ins Schwarze? Liegt nicht ein Gutteil der Problematik dieser »profanen Linie« in solchen ›Verstößen‹, ›Unachtsamkeiten‹ und ›Unverantwortlichkeiten‹ begründet? Vertrat nicht sogar ein Heine (und erst recht Benn) vielfach »nur noch sich selber«? Doch Brecht hat sich für seinen »Abstieg« einerseits Kraus und andererseits, was die »pontifikale Linie« anbelangt, den Formkünstler George gewählt. Dessen priesterliche Attitüde wie Produktion, so notierte der Dichter, werde »unter der Maske der Verachtung der Politik ganz offen konterrevolutionär«; derlei sei »nicht nur reaktionär«, sondern wirke buchstäblich »für die Konterrevolution«. Lakonisch (»trocken«) fügte Brecht hinzu:

> George ist unsinnlich und setzt dafür verfeinerten Kulinarismus. Auch Karl Kraus . . . ist unsinnlich, weil rein spirituell. Die Einseitigkeit beider Linien macht eine Beurteilung immer schwieriger. Bei George hat man einen extremen Subjektivismus, der als objektiv auftreten möchte, indem er formal klassizistisch auftritt. In Wirklichkeit ist die Lyrik Krausens bei aller scheinbaren Subjektivität doch objektnäher, trägt mehr Sache. Kraus ist schwächer als George, das ist unglücklich. Er wäre so sehr viel besser sonst.

Es fällt einem schwer, Brechts Notiz nicht ungekürzt zu zitieren; denn unverkennbar greift sie, obzwar vom Epigrammatischen ausgehend, weit über diesen Einzelfall hinaus. Selbst als theoretisierender Tagebuchschreiber, so ist man daher fast geneigt zu folgern, enthüllt sich Brecht noch als klassischer Autor (vom formenden Theoretiker, der zum Beispiel das *Kleine Organon für das Theater* schrieb, gar nicht zu reden). Aber namentlich eben auf Grund jener Wiederherstellung der ursprünglichen »Einheit«, die er in Goethe verwirklicht fand, einer Wiederherstellung gerade *nicht* im klassizistischen Sinn, sondern auf neuer Stufe, darf der Dichter des Klassenkampfs den Ruhm eines Klassikers beanspruchen, gebührt seinem Werk die Würde der Klassizität. Ja, ich wage die Behauptung, daß Brecht zu den wenigen wahren Klassikern nicht nur der deutschen *Dichtung*, sondern auch der deutschen *Sprache* gehört. Neben Goethe und Martin Luther (zu dem er sich gleichfalls bereitwillig bekannt hat) und sogar neben Friedrich Nietzsche (den er nämlich keineswegs so glatt verleugnet hat, wie manche das möchten) verdient dieser Dichter einer der vier größten Sprach*meister* und Sprach*schöpfer* der Deutschen genannt zu werden. Während etwa Thomas Mann ›lediglich‹ ein umfassendes sprachliches und künstlerisches Erbe meisterlich verwaltete, mit allem Überkommenen raffiniert-genial und spätzeitlich-virtuos spielend, war Brecht, obwohl nicht minder umfassend in seiner Aneignung des Vergangenen, in beiderlei Hinsicht stets auch schöpferisch und somit zukunftsträchtig. Das äußert sich selbst in so bescheidenen Sätzen wie den folgenden:

Und doch wendet sich die Kunst an alle und träte mit ihrem Lied dem Tiger entgegen. Und nicht selten läßt er mit sich singen! (16, 703)

Oder:

In den Zeiten der Umwälzung, den furchtbaren und fruchtbaren, fallen die Abende der untergehenden Klassen mit den Frühen der aufsteigenden zusammen. [Und Hegel bewußt ›aufhebend‹, fährt der Dichter fort:] Dies sind die Dämmerungen, in denen die Eule der Minerva ihre Flüge beginnt. (16, 702)

Seit Bertolt Brecht gibt es einen neuen, vorher nie und nirgends vernommenen Ton in der deutschen Sprache wie in der deutschen Dichtung.

Auch in den sechzehn armen Zeilen, die ein einziger überreicher Satz sind, spiegelt sich Brechts unnachahmliche Leistung. Diese Verse sind zwar keinesfalls abschätzig ›pontifikal‹ oder ›profan‹, indes gleichwohl so tiefernst, beschwörend und beinah feierlich wie sachlich und objektiv, unheilig nüchtern und beinah alltäglich. Sie verbinden, mit einem Wort, abermals das Gegensätzliche zur Einheit, und abermals widerspruchsvoll genug. Auf kleinstem Raum bieten sie ein Musterbeispiel für Realismus wie für Dialektik. Jener braucht hier nicht weiter erörtert zu werden, um so mehr dagegen diese. Denn die zerreißenden Widersprüche und klaffenden Gegensätze, die in Brechts Gedicht enthalten und aufgehoben sind, sind dies ja nicht bloß im Medium des Gestischen, der rein sprachlichen, rein rhythmischen Bewegung, die dermaßen atemlos und trotzdem gebändigt ist; sie sind es auch und erst recht als inhaltliche Aussage. Und in ihr vollends ist die ganze einschlägige Thematik, sind jene sämtlichen Brechtschen Texte, von *Über reine Kunst* bis *Die Landschaft des Exils* und noch darüber hinaus, offen oder untergründig gegenwärtig. Die Verheißungen, ja Forderungen wie die Mahnungen und Warnungen; die Ästhetik des Sittlichen wie die Ethik der Kunst; Zeit und Zeitlosigkeit, Geschichte und Natur, Gerechtigkeit und Glück; Pflicht, ja selbst Opfer wie Genuß, ja lustvolle Billigung: all das und mehr ist in Brechts Gedicht anwesend, und sei es auch nur in der Abwesenheit. Weder fehlen die Schatten der Vergangenheit, mitsamt ihrer Lockung, noch mangelt es am Licht der Zukunft, wie gebrochen es immer scheinen mag. Mitten in unserer finsteren Zwischenzeit, wo der Genuß der Natur und die Freuden der Liebe »fast ein Verbrechen« sind, mitten in dieser Zeit der

Verdüsterung jeglicher Kunst beruft der Dichter, in Mallarmé-scher Evokation durch Negation, die »Naturstimmungen« und »Empfindungen des Fleisches« und damit sowohl die Kunst, die *nicht mehr* sein *darf,* als auch diejenige, die *noch nicht* sein *kann.* Aber ebendadurch *entsteht und ist* die Kunst, die *immer* sein *soll.* Ebendadurch, daß in dieser unserer Gegenwart vollendete Kunst, vollkommene Dichtung von der Unmöglichkeit, jedenfalls Un-sittlichkeit von Dichtung und Kunst heute spricht, wird Kunst, wird Dichtung geschaffen. Das Ästhetische hebt sich im wört-lichsten Sinn selber auf. Wahrhaftig nicht auf »einseitige«, son-dern auf unabsehbar »vielseitige« Weise wird hier, durch ›reine‹ Verneinung des Poetischen wie durch dessen angeblich ›unreine‹ Verquickung mit dem Politischen, die Verweigerung der Dich-tung zum höchsten dichterischen Ausdruck, die Absage an die Kunst zur Kunst. Wie schwerlich irgendwelche anderen Verse von Brecht sind diese Zeilen ein klassisches Zeugnis für seine Poesie des *kaum* mehr, schon *nicht* mehr Sagbaren und dennoch Gesagten. Läßt sich, so frage ich, ein besserer Beweis für die Wirklichkeit der Kunst denken als dieses Gedicht über ihre Unmöglichkeit?

Oder hieße das vorschnell urteilen? hieße es allzu bequem und harmonisch schließen? Wäre diese Selbsterlösung, wie dialektisch auch immer, am Ende gar eine ›schöne‹ Täuschung? Aber kann man den Begriff der Schönheit auf solche Kunst überhaupt anwenden? Wäre derlei nicht tatsächlich »ein Verbrechen«? Ge-wiß, Brecht hat die unheilvolle Spaltung nicht bloß der deutschen Lyrik, sondern aller Dichtung, ihren Zerfall in *poésie pure* und *littérature engagée,* mit seiner *poésie engagée* aufgehoben. Doch darf deren »Einheit«, obzwar sie so »widersprüchlich« wie nur möglich ist, »schön« genannt werden? Wenn sich wirklich das Ästhetische wortwörtlich und in jeder Hinsicht selber aufhebt, so hebt es sich ja im dreifachen Hegelschen Sinn auf, wird also nicht bloß bewahrt, nicht bloß auf eine neue, höhere Stufe emporgeho-ben, sondern durchaus und ohne Rest oder Rettung auch vernich-tet! Und lehnt nicht Brecht gerade mit diesem Gedicht jedwede ästhetische, in den Genuß am Schönen mündende Annäherung an sein Werk kategorisch ab? Will er es nicht »ausschließlich« als Waffe verstanden wissen, »seiner Nützlichkeit wegen«? Ist nicht damit, hier und heute, wenn nicht die Kunst als solche, so zumindest die *reine* Kunst, zumindest der reine Kunst*genuß* verneint und verpönt? Oder sollte selbst dies noch eine Negation nach Art Mallarmés, eine Bejahung in der Verneinung, eine Anwesenheit durch Abwesenheit sein? Wie läßt sich das alles vereinbaren, geschweige denn versöhnen? Was geht in diesem *politischen Natur- und Liebesgedicht* (um einmal ganz paradox und ganz simpel zu sprechen) eigentlich vor sich? in diesem Geständnis von sechzehn Zeilen, das zugleich der unerbittliche Entschluß eines Kämpfers und die erschütternde Klage eines Dichters ist?

Gewiß, gewiß: Brecht evoziert in ihm, durch seine eindringliche Negation, »all« das, »was den Menschen rund macht und menschlich«; es wird hier in seiner ganzen Fülle und Vielseitigkeit beschworen. Ja, Brecht weist sogar, in zusätzlicher Affirmation, nochmals eigens darauf hin, wenn er rückblickend, im Einschub, von den tödlichen »Schneefällen« versichert, sie seien keineswegs bloß »kalt«. Und Brechts Antithese zu dieser programmatischen These, sein Entschluß zur Einseitigkeit, zum Opfer und zur freiwilligen Verarmung, wird gleichfalls auf eine Weise gesetzt, wie man sie programmatischer kaum wünschen kann. Jedoch mit der Synthese, die sich daraus ergibt oder ergeben könnte, die aus solchem »*nicht mehr* zu reden . . . / Sondern zu reden *nur mehr*« vielleicht folgt, sind die Widersprüche beileibe nicht erschöpft, kommt die dialektische Bewegung noch lange nicht zum Stillstand. Es kommt vielmehr etwas hinzu, was so in keinem anderen Gedicht oder Selbstzeugnis Brechts begegnet. Denn diese Synthese (falls sie tatsächlich eine ist) wird nun abermals zur evozierenden, ja provozierenden These. Weshalb nämlich will Brecht das Ästhetische nicht mehr wahrnehmen, das Menschliche, Runde und Schöne nicht mehr genießen und genußvoll gestalten, für sich und seine Mitmenschen? Warum will dieser Dichter nicht mehr das Dichterische, die ungebundene Vielfalt, sondern die ›Dürre‹ und ›Verstrickung‹, die »Geschäfte der Politik«? Warum will Bertolt Brecht statt der Kunst allein noch den Kampf? »Ausschließlich« und einzig,

Damit nicht dieses furchtbare gedrängte Zusammensein
Von Schneefällen (sie sind nicht nur kalt, wir wissen's)
Ausbeutung, verlocktem Fleisch und Klassenjustiz eine Billigung
So vielseitiger Welt in uns erzeuge, Lust an
Den Widersprüchen solch blutigen Lebens . . .

Brecht war Künstler genug, um sogar das zutiefst Inhumane der Kunst (oder doch die Gefährdung jeglicher Kunst durch Unmenschlichkeit) nicht bloß zu erfahren und zu erkennen, sondern förmlich anzuerkennen. Daß er solches sich und uns, wie zurückhaltend auch immer, eingestand, ist die letzte, ist die wahrhaft unerhörte Beichte dieses Dichters.

Soll die Kunst demnach *nicht* sein? Sie soll es, antwortet Brecht, der Künstler, in der Tat nicht. *Die Kunst soll nicht sein*: eben *weil* sie ihn, so sehr sie ihn lockt, ein Verbrechen, ein Frevel, eine schreiende Ungerechtigkeit und Barbarei dünkt; weil immer noch der Mensch dem Menschen ein Wolf ist; weil heute wie eh und je Menschen von Menschen, Klassen von Klassen, ganze Völkerschaften und Kontinente geknechtet, ausgesaugt und zu Tode geschunden werden; weil diese entmenschte Menschheit, wenn sie nicht schleunigst und von Grund auf verändert wird, in ihrem Blutschlamm ersticken muß. Die Kunst, ebendeswegen, soll nicht sein. Ja, sie kann und darf auch deshalb nicht sein, weil sogar die Weltveränderung selber, der Kampf für die Vermenschlichung der Menschheit, den Menschen unmenschlich zu machen droht. Brecht wußte darum wie wenige. Und er klagte nicht nur, daß auch der »Haß gegen die Niedrigkeit« das Menschenantlitz verzerre, auch der »Zorn über das Unrecht« die menschliche Stimme entstelle; daß gerade diejenigen, die »den Boden bereiten« wollen »für Freundlichkeit«, selber nicht »freundlich sein« können. Durchaus nicht nur darum bat er »die Nachgeborenen«, seiner »mit Nachsicht« zu gedenken. Nein, Brecht hat diese unmenschliche Menschlichkeit nicht etwa nur erkannt, so wie er die Inhumanität der Kunst erkannte: er hat dies »bittere Gesetz«[17] sogar gelehrt! Er, der das Tragische leugnete, hat diesen entsetzlichen Zwiespalt, der doch, wenn es irgend Tragik gibt, nicht anders als tragisch heißen kann, bejaht und verkündet! In der *Maßnahme,* dem vielleicht wahrsten, sicherlich unbarmherzigsten seiner Werke, ruft Brecht durch den Mund des »Kontrollchors« so emphatisch wie rhetorisch:

Welche Niedrigkeit begingest du nicht, um
Die Niedrigkeit auszutilgen? (2, 652)

Aber es bleibt nicht bei der bloßen Frage, so rhetorisch sie bereits klingt. Ausdrücklich befiehlt der Dichter auch:

Versinke in Schmutz

Umarme den Schlächter, aber
Ändere die Welt: sie braucht es! (ebd.)

Der Kampf für die Änderung dieser blutigen Welt, die einem
»Schlachthaus« gleicht, zwingt dazu, selbst noch den »Schlächter« zu umarmen; er zwingt die Kämpfer, bewußt und willentlich
im »Schmutz«, im Blutschlamm, in der blutigen Jauche zu versin-
ken. Jede »Niedrigkeit«, sogar die äußerste, muß nach Brecht
begangen werden, um die Erniedrigten zu befreien. Er weiß zwar
(und hebt dies eigenhändig hervor):

Furchtbar ist es, zu töten. (2, 661)

Doch er weiß zugleich und läßt es ebenfalls von den »Agitatoren« in der *Maßnahme* verkünden:

Aber nicht andere nur, auch uns töten wir, wenn es nottut
Da doch nur mit Gewalt diese tötende
Welt zu ändern ist, wie
Jeder Lebende weiß.
Noch ist es uns, sagten wir
Nicht vergönnt, nicht zu töten. Einzig mit dem
Unbeugbaren Willen, die Welt zu verändern, begründeten wir
Die Maßnahme. (ebd.)

Noch, lehrte Brecht, ist es dem Menschen nicht vergönnt,
menschlich zu sein. Noch tut Gewalt, tut Unmenschlichkeit not.
»Einzig« und ausschließlich »mit dem unbeugbaren Willen, die
Welt zu verändern«, darf man solch blutige »Maßnahmen« gut-
heißen; nur im Blick auf den obersten Wert und Zweck der
endgültigen Vermenschlichung der Menschheit darf man sich mit
solchen Mitteln einverstanden erklären. Niemals darf man diese
»so vielseitige Welt«, dieses »blutige Leben« in seiner Fülle,
seiner dionysischen Widersprüchlichkeit, als Kunst und Stoff für
Kunst lustvoll billigen, nie es ›allein als ästhetisches Phänomen
rechtfertigen‹, wie das Nietzsche einst von der Tragödie lehrte.
– Muß ich wirklich noch fragen, ob sich eine bedingungslosere,
eine vernichtendere Absage an die Kunst denken lasse als Brechts
karges Gedicht, das trotz seiner Kargheit so kunstvoll ist?

Und doch soll Kunst, soll Dichtung sein. Sogar als reine. Der
reflektierende Dichter selbst, nicht bloß in *Über reine Kunst*,
sondern auch in dem früher erwähnten, ebenso aufschlußreichen
Selbstzeugnis, das sich auf *Frühling 1938* bezieht, gebrauchte
diesen Begriff. Am 26. Juli 1942, längst im kalifornischen Exil,

trug er in sein *Arbeitsjournal* ein, daß nunmehr, neben vielen anderen seiner Gedichte, jene Trilogie aus Dänemark von Hanns Eisler glücklich ›auskomponiert‹ sei. Der Freund erzähle, so stellt Brecht nicht ohne Genugtuung fest, »wie die Gedichte bei längerer Beschäftigung mit ihnen gewonnen hätten«; und er fährt fort:

> Für mich ist seine Vertonung, was für Stücke eine Aufführung ist: der Test. Er liest mit enormer Genauigkeit. In [*Heute, Ostersonntag früh*] polemisiert er gegen das Wort ›Werk‹ und ist erst zufrieden, als ich es mit ›Gedicht‹ oder ›Vers‹ ersetze. In dem Gedicht *In den Weiden am Sund* streicht er ›über die Herrschenden‹, da ihm das Gedicht so reiner erscheint.[18]

Zunächst, mit dem ersten Einwand, traf Eislers Kritik ganz offensichtlich, wenn auch nach einigem Widerstand von seiten des Dichters, mit dessen eigener Kunstabsicht zusammen. Doch Eislers zweitem Einwand gegenüber, der Streichung jenes Zusatzes in dem Gedicht vom »Totenvogel«, der »die Menschen davon in Kenntnis [setzt], daß sie nicht lang leben«: diesem Einwand oder Vorschlag gegenüber blieb Brecht mißtrauisch (und letztlich, wie wir inzwischen wissen, hartnäckig). Der Dichter wollte sich zwar gern von einem schlichten »Vers« statt von einem »Werk« wegholen lassen; aber er wollte auch schreiben: »[Ich], der ich die Wahrheit gesagt habe *über die Herrschenden* . . .« Brecht weigerte sich, diese drei Worte zu streichen. Inwiefern nämlich, so fragte er sich, erschiene das Gedicht dadurch »reiner«? Und seine Antwort läßt nichts zu wünschen übrig, so vorsichtig tastend sie vorgebracht wird:

> Ich selber bin da nicht sicher, ob nicht eine Reinheit entstünde, die anfechtbar wäre. Unter Umständen verlöre das Gedicht die historische Autarkie.

Die Tilgung des politisch Konkreten könnte, so heißt dies zwar kryptisch genug, die Dichtung ihrer »historischen Autarkie« berauben; es heißt aber offenbar auch, daß dadurch möglicherweise »eine [Art von] Reinheit entstünde, die [nun, im Gegensatz zur ursprünglichen, nicht mehr vertretbar, sondern] anfechtbar wäre«. Nur in dieser Richtung läßt sich ja Brechts Satz sinnvoll ergänzen. Was der Dichter verwarf, war gewissermaßen eine ›pure‹ Reinheit, eine von aller historisch-politischen Realität ganz oder weitgehend entblößte; er verwarf jedoch keineswegs eine konkrete, historisch und politisch vermittelte, da mit deren Ver-

lust das Gedicht zugleich seine Autarkie verlöre, will sagen: seine
›Selbständigkeit‹ als Kunstwerk. Obwohl also Kunst eigentlich
gar nicht hätte sein dürfen, war Brecht nicht einmal gegen ›reine‹
Kunst! (Er war allenfalls gegen ›gereinigte‹.) Nicht umsonst sah er
im Klassenkampf wie in der Ausbeutung, laut *Arbeitsjournal* vom
10. 1. 1941, nicht nur eine politische, sondern mit Nachdruck
auch eine »poetische Kategorie«.[19]

Zugegeben, der Dichter gebraucht seine theoretischen Begriffe
manchmal recht willkürlich. Unterm 24. 8. 1940 lesen wir zum
Beispiel im *Arbeitsjournal:* »Die Kunst *ist* ein autonomer Bezirk,
wenn auch unter keinen Umständen ein autarker« (die Hervorhebung stammt wiederum von Brecht).[20] Es wird hier also die
Autonomie oder ›Eigengesetzlichkeit‹ der Kunst betont; abgelehnt wird hingegen, und zwar aufs entschiedenste, ihre Autarkie
oder ›Unabhängigkeit‹, auch ›Selbstgenügsamkeit‹. (Denn so
müssen wir an dieser Stelle wohl paraphrasieren.) Doch der
Gegensatz einer solchen Autarkie zu jener, die Brecht für sich in
Anspruch nahm, ist in Wahrheit bloß ein scheinbarer. Zum einen
war sich der Dichter, wie er in der gleichen Eintragung anmerkt,
völlig darüber im klaren, »wie vielfach die Funktion der Kunst
ist«; und zum andern laufen ja alle seine Erläuterungen und
Definitionen im Grunde auf ein und dasselbe hinaus. »Es wird
sich herausstellen«, räumte Brecht denn auch zögernd, doch
freimütig ein, »daß wir *nicht ohne den Begriff Schönheit auskom-
men*« (19, 386; Hervorhebung von mir). Und wie nennt sich die
Notiz, in der dieser Satz erscheint? Dieses Geständnis, abermals
ein Selbstzeugnis aus dem ersten Exiljahrzehnt, hat der Dichter
Lyrik und Logik überschrieben! Es ist in der Tat mehr als
zwingend. Wenn man nämlich, absichtlich simpel und paradox,
geradezu von einer ›politischen Natur- und Liebeslyrik‹ Brechts
sprechen kann, so sprach er selber einerseits, nicht minder simpel,
davon, daß »Nützliches« eben »schön« sei, und behauptete andererseits, nicht minder paradox, daß Kunst »sozusagen autark«
verfahre (vgl. 16, 3*)! Beides sind zwar Zeugnisse aus der Theatertheorie, die aber genauso für die Lyrik gelten. Und um noch
Brechts ausdrückliche »Definition der Kunst« aus seinem (theater)theoretischen Hauptwerk, dem fragmentarischen ›Viergespräch‹ *Der Messingkauf,* anzuschließen, so heißt es dort über
»dieses eigentümliche Vermögen der Menschen«:

[Die Kunst ist] ein eigenes und ursprüngliches Vermögen der Menschheit, welches weder verhüllte Moral noch verschönertes Wissen allein ist, sondern eine selbständige, die verschiedenen Disziplinen widerspruchsvoll repräsentierende Disziplin. (Vgl. 16, 644 f.)

Und ferner:

Man könnte also vielleicht sagen, Kunst sei die Geschicklichkeit, Nachbildungen vom Zusammenleben der Menschen zu verfertigen, welche ein gewisses Fühlen, Denken und Handeln der Menschen erzeugen können, das der Anblick oder die Erfahrung der abgebildeten Wirklichkeit nicht in gleicher Art und Stärke erzeugen. (16, 644)

Selbst das ist uns aber nicht mehr unvertraut. Denn hatte nicht schon Kin-jeh bekannt, er wolle die menschliche Welterfahrung zum »genußvollen [Kunst]erlebnis«, mithin ›die Wirklichkeit wirklicher‹ machen? Seine Definition entstand ebenfalls, wie die aus Brechts ›Viergespräch‹, Ende der dreißiger Jahre. Freilich, der politische Dichter aus *Über reine Kunst* war damals vor den Schwierigkeiten seiner Aufgabe zurückgeschreckt. Der politische Philosoph aus dem *Messingkauf* jedoch – denn niemand anders als er trägt jene Worte vor – scheint gerade »in diesen Zeitläuften« zuversichtlicher gewesen zu sein, scheint an der Kunst und Dichtung, und zwar ohne Rücksicht auf Reinheit oder Unreinheit, festgehalten zu haben. Wie sein chinesischer Vetter Me-ti aus Brechts ›Zwiegespräch‹, so wird ausgerechnet der jetzt unverblümt marxistische Philosoph und Politiker, der nach Brecht »das Theater rücksichtslos für seine Zwecke zu verwenden [wünscht]« (16,500), zum überzeugenden Anwalt des ›autonomen‹, des ›sozusagen autarken‹ ästhetischen Bezirks.

Doch nicht durch solche Masken nur, auch ganz unmittelbar hat Brecht für Kunst und Kunstgenuß, ja sogar fürs Artistische Partei ergriffen. Er selber machte sich ungescheut zum Anwalt des Ästhetischen – obschon er sich zugleich, bezeichnenderweise, in der Rolle des Angeklagten sah. Walter Benjamin erzählt davon in seinen Svendborger *Gesprächen mit Brecht.* Am 5. Juli 1934, mitten im Kampf gegen den Faschismus und also wahrhaftig »in finsteren Zeiten«, legte der Dichter dem Freund folgendes Geständnis ab:

Ich denke oft an ein Tribunal, vor dem ich vernommen werden würde. ›Wie ist das? Ist es Ihnen eigentlich ernst?‹ Ich müßte dann anerkennen: ganz ernst ist es mir nicht.[21]

Das klingt fast wie Gottfried Benns Diktum, »ganz ernst« seien seine Äußerungen »nicht gemeint, aber teilernst« (so in einem Brief an Max Rychner vom 30. 7. 1955).[22] Doch Brecht ging seinerzeit sogar noch weiter. »Ich denke ja auch zu viel an Artistisches«, gestand er offen, »als daß es mir ganz ernst sein könnte.« Und der Dichter der Menschlichkeit und des Klassenkampfs setzte hinzu:

> Aber wenn ich diese wichtige Frage verneint habe, so werde ich eine noch wichtigere Behauptung anschließen: daß mein Verhalten nämlich *erlaubt* ist.[23]

Mit Recht hob Benjamin diese kühne ›Erlaubnis‹ hervor. Auch sie ist auf ihre Art ein sittlich-ästhetisches Postulat; auch in ihr verbirgt sich, so leise und beinah listig der Dichter redet, eine künstlerische wie menschliche Notwendigkeit. Denn genau besehen ist ein solches Verhalten nicht bloß erlaubt, sondern geboten, ja gefordert: wenn anders die Kunst, dieses »eigentümliche«, nämlich »eigene und ursprüngliche Vermögen der Menschheit«, zugleich deren echtes, nämlich unabdingbares Bedürfnis sein soll. Davon aber, vom utopischen Ziel einer befreiten Menschheit, die sich allen Beglückungen, selbst denen der Kunst, endlich hingeben kann, meldet ein Exilgedicht, das den Titel *Sonett Nr. 1* trägt. Brecht, der eine gute Sache nicht nur lustig oder listig, sondern auch mit tödlichem Ernst ausdrücken konnte, ruft in ihm, nach dem Ausbruch des Hitlerkrieges, seiner Mitarbeiterin und Mitkämpferin Margarete Steffin (die er liebte) beschwörend zu:

> Wisse, was ich weiß: Dieses Ziel ist nicht
> Mehr als der Weg, so daß, wenn einer fiele
> Und ihn der andre fallen ließe, nur erpicht
>
> Ans Ziel zu kommen, dieses Ziel verschwände
> Nie mehr erkenntlich, nirgends zu erfragen!
> Er liefe keuchend und am Ende stände
>
> Er schweißbedeckt in einem grauen Nichts.
> Dies dir an diesem Meilenstein zu sagen
> Beauftrag ich die Muse des Gedichts. (9, 757)

Gemahnt das nicht, obzwar mit ganz umgekehrter Bewertung, an das, was in der *Maßnahme* über »Ziel« und »Weg«, Zweck und Mittel gelehrt wird? Aber das dort Gesagte wird hier nicht widerlegt: ihm wird lediglich widersprochen. Beide Forderungen, die ethische *und* die ästhetische, stehen bei Brecht gleichberechtigt nebeneinander, und beidemal im Dienst der Vermenschlichung der Menschheit. Erinnern wir uns! Kin-jeh sagte: »Nein.« Me-ti sagte: »Ja.« Doch was wir hören, ist ein und dieselbe Stimme.

Und besagt es nicht vollends genug, daß Brecht »die Muse des Gedichts« mit seiner Botschaft betraut hat? sie, die seit alters das »Vermögen«, die »selbständige«, obzwar höchst »widerspruchsvolle« Welt der Kunst verkörpert? Denn trotz allem: *Die Kunst soll sein.* Aber ebendeswegen: *Die Kunst soll nicht sein.* Menschlichkeit und Unmenschlichkeit, Humanität und Inhumanität der Kunst stehen nebeneinander. Wenn irgend jemand, so hat Brecht jenen Ausspruch Adornos verstanden, daß man nach Auschwitz keine Gedichte mehr schreiben könne. Doch wenn irgend jemand, so hat gerade Brecht ihn mit Wort und Tat auch bestritten. Längst ehe Adornos gelehrigster und gleichwohl rebellischer Schüler Hans Magnus Enzensberger beschwörend ausrief, daß jener Satz »widerlegt werden« müsse, »wenn wir weiterleben wollen«[24], hatte Bertolt Brecht ihn bereits widerlegt. Entweder nämlich darf man *nie* Kunst machen, *nie* ein Geschäft wie die Dichtung betreiben, solange auch nur ein einziger Obdachloser auf der Straße liegt, dem die Regentropfen zwischen Kragen und Hals fallen – oder man kann und darf, ja muß derlei *immer* tun: sowohl vor wie nach Auschwitz. Waren denn die Greuel der Nazis die ersten? Sind sie die letzten geblieben? Ja, hat sich Brecht die Frage Adornos nicht überhaupt schon *vor* Auschwitz gestellt? Und würde er sie nicht heute, samt seiner Antwort, ebenso leidenschaftlich wiederholen: »ausschließlich wegen der zunehmenden Unordnung«?

Brechts Gedicht enthält eine tiefere Aussage über Kunst und Menschlichkeit, als sie selbst der Ausspruch Adornos enthielt, so berechtigt und notwendig er war und nach wie vor ist. Und erst recht gilt das im Hinblick auf all jene Seichten, die vor etlichen Jahren leichtfertig die Abschaffung jeglichen ›Literaturbetriebs‹ zugunsten der Politik verfügten: bloß um bald darauf, nicht weniger leichtfertig, in ebendiesen Betrieb, der nun als neue ›Subjektivität‹ und ›Sensibilität‹ deklariert wird, wie in eine Drogenszene wieder hineinzutaumeln. Ich will keine Namen nennen; aber solche Leute, so lauthals sie auch ihr Geschrei erheben mögen, haben hier nicht mitzureden. Was immer sie vorbringen könnten, ist in Brechts Gedicht bereits enthalten – einschließlich der Gefährdung durch die äußerste Unmenschlichkeit, von der Adorno und Enzensberger sprachen. Allein an diejenigen, die selbst zutiefst betroffen, ja bedroht sind, wendet sich der Dichter mit diesen Zeilen. Hanns Eisler etwa, der Freund, oder besser noch Benjamin, der andere Freund, der sich auf der Flucht vor den Nazischergen das Leben nahm: sie sind die wahren und eigentlichen Unterredner, an die sich das Gedicht richtet. Sein Tonfall ist der gleiche wie im Nekrolog *Zum Freitod des Flüchtlings W[alter] B[enjamin]*, den Brecht, auch er flüchtend und von den Mördern bedroht, in der Bitternis des Exils schrieb:

> Ich höre, daß du die Hand gegen dich erhoben hast
> Dem Schlächter zuvorkommend.
> Acht Jahre verbannt, den Aufstieg des Feindes beobachtend
> Zuletzt an eine unüberschreitbare Grenze getrieben
> Hast du, heißt es, eine überschreitbare überschritten.
>
> Reiche stürzen. Die Bandenführer
> Schreiten daher wie Staatsmänner. Die Völker
> Sieht man nicht mehr unter den Rüstungen.
>
> So liegt die Zukunft in Finsternis, und die guten Kräfte
> Sind schwach. All das sahst du
> Als du den quälbaren Leib zerstörtest. (10, 828 f.)

Dies ist gewiß viel leichter begreiflich als die Beichte, die der Dichter über sich selber schrieb. Aber hat es nicht die gleiche erschütternde Schlichtheit (ich wage, trotz Brecht, nicht zu sagen: Schönheit)? Sollen wir daher, Me-ti düster-versucherisch variierend, solchen Versen die Haltbarkeit nicht nur der Klassizität zuerkennen? Sollen wir sagen: Da es immer Unrecht und Unmenschlichkeit geben wird, werden gerade Gedichte dieser Art lange dauern?

Selbst die Dauerhaftigkeit menschlichen Elends, so scheint es, verbürgt noch die Kunst, verbürgt das Empfinden für Kunst. Ist dies, weil der Mensch, wie Brecht wußte, »zu haltbar« (vgl. 1, 182) ist? Doch um so verzweifelter war der Dichter ja, »wenn da nur Unrecht war und keine Empörung«, wie es in *An die Nachgeborenen* heißt; und um so mehr war er, gemäß dem Schluß der *Maßnahme*,

> Einverstanden mit dem Vormarsch der proletarischen Massen
> Aller Länder
> Ja sagend zur Revolutionierung der Welt. (Vgl. 9, 725 u. 2, 662)

Auch die »Lust an den Widersprüchen solch blutigen Lebens« und die Empörung über sie, auch die »*Billigung* so vielseitiger Welt« und das *Einverständnis* mit ihrer Änderung stehen bei Brecht nebeneinander, ja gehen letztlich ineinander auf. Beide Begriffe, Einverständnis wie Billigung, sind Kern-, sind geradezu Schlüsselbegriffe der Brechtschen Weltanschauung. Sie spiegeln deren Wandel, aber ebensosehr deren Dauer im Wechsel. Vielleicht sollten wir darum eher sagen, daß diese Haltungen (die so grundverschieden, so völlig gegensätzlich zu sein scheinen) einerseits einander ablösen und andererseits ineinander übergehen. Wiederum nämlich vollzieht sich hier, ganz unverkennbar, ein Dreischritt. Er läßt sich beinah schon durch die bloße Nennung von Titeln belegen. Brechts *Ballade von der Billigung der Welt* (entstanden 1931/32) faßt, obzwar strikt satirisch und im Rückblick, die baalische Welterfahrung des Frühwerks und des Künstlers zusammen; Brechts *Badener Lehrstück vom Einverständnis* (1929) markiert die mittlere Phase seines Schaffens, die vom kämpferischen Willen zur Weltveränderung geprägt ist; und Brechts Gedicht *Der Zweifler* schließlich, das um 1937 entstanden sein dürfte und nicht zufällig von Philosophie auch handelt, hebt beides, Kunst und Kampf, in dialektischer Synthese auf und vertritt das gesamte spätere Denken und Dichten seit der Emigration. Möchte man nicht aus solch musterhafter Entwicklung folgern, Bertolt Brecht gebühre sogar in philosophischer Hinsicht der Ehrenname eines »Klassikers« (den er selber ja nicht ungern verwendet hat [vgl. etwa 9, 528 u. 559])? Denn erklärte er sich zuerst mit allem, was ist, ›einverstanden‹, und ›billigte‹ er dann – ich vertausche die Worte mit Absicht – nichts mehr von dem, was ist, so war er zuletzt, wie er ausdrücklich und mit höchster Genauigkeit sagt, »einverstanden mit allem, was *wird*« (vgl. 9, 588; Hervorhebung von mir). Brecht, dieser Hegelianer reinsten Wassers, bejahte nunmehr das Werden schlechthin, den heraklitischen »Fluß des Geschehens« (so nochmals im *Zweifler*) oder »Fluß der Dinge« (so schon im *Badener Lehrstück* [vgl. ebd. u. 2, 610]): er konnte nun tatsächlich billigen, »was man nicht billigen kann«, wie seine *Ballade* einst so satirisch gehöhnt hatte (vgl. 9, 469). Was der marxistische Dichter fand, verwirklichte und lehrte: was war es anderes – um alle Orthodoxen, gleich welcher Couleur, vollends zu provozieren – als eine neue ›Unschuld des Werdens‹? Die Vorstellung vom Fluß der Dinge oder des Geschehens stammt nämlich nicht nur von Heraklit, sondern auch von Nietzsche! Und wendet sich denn nicht die Kunst, Brecht zufolge, »an alle«, ja »träte mit ihrem Lied dem Tiger entgegen«? ihm, von dem es zum Überfluß so lustig heißt, daß er »nicht selten mit sich singen« lasse? (Auch das nämlich sind Nietzschesche Bilder, und der Marxist Brecht war sich dessen vollauf bewußt.) Worin eigentlich, so können wir nicht mehr umhin zu fragen, besteht zwischen Nietzsches dionysischer und Brechts dialektischer Weltsicht, dieser Verklärung des Werdens, ja Verherrlichung allen Wandels, noch ein wesentlicher Unterschied? In ihrer Frühform, als Ja aus dem Munde Baals, war sie ohnehin mit dem Denken des Zarathustra-Sängers aufs engste verwandt . . .

Man wird auf einer Kluft, die unüberbrückbar wäre, hier schwerlich beharren können. Sie gibt es weder zwischen Nietzsche und Brecht noch zwischen dessen vormarxistischer und marxistischer Dichtung. Ihre Unterschiede deshalb rundweg leugnen zu wollen wäre allerdings nicht weniger verfehlt. Brecht selber war davon weit entfernt. Das bezeugen mit aller nur wünschbaren Deutlichkeit jene Notizen im *Arbeitsjournal,* in denen er die ›baalische‹ Kunst seiner *Hauspostille* aus den zwanziger Jahren mit der politischen, das Exil bereits programmatisch im Titel führenden seiner *Svendborger Gedichte* vergleicht. Er benützt dazu nicht bloß »das trockene ›unwürdige‹ Vokabular der dialektischen Ökonomie«, sondern liefert damit noch nachträglich einen indirekten Kommentar zu dem Text, dem diese Worte entstammen. Was Brecht über das Verhältnis der zwei Gedichtsammlungen schreibt, entspricht poetologisch haargenau dem, was er ideologisch in *Ausschließlich wegen der zunehmenden Unordnung* zur Sprache bringt. Die *Hauspostille,* so bekennt er unterm 10. 9. 1938 ohne Zögern,

> trägt zweifellos den Stempel der Dekadenz der bürgerlichen Klasse. Die Fülle der Empfindungen enthält die Verwirrung der Empfindungen. Die Differenziertheit des Ausdrucks enthält Zerfallselemente. Der Reichtum der Motive enthält das Moment der Ziellosigkeit. Die kraftvolle Sprache ist salopp. Usw. usw. Diesem Werk gegenüber bedeuten die späteren *Svendborger Gedichte* ebensogut einen Abstieg wie einen Aufstieg. Vom bürgerlichen Standpunkt aus ist eine erstaunliche Verarmung eingetreten. Ist nicht alles auch einseitiger, weniger ›organisch‹, kühler, ›bewußter‹ (in dem verpönten Sinn)?

Doch der Dichter hoffte, daß gerade seine »Mitkämpfer« derlei

»nicht einfach gelten lassen« würden. Brecht zog den grundsätzlichen Schluß: »Aufstieg und Abstieg sind nicht durch Daten im Kalender getrennt. Diese Linien gehen durch Personen und Werke durch.«[25]

Gehn sie aber nicht »zweifellos« und »ebensogut« durch Leben und Werk eines Nietzsche hindurch wie durch die des marxistischen Dichters –? Auch das hätte Brecht wohl kaum geleugnet, sowenig wie er für den Reiz der »delikaten Fetzen«, ja die »Schönheit« – wieder begegnet das Wort – in den Gedichten seiner *Hauspostille* blind war.[26] Selbst wo er nämlich, wie unterm 20. 8. 1940, über sein Frühwerk erbarmungslos den Stab bricht und solchen Versen nicht nur »Ausweglosigkeit« und »Sinnlosigkeit«, sondern sogar »Entmenschtheit« vorwirft, schließt er noch widerwillig bewundernd: »Aber kraftlos ist das nicht.« Und selbst wo Brecht Nietzsche zur Rechenschaft zieht, wie in einem Sonettfragment über *Also sprach Zarathustra*, in dessen Lesarten jenes Bild vom Tiger auftaucht, schreibt er noch (um 1938!) Zeilen wie die folgenden:

> Du zarter Geist, daß dich nicht Lärm verwirre
> Bestiegst du solche Gipfel, daß dein Reden
> Für jeden nicht bestimmt, nun misset jeden . . . (9, 613 f.)

Unüberhörbar, im großen Naturbild, wird Nietzsches Kunstleistung gewürdigt, wenn es heißt:

> Ein weißer Gischt sprang aus verschlammter Woge! (9, 614)

Daß Brecht diesem »zarten Geist«, der doch so tigerhaft und blutig redete, Bewunderung, jedenfalls brüderliche Achtung zollte, ist offenkundig. Aber er ging mit Nietzsches Werk genauso erbarmungslos ins Gericht wie mit seinem eigenen. So schonungslos wie bei sich selbst nahm er in *Über Nietzsches ›Zarathustra‹* die Dekadenz und Isoliertheit der Kunst und Philosophie, überhaupt des Geistigen, und den Schlamm und Schmutz der sie umgebenden Zeit und Gesellschaft wahr; und er zögerte auch durchaus nicht, beziehungsreich von der »Irre« zu sprechen, die für Nietzsche und seinesgleichen »jenseits der Märkte« liege. Denn was Brecht ihm zum Vorwurf macht, ist die gleiche Entfremdung vom Menschlichen und der Menschheit, ist ebenjene »Entmenschtheit«, die er im Selbstgespräch an seiner *Hauspostille* verdammt. Noch die klassische »Nüchternheit« (deren Nietzsche so gut wie er selber fähig war, wie Brecht wohl wußte) wird in solcher Enthumanisierung zur verderblichen, ja tödlichen »Droge« (vgl. ebd.) – ganz zu schweigen von der »trunkenen Flut« einer Poesie, wie sie beispielsweise Gottfried Benn, Brechts Zeitgenosse und zeitweiliger Rivale, als Jünger Nietzsches so verführerisch sang und verkündete.[27]

Nein, der marxistische Dichter Bertolt Brecht wollte, »ausschließlich wegen der zunehmenden Unordnung«, daß die Kunst eine menschliche sei. Gerade weil sie ihn dazu verlockte, die Welt nicht als ethisches, sondern allein als ästhetisches Phänomen zu betrachten, hielt er an ihrer Humanisierung fest. Die Vermenschlichung der Kunst war für ihn so unabdingbar wie die Vermenschlichung der Welt. Darin liegt der wesentliche, liegt trotz aller manchmal beklemmenden Nähe der unübersehbare Unterschied, der die Brechtsche Dialektik, ob als Weltanschauung oder Kunstauffassung, von jeder Nietzscheschen trennt. Deren rauschhafte, übermenschlich-maßlose Bejahung und reine, jeder Heiterkeit bare Härte waren dem marxistischen Dichter fremd oder wurden es ihm zumindest immer mehr. Was nämlich Brechts *Nachträge zum ›Kleinen Organon‹* vom »Theater des wissenschaftlichen Zeitalters« verkünden, zeichnet für ihn jegliche Kunst und Kunstübung aus: sie vermögen »die Dialektik zum Genuß zu machen«, und zwar zu einem menschlichen:

> Die Überraschungen der logisch fortschreitenden oder springenden Entwicklung, der Unstabilität aller Zustände, der Witz der Widersprüchlichkeiten und so weiter, das sind Vergnügungen an der Lebendigkeit der Menschen, Dinge und Prozesse, und sie steigern die Lebenskunst sowie die Lebensfreudigkeit.

»Alle Künste«, setzte Brecht menschlich-maßvoll und heiter hinzu, »tragen bei zur größten aller Künste, der Lebenskunst« (vgl. 16, 702).

In derselben Humanisierung der Kunst liegt aber zugleich, trotz aller manchmal verblüffenden Nähe, sein Unterschied zu Mallarmé und dessen »Dichtung der Negativitäten«. Brechts humane Kunst ist, auch als reine, keine Kunst um der Kunst willen, die von allem ›trüben menschlichen Beiwerk gereinigt‹ wäre; sie ist vielmehr, auch und gerade als reine, eine menschlich reine und rein menschliche Kunst. Der marxistische Dichter scheute sich nicht, Genuß und Glück, ja sogar saftige Sinnlichkeit mit seinem Kunstbegriff zu verknüpfen. Die Kunst des Symbolisten hingegen verabscheute solch ›niedere‹ Gelüste: sie hegte, wie die Artistik der Bennschen »Ausdruckswelt«[28], Ekel vor »allem Menschlichen, das nährt und paart«. (Nur *Wer allein ist* – [so der überaus bezeichnende Titel dieses Gedichts] ist nach Benn – »auch im Geheimnis«.)[29] *Pris du dégoût de l'homme ... vautré dans le bonheur,* wollte Mallarmé[30], wollten alle Künstler seines Schlages, wie bedeutend auch immer, eine ideale, eine esoterische Kunst ›hoch‹ über der Masse der Menschen – wohingegen Brecht die Botschaft seiner Kunst, die durchaus auch »absolut ästhetische Fragen« kannte, wie einst Lenin »an alle« richtete, so bescheiden wie dringlich darauf pochend, daß die »ästhetische Sphäre ... keineswegs ›über‹« irgendwelchen anderen schwebe: nicht einmal, wie er eigens betonte, über der »doktrinären« (so in einer Anmerkung zum *Messingkauf* [vgl. 16,3*]). Brecht vertrat eine Kunst der Menschlichkeit und des menschlichen Glücks, die mit dem menschlichen Glücksverlangen, der irdischen Glückserfüllung nicht bloß versöhnbar, sondern real versöhnt sei – während jene einer Kunst huldigten, die sich selber Zweck sei, der die Menschen und deren gesellschaftlich-geschichtliche Wirklichkeit lediglich Material, lediglich Stoff für artistische Formung biete. Mit einem Wort: Mallarmé und seinesgleichen wollten *l'art pour l'art.* Bertolt Brecht wollte *l'art pour l'homme.*

Und wäre das Ziel einer befreiten Menschheit, wären Freundlichkeit und Hilfe, Glück und Gerechtigkeit unter den Menschen mit dem Verzicht auf jenes »Geheimnis« zu teuer bezahlt? Würden sie nicht die Preisgabe der ästhetischen ›Faszination‹ (wie wieder Benn, der radikalste Artist im deutschen Sprachraum, gesagt hätte) aufwiegen? Und erklärte sich Brecht nicht gerade damit, so schwer es ihm fiel, einverstanden? Oder ahnte selbst er, der marxistische Dichter, etwas von der Verarmung, die einer utopischen Gesellschaft, einer utopischen Welt und Kunst einmal drohen könnte? Ahnte Brecht, der doch die Vermenschlichung der Menschheit als eine Bereicherung, die befreite Welt als das Reich des »Extra« (mit seinen Kommunarden zu reden) verstand und lehrte –, ahnte er eine mögliche Armut der verwirklichten Utopie? Gäbe es eine Inhumanität sogar des Utopischen, nicht nur des Kampfes und der Kunst –? Mallarmé scheint sich die Zukunft in der Tat so, als Dystopie, ausgemalt zu haben; jedenfalls schrieb er ein Prosagedicht *Le Phénomène future,* worin er sie in solchem Sinne schildert. Gleich Brecht an die »Empfindungen des Fleisches« appellierend, zeigt dieser andere ›zarte Geist‹

hier als das »Wunder der Zukunft« eine schöne, fremdartige Frau vor: sie ist die einzige Überlebende in einer Zeit, in der es keine Poesie, keine ästhetische Fülle und Vielfalt, in der es keine »Schönheit« mehr gibt.[31] Was in ihr gedeiht, ja wuchert, ist statt dessen der »letzte Mensch«, von dem Zarathustra so verräterisch sagt, daß er kein »Chaos« mehr in sich habe, »um einen tanzenden Stern gebären zu können«. Denn Nietzsche dachte darüber ganz ähnlich wie der Franzose:

›Was ist Liebe? Was ist Schöpfung? Was ist Sehnsucht? Was ist Stern?‹ – so fragt der letzte Mensch und blinzelt.
Die Erde ist dann klein geworden, und auf ihr hüpft der letzte Mensch, der alles klein macht. Sein Geschlecht ist unaustilgbar wie der Erdfloh; der letzte Mensch lebt am längsten.
›Wir haben das Glück erfunden‹ – sagen die letzten Menschen und blinzeln.
[. . .]
Man arbeitet noch, denn Arbeit ist eine Unterhaltung. Aber man sorgt, daß die Arbeit nicht angreife.
Man wird nicht mehr arm und reich: beides ist zu beschwerlich. Wer will noch regieren? Wer noch gehorchen? Beides ist zu beschwerlich.
Kein Hirt und *eine* Herde! Jeder will das Gleiche, jeder ist gleich: wer anders fühlt, geht freiwillig ins Irrenhaus.
[. . .]
›Wir haben das Glück erfunden‹ – sagen die letzten Menschen und blinzeln. –[32]

Sollte, so ist man versucht zu fragen, selbst der Marxist Brecht etwas davon – wenigstens von Mallarmés *époque qui survit à la beauté*[33], wenn schon nicht von Nietzsches »Zeit des verächtlichsten Menschen«[34] – geahnt oder gar gefürchtet haben? Nicht nur die bange Begründung in seinem Gedicht, auch sein lebenslanges Ringen um die Gestalt Baals könnte darauf hindeuten. Doch daß er »die größte Gefahr aller Menschen-Zukunft« nicht wie Nietzsche »bei den Guten und Gerechten« sah, bedarf ja keiner Beteuerung. Nichts war Brecht fremder und verhaßter als jenes unmenschliche *»Zerbrecht, zerbrecht mir die Guten und Gerechten!«*, das Nietzsche/Zarathustra (wir wissen, mit welch grausigem Erfolg) für seine Art Utopie, seine ›Vermenschlichung der Menschheit‹ lehrte.[35] Brechts Begriff von Opfer, wie grausam immer, und sein Bild vom utopischen Ziel, das Opfer fordern darf, waren anderer Art. Brechts »Menschen-Zukunft« war und blieb eine menschliche.

Aber war und blieb er nicht trotzdem stets ein Dichter der Zwischenzeit, des Nicht mehr und Noch nicht? Ja, darf nicht überhaupt das Exil, durch das er volle fünfzehn Jahre irrte, sowohl die Mitte als auch das Sinnbild seiner gesamten, seiner dichterischen wie menschlichen Existenz heißen? Kannte Brecht je ein Ende, eine Ankunft, eine Heimat? Und doch erfuhr er diese Welt der Widersprüche und des Werdens, dieses »Chaos«, dieses »furchtbare gedrängte Zusammensein« immer zugleich als ›fruchtbar‹, will sagen – denn wie soll man anders sagen? – als befriedigend, als zu billigenden Wechsel und Wandel und somit, paradoxerweise, als ›gerechtfertigt‹. War er denn nicht *»einverstanden mit allem, was wird«*? Alle Zeiten waren für Brecht solche des Untergangs und des Aufstiegs, waren gleichermaßen »Abende« und »Frühen«, »furchtbare und fruchtbare« (wie er es, wiederum in den *Nachträgen zum ›Kleinen Organon‹*, so gedrängt formuliert hat). Und ausdrücklich nannte er, im selben Atemzug, diese »Umwälzungen«, diese dauernden Übergänge und »Dämmerungen« diejenigen, »in denen die Eule der Minerva ihre Flüge beginnt«! Ist es daher ein Wunder, wenn die wahrste Geschichts- und Zukunftsvision Bertolt Brechts, sein eigentliches *phénomène future,* im gleichen Zusammenhang erscheint: nämlich im *Kleinen Organon für das Theater?* Mit dessen letzten Worten gesteht uns der Dichter fast pathetisch seine Lust an den *»schrecklichen und nie endenden Arbeiten« der Menschen, die ihnen »den Unterhalt geben sollen«, die sie aber ebensosehr »genießen [sollen] als Unterhaltung, samt den Schrecken [ihrer] unaufhörlichen Verwandlung«* (vgl. 16, 700; Hervorhebung von mir). Dies, so scheint es, ist so weit wie nur irgend denkbar von den Alpträumen Mallarmés und Nietzsches entfernt. Indes – ist derlei nicht abermals ein unerhörtes, ein zwar kaum dionysisches, doch dafür desto dialektischeres Jasagen zur Welt, wie sie wird? Und käme es darin vielleicht gewissen Träumen nahe?

Nicht umsonst spricht Brecht von der »Unstabilität *aller* Zustände«. Die Unsittlichkeit, Unmenschlichkeit, *Unmöglichkeit der Kunst* und die Sittlichkeit, Menschlichkeit, *Notwendigkeit der Kunst* stehn bei ihm nebeneinander, ja gehn ineinander über und auf. Beides zusammen erst ergibt die *Wirklichkeit der Kunst.* Wie nach Brecht »die Abende der untergehenden Klassen mit den Frühen der aufsteigenden zusammen[fallen]«, so wird von ihm nicht bloß die Welt, sondern auch die Kunst schmerzlich verneint und lustvoll bejaht, verworfen und gleichwohl hingenommen. Sie *ist*: aber ihre zerreißenden Widersprüche, ihre klaffenden Gegensätze bleiben bei diesem Dichter offen. Waren sie in ihm selber, dem Menschen, Künstler und Kämpfer Bertolt Brecht, versöhnt? Sind sie es in seinen Versen? Werden sie es wirklich jemals, trotz Brechts Glauben, im Leben der Menschheit, in Zeit und Gesellschaft sein?

Uns all das zu bekennen, all das zu fragen, beauftragte der Marxist Brecht »die Muse des Gedichts«. Und an jedem »Meilenstein« unseres Daseins in der Geschichte werden wir uns, jeder einzelne für sich, vor diesen Geständnissen eines Dichters neu verantworten müssen. Wie er.

»Ihr versteht?« O ja, armer und dennoch so reicher Bertolt Brecht, wir verstehn. Wir glauben zu verstehn.

Anmerkungen

1 Aus *Un Coup de dés;* vgl. Stéphane Mallarmé, *Sämtliche Gedichte.* Französisch mit deutscher Übertragung von Carl Fischer (Heidelberg, 1957), S. 173.

2 Vgl. Hugo Friedrich, *Die Struktur der modernen Lyrik. Von Baudelaire bis zur Gegenwart* (Hamburg, 1956), S. 75, 81, 96.

3 Vgl. Ernst Fischer, *Von der Notwendigkeit der Kunst* (Hamburg, 1967).

4 Vgl. dazu den *Versuch über Lyrik und Sprachbau* in meinem Band *Strukturen. Essays zur deutschen Literatur* (Göttingen, 1963), S. 172 ff.

5 Vgl. Bertolt Brecht, *Arbeitsjournal.* Hrsg. von Werner Hecht (Frankfurt, 1973), Bd. II, S. 715.

6 Vgl. Johannes Bobrowski, *Schattenland, Ströme* (Stuttgart, ²1962), S. 86.

7 *Arbeitsjournal* II, 715.

8 Vgl. *Arbeitsjournal* II, 715.

9 Vgl. ebd.

10 Vgl. ebd.

11 Aus *Le Guignon;* vgl. Mallarmé, S. 10.

12 Vgl. *Arbeitsjournal* I, 128.

13 Walter Benjamin, *Briefe.* Hrsg. u. mit Anmerkungen versehen von Gershom Scholem u. Theodor W. Adorno (Frankfurt, 1966), Bd. II, S. 658.

14 Ders., *Versuche über Brecht.* Hrsg. u. mit einem Nachwort versehen von Rolf Tiedemann (Frankfurt, 1966), S. 74.

15 Vgl. 15, 320, wo Brecht diese Stilelemente negativ als »Imitationen von Alltagssprechweisen« und »Papierdeutsch« charakterisiert.

16 Vgl. *Arbeitsjournal* I, 155 f.; dort auch die folgenden Zitate.

17 So schon im *Jasager;* vgl. 2, 622.

18 *Arbeitsjournal* I, 497; dort auch die folgenden Zitate.

19 Vgl. *Arbeitsjournal* I, 223.

20 Vgl. ebd. I, 157; dort auch das folgende Zitat.

21 Benjamin, *Versuche über Brecht*, S. 118.

22 Vgl. Gottfried Benn, *Ausgewählte Briefe*. Mit einem Nachwort von Max Rychner (Wiesbaden, 1957), S. 291.

23 Benjamin, *Versuche über Brecht*, S. 118 f.

24 Vgl. Hans Magnus Enzensberger, *Die Steine der Freiheit*. In: *Merkur* 13 (1959), S. 770 ff.; hier S. 772. – Daß Enzensberger, wie ich nachträglich merke, in ebendemselben Text über die Gedichte von Nelly Sachs zu einer ganz ähnlichen Einsicht gelangt, wie sie von mir als Mallarmésche ›Evokation durch Negation‹ für die Lyrik Brechts entwickelt wird, scheint mir eine zusätzliche und höchst bedenkenswerte Übereinstimmung. »Das Gedicht spricht, wovon es schweigt«: so lautet die betreffende Stelle, in der Tat lapidar genug. Vgl. ders., *Einzelheiten* (Frankfurt, 1962), S. 248.

25 Vgl. *Arbeitsjournal* I, 28 f.

26 Vgl. ebd. I, 153; dort auch die folgenden Zitate.

27 Vgl. Benns Gedichtband *Trunkene Flut* von 1949; darin auch das gleichnamige Gedicht, das erstmals 1925 veröffentlicht wurde.

28 Vgl. Gottfried Benn, *Ausdruckswelt. Essays und Aphorismen* (Wiesbaden, ²1954 [erstmals 1949]), S. 121, wo im gleichnamigen Aphorismus ausdrücklich auch von einer »Oberwelt« die Rede ist.

29 Ders., *Gesammelte Werke in vier Bänden* (Wiesbaden, 1958 ff.), Bd. III, S. 135.

30 Aus *Les Fenêtres;* vgl. Mallarmé, S. 24.

31 Vgl. Mallarmé, S. 198 ff.

32 Friedrich Nietzsche, *Werke in drei Bänden* (München, 1955), Bd. II, S. 284 f.

33 Mallarmé, S. 200.

34 Vgl. Nietzsche, Bd. II, S. 284.

35 Vgl. ebd., S. 459.

Brechts Anfänge

Brechts Anfänge: damit verbindet jeder, der mit diesem markt-
gängigen Ärgernis einigermaßen vertraut ist, die Jahreszahl 1914.
In fast allen Darstellungen, die das vorhandene Material weder
allzu großzügig noch allzu oberflächlich benutzt haben, kann er
lesen, daß der junge Brecht erstmals 1914 – genauer: seit dem
August jenes folgenschweren Jahres – in einer Tageszeitung
seiner Heimatstadt, den *Augsburger Neuesten Nachrichten,* mit
Lyrik- und Prosaveröffentlichungen hervorgetreten ist.[1] Da das
Geburtsjahr des »Klassikers« (so nannte sich Brecht bereits 1934
[vgl. 9, 528]) inzwischen sogar schon die Lesebücher ziert,
braucht man keine großen Rechenkünste, um festzustellen, daß
der hoffnungsvolle Poet, der sich hier zu Wort meldete, ein
sechzehnjähriger Schüler war. Bert(h)old Eugen, wie er damals
unter seine Beiträge schrieb, besuchte von 1908 bis 1917 das
Augsburger Realgymnasium an der ›Blauen Kappe‹ und lernte
dort mit Begeisterung Latein, mit Widerwillen Französisch und
mit unmißverständlicher Lauheit das, was es sonst noch zu lernen
gibt. Reine Freude scheint er seinen Lehrern nicht oft bereitet zu
haben. Doch hören wir ihn gleich selbst; denn gerade über den
Pennäler Brecht gibt es, von ihm und von anderen, einige Zeugnisse, die man nur schwer unterdrücken kann.

In einem Brief an den Kritiker Jhering etwa hat Brecht seinen
gesamten »Bildungsgang«, wie man so schön sagt, in die lapidaren
Sätze gefaßt:

> Die Volksschule langweilte mich 4 Jahre. Während meines 9jährigen
> Eingewecktseins an einem Augsburger Realgymnasium gelang es mir
> nicht, meine Lehrer wesentlich zu fördern. Mein Sinn für Muße und
> Unabhängigkeit wurde von ihnen unermüdlich hervorgehoben. Auf
> der Universität hörte ich Medizin und lernte das Gitarrespielen.[2]

Was die Medizin angeht, irrte Brecht allerdings.[3] Sie hat er
nämlich keineswegs gehört, sondern er saß im Seminar des Thea-
terprofessors Kutscher und verriß expressionistische Oh-
Mensch-Dramatiker: zum Beispiel den nachmaligen Präsidenten

der Reichsschrifttumskammer, Hanns Johst . . . Aber bleiben wir lieber beim Augsburger Realgymnasium. In den *Flüchtlingsgespräche* gibt uns der Dichter noch detailliertere Auskunft. »Groß«, heißt es da,

tritt dem jungen Menschen in der Schule in unvergeßlichen Gestaltungen der *Unmensch* gegenüber. Dieser besitzt eine fast schrankenlose Gewalt. Ausgestattet mit pädagogischen Kenntnissen und langjähriger Erfahrung erzieht er den Schüler zu seinem Ebenbild.
Der Schüler lernt alles, was nötig ist, um im Leben vorwärts zu kommen. Es ist dasselbe, was nötig ist, um in der Schule vorwärts zu kommen. Es handelt sich um Unterschleif, Vortäuschung von Kenntnissen, Fähigkeit, sich ungestraft zu rächen, schnelle Aneignung von Gemeinplätzen, Schmeichelei, Unterwürfigkeit, Bereitschaft, seinesgleichen an die Höherstehenden zu verraten usw. usw.

Das »Wichtigste« sei jedoch »die Menschenkenntnis. Sie wird in Form von Lehrerkenntnis erworben. Der Schüler muß die Schwächen des Lehrers erkennen und sie auszunützen verstehen, sonst wird er sich niemals dagegen wehren können, einen ganzen Rattenkönig völlig wertlosen Bildungsgutes hineingestopft zu bekommen« (14, 1402).

Nach diesen allgemeinen Erörterungen wendet sich der dicke Ziffel, durch dessen Mund Brecht hier spricht, den Einzelheiten jener »unvergeßlichen Gestaltungen« zu und gibt dabei auch die berühmte Geschichte vom *Triumph der Logik* zum besten. Während aber Brechts Schulfreund Müllereisert, aus dessen Feder wir sie ebenfalls kennen[4], gewollt pointiert und effektvoll erzählt – der erwähnte Titel stammt ja von ihm –, berichtet Brecht alias Ziffel ganz sachlich und nüchtern und dermaßen distanziert, daß er sogar die dritte Person gebraucht. Wieder kommen Brechts mangelhafte Französischkenntnisse voll zur Geltung:

Der Lehrer der französischen Sprache . . . huldigte einer bösartigen Göttin, die schreckliche Opfer verlangt, der Gerechtigkeit. Am geschicktesten zog daraus mein Mitschüler B. Nutzen. Bei der Korrektur der schriftlichen Arbeiten, von deren Güte das Aufrücken in die nächste Klasse abhing, pflegte der Lehrer auf einem besonderen Bogen die Anzahl der Fehler hinter jedem Namen zu notieren. Rechts davon stand dann auf seinem Blatt die Note, so daß er einen guten Überblick hatte. Sagen wir, 0 Fehler ergab eine I, die beste Note, 10 Fehler ergaben eine II usw. In den Arbeiten selber waren die Fehler rot unterstrichen. Nun versuchten die Unbegabten mitunter, mit Federmessern ein paar rote Striche auszuradieren, nach vorn zu gehen und den Lehrer darauf aufmerksam zu machen, daß die Gesamtfehlerzahl nicht stimmte, sondern zu groß angegeben war. Der Lehrer nahm dann einfach das Papier auf, hielt es seitwärts und bemerkte die glatten Stellen, die durch die Politur mit dem Daumennagel auf der radierten Fläche entstanden waren. B. ging anders vor. Er unterstrich in seiner schon korrigierten Arbeit mit roter Tusche einige vollkommen richtige Passagen und ging gekränkt nach vorn, zu fragen, was denn da falsch sei. Der Lehrer mußte zugeben, daß da nichts falsch sei, selber seine roten Striche ausradieren und auf seinem Blatt die Gesamtfehlerzahl herabsetzen. Dadurch änderte sich dann natürlich auch die Note.

»Man wird zugeben«, schließt Ziffel, »daß dieser Schüler in der Schule denken gelernt hatte« (14, 1403 f.).

In der Tat, man kann nicht umhin. Brechts erste dialektische Fingerübung, die ruchbar geworden ist, gibt ihrerseits zu denken. Man braucht sie aber darum noch lange nicht zu mythisieren, wie dies beispielsweise der Marxist Klaus Schuhmann tut, welcher behauptet, Brecht habe mit solchen Streichen »nicht nur einzelne Personen« in Frage gestellt, »sondern letztlich ein ganzes Schulsystem«.[5] Das sind Legenden – denen man übrigens auch im Westen begegnen kann. Folgt man nämlich der bereits 1954 erschienenen Darstellung von René Wintzen, die seither mindestens viermal unverändert aufgelegt wurde[6], so machte Brecht keineswegs bloß ein paar Striche oder allenfalls »Querbalken«, wie Müllereisert schreibt[7], sondern kaufte eine ganze »bouteille d'encre rouge« und fuhrwerkte damit wild »à tort et à travers« in seiner Arbeit herum. Die Verwüstungen, die hier angerichtet werden, sind so beträchtlich, daß Wintzen mit Recht fragen darf: »Où est donc la faute? Où est donc l'erreur, le contre-sens, le non-sens?« Und damit noch nicht genug. »Ainsi«, heißt es weiter, »trois fois, plusieurs fois de suite.« Derart begriffsstutzig sind die Lehrer nicht einmal beim Ludwig Thoma . . .

Doch an dieser Legendenbildung oder Mythisierungstendenz – ins Klassenkämpferische auf der einen, ins Kraftgenialische auf der anderen Seite – zeichnet sich mit aller Deutlichkeit bereits die Haltung ab, die man dem jungen Brecht gegenüber einnimmt. Sie verstärkt sich noch, wenn wir die Urteile über Brechts Veröffentlichungen vergleichen. Denn wie lauten diese Urteile über einen sechzehnjährigen Schüler und Autor, der später nicht nur zum großen Dichter wurde, sondern sich auch zum Marxismus bekannte und Werke wie *Die Mutter, Die heilige Johanna der*

Schlachthöfe oder gar *Die Maßnahme* schuf?

Klammert man diejenigen aus, die Brechts Anfänge entweder gänzlich ignorieren[8] oder mit einer ebenso flüchtigen wie farblosen Erwähnung abtun[9], so sind es vor allem zwei, auf die man immer wieder stößt. Das eine, im Westen nicht minder geläufig als im Osten, stellt Brecht als den »entschiedenen Kriegsgegner«[10] und pazifistischen »Außenseiter«[11] hin, der, voller Abscheu vor der »hohlen, idealistischen Expression«, Krieg und Kriegsgeschrei von vornherein verdammt habe.[12] »Trotz der imperialistischen Kriegsprogaganda, die auch an den Schulen getrieben wurde, betrachtete er die Ereignisse mit kritischen Augen«, erklärt Werner Hecht aus Berlin.[13] Und Martin Esslin aus London[14] fällt bekräftigend ein und beteuert, daß sogar schon in Brechts »frühesten Arbeiten« der »Grundton seines Gesamtwerkes« aufklinge: »der glühende Haß gegen den Krieg«.

Das gegenteilige Urteil, welches besagt, Brecht habe in seiner Jugend »noch stramm patriotisch« gedichtet[15], ist weitaus seltener. Am schroffsten und einseitigsten hat es bisher Helge Hultberg[16] vertreten. Der dänische Forscher schreibt über den jungen Brecht, dessen schriftstellerische Anfänge er ebenfalls auf 1914 datiert: »Die allerfrühesten Versuche aus seiner Feder ... sind eigentlich nur der Kuriosität halber zu erwähnen. Es handelt sich um einige Gedichte und Besprechungen, die uns den treuherzigen, deutschnationalen Gymnasiasten zeigen.« Die Besprechungen seien voller »Phrasen«, in vieler Hinsicht »borniert« und durchweg »bürgerlich-romantisch eingestellt«; in den Gedichten werde »außerordentlich naiv und unselbständig«, dazu in »heroisch-banalem Stil«, dem waffenrasselnden Kaiserreich und seinen Soldaten gehuldigt. Hultberg findet diese Verse »künstlerisch alle ganz bedeutungslos« und im besten Fall »wegen der religiösen Rechtfertigung des Krieges« bemerkenswert, ja geradezu pikant.

Auf einen Ausgleich zwischen seiner erbarmungslosen Abkanzelung des jungen Brecht und dessen uneingeschränkter Glorifizierung durch andere trifft man kaum. »Nationales bürgerliches Denken« und »intellektuelle Frühreife« stehen, auch wo sie einmal zusammen genannt werden[17], unvermittelt nebeneinander. Selbst Hans Mayer, von dem man es doch am ehesten erwarten sollte[18], hilft nicht weiter: er zieht sich völlig unverbindlich, aber freilich mit eindrucksvoller Gebärde aus der Schlinge, indem er gleichsam hinter vorgehaltener Hand raunt, Brecht habe damals »höchst eigentümliche Gedichte« geschrieben sowie »sehr durchdachte und eigenwillige Erzählungen, Kritiken und Essayskizzen«. Doch welcher Art diese Werke sind, erfahren wir nicht.

Was also, fragen wir, hat der junge Brecht in den *Augsburger Neuesten Nachrichten* wirklich veröffentlicht? Was steht in diesen Versen, Kritiken, Erzählungen? Wie sind sie gestaltet? Was sagen sie aus?

Werfen wir zunächst einen Blick in die verdienstvolle Brecht-Bibliographie von Walter Nubel[19], um uns zu vergegenwärtigen, um welche Texte es sich überhaupt handelt. Nach Nubel – und dessen Angaben treffen zu und sind im wesentlichen vollständig – erschien von Brecht in den Jahren 1914/15 ein rundes Dutzend Beiträge, die sämtlich mit dem Pseudonym Berthold Eugen gezeichnet sind und sowohl Lyrik als auch kritische und erzählende Prosa – von der letzteren allerdings nur *ein* Stück – umfassen. Die Prosa macht sogar den Anfang. Am 17. August 1914 wurde, nach einigen Vorklängen[20], die grundsätzliche Betrachtung *Notizen über unsere Zeit* gedruckt, wenige Tage später die Kurzgeschichte *Der Freiwillige*; im September und Oktober folgten dann drei Besprechungen: die erste über die Verse eines Autors namens Lieblich, die zweite über Carl Hauptmanns Tedeum *Krieg,* die dritte über Rabindranath Tagore; und schließlich erschienen ab Dezember bis zum August des nächsten Jahres sieben meist längere Gedichte, beginnend mit einer *Modernen Legende* vom 2. 12. 1914 und endend mit dem wahrscheinlich stark veränderten[21] *Tsingtausoldaten* vom 18. 8. 1915, dem nur noch ein paar Nachklänge folgten. Die wichtigsten übrigen Titel heißen *Hans Lody* (ein in England als Spion erschossener Marineoffizier), *Deutsches Frühlingsgebet, Der Fähnrich, Karsamstagslegende* und *Der belgische Acker.*

Was den Inhalt, die dichterische Kraft und Eigenart und die Tendenz dieser wie der inzwischen noch entdeckten Frühveröffentlichungen betrifft, so haben in der Tat, wie ja fast überall, die einen Beurteiler recht und die anderen nicht unrecht. Brecht gab damals ohne Zweifel, auch wenn sich seine Hagiographen die Haare raufen, schauerlich hurrapatriotische Dinge von sich. Das gilt bereits für den ersten Beitrag, die *Notizen über unsere Zeit.* »Dieser Krieg ist unumgänglich«, dekretiert der Sechzehnjährige, um sodann fortzufahren:

Wenn man von dieser Voraussetzung ausgeht – und nach dem Verhalten Rußlands, dessen Schmach das Weißbuch klar und deutlich darlegt, kann man das –, darf man auch sagen, daß der Krieg gerade jetzt kommen *durfte*. Nie war Deutschland auf jedem Gebiet – finanziell, politisch (innen wie außen), wirtschaftlich besser imstande, Krieg zu führen. Treu steht das ganze Volk zusammen. Jede Parteibildung ist verschwunden. Unter den Gegnern sind Uneinigkeit, Ungerüstetheit vorhanden. Wir *sind* gerüstet, moralisch gerüstet. Der feste deutsche Charakter, an dem die deutschen Dichter und Denker seit zwei Jahrhunderten schafften, bewährt sich nun.

Und über den »obersten Kriegsherrn« heißt es: »Jetzt in diesen Tagen liegen aller Augen auf unserem Kaiser. Man sieht beinahe staunend, welche geistige Macht dieser Mann darstellt.« Man habe ihn zwar oft »verspottet«; doch »jetzt plötzlich sind sich über seine Größe alle eins. Auch die Sozialdemokraten haben ihm Treue geschworen. Jeder Mann weiß«, schärft Brecht noch einmal ein, »daß dieser Krieg unumgänglich ist.« Darum seien auch alle »ruhig und gefaßt in eherner Disziplin, aber doch flammend vor Begeisterung . . . in den Kampf gezogen«:

> Und die anderen, die zurückbleiben, sie werden zeigen, daß sie ihrer Brüder und Söhne würdig sind. Die Frauen werden das Wort vom schwächeren Geschlecht Lügen strafen, die Jugend den Verdacht, der auf der ›modernen Jugend‹ liegt, zurückweisen. Wir alle, alle Deutschen, fürchten Gott und sonst nichts auf der Welt.

In diesen markigen Kanzlerworten, die bekanntlich ebenfalls gegen Rußland gerichtet waren, gipfeln die *Notizen über unsere Zeit*.[22]

Sie lassen sich mühelos durch Zeilen und Strophen aus den Gedichten ergänzen.

> Wir fürchten nicht Haß, Lüge und Übermacht.
> Kämpfen und Hinterhalt fürchten wir nicht,

betet zum Beispiel der deutsche Bauer bei Brecht (8,5). Oder in dessen anderem »Frühlingsgebet« von 1915, *Der belgische Acker,* ist vom »Pflug, den die deutsche Faust ehern zwang«, und von den »ehern schweren Gesängen von Deutschlands siegender Größe« die Rede (8, 10 f.). Für eine Feier[23], die ein Augsburger Turnverein, dem auch Brechts Vater angehörte, »anläßlich des Kriegsausbruches veranstaltete«, verfaßte der junge Barde folgenden Vierzeiler:

Das ist so schön, daß alle Stimmen schweigen
Und still vor dieser einen Stimme sind,
Die sich erhob mit Donnerklang im Reigen
Der Zeit, die sonst so größelos verrinnt.

Halb *Stundenbuch,* halb *Wacht am Rhein* also . . . bis sich diese
Größe vollends ins Welterobernde bläht, wenn Brecht dem toten
Hans Lody in sein Grab bei Dover nachruft:

Aber du hast dein Leben *dafür* gelassen
Daß eines Tages in hellem Sonnenschein
Deutsche Lieder brausend über dein Grab hinziehen
Deutsche Fahnen darüber im Sonnengold wehen
Und deutsche Hände darüber Blumen ausstreu'n. (8, 5)

Angesichts solcher Verse sieht sich sogar Klaus Schuhmann
gezwungen, von gewissen »nationalistischen Übersteigerungen«
zu sprechen.[24]
Er hätte ebensogut »Chauvinismus« sagen können. Denn alle
chauvinistischen Gemeinplätze der wilhelminischen Ära sind ja in
diesen Sätzen und Versen einträchtig beisammen. Da ist die
moralische Überhebung, sind die Expansionsgelüste: das
deutsche Wesen, an dem einst die Welt noch genesen soll; und da
sind die »deutschen Dichter und Denker«, mit dem Korporal-
stock gleichsam, die nichts Besseres zu tun haben, als ihr Volk
zwei Jahrhunderte lang auf die Erstürmung Antwerpens vorzu-
bereiten. Auch die religiöse Weihe wird einem nicht erspart. Der
Kaiser ist ein wahrer Herrgott: »aller Augen«, frei nach dem
Psalmisten[25], liegen auf ihm – und er strahlt seine »geistige
Macht« aus und verkündet, er kenne keine Parteien mehr. Dieses
Wort muß den jungen Brecht besonders beeindruckt haben; es
spukt nicht nur in den *Notizen über unsere Zeit* und in Gedichten, sondern kehrt sinngemäß auch in der Kurzgeschichte *Der
Freiwillige* (vgl. 11, 11 f.) wieder, die schildert, wie ein schwerge-
prüfter Familienvater für seinen mißratenen Sohn, der »in der
dumpfen Zelle« sitzt, ins Feld rückt, um – »aus der Hand des
Todes vielleicht« – die »Ehre« zu »holen«. Die kleine Skizze (die
übrigens schon eine verblüffende Metiersicherheit verrät) endet
damit, daß plötzlich in der begeisterten Menge vor dem Bahnhof,
der »grau und düster in den goldenen Tag« ragt, »die Vorstände
des Liederkranzes« (!) erscheinen:

Diese fünf Leute hatten ihn nimmer angeschaut seit zwei Jahren. Seit sein Sohn im Zuchthaus saß. Und nun – nun winken sie ihm zu wie besessen, schreien, jubeln.

Sogar »Rosen werfen sie« . . . und während die Kommandos »gellen«, wie Brecht schreibt, »greift einer, ehe er den Befehl ausführt, hoch in die Luft und fängt mit verklärtem Gesicht eine fliegende Rose«.

Aber dies, der patriotische Kitsch, ist eben, wie gesagt, nur die eine Seite. Es gibt auch eine ganz andere beim jungen Brecht. Dazu gehört etwa jene *Moderne Legende,* mit der er im Spätjahr 1914 als Lyriker debütierte:

Als der Abend übers Schlachtfeld wehte
Waren die Feinde geschlagen.
Klingend die Telegrafendrähte
Haben die Kunde hinausgetragen.

Da schwoll am einen Ende der Welt
Ein Heulen, das am Himmelsgewölbe zerschellt'
Ein Schrei, der aus rasenden Mündern quoll
Und wahnsinnstrunken zum Himmel schwoll.
Tausend Lippen wurden vom Fluchen blaß
Tausend Hände ballten sich wild im Haß.

Und am andern Ende der Welt
Ein Jauchzen am Himmelsgewölbe zerschellt
Ein Jubeln, ein Toben, ein Rasen der Lust
Ein freies Aufatmen und Recken der Brust.
Tausend Lippen wühlten im alten Gebet
Tausend Hände falteten fromm sich und stet.

In der Nacht noch spät
Sangen die Telegrafendräht'
Von den Toten, die auf dem Schlachtfeld geblieben . . .

Siehe, da ward es still bei Freunden und Feinden.

Nur die Mütter weinten
Hüben – und drüben. (8,4)

Daß diese Verse noch in mancher Hinsicht konventionell und ungelenk sind[26], wird niemand leugnen. Doch ihr »Gestus« – um einen Begriff des Theoretikers Brecht zu gebrauchen – ist bereits in seltener Klarheit gezeichnet und steht jeglichem Hurrapatriotismus denkbar fern. Auch das pragmatische Gerüst der *Modernen Legende* ist einfach. Zwei kurze Mitteilungen bilden es: die »Kunde« vom Ausgang der Schlacht am Abend und die Nachricht von den Menschenleben, die sie gekostet hat, in der darauffolgenden Nacht. Diese Kurzstrophen umklammern die beiden längeren, durch expressive Bildlichkeit überhöhten Strophen des Mittelstücks, die in bewußtem Gleichlauf die entgegengesetzten Reaktionen berichten, die der Sieg auf der einen, die Niederlage auf der anderen Seite hervorrufen. »These« – Heulen und Haß – und »Antithese« – Jauchzen und frommes Gebet – prallen aufeinander. Brecht schafft grellen Kontrast, damit die unerwartete Wendung, die das Gedicht nimmt, um so tiefer treffe.[27] Denn auf die Nachricht von den »Toten, die auf dem Schlachtfeld geblieben«, folgt Schweigen – und dann die schlichte, Freund und Feind einende (aber schon hier nicht lähmende, sondern zum Weiterdenken stachelnde) »Synthese«:

> Nur die Mütter weinten
> Hüben – und drüben.

»Alles Gesagte wird zurückgenommen, als sei es nur erwähnt worden, um die eigentlichen Märtyrer des Krieges nennen zu können«, kommentiert Klaus Schuhmann.[28] Was zählt und das letzte Wort hat, ist das menschliche Leid.

Noch überzeugender wirkt ein anderes Gedicht aus diesen Jahren, das die Überschrift *Mütter Vermißter* trägt und lange als verschollen galt.[29] Es besitzt nicht nur zwingenden Gestus und klaren Bau, sondern hat auch die Schlacken des Konventionellen, Ungelenken und Allzupathetischen nahezu ausgeschieden. Linien zartester Lyrik zeichnen sich in ihm ab:

> Und die Jahre gehen. Noch ist er nicht tot.
> Nie ist er tot. Nur kommt er nie wieder mehr.
> Eine Kanne bleibt voll und ein Stuhl bleibt leer.
> Und sie sparen ihm Bett und sie sparen ihm Brot
> [. . .]

Mütter Vermißter endet mit der schmerzlich reinen, vielschichtigen Strophe:

> Oh, einmal wird Licht; sonst kann Gott nicht sein –
> Und sei's, wenn sie stürben, in letzter Zeit:
> Die dunklen Zimmer werden weit.
> Und hell im Lichte steht einer breit.
> Sein Stuhl ist frei. Sein Mahl bereit.
> Und er bricht ihnen Brot, und er reicht ihnen Wein
> Und sie lächeln im Sterben verklärt und befreit
> Und gehen sehr leicht in den Himmel ein. (8, 15 f.)

Leider kann dieses Gedicht nicht in seiner Gänze wiedergegeben oder gar (wie es notwendig wäre) interpretiert werden. Doch daß es »das weitaus ergreifendste aller frühen Gedichte Brechts« ist, die sich »mit den Zeitereignissen befassen«, kann man mit Hans Otto Münsterer, einem anderen Jugendfreund des Dichters, getrost behaupten.[30]

Solche Züge nackter Menschlichkeit treten aus den Kriegsgesängen des jungen Brecht immer wieder hervor. Zum Beispiel der Fähnrich in dem gleichnamigen Gedicht vom 28. 4. 1915 ficht zwar noch »mit Augen wie Opferflammen« (8, 6 f.), wird aber seiner ganzen kreatürlichen Angst und Qual schonungslos preisgegeben; und den Posten, der auf der Tsingtauer Felsenbastei Wache hält, »springt« dasselbe »Entsetzen an wie ein dunkel kralliges Tier« (vgl. 8, 11 f.). Man darf daher mit gutem Grund fragen, ob die Schlußzeilen dieses letzten in den *Augsburger Neuesten Nachrichten* gedruckten Kriegsgedichts, die mit dem »Becher des Lebens«[31] kurzerhand auch das Vaterland »in den Abgrund schmeißen«, wirklich bloß mißglückt sind und eine ungewollte Katachrese[32] darstellen. Das Entsetzen, das den Soldaten anspringt, wandelt sich ja nicht nur in »Verzweiflung«, sondern bald in offene Auflehnung. Spätestens 1916, vielleicht sogar noch Ende 1915 entstand der ebenfalls von Müllereisert überlieferte Schulaufsatz über die Sentenz des Horaz, welche lehrt, daß es »dulce et decorum« sei, »pro patria mori«; und dieses »Standardthema jeder Sekunda« (so noch einmal Müllereisert) fand beim jungen Brecht eine Auslegung, wie sie ketzerischer kaum sein konnte. Sie lautete nämlich folgendermaßen:

> Der Ausspruch, daß es süß und ehrenvoll sei, für das Vaterland zu sterben, kann nur als Zweckpropaganda gewertet werden. Der Abschied vom Leben fällt immer schwer, im Bett wie auf dem Schlachtfeld, am meisten gewiß jungen Menschen in der Blüte ihrer Jahre. Nur Hohlköpfe können die Eitelkeit so weit treiben, von einem leichten Sprung durch das dunkle Tor zu reden, und auch dies nur, solange sie sich weitab von der letzten Stunde glauben. Tritt der Knochenmann aber an sie selbst heran, dann nehmen sie den Schild auf den Rücken und entwetzen, wie des Imperators feister Hofnarr bei Philippi, der diesen Spruch ersann.[33]

Bekanntlich sollte Brecht wegen dieser Äußerungen von der Schule verwiesen werden. Nur der Einspruch eines als Aushilfslehrer tätigen Benediktinerpaters namens Romuald Sauer, der von einem »durch den Krieg verwirrten Schülergehirn« sprach, rettete ihn.

Brechts Entlarvung des Horaz[34], anderthalb Jahre nach Kriegsausbruch, markiert die radikale Gegenposition zu seinen *Notizen über unsere Zeit* von 1914. Damals die nationalistische Hybris – jetzt der Blick auf Leid und Tod; dort die blechernen Phrasen – hier die ätzende Satire; erst die Bejahung des Krieges – nun der Protest. Zwischen beiden Haltungen klafft in der Tat ein »Abgrund«. Ihn zu überbrücken scheint allein möglich zu sein, wenn man entweder eine allmähliche Bewußtseinsentwicklung annimmt (so Schuhmann) oder (so Dieter Schmidt in seiner minutiösen Studie und ebenso Hultberg) einen »scharfen Bruch«[35], ja geradezu eine »Revolution«.[36] In jedem Fall pflegt man den Schluß zu ziehen, daß der Dichter, der ganz spontan und naiv begeistert angefangen habe, »spätestens 1916« von Grund auf verwandelt sei und in ein »neues Stadium«[37] nicht nur seines Lebens, sondern auch seines Schaffens trete. Zur Ergänzung weist man darauf hin, daß Brecht mit dem *Tsingtausoldaten* auf viele Monate verstummte, um erst im Sommer 1916 wieder ein Gedicht – das *Lied von der Eisenbahntruppe vom Fort Donald* – drucken zu lassen, das sich jedoch völlig aller Zeitbezüge enthielt und nicht mehr mit dem Pseudonym Berthold Eugen gezeichnet war, sondern erstmals mit dem Namen Bert Brecht.[38] Auch das sind zweifellos Beobachtungen, welche die These, Brecht habe als patriotischer Sänger begonnen und sei dann, über kurz oder lang, zu Skepsis, Kritik und Auflehnung gelangt und damit zu seinem eigentlichen Gesicht, stützen und untermauern.

Diese These ist bestechend. Ich habe mich früher selbst zu ihr bekannt. Aber sie ist falsch. Sie ist zumindest zur einen Hälfte falsch und zur anderen zu beträchtlichen Teilen fragwürdig. Denn weder hat Brecht 1914 in den *Augsburger Neuesten Nachrichten* zu veröffentlichen begonnen, wie man gemeinhin glaubt, noch gab – was ja durchaus begreiflich wäre – der Taumel knabenhafter Kriegsbegeisterung den Anstoß, noch auch fand 1915/16 ein plötzlicher »Bruch« oder gar eine »Revolution« statt. Sondern alles trug sich viel ruhiger und dennoch oder gerade deshalb viel weniger glatt zu. Brecht trat bereits 1913 in der Schülerzeitschrift *Die Ernte* an eine (wie eng auch immer begrenzte) Öffentlichkeit; er schrieb keineswegs so naiv, romantisch und »idealgläubig«, wie behauptet wird[39], sondern teilweise schon sehr skeptisch und nüchtern; und was er behandelte, waren – neben gängigem Kram – Konflikte und Gedanken, Gestalten und Situationen, die über jede Zäsur hinweg weit in seine reifen Schaffensjahre vorausweisen. Dasselbe Zukunftweisende eignet auch einigen Formen, die er benutzt.

Daß der junge Dichter 1913, lange vor Kriegsausbruch, zu veröffentlichen begann, ist für den, der sich näher mit Brecht befaßt hat, keine Offenbarung mehr. Es gibt ja längst schon Monographien und Dissertationen mit Titeln wie *Der Lyriker Bertolt Brecht 1913-1933*[40] oder *Die erzählende Prosa Bertolt Brechts 1913-1934*[41]; und wer die Anmerkungen zur neunbändigen Gedicht- oder fünfbändigen Prosaausgabe liest, kann sich ebenfalls leicht überzeugen, daß Brechts früheste Texte in der *Ernte* stehen. Das Erstaunliche ist allerdings, welch geringen Gebrauch man so lange von ihnen gemacht hat.

Wie aus den angeführten Titeln hervorgeht, umfassen also auch diese frühesten Beiträge Brechts zu einer Schülerzeitschrift mindestens zwei Gattungen: Lyrik und Prosa. Die Lyrik scheint freilich – jedenfalls soweit sie mir zugänglich war – wenig gewichtig zu sein. Nur ein einziges Gedicht, *Der brennende Baum*, ist in die vorläufige Gesamtausgabe aufgenommen. Immerhin lassen sich selbst an diesen Versen, wie man nachgewiesen hat[42], Besonderheiten der lyrischen Sprachgebung Brechts erkennen:

> Durch des Abends dunstig roten Nebel
> Sahen wir die roten, steilen Flammen
> Schwelend schlagen in den schwarzen Himmel.
> In den Feldern dort in schwüler Stille
> Prasselnd
> Brannte ein Baum. (8, 3)

So lautet die Eingangsstrophe des Gedichts. Aus dem schollernden Gleichtakt der Trochäen löst sich bereits die »reimlose Lyrik mit unregelmäßigen Rhythmen«, die der Dichter keineswegs erst nach Jahrzehnten in dem bekannten Aufsatz, der diese Worte in der Überschrift trägt (vgl. 19, 395 ff.), proklamiert hat, sondern – 1914, als er in den *Augsburger Neuesten Nachrichten* die breitflutende Strophik des Inders Tagore besprach. »Kein äußerliches Gesetz, kein Reim, kein erkennbarer Rhythmus fesselt [*sic*] die Worte«, rühmte der junge Rezensent[43]; und gleichwohl, so fuhr er fort, »klingen« Tagores Gedichte: »In einem zart schwebenden, leuchtenden Rhythmus wogen sie dahin, zum Takt einer geheimnisvollen Melodie.« Der Widerspruch zwischen Ahnung und Ausdruck ergibt hier dieselbe Mischung aus Kühnheit und Konvention, wie sie die Gleichzeitigkeit der üppigen, sozuagen in Öl malenden Beiwörter und der kühlen Objektivierung des Geschehens im *Brennenden Baum* hervorruft. Darin liegt ja die Eigenart dieser Lehrlingsverse Brechts: daß nicht mehr ein Ich spricht, sondern ein Wir – der Naturvorgang wird nicht subjektiv verinnerlicht und selbstvergessen erfühlt, sondern distanziert beobachtet, ausgewertet, nachgezeichnet: und zwar aus räumlicher *und* zeitlicher Distanz.

Konvention und kühne Ahnungen, ja Vorwegnahmen mischen sich auch in den Versuchen in Prosa, die uns die Augsburger *Ernte* eingebracht hat. Da gibt es die seichte, auch sprachlich dürftige Personal-»Satire« *Von einem, der nie zu spät kam* (vgl. 11, 4 ff.), sodann – nicht in der Gesamtausgabe enthalten – eine noch recht idealistisch gestimmte Anekdote *Der Dichter*[44], ferner die Kurzgeschichte *Die Mutter und der Tod* (vgl. 11, 8 ff.), an der wiederum die handwerkliche Sicherheit, die beinah beängstigende Beherrschung der Mittel auffällt; da gibt es aber auch schon ein knappes, vieldeutiges *Märchen* (vgl. 11, 7), das, indem es zwei Haltungen ineinander umschlagen läßt und die Folgerung ausspart, diese im Leser provoziert und damit ganz die Handschrift des »konstitutionellen Hegelianers«[45] verrät; und da gibt es vor allem die außerordentliche Parabel *Balkankrieg*. Diese (ihrerseits im Märchenton vorgetragene) Parabel, die als frühestes Stück die Prosaausgabe eröffnet, könnte ebensogut aus den Keunergeschichten oder den chinesischen Gleichnisreden Me-tis im *Buch der Wendungen* stammen:

Ein alter kranker Mann ging über Land. Da überfielen ihn vier junge Burschen und nahmen ihm seine Habe. – Traurig ging der Alte weiter. Aber an der nächsten Straßenecke sah er zu seinem Erstaunen, wie eben drei von den Räubern den vierten überfielen, um ihm seinen Raub abzunehmen. Dieser fiel bei dem Streiten jedoch auf die Straße. Voller Freude hob es [*sic*] der Alte auf und eilte davon. Jedoch in der nächsten Stadt wurde er angehalten und vor den Richter geführt. Da standen die vier Burschen und klagten ihn, jetzt wieder einig, an. Der Richter aber entschied folgendermaßen:

Der alte Mann sollte sein letztes Gut den jungen Burschen zurückgeben. ›Denn‹, so sagte der weise und gerechte Richter, ›sonst könnten die vier Kerls dort Unfrieden stiften im Land.‹ (11, 3)

Um die unverwechselbare Eigenart dieses Textes eines Fünfzehnjährigen voll zu würdigen, höre man als Gegenbeleg – nicht
weil er schlechter wäre, sondern weil er so ganz und gar anders ist
– einen ungefähr gleichlangen von Kurt Tucholsky. Auch diesmal
handelt es sich um das früheste Prosastück, das sein Verfasser
veröffentlicht hat; auch diesmal wird ein politisches *Märchen*
erzählt. Der siebzehnjährige Tucholsky schrieb im Jahre 1907:

> Es war einmal ein Kaiser, der über ein unermeßlich großes, reiches
> und schönes Land herrschte. Und er besaß wie jeder andere Kaiser
> auch eine Schatzkammer, in der inmitten all der glänzenden und
> glitzernden Juwelen auch eine Flöte lag. Das war aber ein merkwürdi-
> ges Instrument. Wenn man nämlich durch eins der vier Löcher in die
> Flöte hineinsah – oh! was gab es da alles zu sehen! Da war eine
> Landschaft darin, klein, aber voll Leben: Eine Thomasche Landschaft
> mit Böcklinschen Wolken und Leistikowschen Seen. Rezniceksche
> Dämchen rümpften die Nase über Zillesche Gestalten, und eine
> Bauerndirne Meuniers trug einen Arm voll Blumen Orliks – kurz, die
> ganze moderne Richtung war in der Flöte.
> Und was machte der Kaiser damit? Er pfiff drauf.[46]

Der Unterschied der beiden Texte liegt auf der Hand. Bei
Tucholsky ist alles – und zweifellos mit bewundernswertem
Geschick – auf eine einzige verblüffende Pointe ausgerichtet, die
als Wortwitz das Thema brillant erledigt – aber eben »erledigt«
im doppelten Sinn. Wenn das letzte Wort gefallen ist, läßt sich
nichts mehr hinzufügen. Alles ist zu Ende. Die Pointe löst
jegliche Spannung auf, sowohl im Text als auch im Leser . . . Bei
Brecht dagegen fängt, wenn das letzte Wort gefallen ist, die
Geschichte erst wirklich an. Seine Pointe setzt keinen Punkt,
sondern einen Doppelpunkt.[47] Sie trifft gewiß nicht weniger
genau als diejenige Tucholskys; aber weit davon entfernt, ihr
Thema ein für allemal zu »erledigen«, schließt sie es vielmehr in
seiner ganzen Komplexität auf. Brecht schrieb hier ja keineswegs
einen Appell zur »Erhaltung des Friedens«, wie uns der Waschzettel einzureden versucht; der junge Augsburger wollte etwas
völlig anderes. Was seine Parabel zeigen möchte und mit frührei-
fer Skepsis auch bloßlegt, ist gerade die Brüchigkeit der Moralbe-
griffe, das unheimlich Vertauschbare von Frieden und Krieg,
Recht und Unrecht, Güte und Gewalt. *Balkankrieg* von 1913
– die konkreten politischen Anspielungen auf den »kranken
Mann am Bosporus« brauche ich nicht zu erläutern – ist eine

Geschichte mit Widerhaken, eine glänzende Etüde wahrer Brechtscher Dialektik.

Als nicht minder frühreif und für einen Fünfzehnjährigen außerordentlich erweist sich, wenn auch auf andere Art, der kleine Einakter *Die Bibel.* Dieser Text, der im Januar 1914 in der *Ernte* erschien, also ebenfalls 1913 entstanden ist, wurde bis zum Jahre 1967 niemals gedruckt oder des näheren erörtert.[48] Er belegt bündig auch die dritte der klassischen Gattungen für das Frühschaffen Bertolt Brechts. Und in der Tat, wie hätte ausgerechnet sie, das Drama, fehlen sollen?

Die Bibel, drei Szenen und knapp sechseinhalb Seiten umfassend, spielt, laut Bühnenanweisung, »in den Niederlanden, in einer von den Katholiken belagerten protestantischen Stadt«.[49] Vier Personen treten auf; sie heißen, in expressionistischer Abstrahierung: Der Großvater, Der Vater Bürgermeister, Das Mädchen und Der Bruder. Der poetische Vorgang ist wiederum straff strukturiert. In der ersten und dritten Szene wird aus der Bibel vorgelesen und über sie und ihre Botschaft *geredet;* in der Mittelszene, die zugleich die längste und bewegteste ist, geht es darum, im recht verstandenen Geiste dieser Botschaft zu *handeln.* Denn die Stadt ist dem Untergang nahe; der Feind rückt in »dunklen, blitzenden Kolonnen« heran; und nur das »Opfer«, das eine unschuldige Seele stellvertretend »für Tausende« zu bringen bereit wäre, könnte sie vor der Vernichtung bewahren. So gesehen, ist Brechts Einakter nichts Geringeres als ein Spiel von der Nachfolge Christi.

Die Fabel hat der fünfzehnjährige Dichter – ich wähle das Wort mit Bedacht – der alttestamentlichen Judith-Geschichte entnommen . . . oder genauer: einer berühmten Version dieses Stoffes in der deutschen Literatur. Wie nämlich das Gleichnis vom *Balkankrieg* parodistisch auf Lessings *Nathan* und dessen »weisen und gerechten Richter« deutet, so deutet *Die Bibel* auf die fünfaktige Tragödie *Judith* von Friedrich Hebbel. Ihm, den Brecht früh gekannt und bewundert und fast ebenso früh »zum alten Gerümpel geworfen« hat[50], verdankt das Stück den Kern seiner Handlung und seines Konfliktes. Schon Hebbel[51] prägte die Formel »Eine für Alle«; und im Dialog zwischen Judith und Ephraim über Holofernes heißt es:

> Ephraim: Hätte er Dich in den Mauern der Stadt gewußt: Deinetwegen allein wäre er gekommen!

Judith (lächelnd): Mögt' es so sein! Dann braucht' ich ja nur zu ihm hinaus zu gehen, und Stadt und Land wäre gerettet!

Es ist jedoch höchst bezeichnend, daß selbst dieser Schüler Brecht kaum auf Metaphysik und Psychologie oder gar Tiefenpsychologie ausgeht wie Hebbel; was ihn fesselte, war bereits damals nicht so sehr die Religion als deren »Gebrauchswert«[52], nicht so sehr das Innere der Menschen als vielmehr die Vorgänge *zwischen* ihnen. Hans Mayer hat vollkommen recht: »Schon die ersten Konflikte, die dieser Schriftsteller gestalten möchte, sind unmittelbar gesellschaftlich.«[53] Schon der dramatische Erstling, fügen wir hinzu, ist, wie Brecht später zu sagen pflegte, ein »Gegenentwurf« (5, 2*), der das Vorgeformte in schöpferischer Auseinandersetzung »umfunktioniert« (vgl. 17, 991).

Die Fabel im einzelnen nachzuerzählen erübrigt sich. Sie ist ohnehin nur sehr karg. Zwei Prinzipien treten einander in unversöhnlicher Schärfe entgegen: die starre, auf den Buchstaben pochende Gesetzesgläubigkeit, verkörpert im Großvater, und das soziale Verantwortungsbewußtsein, verkörpert im Vater und insbesondere im Bruder. Dazwischen steht das Mädchen: bald vom Bruder mitgerissen und zum Opfer bereit, bald, unterm Einfluß des Großvaters, davor zurückschaudernd. »Du mußt!« drängt der Bruder. »Ein Volk schreit nach dem Opfer!« Und: »Hab Erbarmen, Mädchen, mit den Tausenden!« Ja, er fragt sogar: »Ist es nicht schön [,] für Tausende zu leiden?« Der Großvater aber ruht »starr« (das Wort fällt mehrmals), ja »eisern« in seiner unbeugsamen »Gerechtigkeit«. »*Eine* Seele«, beharrt er, »ist mehr wert als 1000 Körper!«[54] Er scheint zu siegen ... bis am Ende, in einer äußerst theaterwirksamen, fast expressionistisch anmutenden Szene, Tod und Untergang hereinbrechen und das Mädchen noch einmal verwandeln:

(In diesem Augenblick schlägt an den Fenstern das Feuer empor, es zuckt grüngolden auf. Der Himmel dahinter ist blutrot. Der Großvater setzt sich in seinen Stuhl.)
Mädchen: (vom Fenster her) Das Feuer wächst. Es faßt den Turm dort drüben. Fast die ganze Stadt brennt schon. Die Stadtmauern ragen schwarz in den roten Himmel. Der Feind beginnt den Sturm. Ich sehe seine dunklen, blitzenden Kolonnen sich heranwälzen. O Gott! Sei gnädig unseren [sic] armen Stadt!
Großvater: Laß sie stürmen, die Feinde, Gott ist mit uns!
(Das Donnern der Kanonen wird stärker. Am Fenster tanzen die

Feuerfunken.)

Großvater: Sei nur ruhig, mein Kind. Gott ist bei uns.

(Die Glocken beginnen weit aushohlend [*sic*] u. dumpf zu dröhnen[.])

Großvater: (exstasisch [*sic*]) Horch, Kind, die Glocken, Sturmglocken! Gott ist nahe! Das sind Gottes Stimmen! Sie rufen zum Kampf!

Mädchen[:] (irr) Die Glocken . . . . . . Gottesstimmen . . . . . (schreiend) Herr Gott! Gottesstimmen!

(starr und stumm schreitet sie, an Großvater vorbei, hinaus. Der Großvater sieht ihr starr nach. – Das Donnern wird stärker u. schwillt rollend auf. Ein betäubender Krach, ganz dicht am Haus. Rauch u. Feuer schießen zum Fenster herein. Das Haus brennt. Dann wird plötzlich alles ganz still . . . . .)

Großvater: (laut und hallend) Herr, bleibe bei uns! Denn es will Abend werden und der Tag hat sich geneiget.

(Der Vorhang rauscht über dem brennenden Gemach zusammen.[)]

Beide Ideen, die der Opferung und die der Gerechtigkeit, sind ungebrochen und behaupten sich bis zuletzt. Der Ausgang bleibt offen. »Verehrtes Publikum, los, such dir selbst den Schluß« (4, 1607), scheint uns der Stückeschreiber schon hier zwischen den Zeilen zuzurufen.

Dieser Vorgriff um Jahrzehnte auf den Epilog zum *Guten Menschen von Sezuan* ist keineswegs interpretatorische Willkür, die bloß nach Effekten hascht. Vielmehr treten die Keime zentraler Themen in Brechts Erstlingsstück allenthalben und mit geradezu bestürzender Deutlichkeit zutage. Wer erinnert sich nicht – um noch einmal den *Guten Menschen* zu nennen – jener beschwörenden Verse, in denen der Untergang durch Feuer, den Brechts Einakter gestaltet, so unüberhörbar wiederkehrt? Auch Shen Te, die »heilige Tugend«, wie man ihren Namen übersetzen darf[55], beruft sich auf die Geschichte von Sodom und Gomorra und damit auf die Bibel:

Wenn in einer Stadt ein Unrecht geschieht, muß ein Aufruhr sein
Und wo kein Aufruhr ist, da ist es besser, daß die Stadt untergeht
Durch ein Feuer, bevor es Nacht wird. (4, 1536)[56]

Oder man verfolge das Motiv der Opferung für die Gemeinschaft, das mit so tragischer Auswegslosigkeit in Brechts Lehrstück *Die Maßnahme* wiederkehrt, wo ebenfalls der Bezug auf die Bibel unüberhörbar ist: *Grablegung* heißt, halb Weihe erborgend und halb blasphemisch, die Szene, in der der junge Genosse

»im Interesse des Kommunismus« erschossen und in eine Kalkgrube geworfen wird (vgl. 2, 662)[57]. Und vollends die Gestalt des
Mädchens! Dieses blasse, fast noch gesichtslose Geschöpf ist ja
die Mutter all der erschütternden Mädchengestalten im Werk
Brechts, von Johanna auf den Schlachthöfen Chicagos bis zur
stummen Kattrin im Dreißigjährigen Krieg. Auch der junge
Brecht hat 1914, im Jahr der *Bürger von Calais* des von ihm so
verehrten Georg Kaiser[58], den neuen Menschen gesehen. Sogar
dessen Zwiespalt noch, der Zwiespalt Galileis, ist in der *Bibel*
präfiguriert. Der Großvater sagt ausdrücklich: »Wir wollen nicht
abschwören ... Wir gehen unter, wenn's not – für unsern Glauben.« Denn nicht nur das einzelne Opfer des Mädchens müßte
gebracht werden, sondern alle Einwohner müßten außerdem von
ihrem Glauben abfallen, wenn die Stadt verschont werden soll.

Sehr entschieden ist auch schon Brechts Kritik am Christentum
und an jenen Christen, die sich zwar eifrig im Lippendienst üben,
aber die tätige Nächstenliebe außer acht lassen. Der Großvater
– ohne darin aufzugehen – trägt unstreitig solche Züge. »Ich aber
sage euch«, liest er aus der Bibel, »dienet[59] euerem Nächsten!
Brecht dem Hungrigen das Brot und habt Mitleid mit dem, der da
darbet.«[60] Als jedoch Not und Elend fordernd an ihn herantreten,
schweigt er. Er lebt bereits in der »Zeit des UNTEN und des
OBEN«, wie es später in der *Kriegsfibel* (vgl. 10, 1038) heißt: die
vor Hunger sterben, sind die Leute »im *untern* Stadtviertel«.
»Man muß ihnen zu essen geben«, ruft das Mädchen. »O Gott!
Wir haben im Überfluß und diese Leute sterben.« Doch der Vater
erwidert: »Man kann nicht helfen. Es sind zuviel. Du würdest
dich nur selbst zu Grund richten.« Dieser Zwiespalt, namentlich
verschärft zum Dilemma zwischen begrenzter Hilfe und endgültiger Abhilfe, zieht sich ebenfalls durch das gesamte Schaffen des
Dichters; und nicht anders verhält es sich mit dem Konflikt
zwischen Gesetz und Liebe, Buchstaben und Geist. Wie der
Bruder die Bibel als »kalt und gerecht« verdammt und das
Mädchen aufruft, ihrem »Herzen« zu folgen, so kündigt der
junge Genosse in der *Maßnahme* »alles Einverständnis« mit den
Lehren des Marxismus: er verdammt, ja zerreißt sie, um »das
allein Menschliche« zu tun.[61]

Daß freilich, vor allem im Sprachlichen, auch noch manches
Schiefe und Unausgegorene unterläuft, wird man nicht verkennen. Dennoch sind selbst hier Zucht, Knappheit und künstleri-

sche Präzision des Fünfzehnjährigen erstaunlich.

> Draußen schreien die Menschen und du hörst sie nicht, draußen
> lodern die Flammen und du siehst sie nicht, Großvater, wenn der Tag
> des Gerichtes kommt, wie wirst du dastehen?

Kein Zweifel: das letzte Glied dieser dreifachen Mahnung des
Bruders ist bereits rein »gestisch« in dem bekannten Sinn, den die
Studie *Über reimlose Lyrik mit unregelmäßigen Rhythmen* von
1938 darlegt. Ein volles Vierteljahrhundert verging, ehe Brecht
ihn definierte; doch der Satz, den er dazu, ihn geringfügig än-
dernd und kürzend, der Lutherbibel entnahm, hatte genau denselben Gestus: »Wenn dich dein Auge ärgert: reiß es aus!«[62]
Kann man nach alledem noch behaupten, der junge Brecht habe
als treuherziger Bub, banal und begeistert und womöglich erst bei
Kriegsausbruch, zu veröffentlichen begonnen? Kann man noch
sagen, es finde in ihm ein grundstürzender Wandel, eine geistige
Revolution, ein Bruch statt? Ich glaube kaum. Das beliebte
Entwicklungsklischee vom tumben Jüngling verfängt bei diesem
Dichter nur wenig; viel eher treffen die Sprünge, Widersprüche
und Umschläge der Dialektik zu, die er selber so gern beschrieben und zum Schlüsselbegriff seines Lebens wie seiner Kunst
erklärt hat. In Brechts frühesten Veröffentlichungen jedenfalls
stehen Konvention und Kühnheit, Abgedroschenes und erregend
Neues von vornherein, seit 1913, nebeneinander.
Will man zum Schluß versuchen, diese Gegensätze zu verknüpfen und etwa »intellektuelle Frühreife« und »nationales bürgerliches Denken« im August 1914 auf einen Nenner zu bringen, so
ergeben sich Folgerungen, die nicht mehr ganz unerwartet, aber
für manchen gewiß befremdlich sind. Man gerät nämlich allen
Ernstes vor die Frage, ob der junge Brecht Elaborate wie die
Notizen über unsere Zeit wirklich aus aufflammender Kriegsbegeisterung verfertigte oder ob er nicht doch vielleicht das fehlende
oder nur glimmende Feuer solcher Begeisterung künstlich und
berechnend schürte. Und zu welchem Zweck? Um in einer
Tageszeitung gedruckt zu werden, die »Publikationsorgane« (vgl.
17, 1016) zu erobern? Man mag diese Folgerungen beurteilen, wie
man will: es gibt Gründe, die für sie sprechen. Die erwähnte
Rezension des Lyrikbuches von Lieblich zum Beispiel, die den
programmatischen Titel *Eine Würdigung* trägt[63], ist zweifellos
dem damaligen Redakteur der *Augsburger Neuesten Nachrichten*,

Wilhelm Brüstle, völlig nach dem Mund geredet. Lieblich wurde von ihm protegiert; und Brecht war, wie Klaus Schuhmann anmerkt, »auf das Wohlwollen des Schriftleiters angewiesen« und mußte sich dessen Gunst erst verdienen.[64] Wenn er aber hier sein wahres Gesicht verbarg, warum nicht auch anderswo? Am Ende ist Brüstle doch nicht bloß einer »Erinnerungsverschiebung« (so Hultberg)[65] erlegen, als er berichtete, der schreibgewandte Schüler habe letztlich »nichts mit dem Krieg zu tun« gehabt?[66] Noch Jahre später sagte Brecht »mit dem leicht schurkenhaften Anstrich«, wie er sich einmal selber charakterisiert[67]:

> Hinaufkommen muß man, sich durchsetzen muß man, ein Theater haben muß man, seine eigenen Stücke aufführen muß man. Dann wird man weiter sehen, weiter schaffen.[68]

Auch die literarischen Götter sind nicht ohne Fehl und gehen keineswegs fertig gerüstet aus dem Haupt des Zeitgeistes hervor.[69] Aber einiges Unverwechselbare und Fernhintreffende, welches dauert, tragen sie, so scheint es, von allem Anfang an mit.

Anmerkungen

1 Vgl. Kurt Faßmann, *Brecht. Eine Bildbiographie* (München, 1958), S. 16; Willy Haas, *Bert Brecht* (Berlin, 1958), S. 15; Bernard Dort, *Lecture de Brecht* (Paris, 1960), S. 17; Walter Weideli, *Bertolt Brecht* (Paris, 1961), S. 152; u. a.

2 Brief vom 17. 10. 1922; abgedruckt in: *Sinn und Form* 10 (1958), S. 31.

3 Vgl. dazu Hans Otto Münsterer, *Bert Brecht. Erinnerungen aus den Jahren 1917-22* (Zürich, 1963), S. 32; Dieter Schmidt, ›Baal‹ *und der junge Brecht. Eine textkritische Untersuchung zur Entstehung des Frühwerks* (Stuttgart, 1966), S. 26 ff.

4 Otto Müllereisert, *Augsburger Anekdoten um Brecht.* In: *Schwäbische Landeszeitung*, 26. 1. 1949, S. 3.

5 Klaus Schuhmann, *Der Lyriker Bertolt Brecht 1913-1933* (Berlin, 1964), S. 9.

6 René Wintzen, *Bertolt Brecht* (Paris, ⁵1964), S. 14 f.

7 Zit. nach: *Erinnerungen an Brecht.* Zusammengestellt von H. Witt (Leipzig, 1964), S. 17.

8 Vgl. etwa Paolo Chiarini, *Bertolt Brecht* (Bari, 1959), S. 1.

9 Vgl. etwa Heinz Kächele, *Bertolt Brecht. Sein Leben in Bildern* (Leipzig, 1963), S. 4.

10 Werner Hecht, in: *Bertolt Brecht. Leben und Werk* (Berlin, 1963), S. 7.

11 Vgl. Faßmann, S. 17.

12 Vgl. Ernst Schumacher, *Die dramatischen Versuche Bertolt Brechts 1918-1933* (Berlin, 1955), S. 26 f.

13 Hecht, S. 6.

14 Martin Esslin, *Brecht. Das Paradox des politischen Dichters* (Frankfurt u.

Bonn, 1962), S. 19.

15 Reinhold Grimm, *Bertolt Brecht* (Stuttgart, ²1963), S. 2; vgl. jedoch die kritischen Einschränkungen in der 3. Auflage von 1971.

16 Vgl. Helge Hultberg, *Die ästhetischen Anschauungen Bertolt Brechts* (Kopenhagen, 1962), S. 24 ff.

17 Vgl. Max Högel, *Bertolt Brecht. Ein Porträt* (Augsburg, 1962), S. 16.

18 Vgl. Hans Mayer, *Bertolt Brecht und die Tradition* (Pfullingen, 1961), S. 23.

19 In: *Sinn und Form* 11 (1957), S. 479 ff.

20 Sie beginnen am 8. 8. 1914; vgl. *Brecht in Augsburg. Erinnerungen, Texte, Fotos*. Eine Dokumentation von W. Frisch u. K. W. Obermeier unter Mitarbeit von G. Schneider (Frankfurt, 1976), S. 225 ff. – Die Quantität dieser neuen Funde ist zwar beeindruckend, vermag aber am Gesamtbild kaum etwas zu ändern. Die folgende Liste ist nach wie vor repräsentativ.

21 Vgl. Elisabeth Hauptmann, in: Bertolt Brecht, *Gedichte VIII* (Frankfurt, 1964), S. 216.

22 Berthold Eugen, *Notizen über unsere Zeit*. In: *Augsburger Neueste Nachrichten* Nr. 96, 17. 8. 1914.

23 Vgl. Schmidt, S. 33.

24 Schuhmann, S. 18.

25 Vgl. Ps. 145, 15.

26 Vgl. Schuhmann, S. 14.

27 Ebd.

28 Ebd.

29 So Münsterer, S. 72; ebenso noch Schmidt, S. 35.

30 Münsterer, S. 72.

31 Die Reminiszenz an den *König von Thule* ist offenkundig.

32 So Schuhmann, S. 21 f.

33 Zit. nach: *Erinnerungen an Brecht*, S. 18. – Vgl. dazu vor allem Högel, S. 17; Schmidt, S. 32, Anm. 140.

34 So die Überschrift Müllereiserts.

35 Schmidt, S. 36.

36 Hultberg, S. 27.

37 Vgl. Schmidt, S. 36 u. Schuhmann, S. 26.

38 *Augsburger Neueste Nachrichten* Nr. 78, 13. 7. 1916; vgl. 8, 13 f. – Zur Textkritik vgl. Schmidt, S. 36, Anm. 155.

39 Schuhmann, S. 12.

40 S. o. Anm. 5.

41 Nadeshda Dakowa, *Die erzählende Prosa Bertolt Brechts 1913-1934* (Diss. [masch.] Leipzig, 1962).

42 Vgl. Schuhmann, S. 10.

43 Vgl. Eugen, ›Der Gärtner‹ *von Rabindranath Tagore*. In: *Augsburger Neueste Nachrichten* Nr. 119, 9. 10. 1914; dazu Hecht, S. 7.

44 Abgedruckt bei Schmidt, S. 108.

45 Vgl. Günther Anders, *Bert Brecht. Gespräche und Erinnerungen* (Zürich, 1962), S. 37.

46 Kurt Tucholsky, *Gesammelte Werke*. Hrsg. von M. Gerold-Tucholsky u. F. J. Raddatz (Reinbek bei Hamburg, 1960), Bd. I, S. 13.

47 Vgl. Manfred Wekwerth, *Theater in Veränderung* (Berlin, 1960), S. 30.

48 Vgl. jedoch meine kurze Charakteristik in: *Deutsche Dichter der Moderne. Ihr Leben und Werk*. Hrsg. von Benno von Wiese (Berlin, 1965), S. 508 f.

49 Ich stütze mich auf Photokopien, die mir Helene Weigel seinerzeit zur Verfügung stellte. Der Abdruck in der *Werkausgabe* (vgl. 7, 3029 ff.) ist nicht völlig fehlerfrei.

50 Vgl. 15, 106; dazu Schmidt, S. 19 ff., der das gesamte Verhältnis des frühen Brecht zu Hebbel umreißt. Man darf dabei freilich nicht vergessen, daß noch diese Verbannung zum alten Gerümpel ein mehrdeutiger Vorgang ist; denn Brecht fügt ausdrücklich hinzu: »selbstverständlich hat altes Gerümpel auf mich eine große Anziehungskraft; eine auseinandergenommene, teilweise vernichtete Droschke ist mir viel lieber, weil sie Material ist«. Betty Nance Weber ist diesen Fragen in ihrer bei mir verfertigten Dissertation weit über Schmidt hinaus nachgegangen; vgl. auch ihren Aufsatz *Die Hebbel-Hundertjahrfeier und Bertolt Brecht. Eine kritische Begegnung.* In: *Hebbel-Jahrbuch 1974,* S. 69 ff.

51 Zum Folgenden vgl. Friedrich Hebbel, *Säkular-Ausgabe,* ed. Werner (Berlin, 1913), 1. Abtlg., Bd. I, S. 20.

52 Vgl. 18, 55; dazu Karl Marx, *Das Kapital* (Berlin, ²1951), Bd. I, S. 76.

53 Vgl. Mayer, S. 23.

54 Hervorhebung von mir.

55 Vgl. Kurt Bräutigam, *Bertolt Brecht: Der gute Mensch von Sezuan. Interpretation* (München, 1966), S. 11.

56 Vgl. hierzu auch den Essay *Porträt mit biblischen Zügen* im vorliegenden Band.

57 Später hat Brecht diesen Szenentitel in »Die Maßnahme« umgeändert. Vgl. Bertolt Brecht, *Die Maßnahme.* Kritische Ausgabe mit einer Spielanleitung von R. Steinweg (Frankfurt, 1972).

58 Vgl. etwa Fritz Sternberg, *Der Dichter und die Ratio. Erinnerungen an Bertolt Brecht* (Göttingen, 1963), S. 16.

59 Der Begriff des Dienens statt des geläufigen der Liebe ist an dieser Stelle äußerst aufschlußreich, auch wenn diese Vertauschung bereits durch den Bibeltext nahegelegt wird; vgl. vor allem Gal. 5, 13 f.

60 Vgl. Jes. 58, 7.

61 Vgl. 2, 657. Dort auch der Satz: »Mein *Herz* schlägt für die Revolution« (Hervorhebung von mir). Derselbe Satz 2, 634.

62 19, 398. – Bei Luther heißt es: »Und so dich dein Auge ärgert, reiß es aus und wirf's von dir.« Diese Stelle (Matth. 18, 9), nicht Matth. 5, 29, wie Clemens Heselhaus meint, ist heranzuziehen; vgl. Heselhaus, *Brechts Verfremdung der Lyrik.* In: *Immanente Ästhetik – Ästhetische Reflexion. Lyrik als Paradigma der Moderne.* Hrsg. von W. Iser (München, 1966), S. 307 ff. – Vgl. ferner wiederum den Essay *Porträt mit biblischen Zügen* im vorliegenden Band.

63 Eugen, *Ein Volksbuch. Eine Würdigung.* In: *Augsburger Neueste Nachrichten* Nr. 108, 14. 9. 1914.

64 Vgl. Schuhmann, S. 23.

65 Hultberg, S. 25 Anm.

66 Vgl. Wilhelm Brüstle, *Wie ich Bert Brecht entdeckte.* In: *Die Neue Zeitung,* 27. 11. 1948, S. 3.

67 In einem Brief an Arnolt Bronnen; vgl. Arnolt Bronnen, *Tage mit Bertolt Brecht. Geschichte einer unvollendeten Freundschaft* (München-Basel-Wien, 1960), S. 119.

68 Ebd., S. 154.

69 Der Dichter schrieb rückblickend sogar: »Beinahe auf jedem Feld habe ich konventionell begonnen«; vgl. Brecht, *Über Lyrik* (Frankfurt, 1964), S. 14.

Porträt mit biblischen Zügen

Als Arnolt Bronnen zum erstenmal mit dem jungen Dichter zusammentraf, sah er ihn so: »dürr, trocken, ein stacheliges, fahles Gesicht mit stechenden Punktaugen, darüber kurzgeschnittenes, dunkles, struppiges Haar mit zwei Wirbeln, aus denen strähnige Halme protestierend aufstanden. Der zweite Wirbel drehte sich nach vorn an der nicht hohen Stirn, warf die Haare über der Stirnkante abwärts. Eine billige Stahlbrille hing lose von den bemerkenswert feinen Ohren über die schmale, spitze Nase herab. Seltsam zart war der Mund, der das träumte, was sonst die Augen träumen.«[1] Brecht war damals vierundzwanzig; aber rechnet man die altmodische Brille ab, mit der er zu kokettieren liebte, dann unterscheidet sich dieses Bild kaum von den Photographien, die wir aus seiner Schulzeit kennen. Und noch Jahrzehnte später hat der Zeichner Lengren dasselbe Gesicht festgehalten. Aus der leeren weißen Fläche, fern an den Rand des Blattes gerückt, tritt eine Art liegender Acht: das schwarze Gestell der Brille, das dem Beschauer blicklos entgegenstarrt; darüber hängt als zerfranster Halbkreis das kurze, in die Stirn gekämmte Haar; unten, so dünn, daß sie beinah verschwindet, zieht die verkniffene Linie des Mundes. Daß diese Lippen bis zuletzt zart, ja weich und auf eine verschmitzte Weise sinnlich waren, wenn sie sich lösten, verrät die Totenmaske. Beide Gesichter, das des jungen wie das des alten Brecht, wurden von jener widerspruchsvollen Einheit bestimmt, die zwischen der listigen, fast scheuen Zärtlichkeit des Mundes, dem widerspenstigen Haar und den durchdringenden, kalt und unerbittlich forschenden Augen herrschte. Sie war es, die nicht nur Bronnen fasziniert hat, sondern die meisten anderen Menschen, die vor ihm und nach ihm mit Bertolt Brecht in Berührung kamen.

Das Leben, das zwischen diesen Gesichtern liegt, ist bekannt. Eugen Berthold Friedrich Brecht (wie sein voller Name lautet) wurde am 10. Februar 1898 als »Sohn wohlhabender Leute« in Augsburg geboren. Von 1904 bis 1908 besuchte er dort die Volksschule, von 1908 bis 1917 das Realgymnasium; danach war er ein paar Semester lang als Student an der Universität München inskribiert, wo er außer literarhistorischen und medizinischen auch naturwissenschaftliche und sogar theologische Vorlesungen belegte, aber freilich durchaus nicht immer hörte. Gegen Ende des Krieges mußte er als Lazaretthelfer Dienst tun. Mindestens seit 1913/14 schrieb und veröffentlichte Brecht; doch erst im Herbst 1922, als sein Revolutionsstück *Trommeln in der Nacht* an den Münchner Kammerspielen uraufgeführt und sofort mit dem begehrten Kleistpreis ausgezeichnet wurde, gelang ihm der Durchbruch zum literarischen Ruhm. 1924 ging der Dichter endgültig nach Berlin, wo er vier Jahre später mit der von Kurt Weill vertonten *Dreigroschenoper* seinen größten Triumph errang. Die *Hauspostille*, die den jungen, bald stürmisch gefeierten, bald erbittert bekämpften Dramatiker und Regisseur auch als genialen Lyriker bestätigte, war bereits 1927 erschienen. Es folgten die Lehrstücke und die Reihe der *Versuche*, in denen der Praktiker des »epischen Theaters« nun systematisch auch seine Theorie zu entwickeln begann. Gleichzeitig bekannte sich Brecht immer entschiedener zu den Lehren des Marxismus. Daß er 1933 emigrierte und emigrieren mußte, bedarf keiner Erläuterung.[2]

Brechts Exil, das ihn durch drei Kontinente trieb, dauerte nicht weniger als fünfzehn Jahre. »Öfter als die Schuhe die Länder wechselnd« (9, 725), jedoch unermüdlich arbeitend, mahnend und kämpfend: so flüchtete der Dichter über die Tschechoslowakei, Österreich, die Schweiz, Frankreich, Dänemark, Schweden, Finnland und die Sowjetunion nach den USA; Ruhe fand er nur unter dem »dänischen Strohdach« (9, 631), wo er von 1933 bis 1939 wohnte, und in Kalifornien zwischen 1941 und 1947. In dieser Zeit schuf er einen Großteil seiner bedeutendsten Stücke, Gedichte, Erzählwerke und theoretischen Schriften. Erst 1948/49 kehrte der Dichter über die Schweiz nach Deutschland zurück, um fortan, von gelegentlichen Reisen abgesehen, bis zu seinem Tode in Ost-Berlin zu leben. Hier gründete er, zusammen mit seiner Frau, der Schauspielerin Helene Weigel, im Jahre 1949 das Berliner Ensemble, dessen Inszenierungen – zuletzt im Theater am Schiffbauerdamm, wo einst die *Dreigroschenoper* uraufgeführt worden war – dem Stückeschreiber aus Augsburg Weltruhm brachten. Als die Ehrungen und Preise sich häuften, als gar die ersten Bände einer Gesamtausgabe seiner Werke erschienen, fing Brecht an, sich selber mehr und mehr historisch zu sehen. Ein Gedicht trägt die Überschrift *1954: erste Hälfte* und endet mit den Zeilen:

Ich sah den Flieder in Buckow, den Marktplatz von Brügge
Die Grachten in Amsterdam, die Hallen von Paris.
Ich genoß die Freundlichkeiten der lieblichen A. T.
Ich las die Briefe des Voltaire und Maos Aufsatz über den Wider-
spruch
Ich machte den Kreidekreis am Schiffbauerdamm. (10, 1022)

Zwei Jahre später, am 14. August 1956, starb Bertolt Brecht.
Im Lauf der vier Jahrzehnte, die dem Dichter für sein Schaffen
vergönnt waren, entstand ein Werk, dessen Umfang man auf rund
sechzig Bände geschätzt hat. Eine Aufstellung des Brecht-Ar-
chivs, das in der Wohnung des Dichters eingerichtet wurde, bis
man das ganze Gebäude 1978 in ein monumentales ›Brecht-Haus‹
umwandelte[3], zählt mehr als dreißig Theaterstücke und eine
Anzahl Dramenfragmente, etwa 1300 Gedichte und Lieder, drei
Romane und mehrere Romanfragmente, etliche Filmmanu-
skripte, mehr als 150 Prosaarbeiten (vor allem zu Theaterfragen)
sowie zahlreiche Artikel, Kurzgeschichten und Reden.[4] Vieles
davon, sicher das Wichtigste, ist bereits zugänglich. Vierzehn
Bände Stücke und Stückbearbeitungen, zehn Bände Gedichte,
sieben Bände Schriften zum Theater, fünf Bände Prosa und je
zwei Bände Schriften zur Literatur und Kunst und Schriften zur
Politik und Gesellschaft liegen vor; dazu kommt seit 1967 die
zwanzigbändige, inzwischen durch zwei Bände mit Filmtexten
erweiterte Werkausgabe, die zahlreiche Erstdrucke aus dem
Nachlaß enthält. Ebenfalls aus dem Nachlaß erschien das auf-
schlußreiche *Arbeitsjournal*. An Fülle und Vielfalt, Schönheit und
poetischer Kraft hat dieses Lebenswerk kaum seinesgleichen in
der deutschen Literatur des 20. Jahrhunderts. Freilich auch nicht
an provozierender Schärfe und rücksichtslosem Engagement.
Daß es, gerade wegen seines Reichtums, besonders schwierig zu
erfassen ist, weiß jeder, der sich einmal mit ihm beschäftigt hat.
Würdigungen, die dem Dichter und dem Menschen wirklich
gerecht werden – zum »Wert« einer Dichtung schlug Brecht
nämlich auch das »Gesicht« des Verfassers, laut *Arbeitsjournal*
vom 5. 8. 1945 –, sind daher noch immer vergleichsweise selten.
Die einen bestehen hartnäckig darauf, Bertolt Brecht bloß als
Revolutionär und politischen Dichter zu betrachten, der treu
vom Standpunkt des Proletariats schrieb, wohingegen andere,
nicht minder hartnäckig, nach wie vor nur den Bürgerschreck
und lyrischen Outlaw der frühen zwanziger Jahre wahrnehmen

wollen. Und wie viele haben Brecht ohne Besinnen verdammt, weil er am Morgen des 17. Juni 1953 ein (verstümmelt gedrucktes) Schreiben an Walter Ulbricht schickte, das den Satz enthielt: »Es ist mir ein Bedürfnis, Ihnen in diesem Augenblick meine Verbundenheit mit der Sozialistischen Einheitspartei auszudrükken«[5]? Doch Gegensätze, so schockierend sie oft auch sein mögen, gehören unabdingbar zum Bild des Mannes Brecht. Nichts wäre törichter, als sie zu leugnen. Es gilt vielmehr, ihre gegenseitige Notwendigkeit zu erkennen: das schöpferische Wechselspiel, das die widerspruchsvolle, ständig sich wandelnde Einheit dieses Lebens und Schaffens trug.

Das Urerlebnis Brechts war ohne jeden Zweifel das Chaos. Als gärendes Tohuwabohu erfuhr er Leben und Welt: ein Taumel, wüst und lustvoll zugleich, aus dem der einzelne auftaucht und spurlos wieder verschwindet. Geier und Haie, geseifte Stricke und vermodernde Wracks, Säufer, Seeräuber und Soldaten bevölkern diese chaotische Welt. Geradezu zwanghaft wirkt die Vorstellung vom Urwald, vom alles nährenden, alles verzehrenden Dschungel. Selbst in dem autobiographischen Gedicht *Vom armen B. B.* heißt es beziehungsreich: »Ich, Bertolt Brecht, bin aus den schwarzen Wäldern« (8, 261). Oder man höre den Beginn der 1921 entstandenen Erzählung *Bargans Jugend*: »Niemand weiß, wo der Bargan eigentlich hergekommen ist. Viele aber meinen, er sei in den Wäldern geboren worden. Solche Wälder gibt es ungeheure in Chile. Sie sind dort dicklaubig und von fettem Grün und so verwirrt wie sonst nirgends, mit goldbraunen Tümpeln, in denen der Mord haust, und vielen Niederschlägen, bissigen Tieren und gierig wachsenden Drosselpflanzen, alles von einer großen Heiterkeit und heller als im Norden. In die jungen Blattdächer brechen Affenhorden in ihren mörderischen Kämpfen mit den faulenden Schlangen, die in ihrer Jugend Mustangs verschlungen haben. Die Sonne treibt grünes Gewindezeug gegen dorre vierschrötige Stämme, und das Ungeziefer der brodelnden Teiche frißt sich grinsend auf« (11, 37). Dieser mythische Wald ist überall. *Im Dickicht der Städte* (wie Brecht eins seiner frühen Stücke genannt hat) tobt dasselbe blinde Chaos, das unter den triefenden Blattdächern tobt. Asphaltdschungel und tropisches Dickicht wuchern ineinander.

Mit welch unersättlicher Lust Bertolt Brecht diese Welterfahrung einsog, ist vielfach bezeugt. Sein Jugendfreund H. O. Münsterer spricht bewundernd vom Erlebnishunger, von der unerhörten Vitalität, ja »Lebensgier« des Zwanzigjährigen[6]; und Lion Feuchtwanger schreibt lapidar: »Brecht fraß viel Leben . . . Aber er . . . gab selber neidlos, großmütig, in Fülle.«[7] Noch im kalifornischen Exil haben manche, so scheint es, etwas fast Animalisches an ihm gespürt.[8] Mit Recht: denn entgegen jener gern zitierten Versicherung, die der Schluß des erwähnten *Dickicht*-Dramas gibt, war das Chaos, die »beste Zeit«, für Brecht niemals völlig »aufgebraucht« (vgl. 1, 193). Seine triebhafte Gier, den orgiastischen Taumel der Welt zu genießen und genußvoll in Bilder zu bannen, sublimierte sich zwar allmählich zur unstillbaren Neugierde, die Menschen angehend; aber sie blieb gleichwohl Gier, Lebenslust. Brecht durfte in der Tat »jung sein mit Überschwang und altern mit Wollust« (8, 68). Im Wissen davon, daß die Genußsucht eine der größten menschlichen Tugenden sei, wie er es paradox formuliert[9], wurde er nicht müde, sich den mannigfachen Vergnügungen des Daseins, den sinnlichen wie den geistigen, wohlig hinzugeben. Was immer dem Menschen Lust und damit Glück zu gewähren vermag, rühmte Brecht. Das Niedrige galt ihm keinen Deut weniger als das Hohe. Er lobte die Eleganz mathematischer Beweisführungen, das genießerische, kritisch prüfende Durchschmecken eines Kunstwerks, ja sogar die »Glückseligkeit im Zweifeln« (vgl. 3, 1302); er lobte aber ebenso die Brüste der Mädchen, das frische, duftende Brot, den Ziegenkäse, das Bier und die finnische Beere, »gepflückt im grauen Strauch, wenn Frühtau fällt« (9, 820). Nicht stumpfes Schlemmen war es, was Brecht lehrte, sondern eine wache, stets verfeinerte und gesteigerte Genußfähigkeit, die das Geistige mit praller Sinnlichkeit füllt und das Sinnliche geistig läutert. Am schönsten kommt dies vielleicht in einigen Versen zum Ausdruck, welche die Lust des Beginnens preisen:

> O Lust des Beginnens! O früher Morgen!
> Erstes Gras, wenn vergessen scheint
> Was grün ist! O erste Seite des Buchs
> Des erwarteten, sehr überraschende! Lies
> Langsam, allzuschnell
> Wird der ungelesene Teil dir dünn! Und der erste Wasserguß
> In das verschweißte Gesicht! Das frische
> Kühle Hemd! O Beginn der Liebe! Blick, der wegirrt!
> O Beginn der Arbeit! Öl zu füllen

In die kalte Maschine! Erster Handgriff und erstes Summen
Des anspringenden Motors! Und erster Zug
Rauchs, der die Lunge füllt! Und du
Neuer Gedanke! (9, 771)

In solch beglückendem Genuß am Genuß – denn Kunst auszu-
üben ist lustvoll – erscheint Brechts Welterfahrung in ihrer
sublimiertesten Form.

Dieses Urerlebnis hat sich zu einem Kreis von Gestalten
verdichtet, der sich durch das gesamte Schaffen Bertolt Brechts
verfolgen läßt. Ein Mythos hemmungsloser Daseinsgier eröffnet
den Reigen: *Baal*, das 1918 geschriebene, dann noch mehrfach
umgearbeitete Erstlingsstück. Saufend, fressend, hurend und un-
flätige Lieder singend, torkelt Baal durch den »ewigen Wald«, bis
ihn schließlich der dunkle Schoß hinunterzieht (vgl. 1, 4). Der
Held der 1921 zum ersten Male gedruckten Kurzgeschichte *Ein
gemeiner Kerl*[10] ist eng mit diesem animalischen Erdgott verwandt; nicht umsonst trägt er den Namen Gair. Auch Galilei und
der dicke Ziffel aus den *Flüchtlingsgesprächen* zeigen Spuren
baalischen Gepräges. »Ich schätze die Tröstungen des Fleisches«,
bekennt der Florentiner. »Ich sage: Genießen ist eine Leistung«
(3, 1306). Er knüpft damit – um 1940 – fast wörtlich an den
Choral vom großen Baal an:

> Seid nur nicht so faul und so verweicht
> Denn Genießen ist bei Gott nicht leicht! (1, 4)

Ziffel wiederum verbreitet sich um dieselbe Zeit über den
Nutzen der Genußsucht, an deren sittlichen Wert er glaubt: »Ich
hab mich oft gewundert, warum die linken Schriftsteller zum
Aufhetzen nicht saftige Beschreibungen von den Genüssen anfer-
tigen, die man hat, wenn man hat. Ich seh immer nur Handbücher, mit denen man sich über die Philosophie und die Moral
informieren kann, die man in den besseren Kreisen hat, warum
keine Handbücher übers Fressen und die andern Annehmlichkei-
ten, die man unten nicht kennt, als ob man unten nur den Kant
nicht kennte! Das ist ja traurig, daß mancher die Pyramiden nicht
gesehen hat, aber ich finds beklemmender, daß er auch noch kein
Filet in Champignonsauce gesehen hat. Eine einfache Beschreibung der Käsesorten, faßlich und anschaulich geschrieben, oder
ein künstlerisch empfundenes Bild von einem echten Omelette
würd unbedingt bildend wirken« (14, 1393).

Andere Gestalten verkörpern nicht so sehr den Genuß am Leben als dessen Unzerstörbarkeit. Höchst bezeichnend dafür ist, was der Dichter 1921 zum *Galgei*, einer Vorstufe seines Lustspiels *Mann ist Mann*, notiert hat. Er nennt das Stück »die Vision vom Fleischklotz, der maßlos wiehert, der, nur weil ihm der Mittelpunkt fehlt, jede Veränderung aushält, wie Wasser in jede Form fließt. Der barbarische und schamlose Triumph des sinnlosen Lebens, das in jeder Richtung wuchert, jede Form benützt, keinen Vorbehalt macht noch duldet. Hier lebt der Esel, der gewillt ist, als Schwein weiterzuleben« (15, 57). Auf die Frage, ob denn Galgei (Galy Gay) dann überhaupt lebe, antwortete Brecht lakonisch: »Er wird gelebt.«[11] Bald nach der Uraufführung von *Mann ist Mann*, die im September 1926 stattfand, erschien die *Hauspostille*, der als Tafel ein von Brechts Freund Caspar Neher gemalter »Wasser-Feuer-Mensch« beigegeben war. Dieser Hydatopyranthropos soll offenbar die neue Spezies Mensch darstellen, welche allein imstande ist, in den Asphalt-dschungeln, »die von unten brennen und oben schon gefrieren« (2, 711), zu überdauern. Die listigen, sinnenfrohen Meister des Überlebens, die Brecht später geschaffen hat, sind im Grunde ebenfalls solche unzerstörbaren Elementarwesen. Sie alle – Schweyk, Herr Keuner oder der Azdak im *Kaukasischen Krei-dekreis* von 1945 – dauern länger als die Gewalt. Sie passen sich halb instinktiv, halb mit durchtriebener Schläue allen Verhältnis-sen an und weigern sich wie Ziffel und Galilei standhaft, Helden zu werden. »Ich habe kein Rückgrat zum Zerschlagen«, erklärt Herr K. (12, 375 f.). Nur der chinesische Glücksgott, über den Brecht in den vierziger Jahren mit dem Komponisten Paul Des-sau eine Oper schreiben wollte, wäre allenfalls eine Art Held geworden. Das Werk ist leider Entwurf geblieben; aber 1954, im Vorwort, das er zur Neuausgabe seiner frühen Stücke verfaßte, hat der Dichter wenigstens die Umrisse der Fabel mitgeteilt. Der kleine, dicke, wohlig sich streckende Gott »der Gaumen und der Hoden« (10, 892) kommt, so erzählt Brecht, nach einem großen Krieg in die zertrümmerten Städte und hetzt die Menschen auf, »für ihr persönliches Glück und Wohlbefinden zu kämpfen«. Von den Behörden verhaftet und zum Tode verurteilt, widersteht er allen Künsten der Henker: die Gifte, die man ihm reicht, schmecken ihm nur, der Kopf, den man ihm abhaut, wächst sofort nach, am Galgen vollführt er einen mit seiner Lustigkeit ansteckenden Tanz und so weiter und so weiter. »Es ist unmöglich, das Glücksverlangen der Menschen ganz zu töten«, heißt es zusammenfassend (vgl. 17, 947 f.).

Damit hat sich der Kreis der Entwicklung geschlossen; denn nach Brechts eigenem Zeugnis taucht in den *Reisen des Glücksgotts* (wie der Titel der Oper lauten sollte) der Grundgedanke des *Baal* wieder auf. Und worin unterscheidet sich der genußsüchtige Gott, der allen Henkerskünsten trotzt, von jenem Esel, der gewillt ist, als Schwein weiterzuleben? Auch der Glücksgott ist ein unzerstörbares Elementarwesen, ein Wasser-Feuer-Mensch. Eines allerdings hat sich seit den zwanziger Jahren geändert. »Das Glück ist«, sagte Brecht zu Dessau, »der Kommunismus.«[12] Der Dichter will, daß der barbarische Triumph des sinnlosen Lebens und die nackte, blind wuchernde Gier jetzt sozialethisch legitimiert werden und so Richtung und Sinn erhalten; Egoismus, Materialismus und Marxismus sollen identisch sein (vgl. 12, 395). An sich, meint Brecht, sind die menschlichen Lüste und Begierden gut und zu bejahen; was sie in ihr Gegenteil verkehrt, ist lediglich das Dschungelgesetz der kapitalistischen Gesellschaft, das den Menschen zwingt, entweder zum Raubtier oder zum wiehernden Fleischklotz zu werden. Diese Erkenntnis und die aus ihr sich ergebende Folgerung, daß nur durch den Umsturz der bestehenden Gesellschaftsordnung das Glück der Menschheit zu verwirklichen sei, bezeichnet das zweite prägende Erlebnis Bertolt Brechts. Es ist – um unsere Terminologie beizubehalten – das entscheidende Bildungserlebnis des Dichters. Gegensätze fehlen freilich auch hier keineswegs. Nicht zufällig mußte sich Brecht noch drei Jahre vor seinem Tod bekümmert eingestehen, daß er als Lebenskünstler bloß den Tiger vorzuweisen habe; und wie sehr in ihm selber die Faszination durch das Chaos lebendig geblieben war, verraten Verse aus dem Exil, in denen der Dichter des Klassenkampfs seiner bangen Befürchtung Ausdruck gibt, der Anblick »so vielseitiger Welt« könnte am Ende wieder »Billigung« in ihm erzeugen, »Lust an den Widersprüchen solch blutigen Lebens, ihr versteht« (9, 519).[13] Indem Brecht das persönliche Glücksverlangen des einzelnen mit dem Kampf für den Kommunismus gleichsetzte, verdeckte er nur einen Zwiespalt, der anderswo um so qualvoller aufgebrochen war.

Brechts kommunistische Wendung, die von diesem unheilbaren Zwiespalt durchzogen wird, begann bereits im Oktober 1926.

Der Dichter beschaffte sich damals Schriften über den Sozialismus und Marxismus und ließ sich beraten, welche Grundwerke er
zuerst studieren solle. Kurz darauf schrieb er aus dem Urlaub an
seine Mitarbeiterin Elisabeth Hauptmann: »Ich stecke acht Schuh
tief im ›Kapital‹. Ich muß das jetzt genau wissen.«[14] Der wissens-
durstige Brecht, durch Jahre suchend, wen er sich zum Vorbild
wählen könne, hatte endlich gefunden, was er brauchte. Voller
Eifer und Leidenschaft wandte er sich der neuen Erfahrung zu. Er
verlangte den ganzen Marxismus – nicht, wie es in den *Flüchtlingsgesprächen* spöttisch heißt, irgendeinen »minderwertigen«
ohne Hegel oder Ricardo (vgl. 14, 1440). Brecht wollte es wirklich »genau wissen«. Man sagt daher nicht zuviel, wenn man
dieses intensive Studium des Marxismus mit dem jahrelangen
Kant-Studium Schillers vergleicht. Daß die ersten marxistischen
Lehrer des Dichters, Fritz Sternberg und Karl Korsch, ausgerechnet kommunistische Häretiker waren, entbehrt nicht der Ironie,
hat aber gleichwohl seine innere Berechtigung; denn der Künstler
und Bürgerssohn Brecht blieb ja immer, wenn man so will, ein
Kommunist auf eigene Faust. Er schrieb zwar proletarische Lehrstücke und Kampflieder für die Massen, wie zum Beispiel das
Solidaritätslied, dessen Refrain lautet:

> Vorwärts und nicht vergessen
> Worin unsre Stärke besteht!
> Beim Hungern und beim Essen
> Vorwärts, nie vergessen
> Die Solidarität! (8, 369 f.)

Selber jedoch gehörte Brecht niemals der Partei an; als man ihn
vor dem ›Committee on Un-American Activities‹[15], wo er sich
1947 einem denkwürdigen Verhör unterziehen mußte, auf Ehr
und Gewissen danach fragte, beteuerte er: »No, no, no, no, no,
never!«

Aber gerade deshalb müssen wir uns hüten, Brechts kommunistische Wendung allzu rasch und bequem erklären zu wollen. Auf
keinen Fall etwa kann man den Dichter, wie Martin Esslin dies
möchte[16], in das Prokrustesbett eines simplen psychologischen
Mechanismus zwängen. Die Motive, die Brecht bewogen haben,
sind vielfältig. Von seiner elementaren »Lust am Glück«[17] und
der unbezähmbaren intellektuellen Neugier, die ihn erfüllte, war
schon die Rede. Künstlerische und philosophische Gründe, über
die noch zu sprechen sein wird, kommen hinzu. Auch eine

gewisse *prédilection d'artiste* für das einfache Volk ist nicht zu verkennen.

> Als ich erwachsen war und um mich sah
> Gefielen mir die Leute meiner Klasse nicht . . .
> Und ich verließ meine Klasse und gesellte mich
> Zu den geringen Leuten.

So Brechts poetischer Steckbrief, das Gedicht *Verjagt mit gutem Grund* (9,721). In den Niedrigen und ihrem Kampf sah der Bindungslose das einzige, mit dem er sich »voll identifizieren«[18] konnte. Erfahrungen wie die vom 1. Mai 1929, als die Berliner Polizei wahllos in die demonstrierenden Arbeiter schoß und über zwanzig Tote weggetragen wurden, scheinen seinen Entschluß endgültig besiegelt zu haben. »Als Brecht«, erinnert sich Fritz Sternberg, »die Schüsse hörte und sah, daß Menschen getroffen wurden, wurde er so weiß im Gesicht, wie ich ihn nie zuvor in meinem Leben gesehen hatte.« Und Sternberg fügt hinzu: »Ich glaube, es war nicht zuletzt dieses Erlebnis, was ihn dann immer stärker zu den Kommunisten trieb.«[19]

Gegen Ende seines Lebens hat Bertolt Brecht die Motive, die ihn an den Marxismus banden, in die Worte gefaßt: »Zu bestimmten Zeiten ringen die Klassen um die Führung der Menschheit, und die Begierde, zu den Pionieren zu gehören und vorwärts zu kommen, ist mächtig in den nicht völlig Verkommenen« (16, 703). Die Parteinahme für die »geringen Leute« wird also dreifach begründet: aus der Geschichte, aus einer sittlichen Erkenntnis und aus einem triebhaften Gefühl. Daß diese Dreiheit, und zwar in umgekehrter Reihenfolge, genau den Zusammenhang zwischen den beiden entscheidenden Erlebnissen des Dichters spiegelt, ist offenkundig. Was einst als ewiges Wesen der Welt erschien, erscheint nun als Moment der geschichtlichen Entwicklung. Nicht mehr eine unbegreifliche Haltung des Planeten, die man nicht beeinflussen kann, bestimmt das Los der Menschheit, sondern der von Menschen geschaffene und darum auch von Menschen wieder änderbare Zustand der Gesellschaft. Die »geradezu absolute Determination«, an die der junge Brecht geglaubt haben muß[20], weicht der Überzeugung, daß »des Menschen Schicksal der Mensch ist« (18, 228). Dieser ganze, in sich durchaus nicht widerspruchsfreie Vorgang zog sich über mehrere Jahre hin; er setzte bereits vor 1926 ein und war erst nach 1930 einigermaßen abgeschlossen. Eines der frühesten Beispiele liefert die Gestalt des Cesare Malatesta, der wegen eines Witzes, den er selber längst vergessen hat, von seinem ehemaligen Freund auf eine ebenso anonyme wie ausgeklügelt grausame Weise zu Tode gequält wird. »Sicher scheint«, heißt es von ihm, »daß er bis in seine letzte Stunde und auch da nicht wußte, warum dies alles sei, und sicher, daß er nicht danach gefragt hat« (11, 95). Die viel zuwenig beachtete Kurzgeschichte – sie wurde 1924 im *Berliner Börsen-Courier* gedruckt – wirkt heute auch deshalb so aufschlußreich, weil sie in der Darstellung des äußersten Fatalismus schon den Keim zu seiner Überwindung enthüllt. Bloß scheinbar ist die gesichtslose, unbefragbare Macht, die Cesare zermalmt, ein blindwütiges Schicksal; in Wahrheit ist sie das Werk eines Menschen. Von hier zu der Erkenntnis, daß sich das Ringen der Menschheit in Form von Klassenkämpfen vollziehe, war für den geborenen Weltbeschreiber und Verhaltenslehrer Brecht nur noch ein Schritt.

Auch diese gewandelte Welterfahrung drückt sich in Bildern aus, die fast zwanghaft wiederkehren. Zwei davon sind besonders kennzeichnend. Je nachdem ob unter ethischem oder historischem Aspekt betrachtet, wird das ursprüngliche Chaos – der Urwald, das Dickicht, der Dschungel – zur »Hölle« oder zur »Sintflut«. Der Übergang geschieht wiederum allmählich. Wenn beispielsweise in einem Zwischenspiel der Oper *Aufstieg und Fall der Stadt Mahagonny*, die bereits mit aller Schärfe gegen den chaotischen Zustand unserer Städte und die ungerechte Verteilung der irdischen Güter protestiert, plötzlich Gott auftritt und die betrunkenen Männer zur Hölle verdammt, so erhält er zwar die Antwort:

> Jedermann streikt. An den Haaren
> Kannst du uns nicht in die Hölle ziehen
> Weil wir immer in der Hölle waren. (2, 560)

Trotzdem endet das 1928/29 entstandene Werk noch mit der trostlosen Einsicht: »Können uns und euch und niemand helfen« (2, 564). Spätere Stücke dagegen, wie *Die heilige Johanna der Schlachthöfe* (1929/30) oder *Der gute Mensch von Sezuan* (1938/42), verwenden das Bild von der Hölle dann völlig im marxistischen Sinn. Nicht anders verhält es sich mit dem Bild von der Sintflut, die anfangs noch ganz als allgemeine Natur- oder

Geschichtskatastrophe verstanden wird, schließlich aber eindeutig »über die bürgerliche Welt hereinbricht«: »Erst ist da noch Land, aber schon mit Lachen, die zu Tümpeln und Sunden werden; dann ist nur noch das schwarze Wasser weithin, mit Inseln, die schnell zerbröckeln« (17, 952).

Beide Vorstellungen (wie auch das Bild vom Paradies für die verheißene neue Welt) entstammen dem biblischen Bereich. Das ist kein Zufall. Man weiß, daß Brecht eine Rundfrage nach dem stärksten Eindruck, den er empfangen habe, mit dem Satz quittierte: »Sie werden lachen: die Bibel.«[21] Weniger bekannt dürfte sein, daß bereits der fünfzehnjährige Gymnasiast über eben dieses Thema ein Stück geschrieben hat, das im Januar 1914 in der Augsburger Schülerzeitschrift *Die Ernte* veröffentlicht wurde. *Die Bibel,* ein kleiner, nur sechseinhalb Seiten umfassender Einakter, behandelt nichts Geringeres als die Nachfolge Christi. Eine Stadt in den Niederlanden ist während der Glaubenskriege eingeschlossen worden und steht vor der Vernichtung. Die Tochter des Bürgermeisters könnte sie retten, wenn sie sich dem feindlichen Feldhauptmann hingäbe. Sie will das Opfer bringen; doch die starre Gesetzesgläubigkeit ihres Großvaters läßt es nicht zu. Die Selbstgerechtigkeit siegt über das Kreuz. Daß Brecht als Fünfzehnjähriger einen solchen Stoff aufgegriffen und auf unbeholfen tastende Weise auch gestaltet hat[22], zeugt nicht allein von der Genialität des Dichters, sondern vor allem von der Gewalt, mit der ihn die christliche Botschaft in ihren Bann schlug. »Ein Narr in Christo«, stellte Felix Hollaender noch 1932 achselzuckend fest[23]; und H. O. Münsterer urteilt im Rückblick: »Den Kern des Christentums jedenfalls hat Brecht in seiner Jugend kaum abgelehnt, seine Angriffe galten dem, was er als Verfälschung empfand.«[24] Worin dieser unverfälschte Kern bis zuletzt für Brecht bestanden hat, offenbart der Beginn des *Kaukasischen Kreidekreises,* der die Magd Grusche vor dem hilflosen Kind des gestürzten Gouverneurs zeigt. Denn daß sich hier das Gleichnis vom barmherzigen Samariter wiederholt, kann dem Dichter unmöglich verborgen gewesen sein. Wie hätte er sonst jene ergreifenden Verse schreiben können, deren Schluß in einem als Festspiel zweier sowjetischer Kolchosen gedachten Stück so befremdlich wirkt?

Wisse, Frau, wer einen Hilferuf nicht hört
Sondern vorbeigeht, verstörten Ohrs: nie mehr

Wird der hören den leisen Ruf des Liebsten noch
Im Morgengrauen die Amsel oder den wohligen
Seufzer der erschöpften Weinpflücker beim Angelus. (5, 2024 f.)

Diese natürliche Sittlichkeit war für Brecht der Kern des Christentums. Der Dichter nannte sie Freundlichkeit, auch Güte; aber die Nähe solcher »Herzworte«[25] zur christlichen Nächstenliebe ist ja unüberhörbar.

Im übrigen freilich wies Bertolt Brecht die christliche Botschaft höhnisch von sich. Wenn sie ihn dennoch immer wieder beschäftigte, so zweifellos deshalb, weil er sie als Ärgernis, als Stein des Anstoßes empfand, an dem sich sein schöpferischer Impuls stets aufs neue entzündete. Namentlich zweierlei war es, was den Dichter am Christentum empörte: einmal dessen Jenseitshoffnung, zum andern die Institution der Kirche. Der bürgerliche Gottesglaube wurde von Brecht, der evangelisch getauft und konfirmiert war, ziemlich früh abgebaut. Nur kurze Zeit begegnet die Frage nach der Existenz und Beschaffenheit eines höchsten Wesens. »Gibt es einen Gott?« grübelt der Schüler. »Entweder er ist gut *oder* er ist allmächtig.« Die Antwort fiel nicht schwer. »Deine Bibel ist kalt«, sagt das Mädchen zum Großvater. Brecht erfuhr Gott als den Harten, Strengen, grundlos Strafenden, der die Menschen quält und wissen will, »wie lang sie's ertrügen«. »Strahlend und grausam«, ein Moloch, thront er über der Welt (vgl. 10, 864 f.; 14, 1412; 7, 3032; 8, 54). Doch diese ganze Erfahrung verlagerte sich sehr schnell, da schon der junge Brecht weniger nach dem Sein und Verhalten Gottes als vielmehr nach dem Gottesglauben und dessen Wirkung auf die Menschen zu fragen begann. Der Dichter wog den Nutzwert Gottes ab – gleichgültig ob dieses Wesen nun existierte oder nicht. Auf die Frage, ob es einen Gott gebe, antwortet Herr Keuner: »Ich rate dir, nachzudenken, ob dein Verhalten je nach der Antwort auf diese Frage sich ändern würde. Würde es sich nicht ändern, dann können wir die Frage fallen lassen. Würde es sich ändern, dann kann ich dir wenigstens noch so weit behilflich sein, daß ich dir sage, du hast dich schon entschieden: Du brauchst einen Gott« (12, 380). Brecht brauchte keinen Gott mehr. Er, der jetzt erklärte, er besitze überhaupt kein Organ für Metaphysik (vgl. 15, 252), war mit Karl Marx fortan davon überzeugt, daß die Aufhebung der Religion als des illusorischen Glücks der Menschheit die Forderung nach ihrem wirklichen Glück sei.

Diese Forderung meldet sich zunächst als lustvolles Verlangen:

> Laßt euch nicht betrügen
> Daß Leben wenig ist.
> Schlürft es in vollen Zügen!
> Es wird euch nicht genügen
> Wenn ihr es lassen müßt! (8, 260)

So lautet die zweite Strophe des Gedichts *Gegen Verführung* (auch *Luzifers Abendlied* genannt), das nach Brecht jede Lektüre in der *Hauspostille* krönen soll. Mit welch subtilen Mitteln der materialistische und marxistische »Bibelzertrümmerer« (vgl. 3, 1316) die christliche Jenseitshoffnung zu zerstören suchte, erweisen die Eingangs- und Schlußzeilen dieses Gedichts. Sie verkehren nämlich die Mahnung des Apostels aus dem 1. Korintherbrief in ihr genaues Gegenteil – und zwar mit den Worten des Predigers Salomo.[26] Die Bibel widerlegt sich selbst:

> Laßt euch nicht verführen!
> Es gibt keine Wiederkehr.
> [. . .]
> Ihr sterbt mit allen Tieren
> Und es kommt nichts nachher. (8, 260)

Später verwandelt sich Brechts vitaler Trieb, die Religion aufzuheben und das Glück im Diesseits zu verwirklichen, mehr und mehr in ein ethisches Postulat. Das wilde Jauchzen über dem Abgrund verstummt: der Dichter hält nun Gericht. Eine seiner erschütterndsten Anklagen, die das Christentum aus dessen eigenem Geist der Nächstenliebe zur Rechenschaft ziehen, stellt die Parabel *Der gute Mensch von Sezuan* dar, deren scheinbar so fernöstlicher Inhalt in Wahrheit auf der Geschichte von Sodom und Gomorra beruht. Brechts Hinweis auf den Feuerregen (1. Mose 19, 24)[27] ist unmißverständlich. Wie Lot die beiden Engel des Herrn bei sich aufnimmt, so nimmt die arme Prostituierte Shen Te die drei wandernden Götter auf, die nach einem Gerechten suchen. Aber während in der Bibel und noch in Brechts gleichnamigem Jugendwerk die Stadt wirklich durch ein Feuer untergeht[28], ist der Ausgang im *Guten Menschen von Sezuan* völlig anders. Nicht mehr Gott richtet die Welt, die ohnehin eine Hölle ist, sondern die Welt richtet Gott. Weil Gott (der doch den Guten die gute Welt schuldet, wie Shen Te singt) seine Welt so schlecht geordnet hat, daß selbst der Beste in ihr nicht gut sein kann, wird er vom Dichter verurteilt und ins Nichts verdammt. Die Szene in Brechts Parabelstück wird zum tödlichen Tribunal, dem sich die drei »Erleuchteten« (4, 1606) nur durch eine lächerliche Himmelfahrt, einen Salto mortale in die Opernwelt, entziehen können.

Was *Der gute Mensch von Sezuan* ins Gewand einer »goldenen Legende« (4, 1607) hüllt, schreit der Traum des Soldaten Fewkoombey am Schluß des *Dreigroschenromans* offen und bitter hinaus. Diese Szene, die das Jüngste Gericht beschwört, ist das blutige Gegenbild zu Brechts frühem Spiel von der Nachfolge Christi. Hieß es damals: »Großvater, wenn der Tag des Gerichtes kommt, wie wirst du dastehen?« (7, 3035), so erscheint jetzt der Weltenrichter Christus selber als Angeklagter, der zum Tode verurteilt wird, weil er einst das Gleichnis vom Pfund und vom Wucher unter die Menschen gebracht hat. »Du bist überführt!« dröhnt die Stimme des neuen Richters. »Alles falsch beschrieben! Die Unwahrheit verbreitet! Da verurteile ich dich! Wegen Beihilfe! Weil du deinen Leuten dieses Gleichnis in die Hand gegeben hast, das auch ein Pfund ist! Mit dem gewuchert wird! Und alle, die es weitergeben, die es wagen, so etwas zu erzählen, die verurteile ich! Zum Tode! Und . . . wer es sich erzählen läßt und es wagt, nicht dagegen sofort einzuschreiten, den verurteile ich ebenfalls.« (13, 1165) Daß dieses Verdammungsurteil zugleich und vor allem auf die Institution der Kirche zielt, steht außer Zweifel. Die Schädlichkeit des von ihr gepredigten Glaubens mag sich im besten Fall auf bloße Folgenlosigkeit, was die Umwelt betrifft, beschränken; aber ihn zu predigen, erklärt der Dichter, ist in jedem Fall ein soziales Verbrechen. Brecht sah in der Kirche ein riesiges Machtinstrument der Herrschenden und Besitzenden. Nirgends tritt dies mit unheimlicherer Intensität zutage als in einem Nachlaßgedicht, welches schildert, wie das Schweißtuch der Veronika zum schmierigen Geldschein wird (vgl. 9, 873). Und dennoch bleibt sogar hier jener Kern der christlichen Botschaft erkennbar. Brechts Haß verrät nur die Tiefe von Brechts Enttäuschung.

Dieses widerspruchsvolle Verhältnis zum Christentum bildet den verborgenen Grund, aus dem die marxistische Wendung des Dichters erwuchs. Ohne es hätte Brechts Begegnung mit dem Kommunismus niemals ihre lebensentscheidende Bedeutung erlangen können. Ein folgerichtiger, beinah notwendiger Zusammenhang; denn die »umfunktionierte Theologie«[29] der Brecht-schen Dichtung entspricht genau der Säkularisation christlichen Denkens im Marxismus. So gesehen, durfte der Dichter die Bibel in der Tat seinen stärksten Eindruck nennen. Dieses Bekenntnis gilt erst recht im Bereich der Gestaltung. Wie kaum ein anderer deutscher Dichter hat Bertolt Brecht von der strotzenden Fülle der Lutherbibel gezehrt. Das Sprach- und Motivgut, das er aufgriff, reicht von der verdeckten Anspielung übers blasphemisch gefärbte Zitat bis zur Übernahme gleichsam mythischer Muster. Man erinnere sich an das Gedicht *Gegen Verführung,* das aus lauter solchen Anspielungen besteht, oder vergleiche den parodistischen Gag aus der *Dreigroschenoper,* wo Brown wie Petrus sein Haupt an die Mauer lehnt und weint. »Das hat gesessen«, kommentiert Macheath. »Ich blickte ihn an, und er weinte bitterlich. Den Trick habe ich aus der Bibel« (2, 446). Völlig ernst, ja geradezu liturgisch wirkt dagegen die Überschrift *Grablegung,* die dem Opfertod des jungen Genossen in der *Maßnahme* (1930) eine messianische Würde und Erhabenheit verleihen soll. Die Beispiele ließen sich häufen. Daß Brecht stets auch außerbiblische Formen und Gehalte des Christentums für seine Zwecke zu nutzen gewußt hat, ist selbstverständlich; ich erwähne nur die dreimalige Gestaltung des Jeanne d'Arc-Stoffes, die zahlreichen Kontrafakturen von Kirchenliedern und die Verwandtschaft der Lehrstücke mit den konfessionellen Kampfdramen des 16. und 17. Jahrhunderts.

Was den Dichter jedoch an der Bibel am meisten beeindruckte, war deren sprachliche Form. Luther, so schien es ihm, war es gelungen, den Gestus der Sprechenden restlos in Sprache umzusetzen. Brechts Studie *Über reimlose Lyrik mit unregelmäßigen Rhythmen* aus dem Jahr 1938 liefert die erschöpfende Selbstdeutung: »Der Satz der Bibel ›Reiße das Auge aus, das dich ärgert‹, hat einen Gestus unterlegt, den des Befehls, aber er ist noch nicht rein gestisch ausgedrückt, da ›das dich ärgert‹ eigentlich noch einen anderen Gestus hat, der nicht zum Ausdruck kommt, nämlich den einer Begründung. Rein gestisch ausgedrückt, heißt der Satz (und Luther, der ›dem Volk aufs Maul sah‹, formt ihn auch so): ›Wenn dich dein Auge ärgert, reiß es aus!‹ Man sieht wohl auf den ersten Blick, daß diese Formulierung gestisch viel reicher und reiner ist. Der erste Satz enthält eine Annahme, und das Eigentümliche, Besondere in ihr kann im Tonfall voll ausgedrückt werden. Dann kommt eine kleine Pause der Ratlosigkeit und erst dann der verblüffende Rat« (19, 398). Dieselbe Sprachqualität entfaltet bereits der vorhin zitierte Satz aus Brechts Jugenddrama *Die Bibel,* welcher lautet: »Wenn der Tag des Gerichtes kommt, wie wirst du dastehen?« Man versuche, die beiden Satzglieder zu vertauschen, und man wird feststellen, wie gestisch reich und rein schon der Fünfzehnjährige schrieb. Brecht schuf eben »vor allem aus der Gebärde heraus. Er stellte sich zuerst die Gesten seiner Menschen in ihrer jeweiligen Situation vor und suchte dann das entsprechende Wort«.[30] Nichts vermag diesen Vorgang besser zu veranschaulichen als das Übersetzungsverfahren, das der Dichter wählte, als er zusammen mit Charles Laughton sein *Leben des Galilei* ins Englische übertrug. Da der Schauspieler keinerlei Deutsch sprach, »behalf« sich Brecht damit, daß er ihm jeden Satz in schlechtem Englisch oder sogar auf deutsch vorspielte; Laughtons Aufgabe war es dann, den Satz auf immer neue Art in richtigem Englisch nachzuspielen, bis der Dichter sagen konnte: »Das ist es.« Im Grunde verfuhr Brecht auch allein nie anders. Nur durch solch gestische, ständig aus Bibel und Volksmund gespeiste Rede wurde es ihm möglich, den doppelten Sprachverfall im Naturalismus und Expressionismus – »unplastische Imitationen von Alltagssprechweisen« und »Papierdeutsch« (vgl. 15, 320) – zu überwinden und ein Idiom zu schaffen, das zugleich poetisch und charakteristisch, zart und körnig, klangvoll und genau war.

Bertolt Brecht wußte also recht gut, warum er seinen Schauspielern als Übungstexte Bibelstellen empfahl. Der Begriff des Gestischen umfaßt bei ihm freilich weit mehr als bloß eine Sprachgebärde; in der Regel meint er ein komplexes Ganzes, das sich aus Körperhaltung, Tonfall, Gesichtsausdruck und vielen anderen Komponenten zusammensetzt. Jede Figur, jedes Geschehnis, jede Szene enthält nach Brecht einen derartigen Grundgestus, den es bei der Inszenierung zu entdecken und sichtbar zu machen gilt. Vor allem aber gilt es, fordert der Dichter, den allgemeinen Gestus des Zeigens zu fixieren, der jeden einzelnen Gestus trägt. Der Darsteller – unabhängig von dem besonderen Gestus, den er gerade zum Ausdruck bringt – darf sich auf keinen Fall mit der Figur, die er spielt, identifizieren; er muß sie vielmehr wie etwas Fremdes vorführen, muß sie kritisch zeigen. Immer steht er darum »in zweifacher Gestalt« auf der Bühne. »Er vergißt nie und gestattet nie, zu vergessen, daß er nicht der Demonstrierte, sondern der Demonstrant ist« (vgl. 16, 683 u. 553). Man hat diesen Schauspieler, der sein Tun vormacht und durch sein Vormachen kommentiert, einmal sehr treffend den auf die Bretter verpflanzten Physikprofessor genannt[31]; und Brecht, der lehrhafte Dichter, der von Anfang an ein »experimentelles Theater«[32] erstrebte, hat den Vergleich ausdrücklich gebilligt. Ähnliche Vergleiche, die Brecht selber prägte, beschreiben das Theater als Sportveranstaltung und Schulstunde oder als Straßenszene, in der ein Augenzeuge berichtet, wie es zu einem Verkehrsunfall kam. Sie alle haben den Gestus des Zeigens sowie sämtliche Folgerungen, die der Dichter daraus zog, mit dem physikalischen Experiment gemeinsam. Aufs Theater angewandt, heißt dies: »Das Geprobte am Spiel tritt voll in Erscheinung, das auswendig Gelernte am Text, der ganze Apparat und die ganze Vorbereitung.« Deshalb fordert Brecht auch, daß jeder Aufführung statt des üblichen Scheins von Spontaneität ein deutlicher »Gestus des Aushändigens von etwas Fertigem« innewohne (vgl. 16, 699).

Mit einem Wort: Was der Verfasser des *Kleinen Organon für das Theater* (1948) erstrebte und schuf, war eine Bühne des wissenschaftlichen Zeitalters. Nicht umsonst pflegte er sich, und zwar in offenkundiger Anlehnung an Marx, auf Francis Bacon zu berufen, den Autor des *Novum Organum* von 1620 und »Erzvater der experimentellen Naturwissenschaften« (17, 1112).[33] Beide Wissenszweige, der von der Natur und der von der Gesellschaft, sollen sich vereinigen, um die neue Bühnenkunst hervorzubringen, die Brecht abwechselnd als »episches Theater« oder als »nichtaristotelische Dramatik« bezeichnete. Der erste Begriff ist der ältere. Er taucht um 1926 auf und markiert für Brecht den endgültigen Einbruch der Soziologie in den weiland »heiligen« und »allein der Kunst geweihten« Bezirk des Theaters.[34] Die zugespitzte Formel: »Als ich ›Das Kapital‹ von Marx las, verstand ich meine Stücke« (15, 129), beweist bündig das unauflösliche Ineinander von Theorie und dichterischer Praxis, das diese Entwicklung charakterisiert. Gegenstand des epischen als eines philosophischen Theaters ist demnach hauptsächlich das Verhalten der Menschen sowie der gesellschaftlich-geschichtliche Prozeß, dem sie unterworfen sind. Um ihn zu zeigen, nimmt die Bühne zu ihren eigenen Vorgängen Stellung, indem sie auf großen Tafeln Parallelvorgänge in die Erinnerung holt, Aussprüche durch proji-

Form des Dramas, der K-Typ die geschlossene. Aber während die aristotelische Dramatik nach Brecht nur über das eine alte Dreiecksschema ›Exposition – Schürzung des Knotens – überraschende Lösung‹ verfügt, kennt die nichtaristotelische Dramatik – der Dichter gebraucht hier sogar den Plural – mindestens drei solcher Bauformen: die Parabel (*Der gute Mensch von Sezuan*), die Historie (*Mutter Courage und ihre Kinder,* entstanden 1939) und die Biographie (*Leben des Galilei*). Lediglich darin, daß er die Fabel als das »Herzstück der theatralischen Veranstaltung« definiert, stimmt Brecht mit Aristoteles überein (vgl. 16, 693). Im Gegensatz zu fast allen deutschen Theoretikern seit Lessing erteilt er, der soziologische Dichter, nicht den Charakteren den Primat, sondern der Handlung.

Wenn Brecht schließlich – erstmals übrigens schon um 1930 – seine Bühnenkunst unter den Oberbegriff des Dialektischen faßte, so meinte er damit vor allem das bewußt Widerspruchsvolle in der Darstellung der Dinge, Menschen und Geschehnisse. Am sichtbarsten kommt diese zerreißende Widersprüchlichkeit dort zum Ausdruck, wo die Figuren sich spalten, so daß der formale Gestus des Zeigens ins konkret Inhaltliche umschlägt. Man denke an die Zweiheit von Shen Te und Shui Ta oder an die beiden Anna-Gestalten in dem Ballett *Die sieben Todsünden,* das 1933 in Paris uraufgeführt wurde. Aber auch die Courage, ein großer lebender Widerspruch zwischen Händlerin und Mutter, ist ja in gewissem Sinn eine gespaltene Figur; und ähnlich steht es mit dem bald betrunkenen, bald nüchternen Gutsherrn im Volksstück *Herr Puntila und sein Knecht Matti* (1940). Derlei Spannungen, die sich, kunstvoll erzeugt, auf die verschiedenste Weise äußern können, bestimmen Brechts Dichtung von Anfang an. Sie walten im einzelnen Satz wie im Bau ganzer Stücke. Besonders klar läßt sich dies an der Verkehrung vorgeprägter Muster erkennen. Bei manchen Sprichwörtern genügte bereits eine winzige Änderung, so wenn die Courage singt:

Der Mensch denkt: Gott lenkt –
Keine Red davon! (4, 1395 f.)

Bei der chinesischen, von Brecht nach Grusinien verlegten Kreidekreisprobe hingegen (die bekanntlich dem salomonischen Urteil entspricht) bedurfte es eines abendfüllenden Stückes, um dem Kind statt der leiblichen Rabenmutter die mütterlich sich

zierte Dokumente belegt und widerlegt, zu abstrakten Gesprächen konkrete Zahlen liefert oder zu plastischen, aber in ihrem Sinn schwer deutbaren Geschehnissen Zahlen und Sätze zur Verfügung stellt. Daß ein solches Theater, auf dem die Schauspieler überdies in kritischer Doppelgestalt agieren, sich mehr an die Ratio als ans Gefühl richten muß, liegt auf der Hand. Die epische Bühnenkunst Bertolt Brechts ruft ihre Zuschauer zur Erkenntnis und zum Eingreifen auf. Sie will die berühmte These von Marx anwenden, welche besagt, »daß es nicht nur darauf ankommt, die Welt zu interpretieren, sondern sie zu verändern« (vgl. 16, 815).

Brechts nichtaristotelisches oder episches Drama – auch diese Formulierung begegnet – hat seinen Ursprung im Naturalismus. Man weist daher gern auf Émile Zolas *Roman expérimental* hin, wo ja ebenfalls Methoden der Naturwissenschaft auf die Dichtung übertragen werden.[35] Kaum weniger symptomatisch ist jedoch eine heute offenbar völlig in Vergessenheit geratene Dramaturgie, die unter dem bemerkenswerten Titel *Kritik des Aristotelischen Systems und Begründung eines neuen* 1892 bei S. Fischer herauskam. Die Anschauungen des Verfassers Henri Gartelmann weichen natürlich in mancher Hinsicht von denen Brechts ab; immerhin finden sich in dem Buch Sätze wie die folgenden: »Es ist eine einfach lächerliche Behauptung, daß der Zuschauer mit den dargestellten Personen sich zu *identifizieren* habe ... Ihn geht das Drama nicht mehr an, als er aus der Betrachtung desselben Vergnügen und eventuell nebenbei auch Nutzen für sich zieht.«[36] Die vollständige Identifikation oder Einfühlung des Zuschauers ist genau das, was Brecht unter der aristotelischen Katharsis verstand und als dumpfen, benebelnden Rausch ablehnte. Da seine eigene Dramatik diesen psychischen Akt weitgehend verschmäht und durch Erkenntnisvorgänge ersetzen will, nannte er sie eine »nichtaristotelische«. Im theoretischen Hauptwerk des Dichters, dem fragmentarischen *Messingkauf* von 1939/40, erscheinen die beiden gegensätzlichen Dramenformen als Karusselltyp (K-Typ, der die Zuschauer bannt und in schwindelnder Bewegung umtreibt) und Planetariumtyp (P-Typ, der die Zuschauer aus jeglicher Bewegung löst, damit sie deren Gesetze erforschen können).[37] Diesem sind Distanz, Kritik und der Gestus des Zeigens zugeordnet – jenem die Illusionsbühne und auf ihr die »drrrramatische« Spielweise, wie der Dichter in einem Brief vom 7. 2. 1948 launig schreibt. Der P-Typ vertritt die offene

drückt werden. Dann kommt eine kleine Pause der Ratlosigkeit und erst dann der verblüffende Rat« (19, 398). Dieselbe Sprachqualität entfaltet bereits der vorhin zitierte Satz aus Brechts Jugenddrama *Die Bibel,* welcher lautet: »Wenn der Tag des Gerichtes kommt, wie wirst du dastehen?« Man versuche, die beiden Satzglieder zu vertauschen, und man wird feststellen, wie gestisch reich und rein schon der Fünfzehnjährige schrieb. Brecht schuf eben »vor allem aus der Gebärde heraus. Er stellte sich zuerst die Gesten seiner Menschen in ihrer jeweiligen Situation vor und suchte dann das entsprechende Wort«.[30] Nichts vermag diesen Vorgang besser zu veranschaulichen als das Übersetzungsverfahren, das der Dichter wählte, als er zusammen mit Charles Laughton sein *Leben des Galilei* ins Englische übertrug. Da der Schauspieler keinerlei Deutsch sprach, »behalf« sich Brecht damit, daß er ihm jeden Satz in schlechtem Englisch oder sogar auf deutsch vorspielte; Laughtons Aufgabe war es dann, den Satz auf immer neue Art in richtigem Englisch nachzuspielen, bis der Dichter sagen konnte: »Das ist es.« Im Grunde verfuhr Brecht auch allein nie anders. Nur durch solch gestische, ständig aus Bibel und Volksmund gespeiste Rede wurde es ihm möglich, den doppelten Sprachverfall im Naturalismus und Expressionismus – »unplastische Imitationen von Alltagssprechweisen« und »Papierdeutsch« (vgl. 15, 320) – zu überwinden und ein Idiom zu schaffen, das zugleich poetisch und charakteristisch, zart und körnig, klangvoll und genau war.

Bertolt Brecht wußte also recht gut, warum er seinen Schauspielern als Übungstexte Bibelstellen empfahl. Der Begriff des Gestischen umfaßt bei ihm freilich weit mehr als bloß eine Sprachgebärde; in der Regel meint er ein komplexes Ganzes, das sich aus Körperhaltung, Tonfall, Gesichtsausdruck und vielen anderen Komponenten zusammensetzt. Jede Figur, jedes Geschehnis, jede Szene enthält nach Brecht einen derartigen Grundgestus, den es bei der Inszenierung zu entdecken und sichtbar zu machen gilt. Vor allem aber gilt es, fordert der Dichter, den allgemeinen Gestus des Zeigens zu fixieren, der jeden einzelnen Gestus trägt. Der Darsteller – unabhängig von dem besonderen Gestus, den er gerade zum Ausdruck bringt – darf sich auf keinen Fall mit der Figur, die er spielt, identifizieren; er muß sie vielmehr wie etwas Fremdes vorführen, muß sie kritisch zeigen. Immer steht er darum »in zweifacher Gestalt« auf der Bühne. »Er vergißt nie und gestattet nie, zu vergessen, daß er nicht der Demonstrierte, sondern der Demonstrant ist« (vgl. 16, 683 u. 553). Man hat diesen Schauspieler, der sein Tun vormacht und durch sein Vormachen kommentiert, einmal sehr treffend den auf die Bretter verpflanzten Physikprofessor genannt[31]; und Brecht, der lehrhafte Dichter, der von Anfang an ein »experimentelles Theater«[32] erstrebte, hat den Vergleich ausdrücklich gebilligt. Ähnliche Vergleiche, die Brecht selber prägte, beschreiben das Theater als Sportveranstaltung und Schulstunde oder als Straßenszene, in der ein Augenzeuge berichtet, wie es zu einem Verkehrsunfall kam. Sie alle haben den Gestus des Zeigens sowie sämtliche Folgerungen, die der Dichter daraus zog, mit dem physikalischen Experiment gemeinsam. Aufs Theater angewandt, heißt dies: »Das Geprobte am Spiel tritt voll in Erscheinung, das auswendig Gelernte am Text, der ganze Apparat und die ganze Vorbereitung.« Deshalb fordert Brecht auch, daß jeder Aufführung statt des üblichen Scheins von Spontaneität ein deutlicher »Gestus des Aushändigens von etwas Fertigem« innewohne (vgl. 16, 699).

Mit einem Wort: Was der Verfasser des *Kleinen Organon für das Theater* (1948) erstrebte und schuf, war eine Bühne des wissenschaftlichen Zeitalters. Nicht umsonst pflegte er sich, und zwar in offenkundiger Anlehnung an Marx, auf Francis Bacon zu berufen, den Autor des *Novum Organum* von 1620 und »Erzvater der experimentellen Naturwissenschaften« (17, 1112).[33] Beide Wissenszweige, der von der Natur und der von der Gesellschaft, sollen sich vereinigen, um die neue Bühnenkunst hervorzubringen, die Brecht abwechselnd als »episches Theater« oder als »nichtaristotelische Dramatik« bezeichnete. Der erste Begriff ist der ältere. Er taucht um 1926 auf und markiert für Brecht den endgültigen Einbruch der Soziologie in den weiland »heiligen« und »allein der Kunst geweihten« Bezirk des Theaters.[34] Die zugespitzte Formel: »Als ich ›Das Kapital‹ von Marx las, verstand ich meine Stücke« (15, 129), beweist bündig das unauflösliche Ineinander von Theorie und dichterischer Praxis, das diese Entwicklung charakterisiert. Gegenstand des epischen als eines philosophischen Theaters ist demnach hauptsächlich das Verhalten der Menschen sowie der gesellschaftlich-geschichtliche Prozeß, dem sie unterworfen sind. Um ihn zu zeigen, nimmt die Bühne zu ihren eigenen Vorgängen Stellung, indem sie auf großen Tafeln Parallelvorgänge in die Erinnerung holt, Aussprüche durch proji-

bewährende Magd zu verschaffen. Die Dialektik ist in beiden Fällen dieselbe. Hier liegt auch der eigentliche Grund, warum der Stückeschreiber aus Augsburg mit Vorliebe kritische Neufassungen – sogenannte »Gegenentwürfe« (vgl. 5, 2*) – zu schaffen pflegte, deren Stoffe er der gesamten Weltliteratur von Sophokles über Shakespeare, Molière, Lenz und Gorki bis hin zu den japanischen Nō-Spielen entnahm. Nicht aus Mangel an Einfällen und geistiger Freibeuterei griff Brecht diese vorgeformten Stoffe auf, sondern weil er der Überzeugung war, daß nur durch solche Widersprüche ein Stück wirklich lebendig werde. Und was für Sprache und Struktur gilt, gilt erst recht für die Inszenierung. »Versuchen wir's einmal mit dem Gegenteil«, lautete die Maxime des Regisseurs Brecht, der seine Gestalten mit Absicht oft gegen Typ und Rollenfach der Schauspieler besetzte, ja deren Widerspenstigkeit geradezu willkommen hieß. Eine Verschmierung der Widersprüche wurde nirgends geduldet. Bertolt Brecht wollte kein berauschendes Gesamtkunstwerk, in dessen trüben Fluten alles ertrinkt, – er wollte die saubere, helle, genußreiche Trennung der Elemente. So wie für ihn die Einheit einer Figur durch die Art gebildet wurde, in der sich ihre einzelnen Eigenschaften widersprechen, so soll die Einheit einer Aufführung darin bestehen, daß Sprache, Bild und Musik als »Schwesterkünste« zwar jeweils das gleiche Thema behandeln, aber »sich gegenseitig verfremden« (vgl. 16, 698 f.).

Verfremden, Verfremdung und Verfremdungseffekt oder V-Effekt: diese vieldiskutierten Begriffe bezeichnen das Grundprinzip, auf dem nicht nur das Brechtsche Theater ruht, sondern Brechts Schaffen überhaupt. »In der Mitte der V-Effekt« (16,1*). Die Verfremdung, deren Zusammenhang mit dem Dialektischen der Dichter wiederholt bestätigt hat, wirkt in sämtlichen Bereichen des Dramenbaus, des Bühnenbaus und der Schauspielweise. Sie ist immer zugleich ein Kunstmittel und eine soziale Maßnahme; von reiner Wissenschaftlichkeit oder gar von Kunstfeindschaft, die der Däne Hultberg zu entdecken glaubt, kann also keine Rede sein.[38] Dinge, Vorgänge oder Gestalten verfremden heißt für Brecht ganz einfach, ihnen das Selbstverständliche, Bekannte, Einleuchtende zu nehmen und über sie Staunen und Neugierde zu erzeugen. Die philosophische Legitimation der Verfremdung liefert Hegel, die künstlerische der russische Formalismus. Brechts Notizen zum *Messingkauf* lassen daran keinen

Zweifel. »Die Selbstverständlichkeit«, lesen wir, »welche die Erfahrung im Bewußtsein angenommen hat, wird wieder aufgelöst, wenn sie durch den V-Effekt negiert und dann in eine neue Verständlichkeit verwandelt wird. Eine Schematisierung wird hier zerstört.« Diese wichtige Eintragung (vom 2. 8. 1940) variiert nicht nur ganz offensichtlich einen Satz aus der *Phänomenologie des Geistes*, wonach das Bekannte eben darum, weil es bekannt ist, nicht erkannt ist[39]; sie enthält auch *in nuce* die Kunstlehre der Formalisten, deren Wortführer Šklovskij bereits 1917 den Begriff des Verfremdungseffekts – *priëm ostrannenie* – geschaffen hat. Brecht hielt die Verfremdung weder für seine Erfindung noch für sein Monopol. Selbst Joyce, Cézanne oder die Dadaisten und Surrealisten benutzten, wie der Dichter nachdrücklich betont, solche Effekte. Den Ausschlag gibt freilich stets das sozialkritische Moment. Während die Gegenstände der Dadaisten und Surrealisten nach Brecht in ihrer Fremdheit verharren, vollzieht sein eigener V-Effekt, der die Jetztzeit »historisiert«, indem er sie zur merkwürdigen Begebenheit stempelt, die Negation der Negation und erzeugt so erhöhtes Verständnis. Die Welt enthüllt sich als etwas Veränderliches, Änderbares und – im Sinne von Marx – zu Veränderndes.

Daß dieses verfremdende Staunenmachen ein ästhetisches Urphänomen ist, dürfte wohl außer Zweifel stehen. Die Entsprechungen reichen vom *far stupir* des europäischen Manierismus bis zum absurden Theater der Moderne, das die Menschen aus dem »geistigen Schlaf der Gewohnheit« (Ionesco)[40] aufrütteln will, um sie wieder das Staunen zu lehren. Und erklärte nicht Novalis, auf halbem Wege zwischen dem 17. und dem 20. Jahrhundert, daß die Kunst, auf eine angenehme Art zu befremden, das Grundprinzip der romantischen Poetik sei? Bertolt Brecht hat diese »Be-Wunderung« als »Element der Ästhetik« schon sehr früh erkannt. Bereits 1920 notierte er: »Das wichtigste Gesetz für den Dichter ist, daß er innerhalb seines Stoffes die Merkwürdigkeiten herausfindet . . . Auf je mehr Wunder er den Zuschauer hinweist, desto reicher ist sein Werk« (vgl. 15, 53 ff.). Was hier noch ein genial hingeworfener Einfall war, klärte sich nach und nach zum Begriff und zur durchdachten, vielfach erprobten Technik. Diese Entwicklung, die im wesentlichen darin besteht, daß das ästhetische Phänomen der Verfremdung zunächst eine erkenntnistheoretische, dann eine gesellschaftskritische Funktion und Begründung erfährt, endet erst mit dem posthum erschienenen *Nachtrag zum Kleinen Organon*. Sie verläuft auch keineswegs linear. Brechts Theorien, die das Dialektische so entschieden hervorkehren, sind selber ein an Widersprüchen reicher dialektischer Prozeß, der sich in ständigem Wechselspiel zwischen Einfühlung und Erkenntnis, Kunst und Wissenschaft, Vergnügen und Lernen entwickelt. In den Jahren um und nach 1930 liegt die schärfste Antithese zur herkömmlichen Kunstauffassung; vorher und später neigte Brecht eher zum Ausgleich. Ein ähnlicher Dreischritt gliedert die Dichtung, die sich aus der konkreten Realitätsfülle des Frühwerks in die abstrakte Strenge der Lehrstücke verwandelt, bis sich beides zu vollendeter, von Lust und Weisheit durchglänzter Synthese versöhnt.[41]

Mit dem sozialistischen Realismus und der von ihm sanktionierten Theatertheorie Stanislawskis hat dieses Schaffen sehr wenig zu tun. Selbst die gewundenen Zugeständnisse, die der Dichter zuletzt noch machte, ändern daran nichts.[42] Um so größer war die Berechtigung, mit der er sich auf die Affinität seiner dialektischen Verfremdungsdichtung zum Komischen, Satirischen und Grotesken berief.[43] Nicht nur Katharsis und Einfühlung, auch Gelächter und Erkenntnis gehören bei Brecht aufs engste zusammen; und der Gegensatz, der diese beiden Bereiche trennt, ist im Grunde kein anderer als derjenige, den Nietzsche in seiner *Geburt der Tragödie* beschreibt. Aufklärerische Weltsicht und tragische Weltsicht, Diesseitsgläubigkeit und Hingabe ans Metaphysische stehen einander gegenüber. Brecht hat denn auch folgerichtig das aristotelische, funktional verfugte Drama mit dem Begriff des Tragischen verbunden und sein eigenes, das nichtaristotelische, ein »antimetaphysisches« (vgl. 17, 1036) genannt. Wenn er daraus allerdings den Schluß zog, er könne das Tragische gänzlich eliminieren, so täuschte er sich zutiefst. Gerade seine marxistische Wendung, die ihn doch die absolute Erkennbarkeit und Perfektibilität der Welt lehrte, verstrickte den Dichter in eine ausweglose Tragik. Es ist jene unheilbare Aporie zwischen dem Glücksverlangen des Einzelnen und dem Kampf für den Kommunismus, die auch die Deutung des *Glücksgott*-Entwurfs nicht zu überbrücken vermochte. Wohl wußte Brecht mit Shen Te:

> Keinen verderben zu lassen, auch nicht sich selber
> Jeden mit Glück zu erfüllen, auch sich, das
> Ist gut. (4, 1553)

Aber der Versuch, den kategorischen Imperativ des Materialismus in die Tat umzusetzen, zerspaltete nicht nur den guten Menschen von Sezuan »wie ein Blitz in zwei Hälften« (4, 1603), sondern erst recht den Dichter. Shen Te kann nicht gut sein, weil sie in einer Welt lebt, wo keiner gut sein kann. Bertolt Brecht kann nicht gut sein, weil er für eine Welt kämpft, wo endlich alle gut sein können; – denn um dieses Paradies zu schaffen, bedarf es der Hölle.

Der Marxist Brecht stand vor der furchtbaren Wahl, im Dienste der endgültigen Humanisierung des Menschen, an die er glaubte, entweder dessen totale Entmenschung und Verdinglichung zu fordern ... oder diese Ideologie selber, den obersten Wert seines Lebens und Schaffens, in Frage zu stellen, ja zu verneinen. Am qualvollsten klafft der Zwiespalt in dem Lehrstück *Die Maßnahme*, das dem Dichter unter der Hand zur Tragödie geriet.[44] Es legt dar, wie vier kommunistische Agitatoren einen ihrer Mitkämpfer erschießen und in eine Kalkgrube werfen. Dieser, der junge Genosse, vertritt die natürliche Sittlichkeit, die unmittelbare Hilfe jetzt und hier; jene vertreten die Ideologie, die künftige umfassende Abhilfe für die ganze Menschheit. Wenn die marxistischen Klassiker es nicht zulassen, daß jedem einzelnen »gleich und sofort und vor allem« geholfen werde, dann sind sie, ruft der junge Genosse, »Dreck, und ich zerreiße sie; denn der Mensch, der lebendige, brüllt, und sein Elend zerreißt alle Dämme der Lehre«. Die Agitatoren dagegen, »leere Blätter«, auf die »die Revolution ihre Anweisungen schreibt«, haben alle spontanen menschlichen Regungen in sich erstickt, und ihr düsteres Gesetz lautet:

> Welche Niedrigkeit begingest du nicht, um
> Die Niedrigkeit auszutilgen? (vgl. 2, 655, 637 u. 652)

Diesen tragischen Zwiespalt zwischen Ideologie und natürlicher Sittlichkeit, glücklicher Menschheit und menschlichem Glück konnte Brecht nur verdecken, nie schließen. Der marxistische Dichter war gezwungen, beides wollen zu müssen und keines wollen zu dürfen. So entschied er sich in der *Maßnahme* zwar für die Agitatoren und deren »blutbefleckte Hände«[45], verbot jedoch alle weiteren Aufführungen des Stücks; und während er nicht müde wurde, vor dem Mitleid zu warnen und den Opfersinn zu verhöhnen, schuf er jene ergreifenden Mädchengestalten, die sich ihres Nächsten nicht nur erbarmen, sondern sogar, wie die stumme Kattrin in *Mutter Courage und ihre Kinder,* bereit sind, für ihn zu sterben. Nur noch zweimal, so scheint es, gab der Dichter dem entsetzlichen Zweifel am obersten Wert seines Daseins Raum: bei den berüchtigten »Säuberungsaktionen« Stalins[46] und nach den Ereignissen des 17. Juni 1953. Eine der *Buckower Elegien,* die damals entstanden, endet mit den Zeilen:

> Heut nacht im Traum sah ich Finger, auf mich deutend
> Wie auf einen Aussätzigen. Sie waren zerarbeitet und
> Sie waren gebrochen.
>
> Unwissende! schrie ich
> Schuldbewußt. (10, 1010)

Ob Bertolt Brecht, als er diese Zeilen schrieb, auch an den 1. Mai 1929 dachte? Was mag er empfunden haben?

Doch der Dichter wandte seinen Blick vom Gorgoantlitz des Tragischen ab. Er wollte es nicht erkennen. Ein anderes Gedicht aus der Spätzeit lautet:

> Traue nicht deinen Augen
> Traue deinen Ohren nicht
> Du siehst Dunkel
> Vielleicht ist es Licht. (10, 966)

Statt auf einem Zweifel zu beharren, der nur in steinerne Verzweiflung münden konnte, nahm Bertolt Brecht den Makel auf sich, mit der Gebrechlichkeit seiner Welt zu paktieren. Er hielt an der endgültigen Humanisierung der Menschheit fest und folgte dennoch der humanen Einsicht, daß dieses Ziel nicht mehr wert sei als der Weg, der zu ihm führt. Die kommunistische Naherwartung gab er preis. Was blieb, war aber nicht nur eine durch Resignation gedämpfte Hoffnung, sondern vor allem die aus dem Urerlebnis des Dichters stammende Fähigkeit, sich und anderen die Dialektik zum Genuß zu machen. Schon 1920 bekannte Brecht seine »Freude an der reinen Dialektik«, und noch im *Nachtrag zum ›Kleinen Organon‹* lobte er die Überraschungen der Entwicklung, die Unstabilität aller Zustände und den Witz der Widersprüchlichkeiten: »das sind«, erklärte er, »Vergnügungen an der Lebendigkeit der Menschen, Dinge und Prozesse, und sie steigern die Lebenskunst sowie die Lebensfreudigkeit« (vgl. 15, 43 u. 16, 702). Mit Recht hat man den Dichter daher einen konstitutionellen Hegelianer genannt.[47] Wie die Verfremdung als dialektisches Aufzeigen von Widersprüchen das Grundprinzip seines Schaffens darstellt, so bildet die Dialektik als Lehre vom ewig wechselnden Fluß des Geschehens das Grundprinzip seines Lebens und Denkens. Sie bestimmt auch Brechts geschichtlichen Ort: »In den Zeiten der Umwälzung, den furchtbaren und fruchtbaren, fallen die Abende der untergehenden Klassen mit den Frühen der aufsteigenden zusammen. Dies sind die Dämmerungen, in denen die Eule der Minerva ihre Flüge beginnt« (16, 702). Was hier in die späte Klarheit des berühmten Hegelwortes gehoben ist, ergoß sich einst als chaotischer Schwall in die Verse der *Hauspostille*:

> Er hat eine Lust in sich: zu versaufen
> Und er hat eine Lust: nicht unterzugehn. (8, 222)

Verknüpft man die beiden Selbstzeugnisse, so erhält man die widerspruchsvolle Einheit, welche Leben und Lebensgefühl dieses Mannes trug. Denn Bertolt Brecht war immer ein Dichter des Übergangs, der bewegten, beweglichen Zwischenzeit, des Nicht mehr und Noch nicht. Nachgeborener und Vorläufiger zugleich, lebte er bis zuletzt ohne Gegenwart, – so daß man beinah versucht ist, das Exil, wo er volle fünfzehn Jahre verbrachte, als seine eigentliche Heimat, ja als Sinnbild seiner ganzen Existenz zu bezeichnen. Brecht hat nicht umsonst die Maske des listenreichen Herrn Keuner gewählt, der als ein schwäbischer »Keiner« auf den homerischen Οὖτις, den Wanderer Odysseus, zurückgehen dürfte.[48]

Und vollends die Kunst! Daß ein Dichter wie Brecht sie niemals als etwas Geschlossenes, Statisches auffassen konnte, liegt auf der Hand. Er, der diejenigen Lösungen für die besten hielt, die selbst wieder Aufgaben stellen, liebte das Offene, Wandelbare, das Werdende und das Gebrauchte ... bis zu der paradoxen Konsequenz, man müsse überhaupt zu verhindern trachten, daß etwas fertig wird. Auch die Dinge der Kunst sind vom Fluß des Geschehens umspült. Ihr Signum ist nicht die formstille Vollendung Gottfried Benns, sondern ein lebendiger, stets erneuerter Austausch:

> Die halbzerfallenen Bauwerke
> Haben wieder das Aussehen von noch nicht vollendeten
> Groß geplanten: ihre schönen Maße

Sind schon zu ahnen; sie bedürfen aber
Noch unseres Verständnisses. Andrerseits
Haben sie schon gedient, ja sind schon überwunden. Dies alles
Beglückt mich. (8, 386)

Kunst und Leben durchdringen einander. »Alle Künste«, lehrte der Dichter, »tragen bei zur größten aller Künste, der Lebens-kunst« (16, 702). Sie steigern die Lebensfreudigkeit, und Lebens-freudigkeit ist gleichbedeutend mit der Lust, sich zu verändern.

Alles wandelt sich. Neu beginnen
Kannst du mit dem letzten Atemzug. (9, 888)

Dies war Bertolt Brechts Vermächtnis.

Anmerkungen

1 Arnolt Bronnen, *Tage mit Bertolt Brecht. Geschichte einer unvollendeten Freundschaft* (München-Wien-Basel, 1960), S. 14.

2 Vgl. jedoch die abweichende Darstellung bei Fritz Sternberg, *Der Dichter und die Ratio. Erinnerungen an Bertolt Brecht* (Göttingen, 1963), S. 37 f.

3 Vgl. die Broschüre *Brecht-Haus Berlin*. Hrsg. vom Brecht-Zentrum der DDR (Berlin, 1978).

4 Vgl. Werner Hecht, Hans-Joachim Bunge, Käthe Rülicke-Weiler, *Bertolt Brecht. Leben und Werk* (Berlin, 1963), S. 207. – Auch diese Aufstellung dürfte mittlerweile überholt sein.

5 *Neues Deutschland*, Nr. 143, 21. 6. 1953; vgl. dazu auch *Arbeitskreis Bertolt Brecht*, Nachrichtenbrief Nr. 26 (Febr. 1965), S. 9 f.

6 Hans Otto Münsterer, *Bert Brecht. Erinnerungen aus den Jahren 1917-22*, (Zürich, 1963), S. 83.

7 Lion Feuchtwanger, in: *Sinn und Form. Zweites Sonderheft Bertolt Brecht* (Berlin, 1957), S. 105.

8 Vgl. Günther Anders, *Bert Brecht. Gespräche und Erinnerungen* (Zürich, 1962), S. 33.

9 Vgl. 14, 1483.

10 Bert Brecht, *Ein gemeiner Kerl. Novelle*. In: *Der Feuerreiter. Blätter für Dichtung und Kultur* I (1921), S. 176 ff.

11 Vgl. 15, 57. – »Keine Stirne mehr. Man wird gelebt«, schrieb auch der junge Gottfried Benn; vgl. *Gesammelte Werke in vier Bänden* (Wiesbaden, 1958 ff.), Bd. II, S. 300. – Die Übereinstimmungen reichen jedoch noch weiter. Man vergleiche etwa Benns Zeilen: »O, daß wir unsere Ururahnen wären / Ein Klümpchen Schleim in einem warmen Moor« (ebd., Bd. III, S. 25) mit Brechts Gedicht *Über die Anstrengung*, wo es heißt: »Der Geist hat verhurt die Fleischeswonne / Seit er die haarigen Hände entklaut« (8, 207).

12 Vgl. Brecht-Dessau, *Lieder und Gesänge*. Neue erweiterte Auflage (Berlin, 1963), S. 20.

13 Vgl. hierzu den Essay *Geständnisse eines Dichters* im vorliegenden Band.

14 Vgl. *Sinn und Form. Zweites Sonderheft Bertolt Brecht* (Berlin, 1957), S. 243.

15 Vgl. *Hearings Regarding the Communist Infiltration of the Motion Picture Industry, October 30, 1947, U.S. Government Printing Office* (Washington, 1947).

16 Martin Esslin, *Brecht – A Choice of Evils. A Critical Study of the Man, his Work and his Opinions* (London, 1959).

17 Anders, S. 32.

18 Sternberg, S. 50; vgl. auch S. 23.

19 Ebd., S. 25.

20 Münsterer, S. 171.

21 Brecht, in: *Die losen Blätter*, Beilage zu *Die Dame* 56, Nr. 1, Oktober 1928, S. 16.

22 Vgl. hierzu den Essay *Brechts Anfänge* im vorliegenden Band.

23 Felix Hollaender, *Lebendiges Theater. Eine Berliner Dramaturgie* (Berlin, 1932), S. 317.

24 Münsterer, S. 133.

25 Anders, S. 31.

26 Vgl. 1. Kor. 15, 33: »Lasset euch nicht verführen!« (dazu auch 15, 35 ff.); Pred. Sal. 3, 19: »Denn es geht dem Menschen wie dem Vieh: wie dies stirbt, so stirbt er auch . . .«

27 Hauk. 4, 1536.

28 Vgl. die letzten Szenenanweisungen des Einakters: »Das Donnern wird stärker u. schwillt rollend auf. Ein betäubender Krach, ganz dicht am Haus. Rauch u. Feuer schießen zum Fenster herein. Das Haus brennt . . . Der Vorhang rauscht über dem brennenden Gemach zusammen« (7, 3038).

29 Hans Mayer, *Bertolt Brecht und die Tradition* (Pfullingen, 1961), S. 49.

30 Feuchtwanger, S. 107.

31 Anders, S. 17.

32 Titel eines Vortrags, den Brecht 1939/1940 in Stockholm und Helsinki hielt; vgl. 15, 285 ff.

33 Marx hat Bacon den »wahren Stammvater . . . aller modernen experimentierenden Wissenschaften« genannt; vgl. Marx/Engels, *Die Heilige Familie und andere philosophische Frühschriften* (Berlin, 1953), S. 257.

34 Vgl. Platen, *Hempel-Ausg.* Bd. III, S. 242 ff.

35 Vgl. insbesondere Helge Hultberg, *Die ästhetischen Anschauungen Bertolt Brechts* (Kopenhagen, 1962). – Dazu und zum Folgenden vgl. auch Reinhold Grimm, *Nach dem Naturalismus. Essays zur modernen Dramatik* (Kronberg, 1978), S. 28 ff.

36 Henri Gartelmann, *Dramatik. Kritik des Aristotelischen Systems und Begründung eines neuen* (Berlin, 1892), S. 83.

37 Vgl. 16, 539 ff. u. pass.

38 Zur Kritik vgl. meine Besprechung in *ZfdPh* 84 (1965), Sonderheft, S. 90 ff.

39 Vgl. G. W. F. Hegel, *Sämtliche Werke*, ed. Glockner, Bd. II (Stuttgart, 1951), S. 33. – Brecht spielt ein andermal offen auf diesen Satz an; vgl. 15, 245.

40 Vgl. Eugène Ionesco, *Notes et Contre-Notes* (Paris, 1961), S. 17.

41 Diese Einschätzung ist mit Entschiedenheit gegen die Überbewertung der Lehrstücke, wie sie gegenwärtig bei manchen grassiert, festzuhalten. Vgl. hierzu namentlich Reiner Steinweg, *Das Lehrstück. Brechts Theorie einer politisch-ästhetischen Erziehung* (Stuttgart, 1972); dagegen etwa Cesare Cases, *Dal secondo al primo Brecht*. In: *Brecht oggi* (Milano, 1977), S. 21 ff.

42 Von Stanislawskis Bühnenkunst hat der Dichter noch 1938 unzweideutig bekannt, daß sie das zu überwindende Theater »am klarsten« darstelle (16, 553 Anm.). – In Sachen des sozialistischen Realismus, über dessen »Weite und Vielfalt« er damals mit Georg Lukács ein jahrelanges Schattenboxen aufführte, äußerte sich Brecht zwar zurückhaltender; aber auch hier ist seine Meinung schwerlich zu verkennen. Nach 1949 pflegte er sich dieser lästigen Fragen dadurch zu entledigen, daß er entweder dem Gegner auswich oder ihm in schöner Unbekümmertheit seine eigenen Thesen unterschob und zum Beispiel versicherte, Stanislawski setze sogar V-Effekte, »wenn auch vielleicht nicht bewußt«. Worauf dem verdutzten Gesprächspartner in der Tat nur die Erwiderung blieb: »?« (vgl. 16, 861).

43 Vgl. Reinhold Grimm, *Strukturen. Essays zur deutschen Literatur* (Göttingen, 1963), S. 226 ff.

44 Vgl. dazu ebd., S. 248 ff.

45 Die Formulierung stammt aus dem *Gesang des Soldaten der roten Armee*, den Brecht jahrzehntelang unterdrückt hat und schließlich ganz aus seinem Werk »ausmerzen« wollte; vgl. *Bert Brechts Hauspostille. Mit Anleitungen, Gesangsnoten und einem Anhange* (Berlin, 1927), S. 15 ff. sowie Bertolt Brecht, *Gedichte I* (Frankfurt, 1960), S. 207. – Vgl. außerdem 5, 2174: »In diesem Kampf gibt es nur blutbefleckte Hände oder abgehauene Hände« *(Die Tage der Commune)*.

46 Vgl. das Gedicht *Ist das Volk unfehlbar?* (9, 741 ff.), das beginnt:
Mein Lehrer
Der große, freundliche
Ist erschossen worden, verurteilt durch ein Volksgericht.

Das Gedicht bezieht sich auf den sowjetrussischen Schriftsteller Tretjakow, mit dem Brecht befreundet war. Siebenmal wiederholt der Dichter die Frage: »Gesetzt, er ist unschuldig?«

47 Anders, S. 37.

48 Vgl. auch Münsterer, S. 25. – Brecht schrieb einen Vierzeiler *Heimkehr des Odysseus*; vgl. 9, 563.

Marxistische Emblematik

La Emblema es . . . una especie de epigrama di-
dascálico . . .

Alonso López Pinciano, 1596

Die 1955 veröffentlichte *Kriegsfibel*[1], eine Sammlung von Photos, die der Dichter »aus Tageszeitungen und Zeitschriften ausschnitt und mit einem Vierzeiler als Unterschrift versah«[2], gehört noch immer zu den am wenigsten bekannten und auch von der Forschung bisher kaum beachteten[3] Werken Bertolt Brechts. Schuld an dieser Unkenntnis und Mißachtung dürfte zweierlei sein: zum einen das auffällig lange Verzögern eines Neudrucks, zum andern und vor allem die bedauerliche Verstümmelung, die man der Sammlung dabei zufügte. Denn in der Ausgabe der *Gedichte* von 1964[4] (und ebenso, trotz der damaligen Kritik[5], in den seit 1967 vorliegenden *Gesammelten Werken*[6]) erscheint von der *Kriegsfibel* lediglich der Text; die Bilder fehlen. Ohne sie sind aber viele dieser »Photogramme«, wie Brecht mit Vorliebe zu sagen pflegte[7], nur unzulänglich, schwer oder überhaupt nicht verständlich.

Es war Wolfdietrich Rasch, der als erster auf die Bedeutung des marxistischen Philosophen Karl Korsch für Leben und Schaffen Brechts hingewiesen und zugleich wichtiges Material aus dem Nachlaß des 1961 in den USA Verstorbenen zugänglich gemacht hat.[8] Daß sich in diesem selben Nachlaß, der mittlerweile in die Bestände der Houghton Library in Harvard übergegangen ist, auch eine frühe Fassung der *Kriegsfibel* befindet[9], scheint mehr als bloß Zufall zu sein. Zu eng waren beide Männer, aller Hemmnisse durch die Zeitwirren ungeachtet, bis zuletzt miteinander verbunden[10]; zu tief wurzeln Form und Gehalt des Werkes im philosophischen wie im politischen Denken Bertolt Brechts. Das läßt schon die Druckfassung deutlich erkennen; und ein Vergleich der Abweichungen, die zwischen ihr und dem Manuskript bestehen, verstärkt, wie zu erwarten, diesen Eindruck.

Was den Inhalt betrifft, so stimmen die beiden Fassungen zwar im großen und ganzen überein. Sie stützen sich zumeist auf die gleichen Quellen, nämlich schwedische und amerikanische; auch ihr Stoff – die Kriegsjahre von 1939 bis 1945 und dazu einige Rückblenden[11] und Ausblicke[12] – ist der gleiche. Doch werden im einzelnen immer wieder Bilder oder Bildunterschriften ausgetauscht und Verse oder ganze Vierzeiler verändert; und außerdem enthält die Frühfassung manches, was später nicht aufgenommen wurde, während anderes dafür hinzukam.[13]

Ungedruckt blieben zum Beispiel die Nummern 42, 46 und 55 des Manuskripts in Harvard. Das erste Bild zeigt Ernest Bevin bei einer Wahlrede auf freiem Felde, auf einem Bauernwagen stehend, der unter einem Baum hält. Brecht empfiehlt hier ziemlich grob, den englischen Politiker kurzerhand aufzuknüpfen, statt ihn zu wählen. Nicht nur grob, sondern ausgesprochen derb ist der Text des zweiten Bildes, von dem es auf dem Zeitungsausschnitt heißt: »Jane Wyman shows her medals.« Diesmal nimmt Brecht das in der Tat wenig erbauliche Konterfei eines Hollywoodstars zum Anlaß, die Filmindustrie der Kriegshetze zu bezichtigen. Auf dem dritten Bild schließlich sieht man einen blutig geschlagenen Neger in Detroit, der von einem Soldaten in Sicherheit gebracht wird.[14]

Sehr bezeichnend für Brechts immer schärfere Wendung gegen die westlichen Alliierten, insbesondere gegen die Vereinigten Staaten, ist eine Aufnahme von der Landung in der Normandie am 6. Juni 1944. Sie zeigt, schattenhaft und verwischt, Schiffe oder Boote und im Vordergrund einen an Land kriechenden Soldaten – wobei man übrigens im Zweifel sein kann, ob es sich um einen Amerikaner oder Engländer handelt.[15] Der Text des Manuskripts – hier unter Nummer 39 – ist allerdings völlig eindeutig:

> An jenem Junitag, nah bei Cherbourg
> Sah kommen aus dem Meer im Morgenlicht
> Der Mann vom fernen Essen an der Ruhr
> Den Mann vom fernen Maine und er verstand es nicht.

Noch eindeutiger ist jedoch die Fassung, die dann 1955 im Druck erschien:

> In jener Juni-Früh nah bei Cherbourg
> Stieg aus dem Meer der Mann aus Maine und trat
> Laut Meldung gen den Mann an von der Ruhr
> Doch war es gen den Mann von Stalingrad.[16]

Die einstige Anklage gegen den Wahnsinn des Hitler-Krieges,

den der Soldat nicht versteht, wird nunmehr, im Zeichen des Kalten Krieges, radikal ideologisiert. Nicht gegen den Deutschen soll der »Mann aus Maine« angetreten sein, sondern gegen den Russen, den »Mann von Stalingrad«. Der einen Hälfte der historischen Wahrheit ist Brecht dabei gar nicht so fern, wie sich inzwischen herausgestellt hat; um so bedenkenloser verkehrt er die andere – daß nämlich Rußland es selber ja war, das unaufhörlich und mit äußerstem Nachdruck die Invasion gefordert hatte – in ihr Gegenteil.

Keine Verschärfung dagegen, sondern bloß eine Variation bedeutet es, wenn statt des ursprünglich genannten Präsidenten der Weimarer Republik Ebert – die »Sau«, die sich vom »Junkerpack« kaufen ließ, wie es heißt[17] – in der endgültigen Fassung der »Bluthund« Noske gezeigt wird[18]; oder wenn der Dichter die Verse, die Churchill als Gangster brandmarken sollen[19], später mit einem anderen Bild versieht.[20]

Die Nummern 6 und 11 des Manuskripts sind ergiebiger. Ihre Texte und Bilder sowie die Änderungen, die sie bis zur Drucklegung erfahren haben, erlauben uns nämlich Rückschlüsse auf die Art, in der Brecht arbeitete. Beidemal sind Helme, und zwar französische, abgebildet, die in wirkungsvoller Verfremdung »Hüte« genannt werden; beidemal tilgt der Dichter diese Bilder. Im ersten Fall streicht er zudem die beigegebenen Verse, während er im zweiten den Vierzeiler unverändert übernimmt und lediglich die Abbildung ersetzt. Deutsche Stahlhelme aus den letzten Kriegsmonaten, nicht mehr französische Helme vom Sommer 1940 sind es, denen in der Druckfassung die Worte gelten:

> Seht diese Hüte von Besiegten! Und
> Nicht als man sie vom Kopf uns schlug zuletzt
> War unsrer bittern Niederlage Stund.
> Sie war, als wir sie folgsam aufgesetzt.[21]

Daß so die Aussage wesentlich klarer und gerechter wird, steht außer Frage. Gleichzeitig aber darf man den Schluß ziehen, daß Brecht seine Texte nicht etwa aus zeitlichem Abstand schrieb, sondern unmittelbar den Ereignissen folgend, so wie er seine Dokumente fand und ausschnitt.

Die Bemerkungen *Zu den Epigrammen*, die sich der Dichter während des Krieges notierte, bestätigen diesen Befund. Schon 1940, in Finnland, ist von den »Vierzeilern« oder »kleinen Epigrammen« die Rede[22]; und 1944, in Kalifornien, vermerkt Brecht sogar ausdrücklich:

> Arbeite an neuer Serie der Fotoepigramme. Ein Überblick über die alten, teilweise aus der ersten Zeit des Kriegs stammend, ergibt, daß ich beinahe nichts zu eliminieren habe (politisch überhaupt nichts), bei dem ständig wechselnden Aspekt des Krieges ein guter Beweis für den Wert der Betrachtungsweise. Es sind jetzt über 60 Vierzeiler und zusammen mit ›Furcht und Elend des Dritten Reiches‹, den Gedichtbänden und vielleicht ›Fünf Schwierigkeiten beim Schreiben der Wahrheit‹ gibt das Werk einen befriedigenden literarischen Report über die Exilzeit.[23]

Auch der Sohn des Dichters, Stefan S. Brecht, sowie Brechts Mitarbeiterin Ruth Berlau, die Herausgeberin der *Kriegsfibel,* betonen diesen »Journal«-Charakter[24] und die spontane Entstehung[25] des Werkes.

Wir haben freilich bereits gesehen, wieviel Brecht trotzdem, und nicht zuletzt »politisch«, zu »eliminieren« oder zu ändern hatte. Man wird darum kaum überrascht sein, daß solche Eingriffe auch im rein Formalen begegnen. Ein gutes Beispiel liefert die Schlußzeile des Epigramms auf Göring und Goebbels. Es könnte durchaus ohne das dazugehörige Bild bestehen; doch lehrt jeder Vergleich, daß es ebenfalls erst als »Photogramm« seine volle satirische Wucht und Brisanz entlädt:

> ›Joseph, ich hör, du hast von mir gesagt:
> Ich raube.‹ – ›Hermann, warum sollst du rauben?
> Dir was verweigern, wär verdammt gewagt.
> Und hätt ichs schon gesagt, wer würd mir glauben?‹[26]

Ein einziges Wort hat Brecht aus der ursprünglichen Fassung – hier Nummer 28 – entfernt, deren Schlußzeile lautet:

> Und hätt ichs schon gesagt, wer würde mir *etwas* glauben?

In welch hohem Grad das Gelingen des Epigramms von diesem winzigen Eingriff abhängt, bedarf keiner Erläuterung.

Wohl noch augenfälliger ist aber der künstlerische Abstand, der die beiden folgenden Texte trennt. Die Frühfassung wirkt beinah monoton:

> ›Was macht ihr, Brüder?‹ – ›Einen Eisenwagen
> Die Truppe durch die Panzerschlacht zu tragen.‹
> ›Was macht ihr, Brüder, noch?‹ – ›Ach, laß dein Fragen:
> Granaten, die durch Eisenwände schlagen.‹

Der gedruckte Text ist nicht nur viel bewegter, sondern gipfelt auch in einer meisterhaften, den ganzen Widersinn des Aufgezeigten unnachahmlich zusammenfassenden Pointe:

>Was macht ihr, Brüder?< – >Einen Eisenwagen.<
>Und was aus diesen Platten dicht daneben?<
>Geschosse, die durch Eisenwände schlagen.<
>Und warum all das, Brüder?< – >Um zu leben.<²⁷

Gewiß, auch diese Verse wären ohne weiteres aus sich heraus verständlich und wirksam. Gleichwohl entfalten sie ihre eigentliche und stärkste Kraft wiederum erst in Verbindung mit dem zu ihnen gehörenden Bild. Denn gerade hier veranschaulicht ja die Umarbeitung, wie sehr Brecht bestrebt war, allgemeine Bezüge – »Was macht ihr . . .?«, »Was macht ihr . . . noch?« – zugunsten konkreter, wirklich bildexegetischer – »Und was aus diesen Platten *dicht daneben?*« – zu überwinden.²⁸

Was der Dichter damit und überhaupt mit Idee und Verwirklichung seiner Bildfibeln²⁹ demonstriert, ist die genaue Umkehrung dessen, was er schon 1931 der gesamten bürgerlichen Presse und deren Bildberichterstattung vorgeworfen hat. Damals feierte die *Arbeiter-Illustrierte-Zeitung aller Länder (A-I-Z)* ihr zehnjähriges Bestehen, und Brecht, der kommunistische Neophyt, schrieb:

Die ungeheure Entwicklung der Bildreportage ist für die *Wahrheit* über die Zustände, die auf der Welt herrschen, kaum ein Gewinn gewesen: Die Photographie ist in den Händen der Bourgeoisie zu einer furchtbaren Waffe *gegen* die Wahrheit geworden. Das riesige Bildmaterial, das tagtäglich von den Druckerpressen ausgespien wird und das doch den Charakter der Wahrheit zu haben scheint, dient in Wirklichkeit nur der Verdunkelung der Tatbestände. Der Photographenapparat kann ebenso lügen wie die Schreibmaschine. Die Aufgabe der A-I-Z, hier der Wahrheit zu dienen und die wirklichen Tatbestände wiederherzustellen, ist von unübersehbarer Wichtigkeit und wird von ihr, wie mir scheint, glänzend gelöst. (20, 42 f.)

Im selben Sinne war es für Brecht auch die Aufgabe der *Kriegsfibel,* der »Wahrheit zu dienen« und die »wirklichen Tatbestände«, wie er sie sah, »wiederherzustellen«. In der Vorbemerkung, die zwar von Ruth Berlau stammt, aber völlig der Meinung des Dichters entspricht, heißt es unmißverständlich: »Dieses Buch will die Kunst lehren, Bilder zu lesen.« Dem »Nichtgeschulten« falle es nämlich nicht minder schwer, »ein Bild zu lesen« als »irgendwelche Hieroglyphen«. Und noch einmal:

Die große Unwissenheit über gesellschaftliche Zusammenhänge, die der Kapitalismus sorgsam und brutal aufrechterhält, macht die Tausende von Fotos in den Illustrierten zu wahren Hieroglyphentafeln, unentzifferbar dem nichtsahnenden Leser.

Nur deshalb und weil man den Geschehnissen nicht dadurch entrinne, daß man sie vergißt, sei es gerechtfertigt, ja notwendig, »ausgerechnet jetzt« solche »düsteren Bilder der Vergangenheit« zu zeigen und zu deuten.[30]

Es scheint demnach, als handle es sich bei der *Kriegsfibel* um eine unverhüllte Zweckform ideologischer Tagespropaganda. Und das ist sie zweifellos auch. Sie ist aber zugleich mehr. Dem einigermaßen Geschulten jedenfalls vermag die Vorstellung von den »Hieroglyphentafeln«, die es zu entziffern gelte, nicht bloß Zusammenhänge der gegenwärtigen Gesellschaftspolitik, sondern noch ganz andere, um Jahrhunderte zurückliegende der europäischen Geistesgeschichte zu eröffnen. Gemeint ist der Bereich der *Emblematik*. Wenn etwas der Brechtschen Kriegsfibel (in der Form, wie sie seinerzeit veröffentlicht wurde) am nächsten kommt, dann dürfte es diese lehrhafte Kunst der Renaissance und des Barock sein, die gleichfalls einer verborgenen Wahrheit dient, gleichfalls die Wirklichkeit entschlüsselt und durchleuchtet.

Ob der Dichter tatsächlich Emblembücher gekannt hat, muß allerdings offenbleiben. Belege dafür sind bisher nicht aufgetaucht. Bei seiner außergewöhnlichen Belesenheit wäre eine solche Kenntnis aber keineswegs ausgeschlossen; und daß er sich auf die Hieroglyphen beruft, ließ uns ja zuallererst aufhorchen.[31] Sicher ist, daß einer der Wege, auf denen Brecht zu seinen »Photogrammen« fand, derselbe war wie derjenige, auf dem einst Andrea Alciato, der Vater der gesamten Sinnbildkunst des 16. und 17. Jahrhunderts, zu seinen Emblemen gelangte. Wie der Verfasser des *Emblematum liber* von 1531, so griff nämlich der Verfasser der *Kriegsfibel* von 1955 auf die griechische Epigrammatik zurück. Die erste der schon erwähnten Notizen *Zu den Epigrammen* bezeugt dies ausführlich; auch über die gesellschaftlichen Hintergründe beläßt sie keinen Zweifel.[32] Was man vermißt, hier wie in den späteren Notizen, ist lediglich die Nennung des Begriffs ›Emblem‹. Daß Brecht aber mit ihm vertraut war, belegt unter anderm sein Kommentar zur Inszenierung von *Mutter Courage und ihre Kinder,* wo »ein zartes und leichtes Ding« beschrieben wird, »bestehend aus Trompete, Trommel, Fahnentuch und Lampenbällen, welche aufleuchteten«, und dazu bestimmt, offen und dennoch auf ästhetisch befriedigende Weise »zum Musikalischen umzuschalten, der Musik das Wort zu erteilen«.[33] Dieses Gebilde, das jeweils zu Beginn der Songs vom Schnürboden herabgelassen wurde, bezeichnete der Dichter – wie auch Ähnliches in anderen Fällen[34] – als »Emblem«.[35]

Hätten wir keine weiteren Beweise, so wären solche Anklänge oder Entsprechungen natürlich pure Zufälle und abzutun. Es ist jedoch ganz offensichtlich, daß die Bild-Wort-Struktur von Brechts »Photogrammen«, ob nun bewußt oder nicht, in engster Beziehung zur Struktur der Embleme steht. Man nehme ein beliebiges Beispiel, etwa aus Julius Wilhelm Zincgreffs Sammlung von 1619, und vergleiche es mit einem aus der *Kriegsfibel*. Zincgreffs Emblem[36] zeigt die Sonne, die sich in den Wellen eines Flusses spiegelt, dazu das Motto MONSTRATUR IN UNDIS sowie den französischen Vierzeiler:

C'est invisible Dieu n'entre dedans nos yeux
Que par reflexion de ses œuvres visibles,
C'est par là seulement que sont intelligibles
Ses mysteres, cachez au plus ingenieux.

Bei Brecht stoßen wir auf das Doppelbild zweier Soldaten, die nicht nur beide mit Helm und Tarnnetz ausgerüstet sind, sondern einander auch in Haltung und Gesichtsausdruck sehr ähneln. Das Epigramm dazu hat folgenden Wortlaut:

Ein Brüderpaar, seht, das in Panzern fuhr
Zu kämpfen um des einen Bruders Land!
So grausam ist zum Elefanten nur
Sein Bruder, der gezähmte Elefant.

Vervollständigt wird das Ganze durch einen kurzen Hinweis, der sich auf der Abbildung selbst befindet. Es sind die lakonischen Worte: »A German Landser – And his Russian counterpart.«[37]

Ich habe mit Absicht zwei thematisch durchaus verschiedene Beispiele gewählt. Auch die Reihenfolge der einzelnen Teile ist etwas willkürlich. Bei Brecht erscheint der Zeitungsausschnitt mit seiner Unterschrift auf der oberen Hälfte der Seite; dann folgt ein ziemlicher Zwischenraum und zuletzt der Vierzeiler. Bei Zincgreff macht das Motto den Anfang; danach erscheint der kreisförmige Kupferstich und unten wiederum das Epigramm. Gerade wegen dieser Vertauschung und thematischen Verschiedenheit aber tritt die gemeinsame Grundstruktur um so einprägsamer zutage. Beide »Denkbilder« (wie Herder[38] die Embleme nannte) weisen nicht nur die für jegliche »Gemälpoesy«[39] gültige »Doppelfunktion des Darstellens und Deutens, des Abbildens und Auslegens«[40] auf, sondern ebenso jene bald überschrittene[41], bald unterschrittene[42] Dreiteilung in Inscriptio oder Motto, Pictura und Subscriptio, die den Idealtypus der Gattung kennzeichnet. Das liegt dermaßen auf der Hand, daß sich sogar für Brecht ein erläuternder Zusatz erübrigt. Pictura und Subscriptio bereiten ohnehin keinerlei Schwierigkeiten; was die Inscriptio angeht, so entspricht ihr selbstverständlich die englische Bildunterschrift.

Die formale Übereinstimmung darf uns jedoch nicht darüber hinwegtäuschen, daß diese drei Teile jeweils auf verschiedene Weise miteinander verknüpft sind. Zincgreff und mit ihm jeder barocke Emblematiker nimmt, mehr oder minder ausgesprochen, eine Vergleichshaltung ein, die sich auf die Zweiheit eines Buchstabensinnes und eines darin aufgehobenen höheren oder geistigen Sinnes stützt. Es ist eine sowohl allegorische als auch concettistische Art der Verknüpfung. Der Italiener Emannuele Tesauro, in seinem *Trattato degli emblemi,* gibt uns mit aller nur wünschbaren Deutlichkeit über sie Auskunft. Für ihn sind die Embleme (und ebenso die Impresen) »metafore simboliche«; sie haben »vn Significante sensibile, e vn Significato intelligibile, e mostrando vna cosa ne acennano vn'altra«. Darauf beruhe übrigens auch der Lehrgehalt dieser »Argomenti poetici«; denn »la simiglianza della proprietà significante, con la proprietà significata ha vna tacita virtù entimematica di persuadere ò dissuadere alcuna cosa«.[43] Und mit einem Bild, das schon Harsdörffer und lange vor ihm Paolo Giovio gebrauchte[44], fügt der Verfasser hinzu, Embleme seien gleichsam aus »Leib« und »Seele« zusammengesetzt: »intendendo per *corpo* la Figura visibile; con le Parole, che sono l'Anima materiale della Figura; e per *anima spirituale,* e quasi ragioneuole, il concetto significato«. Tesauro scheut sich keineswegs, daraus die Folgerung zu ziehen: »Quindi è, che riguardando la nuda essenza, così l'Emblema come l'Impresa potrebbono sossistere senza le Parole; bastando per Corpo la Figura, e per Anima spirituale il Concetto mentale di chi l'intende.«[45]

Doch auf diesen Gedanken brauchen wir hier nicht näher einzugehen.[46] Es genügt, die allgemeine Vergleichshaltung, das spiritualisierende Verfahren und die concettistischen Elemente der Verknüpfung festgestellt zu haben, die das Emblem bestimmen. Sie äußern sich bei Zincgreff freilich eher mittelbar. Erst in der deutschen Version seines Vierzeilers gewinnen sie kräftigeren Umriß:

> Die Göttlich Majestät nicht gantz erkent mag werden /
> Dann an seinem Geschöpff / im Himmel und auff Erden /
> Zusehen in die Sonn vnser Augen nicht tügen /
> Im Wasser wir zum theil den Schatten sehen mügen.[47]

Zu ihrer vollen Entfaltung kommt die »metafora simbolica« aber in Emblemen wie dem folgenden. Es stammt von Camerarius, bildet zwei ihre Eier behauchende Strauße ab und trägt die Unterschrift:

> Passer ut ova fovet flatu vegetante marinus:
> Sic animat mentes gratia dia pias.[48]

Nicht nur genau unterschieden werden in diesem Distichon »corpo« und »anima« des Emblems, sondern auch richtig angeordnet; ja, selbst das Verbindungsglied zwischen ihnen nennt Camerarius gewissenhaft beim Namen. »*Wie* der Vogel Strauß seine Eier durch den belebenden Atem zur Entwicklung bringt, *so* belebt die göttliche Gnade fromme Seelen.« Haltung und Verknüpfung sind eindeutig im Sinne der barocken Emblemtheorie Tesauros fixiert.

Wie aber steht es damit bei Brecht? Welche Haltung nimmt er ein? Was für eine Art der Verknüpfung herrscht bei ihm?

Bevor wir darauf antworten, empfiehlt es sich, noch einmal die *Kriegsfibel* aufzuschlagen und einige weitere dieser Brechtschen Embleme (wenn wir der Einfachheit halber den Begriff ausdehnen dürfen) zu betrachten. Da gibt es zum Beispiel ein Photo, das Lion Feuchtwanger, Brechts lebenslangen Freund, in einem französischen Konzentrationslager zeigt. Bildunterschrift und Epigramm lauten: »LION FEUCHTWANGER ... behind the barbed wire in the brickyard concentration camp. This hitherto unpublished picture was smuggled out of France by Mr. Feuchtwanger.« Und Brecht:

> Er war zwar ihres Feindes Feind, jedoch
> War etwas an ihm, was man nicht verzeiht
> Denn seht: ihr Feind war seine Obrigkeit.
> So warfen sie ihn als Rebell ins Loch.[49]

Ein anderes Bild, diesmal aus einer schwedischen Zeitung, vermittelt einen Blick über die zerstörte Londoner City. Dazu äußert sich Brecht folgendermaßen, wobei er seine Verse der City selbst in den Mund legt:

> So seh ich aus. Nur weil gewisse Leute
> Tückisch in andre Richtung flogen als
> Ich plante; so wurd ich statt Hehler Beute
> Und Opfer eines, ach, Berufsunfalls.

Der beigegebene Text heißt: »CITY AV I DAG. De centrala delarna av London ha under luftkrigets förlopp i mycket antagit karaktären av ruinkvarter. Denna vy över City är tagen från St Pauls-katedralen.«[50]

Was das nächste Beispiel enthält, ist bereits aus der ausführlichen Bildunterschrift ersichtlich. »German assault troops«, so lautet sie, »here emerging from beneath railroad cars to attack the Albert Canal line, were young, tough and disciplined. In all, there were 240 divisions of them. But despite the world's idea that the conquest was merely by planes and tanks, it actually depended on the old-fashioned tactic of a superior mass of firepower at the decisive point.« Der Vierzeiler, den der Dichter schrieb, zielt jedoch keineswegs auf diese taktischen Erwägungen, sondern auf die angespannten Gesichter der Soldaten:

> Nach einem Feind seh ich euch Ausschau halten
> Bevor ihr absprangt in die Panzerschlacht:
> Wars der Franzos, dem eure Blicke galten?
> Wars euer Hauptmann nur, der euch bewacht?[51]

Ähnlich überraschend pointiert, aber im Sinne Brechts eben vollkommen schlüssig ist ein Epigramm gegen Ende des Bandes. Es bezieht sich auf einen jubelnden Zug französischer Kriegsgefangener im Frühjahr 1945:

> Heimkehrer, ihr, aus der Unmenschlichkeit
> Erzählt daheim nunmehr mit Schauder, wie's
> Bei einem Volk war, das sich knechten ließ
> Und haltet euch nicht selbst schon für befreit.

Man ahnt wohl, was etwa auf dem Zeitungsausschnitt steht: »Returning to a changed world – French soldiers, released after five years of captivity, march down a road in Germany on the first leg of their journey home.«[52]

Es wäre ein leichtes, die Belege fortzusetzen. Die überwältigende Mehrzahl der »Photogramme« in der *Kriegsfibel* folgt ein und demselben Verfahren.[53] Am krassesten indes und zugleich gewaltsamsten kommt es dort zum Ausdruck, wo sich Brecht auch vom Gegenstand her mit der Emblematik berührt. Das ist zum Beispiel der Fall bei dem erschütternden Bild, das den verkohlten Schädel eines japanischen Panzersoldaten zeigt und dazu die Worte: »A Japanese soldier's skull is propped up on a burned-out Jap tank by U.S. troops. Fire destroyed the rest of the corpse.« Jedermann weiß, welch entscheidende Rolle Tod, Grab und Verwesung in der Literatur des Barock spielen und wie sie damals interpretiert wurden. Die Embleme machen davon keine Ausnahme. Fast einhellig deuten sie Schädel, Gebein und Knochengerippe als Zeichen für die Vergänglichkeit des Menschen und als Hinweis auf die Kürze und Nichtigkeit des irdischen Lebens.[54] So mahnt etwa die spanische Sammlung der *Emblemas morales* von 1589 mit Bezug auf einen Totenschädel, der, von einer geflügelten Sanduhr und einer brennenden Kerze gekrönt, ebenfalls in gewisser Weise »aufgepflanzt« ist:

> El tiempo buela como el pensamiento,
> huye la vida sin parar vn punto,
> todo está en vn contino mouimiento,
> el nacer del morir, está tan junto:
> que de vida segura no ay momento,
> y aun el que viue en parte es ya difunto [.]
> Pues como vela ardiendo se deshaze,
> començando a morir desde que nace.[55]

Nichts dergleichen bei Brecht. Er schreibt unter den verkohlten Schädel:

> O armer Yorick aus dem Dschungeltank!
> Hier steckt dein Kopf auf einem Deichselstiel
> Dein Feuertod war für die Domeibank.
> Doch deine Eltern schulden ihr noch viel.[56]

Obwohl er doch eins der berühmtesten Beispiele des Memento mori aus dem emblematischen Zeitalter in die Erinnerung ruft – nämlich die Friedhofsszene in Shakespeares *Hamlet* –, interpretiert Brecht den Tod des Soldaten ausschließlich als Werk der kapitalistischen Großbanken, denen die Menschen ausgeliefert seien.

Wenn die *Kriegsfibel* gleich darauf das Motiv der zum Himmel weisenden Finger verwendet, so gerät sie abermals mit dem

Formenschatz der Emblematik in Berührung. Sie bleibt sogar im selben Themenbereich. Der Aufblick zu Gott und die Hoffnung auf Erlösung und ewiges Heil im Jenseits ist ja die notwendige Ergänzung jedes Memento mori. Oder wie es in der zitierten Sammlung heißt: EN LA MUERTE ESTA LA VIDA.[57] »A line of crude crosses«, lautet der Text bei Brecht, »marks American graves near Buna. A grave registrar's glove accidentally points toward the sky.« Zu diesem Bild hat der Dichter folgende Zeilen verfaßt:

> Wir hörten auf der Schulbank, daß dort oben
> Ein Rächer allen Unrechts wohnt und trafen
> Den Tod, als wir zum Töten uns erhoben.
> Die uns hinaufgeschickt müßt *ihr* bestrafen.[58]

Daß hier geradezu ein »Gegenentwurf« (vgl. 5, 2*) vorliegt, ist unverkennbar. Man ermißt dies, wenn man ein fast identisches Bild von Gabriel Rollenhagen vergleicht, das sich in dessen *Selectorum emblematum centuria secunda,* erschienen 1613, findet. Es zeigt eine zum Himmel aufgereckte Hand als Feldzeichen; das Epigramm, zur Abwechslung wieder ein Distichon, lautet:

> Quod petet, omne feret, CHRISTUM, FIDUCIA CONCORS,
> Nil populo Dominus denegat ille, suo.[59]

Nicht von einem Rächer, der ohnehin Opium fürs Volk ist, spricht Rollenhagen, sondern von einem gnädigen, seinem Volke alles gewährenden Herrn, der in »einmütigem Glauben« erfahren wird. Ihn meint die nach oben gerichtete Hand; ihn meinen auch Ähren oder Kirchtürme, die im Barock gleichfalls »auffgereckte Finger« sind, die »gen Himmel weisen«[60] und entweder von Gottes Güte und väterlicher Fürsorge künden oder davon, »daß wir hie keine bleibende Statt haben / sondern die zukünfftige im Himmel suchen müssen«.[61] Wo aber wirklich einmal ein derartiges Emblem, wie die am Grab aufgerichtete Lanze, »Rache erheischt«, ist es keine andere als diejenige, »welche Gott selbst befohlen hat«.[62]

Die Haltung, die Brecht einnimmt, und die Art der Verknüpfung, die er übt, dürften damit deutlich geworden sein. Auch er kennt zwar die idealtypische Dreiteilung in Inscriptio, Pictura und Subscriptio; jene »Doppelfunktion des Darstellens und Deutens, des Abbildens und Auslegens« gilt auch für die »Photogramme«. Und daß sie dabei lehrhafte Zwecke verfolgen, wird wohl niemand bestreiten. Aber weder verfährt Brecht spiritualisierend, indem er sich auf Ähnlichkeiten stützt, noch kann man die Art seiner Verknüpfung concettistisch nennen. Man muß sie vielmehr als verfremdend bezeichnen und die Haltung, auf der sie beruht, als eine kritische.

Der Hauptunterschied liegt zweifellos in der Funktion des auf dem Bild enthaltenen Begleittextes, der formal, wie wir sagten, der Inscriptio entspricht. Während diese den verborgenen Gehalt der Pictura zu verdichten sucht, spiegelt jener nur deren unbegriffene Erscheinung, die er nach Brecht sogar böswillig verschleiert oder verzerrt. Das Motto des barocken Emblems bietet dessen »Seele« in der Rätselform eines ingeniösen Concettos und wird in der Subscriptio einfach aufgelöst; der mottoartige Zeitungstext bei Brecht hingegen, da er die »wirklichen Tatbestände« entweder übersehe oder bewußt verdunkeln, ja vertuschen helfe, wird dort »sorgsam und brutal« enthüllt. So besteht in der *Kriegsfibel* zwischen Inscriptio und Subscriptio, vermittelt durch die jeweilige Pictura, dasselbe Spannungsverhältnis aus Lüge oder auch Unwissenheit auf der einen Seite und »Wahrheit« auf der anderen, das der Dichter schon 1931 zum Ausdruck gebracht hat; und die Art der Lösung oder, wenn man sie strukturell betrachtet, der Verknüpfung ist ein überraschendes, verwirrendes, oft nackt schockierendes Entlarven im Sinne der bekannten Theorie der Verfremdung.

Die Verse der »Photogramme« legen demnach, genau besehen, nicht aus, sondern bloß. Sie dringen, kritisch und verfremdend, durch das Bekannte, Vertraute, als selbstverständlich Hingenommene des Lebens und der gesellschaftlichen Erscheinungen hindurch, um dahinter die ökonomischen Kräfte und Klassenantagonismen zu erhellen, die die Menschheit nach der Lehre des Marxismus beherrschen. Darauf – man scheut sich beinah, es eigens auszusprechen – gründet Brechts Deutung. Ist diese Deutung aber, so muß man gleich fragen, für ihn nicht auf eine ebenso gefährliche, wenn auch viel reflektiertere Weise selbstverständlich? Geht er damit nicht ebenfalls von einem Buchstabensinn und einem darin aufgehobenen »anderen« Sinn aus, den er bei seiner Kritik am Christentum so sehr verabscheut?[63] In der Tat; – und obwohl dieser allegorische Sinn ein höchst materialistischer ist, offenbart sich hier vollends die bei aller Verschiedenheit unwiderlegbare, weil letztlich historisch bedingte Verwandtschaft der alten und der modern-marxistischen Emblematik.

Wir brauchen nur auf Tesauro und Zincgreff zurückzublicken, um zu erkennen, wie tief gerade die christliche Symboltheologie die Sinnbildkunst des 16. und 17. Jahrhunderts geprägt hat. Mit Recht wird betont: »Die Vorstellung, daß die Welt in all ihren Erscheinungen von heimlichen Verweisungen und verborgenen Bedeutungen, von verdeckten, also entdeckungsfähigen Sinnbezügen erfüllt sei, ist eine Bedingung des emblematischen Verfahrens.«[64] Ihre Wurzel hat diese Vorstellung bekanntlich in der universalen Allegorese des Mittelalters, und sie äußert sich am eindrucksvollsten in einer Strophe des Alanus ab Insulis, welche lautet:

> Omnis mundi creatura
> Quasi liber et pictura
> Nobis est et speculum.
> Nostrae vitae, nostrae mortis,
> Nostri status, nostrae sortis
> Fidele signaculum.[65]

Alles Geschaffene ist Buch, Bild und Spiegel; es weist auf den Schöpfer und damit zeichenhaft auf den Menschen. Wenn dies in den meisten Emblemen auf eine besonders »sinnreiche« Art geschieht, so allein deshalb, weil in ihnen gleichzeitig das antike Erbe der Hieroglyphik, Epigrammatik und Rhetorik zusammenströmte, um mit der mittelalterlichen Allegorese zu jenem Concettismus zu verschmelzen, den die Summe des Tesauro kodifiziert. Tesauro war es denn auch, der analog zu Alanus erklärte: »Was immer die Welt an Ingeniösem besitzt, ist entweder Gott oder Gottes.«[66]

Daß indes kein Anlaß besteht, einen so beschaffenen *Mundus symbolicus*[67] auf eine einzige Geschichtsepoche zu beschränken, haben diejenigen, denen die jüngste Erforschung der Emblematik ihren Aufschwung verdankt, selber mit Nachdruck hervorgehoben. Dietrich Walter Jöns zum Beispiel zögert nicht, sogar einer »absoluten Neutralität« der Emblemform das Wort zu reden[68]; und Albrecht Schöne bemerkt: »Das Seiende als ein über sich selbst Hinausweisendes, dabei auf eindeutige und formulierbare Weise Bedeutendes zu verstehen, bleibt als eine der Grundmöglichkeiten menschlicher Welterfassung verfügbar, auch nachdem das ›emblematische Zeitalter‹ vergangen ist . . .«[69] Schwieriger wird es freilich, konkrete Belege für dieses Fortleben ausfindig zu machen. Schöne hat sich darum bemüht; aber seinem Versuch, eine 1949 erschienene *Symbolische Physik*[70] mit der Emblematik in Einklang zu bringen, haftet unleugbar eine gewisse Künstlichkeit an.[71] Allzu unverbindlich und allgemein sind die zitierten Überlegungen des Verfassers Eberhard Buchwald, als daß sie im Sinne einer echten Welterfahrung überzeugen könnten.

Bei Brecht jedoch scheint die genannte Grundmöglichkeit verwirklicht. Seine *Kriegsfibel*, die vielleicht noch strenger determiniert ist als die Werke der Emblematik, verrät nicht nur jenes Erfassen eines »vorgegebenen, unauswechselbaren Sinngehaltes«[72], wie er deren Idealtypus kennzeichnet, sondern stellt sich zudem im Gewand des »moralisierend-didaktischen Volksbilderbuches« dar, auf das die Entwicklung der Sinnbildkunst zielte.[73] Brecht, wenn irgendeiner, war bestrebt, auf bildexegetische Weise die Erscheinungen in ihrer Totalität zu erhellen und jedermann verständlich zu machen. »Die frommen Kinder Gottes haben diesen löblichen Gebrauch dass sie durch das Zeitliche in das Ewige durchsehen«, sagte man im Barock.[74] Der Satz läßt sich sinngemäß auch auf den frommen Jünger der Marx, Engels und Lenin anwenden. Mit seinen »ex historia«[75] geschöpften, nicht mehr bloß auf einer »potentiellen Faktizität«[76], sondern auf der kruden Realität und dem unbestreitbaren, durch genaue Daten belegten Faktum beruhenden »Photogrammen« entwarf Brecht ein Bild der Welt, das zugleich ein Weltbild ist; er schuf und bezeugte damit einen neuen, einen materialistischen *Mundus symbolicus,* wo ebenfalls, wie in der Emblematik, »das Vereinzelte bezogen, die Wirklichkeit sinnvoll, der Lauf der Welt begreifbar« erscheint und das Gedeutete zum »Regulativ des menschlichen Verhaltens«, ja zum »Appell« wird.[77]

Ob eine *absolute* Neutralität dermaßen weitreichende Übereinstimmungen begründet hätte, wage ich allerdings zu bezweifeln.[78] Eher, meine ich, ergaben sie sich deswegen, weil beide Formen der Welterfassung untrennbar zusammengehören, weil die marxistische aus der christlichen erwuchs und weil es wohl keinen Dichter gibt, der tiefer und nachhaltiger von diesem Säkularisationsprozeß beeinflußt war als Bertolt Brecht.

Es muß noch einmal daran erinnert werden, daß unser Vergleich auf dem Idealtypus der Gattung, der Brechtschen wie der ursprünglichen, basiert. Denn auch diese war keineswegs so einheitlich, wie sie sich nun im Handbuch darbietet. Daß sie, neben der herrschenden dreiteiligen Form, eine vierteilige kennt, die um einen Prosakommentar vermehrt ist, sowie eine zweiteilige, bei der das Motto fehlt[79], wurde bereits angedeutet; und derselbe Befund gilt für Brecht. Viele seiner Embleme besitzen zusätzliche Kommentare, die am Schluß des Bandes zusammengefaßt sind[80]; andere – fast ein Sechstel der ganzen Sammlung[81] – weisen nur Bild und Vierzeiler auf, dagegen keine dem Motto entsprechende Beischrift.

Was jene Prosakommentare etwa enthalten, veranschaulicht ein Text, der sich auf das eingangs behandelte »Photogramm« von der alliierten Landung in der Normandie bezieht:

> Der 6. Juni 1944 war der ›D-Day‹, der Beginn der von den Völkern Westeuropas lange erwarteten Zweiten Front. Immer wieder hinausgezögert, schickten nun doch England und Amerika ihre Soldaten über den Kanal. Die Soldaten, die am Morgen des 6. Juni aus den Landungsbooten sprangen und durch das Wasser wateten, meinten, ihr Leben für die Freiheit Europas zu geben. Sie wußten nicht, daß sie erst in den Kampf geschickt wurden, als die sowjetischen Armeen die geschlagenen Hitlerheere nach Deutschland verfolgten.[82]

Belege für das Fehlen einer Beischrift, die das Motto oder die Inscriptio vertritt, haben wir bereits mehrfach kennengelernt. Nicht bloß das Bild von den »Hüten der Besiegten« zählt dazu, sondern auch dasjenige von den Platten, die teils Eisenwände für Panzer werden und teils »Geschosse, die durch Eisenwände schlagen«. Oder man nehme Verse wie die folgenden:

> Daß sie da waren, gab ein Rauch zu wissen:
> Des Feuers Söhne, aber nicht des Lichts.
> Und woher kamen sie? Aus Finsternissen.
> Und wohin gingen sie von hier? Ins Nichts.

Auf dem Bild, einer Luftaufnahme, sieht man lediglich einen riesigen Rauchpilz, der aus einem zerstörten Hafengelände steigt.[83]

Wieder andere »Photogramme« haben eine Form, die so gut wie vollständig der des idealtypischen Emblems entspricht. Sie gehören natürlich erst recht in diesen Zusammenhang. Das beste Beispiel scheint mir ein Bild zu liefern, das in großen Lettern die Inscriptio SINGAPORE LAMENT und darunter zerbombte Rikschas, den Leichnam eines Kindes und zwei klagende Frauen zeigt. Die Subscriptio dieses Emblems lautet:

O Stimme aus dem Doppeljammerchore
Der Opfer und der Opferer in Fron!
Der Sohn des Himmels, Frau, braucht Singapore
Und niemand als du selbst braucht deinen Sohn.[84]

Nicht minder aufschlußreich, wenn auch weniger charakteristisch ist ein thematisch wie zeitlich eng benachbartes Bild. Der
gezeigte Ausschnitt trägt hier zwar eine Beischrift, die überdies
den Bildinhalt erschöpfend wiedergibt: »Woman of Thailand
(Siam) peers out of a crude bomb shelter in Sichiengmai at
American bomber from French Indo-China come to bomb bor-
der hovels.« Auch Brechts Vierzeiler fällt weder durch formale
Besonderheiten noch durch besondere poetische Qualität auf:

Daß es entdeckt nicht und getötet werde –
Denn in den Lüften rauften sich die Herrn –
Verkroch viel Volk[85] sich angstvoll in die Erde
Und folgte ihren Kämpfen so von fern.

Was das Emblem so eindringlich macht und zugleich ein so
bezeichnendes Licht auf Brechts emblematischen Formwillen
wirft, ist etwas anderes: nämlich der Umstand, daß es sich bei
diesem Bild um die Titelseite der betreffenden Zeitschrift handelt.
In dicken Balken steht als Motto über dem Ganzen: LIFE.[86]
Jedes erklärende Wort wäre überflüssig, fände sich nicht selbst
hierzu eine Entsprechung in den Emblembüchern. Denn dort ist
es durchaus keine Seltenheit, daß man auf »lakonische Postulate«
dieser Art stößt.[87]

Die Emblembücher und die *Kriegsfibel* treffen sich aber nicht
nur in formalen, sondern auch in inhaltlichen Einzelheiten. So
gibt es beispielsweise eine beträchtliche Anzahl von Emblemen,
die offen satirische, ja gesellschaftskritische Züge enthalten. Eines
von ihnen zeigt, recht grobianisch, einen »geschenkefressenden«,
also bestechlichen Anwalt, der zur gleichen Zeit Speisen hinun-
terschlingt und ein Klistier empfängt. Das Motto heißt lapidar:
᾽ΑΜΦΙΛΗΨΙΣ, Entgegennahme von beiden Seiten. Auf denselben Ton ist auch die lateinische Subscriptio gestimmt, die in das
zynische, dieses Motto doppelsinnig variierende Geständnis des
Anwalts mündet: CAPIO PARTE AB VTRAQVE SIMVL. Das
bemerkenswerte Emblem stammt aus der *Picta Poesis* des Barthélemy Aneau, erschienen 1552.[88] Noch verblüffender freilich wirkt
das folgende, das der im Jahr darauf veröffentlichten *Morosophie*

von Aneaus Landsmann La Perrière entnommen ist. Die Pictura bleibt denkbar karg: gefallene Krieger und eine als Trophäe aufgehängte Rüstung. Der sie deutende Vierzeiler aber ist um so beredter. »Nicht das Selbstverständliche und für jedermann Offensichtliche« lehrt La Perrière hier, sondern er »enthüllt«, was verborgen, verschwiegen, unterdrückt ist.[89] Er unternimmt es tatsächlich, den geheiligten Schlachtenruhm zu verfremden, den man fälschlicherweise Fürsten und Königen zuschreibe, während er in Wahrheit ihren Opfern gebühre:

> Par maint trophée ont acquis grand renom
> Princes et Roys (le fait mal entendu)
> Car de ceux là y deust estre le nom,
> Qui au conflit ont leur sang espandu.[90]

Beinah Wort für Wort könnten solche Verse der volle vier Jahrhunderte jüngeren *Kriegsfibel* einverleibt werden.[91]

Und doch schließt gerade dieses Werk – darin entspricht es nun seinerseits wieder dem Gros der Emblematik – eine Reihe von »Photogrammen« ein, die auf jede Gesellschaftskritik verzichten. Ihre Texte, von denen einige unstreitig zu den gelungensten der Brechtschen Sammlung gehören, sind reine Lyrik: sie beschränken sich auf die Klage und lassen der Anklage nur noch zwischen den Zeilen Raum.

Zwei Beispiele mögen dies belegen. Das frühere, vom April 1940, zeigt die Brandung an einer weiten, öden, menschenleeren nördlichen Felsenküste und darunter die auffallend unregelmäßigen Verse:

> Achttausend liegen wir im Kattegatt.
> Viehdampfer haben uns hinabgenommen.
> Fischer, wenn dein Netz hier viele Fische gefangen hat:
> Gedenke unser und laß einen entkommen.

Kein Motto tritt ergänzend hinzu.[92] Und es wäre wahrhaftig auch fehl am Platz. Was zum Betrachter spricht und sprechen soll, ist die endlose Leere der Elemente, aus der sich geisterhaft die Stimmen der ertrunkenen Soldaten erheben. Gemahnen diese Zeilen doch fast an eine Beschwörung, an rituelle Sühneverse, an ein magisches Opfer für die Toten. Etwas Unwirkliches liegt über ihnen, ohne daß dadurch die genaue, nur allzu reale Entsprechung zwischen dem tödlichen »Netz« und den »Viehdampfern« (ein Wort, in dem Brechts ganze Empörung grollt) im geringsten gemildert würde. Dazu kommt aber vor allem noch das scheinbare Auseinanderbrechen der dritten Zeile, das in Wirklichkeit kein Verfehlen, sondern ein höchstes Erfüllen des formalen Anspruchs bedeutet. Ihre unverhältnismäßige, immer noch einmal ausgedehnte Länge konkretisiert ja gleichsam die abstrakte Zahl und die überquellende Masse, von der die Rede ist – so wie der Verstoß gegen den gleichmäßigen Versfluß in dem Wörtchen »einen« jenes Entkommen aus den Maschen des Netzes auszudrücken scheint, die sich auf ähnliche Weise wieder schließen wie das Gefüge des Metrums.

Nicht mehr bloß die Stimme, sondern auch das Bild des Menschen stellt dann das spätere, aus den letzten Kriegsjahren stammende der beiden Beispiele in den Mittelpunkt. »In Stark General Hospital, Charleston, S. C.«, so lautet der Text auf dem Zeitungsausschnitt, »a young Japanese-American boy, blinded in Italy at the crossing of the Volturno River, sits patiently in bed.« Brechts nüchternen, sachlich referierenden Versen gelingt es mit schmerzlicher Eindringlichkeit, die Gedanken zu verdichten, die das Gesicht des Erblindeten so ergreifend verschweigt:

> Nicht Städte mehr. Nicht See. Nicht Sternefunkeln.
> Und keine Frau und niemals einen Sohn.
> Und nicht den heitern Himmel, noch den dunkeln.
> Nicht über Japan, noch auch Oregon.[93]

Die monotonen, einförmig gereihten, aus lauter unvollständigen Verneinungssätzen bestehenden Zeilen scheinen keinerlei Pointe zu besitzen; sie erwecken auf den ersten Blick beinah – und wollen es vermutlich auch – den Anschein von Unbeholfenheit. Dennoch aber zeugen sie, wie man alsbald erkennt, in jeder Silbe von äußerster, völlig bewußter Formung. Das Vollendete dieses Epigramms liegt gerade darin, daß es die epigrammatische Formerwartung mit Absicht enttäuscht: seine Pointe ist das Fehlen der Pointe. Und was vermöchte wohl einprägsamer den Stillstand der Zeit, das unablässige Kreisen der Gedanken und die Endgültigkeit und Unaufhebbarkeit des lastenden Geschicks der Blindheit zu vermitteln als ein solches Fehlen?

Beide Beispiele veranschaulichen so ein letztes Mal, mit welch souveränem Zugriff der Dichter auch das Formale seiner *Kriegsfibel* gemeistert hat. Doch damit nicht genug. Sie beweisen außerdem und mit aller Entschiedenheit, wie unauflöslich Bild und

Wort in diesen modernen Emblemen verbunden sind und wie sehr man die Leistung des Künstlers wie des Menschen Brecht verkennt, wenn man sie, wie es nun schon mehrmals geschah, voneinander zu trennen versucht.

Einige kurze Bemerkungen seien zum Abschluß noch gestattet. Sie betreffen einmal gewisse Ergebnisse, zu denen Albrecht Schöne in seinem Buch über *Emblematik und Drama* gelangt ist, und zum andern einen weiteren, bisher nicht genannten, für Brecht aber sehr charakteristischen Aspekt der *Kriegsfibel*, der keinesfalls unerwähnt bleiben darf.

Schönes Verdienst ist es, den Blick der deutschen Literaturwissenschaft über das Phänomen der Emblematik hinaus auch auf deren Bedeutung für die rein literarische Formenwelt gelenkt zu haben. Einen ersten Nachweis, wie solche »Darstellungsmuster und Strukturmodelle«[94] übernommen wurden und wirkten, hat er selber auf glänzende Weise für den Bereich des barocken Trauerspiels geführt. Schönes Grundthese lautet: »Das Emblembild erscheint als Miniaturbühne; das dramatische Schaugerüst erweist sich als ein ins Riesenhafte vergrößertes emblematisches Bild.«[95] Drama und Emblematik im Zeitalter des Barock sind aufs engste miteinander verwandt: diese versteht sich als ›Theatrum Vitae Humanae‹[96], jenes als »emblematisches Schaugerüst«.[97] In welchem Ausmaß ihre »strukturelle Analogie«[98] zutrifft und daß diese wirklich von der kleinsten poetischen Einheit bis zur Großstruktur des Bühnenwerkes, ja bis zu dessen Inszenierung das Wesen des barocken Trauerspiels bestimmt, hat Schöne überzeugend an einer Fülle von Beispielen dargelegt.[99]

Das Erstaunliche – obwohl nachgerade zu Erwartende – ist nun, daß auch das ganz anders geartete Drama Bertolt Brechts in wesentlichen Zügen mit der Struktur der Emblematik übereinstimmt. Ich kann dies leider nicht mehr im einzelnen ausführen, bloß noch aus dem groben umreißen; eine genaue Untersuchung wäre daher unbedingt zu fordern. Doch muß ja bereits die allgemeinste Definition, die Schöne liefert, stutzen machen. »Nicht um Handlungsdynamik und individualisierende, motivierende Charakterzeichnung« sei es der Barockdramatik zu tun gewesen, sondern »um die Schaustellung exemplarischer Figuren, beispielhafter Vorgänge und die Kundgabe ihrer Bedeutung, um bildhafte Eindruckskraft und rhetorische Wortgewalt«.[100] Diese Aussage über die Stücke des 17. Jahrhunderts läßt sich, so scheint mir, fast uneingeschränkt auf den Stückeschreiber des 20. Jahrhunderts übertragen, der wohl nicht umsonst mit Walter Benjamin, dem Verfasser des *Ursprungs des deutschen Trauerspiels,* lange Jahre befreundet war. Auch ihm, Brecht, darf man einen »emblematischen Formtypus des Dramas«[101] zusprechen, der das Werk von der Dialogpartikel bis zum Gesamtaufbau prägt – und übrigens dessen gründliche Selbstdeutung durch den Dichter (anhand der vieldiskutierten Begriffe »Verfremdung«, »episches Theater« und so weiter) nicht etwa ändert oder aufhebt, sondern bestätigt.

Mühelos stellen sich die Entsprechungen ein, wenn Schöne beispielsweise auf die Sentenzenhaftigkeit der Barockdialoge hinweist[102] und findet: »In den Rollentext der dramatischen Figuren, in ihre Monologe und Dialoge einbezogen, durchflechten solche zusammenfassenden, auslegenden und deutenden Sentenzen die abbildenden, darstellenden Passagen der barocken Trauerspiele und führen zu einem ständigen Wechselspiel von Darstellung und Deutung.«[103] Auf das Verhalten der Bühnengestalt angewandt, heißt dies: »Im emblematischen Gleichnis sich selbst reflektierend, die eigene Situation als eine exemplarische bestimmend, durchbricht sie die Schranken der Person, gibt gleichsam ihre Rolle auf und wendet dem Zuschauer oder Leser sich zu . . .«[104] Was tut Shen Te im *Guten Menschen von Sezuan* anderes? Aus dem Feilschen mit dem Schreiner Lin To, der erbittert auf seinem Lohn beharrt, heraustretend, wendet sie sich an das Publikum mit der Sentenz:

> Ein wenig Nachsicht und die Kräfte verdoppeln sich.

Und indem sie zwei emblematische Gleichnisse und eine rhetorische Frage, die ihrerseits in einer Sentenz gipfeln, anfügt, fährt sie fort:

> Sieh, der Karrengaul hält vor einem Grasbüschel:
> Ein Durch-die-Finger-Sehen und der Gaul zieht besser.
> Noch im Juni ein wenig Geduld und der Baum
> Beugt sich im August unter den Pfirsichen. Wie
> Sollen wir zusammen leben ohne Geduld?
> Mit einem kleinen Aufschub
> Werden die weitesten Ziele erreicht. (4, 1503)[105]

Danach tritt Shen Te wieder in die Handlung zurück. Sie »zeigt« ebenfalls – wie die Catharina des Gryphius oder die

Sophonisbe Lohensteins, und dies zu wiederholten Malen – »sich selber ... als pictura vor und verkündet zugleich die eigene subscriptio«.[106]

Die Unterschiede sollen dadurch nicht verwischt werden. Was Shen Te, auch bloß formal betrachtet, von den Barockgestalten trennt, ist sicher mehr als jener Übergang von der Prosa zur gebundenen Rede, der im *Guten Menschen von Sezuan* erst hinzukommt. Es darf vor allem nicht übersehen werden, daß dieser ganze »Funktionswechsel« (vgl. 17, 996), der sich hier wie in anderen Stücken Brechts vollzieht, von Dichter, Regisseur und Schauspieler offen eingestanden wird und daher im Sinne der russischen Formalisten als eine echte »Bloßlegung des Kunstgriffs« (obnažénie prëma) zu gelten hat. Andererseits freilich eröffnen Feststellungen wie die, daß auch im Barocktheater »die dramatische Figur in der Doppelrolle des Darstellenden und zugleich die eigene Darstellung Deutenden«[107] erscheine, was nach Schöne den »Eintritt der Erkenntnis« markiert[108], nur desto tiefere emblematische Zusammenhänge zwischen der Brechtschen und der barocken Dramatik. Denn »daß der Schauspieler in zweifacher Gestalt auf der Bühne steht, als Laughton und als Galilei«, und »daß der zeigende Laughton nicht verschwindet in dem gezeigten Galilei«, sondern, einen Erkenntnisakt provozierend, vorführt, »wie er sich den Galilei denkt«, ist bekanntlich einer der Kernsätze der epischen oder nichtaristotelischen, auf der Verfremdung beruhenden Theatertheorie Bertolt Brechts (vgl. 16, 683 f.).

Ganz ähnliche Beziehungen zwischen den beiden Dramenformen durchwalten auch deren größere und größte Bauelemente. Dem barocken Akt, der sogenannten Abhandlung, entspricht die Brechtsche Szene, dem barocken Reyen oder Chor der Brechtsche Song; und ihr Verhältnis zueinander spiegelt jeweils das Pictura-Subscriptio-Verhältnis der Embleme. Was Schöne mithin von den Trauerspielen der Gryphius, Haugwitz, Lohenstein und Hallmann feststellt, erläutert ebensogut die Stücke Brechts: »Ohne den Reyen bliebe die pictura der Abhandlung bedeutungslos, ohne die Abhandlung erschiene die subscriptio des Reyen gegenstandslos. Aufeinander bezogen aber gewinnen beide Teile ihren eigentlichen Sinn: Abhandlung und Reyen des Trauerspiels folgen dem emblematischen Formprinzip.«[109]

Die Beispiele aus dem Schaffen des marxistischen Stückeschreibers bieten sich von allen Seiten an. Sie entstammen keineswegs bloß den Opern, wo ein solches Verhältnis ohnehin gegeben ist[110], sondern auch und erst recht den übrigen Bühnenwerken. Man vergleiche etwa den *Salomosong* aus *Mutter Courage und ihre Kinder* und aus der *Dreigroschenoper*[111] oder halte deren einzelne Akte, die alle durch ein deutend-verallgemeinerndes Finale *ad spectatores* ergänzt werden, neben die Gesamtstruktur des *Kaukasischen Kreidekreises* und dessen triadischen, aus Vorspiel, breit ausgeführter »Abhandlung« und Schlußmoral bestehenden Aufbau, der sich wie von selbst mit der emblematischen Dreiheit aus Inscriptio, Pictura und Subscriptio zu decken scheint. Diese Subscriptio oder Schlußmoral, die nicht umsonst als »Meinung der Alten« den Zuhörern eingeschärft wird, beginnt mit der berühmt gewordenen Sentenz, »daß da gehören soll, was da ist, denen, die für es gut sind« – nämlich:

> Die Kinder den Mütterlichen, damit sie gedeihen
> Die Wagen den guten Fahrern, damit gut gefahren wird
> Und das Tal den Bewässerern, damit es Frucht bringt. (5, 2105)

Unverkennbar ist hier nicht nur, daß Brechts Verse auch vom Inhalt her emblematisch sind, sondern außerdem, wie schon in den Zeilen Shen Tes, ihre Herkunft aus dem Begriffs- und Vorstellungsraum des Produzierens, das im gesamten Schaffen des Dichters eine so lebendige, noch immer viel zuwenig beachtete Rolle spielt.[112]

Daß ferner – um wieder zur Struktur zurückzukehren – die für Brecht nicht minder bezeichnenden Gerichtsverhandlungen[113] eine besonders enge Affinität zur Emblematik besitzen müssen, liegt auf der Hand. Fast nirgendwo kommt ja die Deutung einer vorausgegangenen Handlung oder Darstellung stärker zum Ausdruck. Das geläufigste Beispiel dafür ist abermals *Der gute Mensch von Sezuan*; andere Belege wären *Die Ausnahme und die Regel*, *Aufstieg und Fall der Stadt Mahagonny* oder *Die Rundköpfe und die Spitzköpfe* sowie, obzwar mit komplizierterer Bauform, *Das Verhör des Lukullus* und *Die Maßnahme*. Auch die deutlich abgesetzte Szene der Kanonisierung in der *Heiligen Johanna der Schlachthöfe* hat diese zusammenfassende, prüfende, wägende Funktion des Richtens und des Deutens.[114]

Vor allem aber ist die große Schlußauseinandersetzung zwischen Galilei und seinem ehemaligen Schüler Andrea zu nennen.

»Akademisch, die Hände über dem Bauch gefaltet«, wie es in der Bühnenanweisung heißt, zieht der Gelehrte das vernichtende Fazit seines Lebens:

> In meinen freien Stunden, deren ich viele habe, bin ich meinen *Fall* durchgegangen und habe darüber nachgedacht, wie die Welt der Wissenschaft, zu der ich mich selber nicht mehr zähle, ihn zu *beurteilen* haben wird. (3, 1339; Hervorhebung von mir)

Wir wissen, zu welchem Spruch Galilei gelangt:

> Ich habe meinen Beruf verraten. Ein Mensch, der das tut, was ich getan habe, kann in den Reihen der Wissenschaft nicht geduldet werden. (3, 1341)

Daß dieses Urteil jedoch in der ersten Konzeption beinah entgegengesetzt lautete, wissen wir ebenfalls. Damals, bevor die Atombombe fiel, war Galilei der listige, zähe, allen Lehren und Überlieferungen gewachsene Dialektiker, der die Wahrheit nicht sagt, sondern unkenntlich bleibt und so, die Gefahr vermeidend, weiter für den Fortschritt der Wissenschaft und der Aufklärung wirkt. Nicht als Verräter sah ihn Brecht, sondern, wie seinen Herrn Keuner, als Vorbild. Das Fazit, das einer solchen Haltung gemäß ist, ziehen dessen Worte:

> Wer das Wissen trägt, der darf nicht kämpfen; noch die Wahrheit sagen; noch einen Dienst erweisen; noch nicht essen; noch die Ehrungen ausschlagen; noch kenntlich sein. Wer das Wissen trägt, hat von allen Tugenden nur eine: daß er das Wissen trägt. (12, 376)

Kein Zweifel, eine derartige Doppeldeutung war überhaupt bloß möglich, weil das gesamte *Leben des Galilei* eine riesige Pictura ist, unter die der Dichter, den jeweiligen Umständen entsprechend, seine Subscriptio setzte. Erst damit leuchtet auch ein, warum Brecht das Stück so rasch und gleichzeitig so radikal zu ändern vermochte. Denn was sich änderte, war nicht das Bild, das er kaum anzutasten brauchte, sondern allein der Sinn.

Es liegt darin indes weder ein Widerspruch zur Emblematik noch eine Besonderheit des späten, dezidiert marxistischen Brecht. Gerade der Emblemcharakter wird durch eine solche »Umdeutung« erneut bestätigt[115]; – es gibt Dutzende von Parallelfällen. Und was Brecht betrifft, so finden wir nicht erst in den Stücken um 1930, sondern bereits in den frühesten, die seit 1918 entstanden, sowohl emblematische als auch auf emblematische Weise mehrdeutige Züge.

Ein Musterbeispiel für diese Epoche ist das szenische Rätsel *Im Dickicht der Städte*. Brechts vertrauter Freund aus den zwanziger Jahren, Arnolt Bronnen, hat betrübt erzählt, der Dichter habe »zu verschiedenen Zeiten verschiedene Deutungen des Dramas gegeben«.[116] Man glaubt es Bronnen gern. *Im Dickicht der Städte* ist eine wahrhaft verwirrende Darstellung, die obendrein, insbesondere in dem Schlußgespräch zwischen Garga und Shlink, eine ausgesprochen kryptische Deutung erfährt. Dennoch stehen sich Pictura und Subscriptio in emblematischem Bezug gegenüber. Daß dem so ist, bezeugt noch einmal Arnolt Bronnen, der den Dichter fragte, weshalb er denn dieses Chaos entfesselt habe. Was, bohrte Bronnen, habe Brecht damit sagen wollen? Die Antwort hieß kurz und bündig: »Den letzten Satz.«[117] Und tatsächlich weist Brecht auch im Stück selber, in dessen Vorspruch, auf das emblematische Fazit hin:

> Zerbrechen Sie sich nicht den Kopf über die Motive dieses Kampfes, sondern beteiligen Sie sich an den menschlichen Einsätzen, beurteilen Sie unparteiisch die Kampfform der Gegner *und lenken Sie Ihr Interesse auf das Finish*. (1, 126; Hervorhebung von mir)

Die gleiche Struktur kennzeichnet Werke wie *Trommeln in der Nacht,* wo Kragler am Schluß die Bühne und die romantische Idee der Revolution exegetisch zertrümmert[118], oder, allerdings wieder in komplexerer Form, *Leben Eduards des Zweiten von England.*

Denn natürlich erlaubt, ja verlangt dieses großartige Drama ebenfalls eine emblematische Analyse. Wie könnte es anders sein, da *Leben Eduards des Zweiten von England,* aus einem Werk Marlowes erwachsen, selber dem emblematischen Zeitalter zugehört? Nicht nur bildet es, durch seine Bauform, ein kreisendes Rad ab[119], sondern es deutet sich auch, durch den Mund Mortimers, ausdrücklich in diesem Sinne:

> 's ist, Knabe, die schlumpichte Fortuna treibt's
> Ein Rad. 's treibt dich mit nach aufwärts.
> Aufwärts und aufwärts. Du hältst fest. Aufwärts.
> Da kommt ein Punkt, der höchste. Von dem siehst du
> 's ist keine Leiter, 's treibt dich nach unten.
> Weil's eben rund ist. Wer dies gesehn hat, fällt er
> Knabe, oder läßt er sich fallen? Die Frage
> Ist spaßhaft. Schmeck sie! (1, 294 f.)

Von der moralischen Beurteilung freilich, die das »Schwein« (1, 123) Kragler einfach hinwegfegte und die im *Dickicht*-Drama zumindest verschlüsselt blieb, heißt es in diesem Stück sogar, sie sei kindisch: weil es doch nichts »Entmenschteres« gebe als »kaltes Urteil und Gerechtigkeit« (vgl. 1, 295 f.).

Davon kann im späteren Schaffen, zum Beispiel in der Szenenfolge *Furcht und Elend des Dritten Reiches,* keine Rede mehr sein. Das Urteil ist zwar weiterhin kalt, aber völlig frei von Zweifeln: Brecht hat gelernt, wie Entmenschtheit und Gerechtigkeit zu verteilen sind. Auch daß er mitunter, wie im *Guten Menschen von Sezuan,* seine marxistische Wahrheit verfremdet oder sie, wie im *Leben des Galilei,* gar erst allmählich erkannte, ändert an dieser Haltung nichts. In *Furcht und Elend des Dritten Reiches* vollends, Brechts Kampfdrama gegen den Faschismus, ist sie von Anfang an so unerbittlich wie unmißverständlich.

Wenn ich daher dieses Werk bis zuletzt übergangen habe, so nicht etwa deshalb, weil es sich dem Vergleich mit der Emblematik entzöge. Das genaue Gegenteil ist der Fall. Jedes der vierundzwanzig Bilder, die hier vereinigt sind, setzt sich aus Überschrift oder Inscriptio, szenischer Pictura und einem die Subscriptio vertretenden Sechszeiler zusammen; und die emblematischen Beziehungen zwischen ihnen kann man geradezu beispielhaft nennen. Nicht zufällig hat der Dichter diese »Montage« (vgl. 17, 1099) als »Gestentafel« bezeichnet, die dem Zuschauer das Verstummen, Umblicken, Erschrecken, und was es sonst an »Gesten« unter totalitärer Herrschaft gibt, bildhaft vor Augen führe.[120]

Aber *Furcht und Elend des Dritten Reiches* ist eben noch in einem ganz anderen Sinne exemplarisch. Der Name »Gestentafel« redet deutlich genug, und ebenso Brechts Erläuterung. Beides weist auf die *Moritat.* Auch sie nämlich, mit ihrer Bildertafel, ihrem Zeigestock und ihren leiernden Bänkelliedern, steht hinter der Struktur dieser Szenenfolge, nicht bloß die Emblematik. Freilich, in noch höherem Maße – und damit sind wir bei jener Ergänzung angelangt, von der ich sprach – gilt die Moritatenstruktur für die *Kriegsfibel.* Daß deren Dichter dem Bänkelsang auch für seine Dramatik, nicht nur für seine Lyrik[121] die mannigfachsten Anregungen verdankt, wäre nichts übermäßig Neues. Hier jedoch, bei der *Kriegsfibel,* geht es um größtmögliche Entsprechungen, ja letztlich um Identität. »Während der Kämpfe um

Stalingrad« berichtet der Komponist Paul Dessau, habe Brecht mit ihm den Plan eines *Deutschen Requiems* erörtert:

> Es wurde daraus das Oratorium ›Deutsches Miserere‹. Es besteht aus einem musikalischen Teil und aus Bildern, die Brecht gesammelt und mit Vierzeilern versehen hatte. Er nannte diese Sammlung... ›Kriegsfibel‹. Bei der Aufführung werden die Bilder mit den Texten auf eine Leinwand projiziert.[122]

Wort, Bild und Ton wirken zusammen, um etwas zu schaffen, was man paradoxerweise (vgl. 16, 698) nur als ein neues »Gesamtkunstwerk« bestimmen kann. Es wurzelt im Kosmos der Emblematik; aber sein Telos ist die gigantische Moritat aus »finsteren Zeiten« (9, 722), die Bertolt Brecht den Nachgeborenen – glücklicheren Menschen, wie er hoffte – unablässig zusang.[123]

Anmerkungen

1 Bertolt Brecht, *Kriegsfibel* (Berlin, 1955). Als Herausgeberin zeichnete Ruth Berlau; für Gestaltung und Redaktion waren Peter Palitzsch bzw. Günter Kunert und Heinz Seydel verantwortlich.

2 Elisabeth Hauptmann, in: 10, 25*.

3 Vgl. jedoch neuerdings die Auseinandersetzung zwischen Christian Wagenknecht und mir, in dem von Sibylle Penkert herausgegebenen Band *Emblemforschung* der Reihe ›Wege der Forschung‹; dazu meinen Beitrag *Gehupft wie gesprungen. Eine kurze, doch notwendige Erwiderung.* In: *Brecht-Jahrbuch 1977* (Frankfurt, 1977), S. 177 ff.

4 Brecht, *Gedichte VI* (Frankfurt, 1964), S. 115 ff.

5 Vgl. etwa meine Besprechung im Literaturblatt der *Frankfurter Allgemeinen Zeitung* Nr. 254 vom 31. August 1964.

6 10, 1055 ff.

7 Vgl. *Gedichte VI*, S. 210; 10, 25*; Brecht, *Über Lyrik* (Frankfurt, 1964), S. 91, wo von »Fotoepigrammen« die Rede ist. Nach Ruth Berlau sprach Brecht auch von »Kommentaren zu Fotos«; vgl. den Waschzettel der Erstausgabe.

8 Wolfdietrich Rasch, *Bertolt Brechts marxistischer Lehrer. Aufgrund eines ungedruckten Briefwechsels zwischen Brecht und Karl Korsch.* In: *Merkur* 17 (1963), S. 988 ff.; erweiterte Fassung in: ders., *Zur deutschen Literatur seit der Jahrhundertwende. Gesammelte Aufsätze* (Stuttgart, 1967), S. 243 ff.

9 Houghton Library, bMS Ger 130 (27).

10 Vgl. dazu die ausführliche Darstellung bei Rasch.

11 Sie gelten nicht nur der Zeit des Nationalsozialismus insgesamt, sondern auch dem spanischen Bürgerkrieg oder der Weimarer Republik.

12 Vgl. etwa *Kriegsfibel*, Nr. 37, wo die europäische Kolonialpolitik angeprangert wird.

13 Die Gesamtzahl blieb aber ungefähr gleich.

14 Nicht veröffentlicht wurden ferner die Nummern 57 und 61.

15 Vgl. auch den unten zitierten Prosakommentar zu diesem »Photogramm«.

16 *Kriegsfibel,* Nr. 53.

17 Manuskript, Nr. 25.

18 *Kriegsfibel,* Nr. 24.

19 Vgl. Manuskript, Nr. 43.

20 Vgl. *Kriegsfibel,* Nr. 38. Die Verse lauten beidemal:
Ich kenne das Gesetz der Gangs. Ich fuhr
Im allgemeinen gut mit Menschenfressern.
Sie fraßen aus der Hand mir. Die Kultur
Find't als Verteidiger hier keinen bessern.

21 Ebd., Nr. 57.

22 Vgl. Brecht, *Über Lyrik,* S. 89.

23 Ebd., S. 91 f.

24 Vgl. den Waschzettel der *Kriegsfibel.*

25 Stefan S. Brecht, in einem Gespräch mit mir Ende 1967 in New York, glaubte sich an diese Arbeitsweise zu erinnern.

26 *Kriegsfibel,* Nr. 27.

27 Ebd., Nr. 2; dieselbe Nummer auch im Manuskript.

28 Falsche Lesungen, die sich im Erstdruck eingeschlichen haben, lassen sich natürlich ebenfalls durch solche Vergleiche berichtigen. Ein Beispiel dafür bietet das eine Reihe von deutschen Soldaten zeigende Epigramm Nr. 68, das im Manuskript als Nr. 70 erscheint und dort folgenden Wortlaut hat:
Euch kennend, dacht ich, und ich denk es noch,
Und ich gehör nicht zu den blinden Lobern:
Ihr wärt zu mehr gut als zum blinden Welterobern,
Zur Knechtschaft am Joch oder unterm Joch.
Der gedruckte Text beginnt irrtümlich: »Euch *kennen* dacht ich . . .« Dieser Fehler wurde allerdings bereits in den beiden Neuausgaben verbessert; vgl. *Gedichte VI,* S. 152 sowie 10, 1048.

29 Die *Kriegsfibel* sollte bekanntlich, laut Waschzettel, durch eine *Friedensfibel* ergänzt werden. Das Buch ist jedoch nie erschienen.

30 Vgl. *Kriegsfibel,* Vorbemerkung (o. S.).

31 Zur Bedeutung der Hieroglyphik für die Emblematik und zu dieser selbst vgl. vor allem *Emblemata. Handbuch zur Sinnbildkunst des XVI. und XVII. Jahrhunderts.* Hrsg. von A. Henkel und A. Schöne (Stuttgart, 1967), S. IX ff.; dazu an neueren deutschen Darstellungen Albrecht Schöne, *Emblematik und Drama im Zeitalter des Barock* (München, 1964), S. 17 ff.; Dietrich Walter Jöns, *Das »Sinnen-Bild«. Studien zur allegorischen Bildlichkeit bei Andreas Gryphius* (Stuttgart, 1966), S. 3 ff.

32 Vgl. Brecht, *Über Lyrik,* S. 89.

33 *Theaterarbeit. 6 Aufführungen des Berliner Ensembles.* Hrsg. von H. Weigel (Dresden, 1952), S. 274.

34 Vgl. etwa 17, 1169 (anläßlich der *Puntila*-Inszenierung). Dieselbe Verwendung des Emblembegriffs findet sich übrigens im *Besuch der alten Dame;* vgl. Friedrich Dürrenmatt, *Komödien I* (Zürich, ³1960), S. 283. Doch ist hier wie bei Brecht eine gewisse Lockerung kaum zu verkennen. Sie darf vielleicht auf den laxeren Gebrauch im Englischen zurückgeführt werden, wo »emblem«, nach Auskunft der Wörterbücher, auch einfach »any device, symbol, design, or figure used as

an identifying mark« bedeuten kann.

35 Wörtlich: »Musikemblem«; vgl. *Theaterarbeit*, S. 274. Auch in der Brechtforschung ist der Begriff des Emblems bisher, soweit ich sehe, nur einmal aufgetaucht, und zwar in einem Aufsatz von Heselhaus. Die Verwendung ist jedoch zu beiläufig, als daß sie hier diskutiert werden müßte. Vgl. Clemens Heselhaus, *Brechts Verfremdung der Lyrik*. In: *Immanente Ästhetik – ästhetische Reflexion. Lyrik als Paradigma der Moderne*. Hrsg. von W. Iser (München, 1966), S. 307 ff.; hier S. 323 f.

36 Julius Wilhelm Zincgref, *Emblematum ethico-politicorum centuria* (Heidelberg, 1619), Nr. 92; vgl. *Emblemata*, Sp. 12.

37 *Kriegsfibel*, Nr. 55. Zum Bild des gezähmten Elefanten vgl. 4, 1582 f.

38 Vgl. Herder, *Sämtliche Werke*. Hrsg. von B. Suphan, Bd. XVI, S. 160 ff.

39 Mathias Holtzwart, 1581; vgl. Jöns, *Das »Sinnen-Bild«*, S. 27.

40 *Emblemata*, S. XII.

41 Häufig bringen die Emblembücher noch einen zusätzlichen Prosakommentar.

42 Hier wäre vor allem die auf einer Zweiteilung beruhende Impresenkunst zu nennen. Auch zweiteilige Embleme (mit fehlendem Motto) begegnen.

43 Emanuele Tesauro, *Il Cannocchiale aristotelico* (Bologna, ⁷1675), S. 462. Das von Aristoteles übernommene Enthymema ist ein Schlüsselbegriff dieser concettistischen Rhetorik; vgl. Aristoteles, *Rhetorik* I, 2, 8: καλῶ δ' ἐνθύμημα μὲν ῥητορικὸν συλλογισμόν.

44 Vgl. Georg Philipp Harsdörffer, *Frauenzimmer Gesprechspiele* (Nürnberg, 1644), Bd. I, S. 59; dazu Schöne, *Emblematik*, S. 42.

45 Tesauro, S. 462.

46 Tesauro fährt selber einschränkend fort: »ma l'vna e l'altra [= Emblem und Imprese] saria imperfetta; sì perche vna Figura può receuere, di molti significati, de' quali non sapest'indouinar quel ch'io intendo: e in oltre, perché mancherebbono di vna gran lode d'ingegno; douenda l'vna e l'altra contenere il fiore di due gratiosissime Arti, SIMBOLICA, ET LAPIDARIA, con la Figura, e con l'Inscrittione« (ebd., S. 462).

47 Zit. nach Jöns, *Das »Sinnen-Bild«*, Abb. 5.

48 Joachim Camerarius, *Symbolorum et emblematum ex volatilibus et insectis desumtorum centuria tertia* (Nürnberg, 1596), Nr. 18; vgl. *Emblemata*, Sp. 807. Dort auch die nachstehende Prosaübersetzung.

49 *Kriegsfibel*, Nr. 13.

50 Ebd., Nr. 16.

51 Ebd., Nr. 8.

52 Ebd., Nr. 66.

53 Vgl. insbesondere noch die Nummer 11, 23 sowie 47-50.

54 Vgl. *Emblemata*, Sp. 997 ff.

55 Juan de Horozco y Covarrubias, *Emblemas morales* (Segovia, 1589), Bd. II, Nr. 9; vgl. *Emblemata*, Sp. 999.

56 *Kriegsfibel*, Nr. 44.

57 Horozco y Covarrubias, *Emblemas morales*, Bd. II, Nr. 43; vgl. *Emblemata*, Sp. 1001.

58 *Kriegsfibel*, Nr. 45.

59 Gabriel Rollenhagen, *Selectorum emblematum centuria secunda* (Arnheim, 1613), Nr. 86; vgl. *Emblemata*, Sp. 1021.

60 Vgl. dazu Christian Scriver, *Gottholds zufällige Andachten* (Magdeburg, 1681), S. 389.

61 Ebd., S. 13.

62 Vgl. Horozco y Covarrubias, *Emblemas morales*, Bd. II, Nr. 48; *Emblemata*, Sp. 1505:

El hasta que en la tierra veys hincada
junto al sepulcro y a la cabecera
es señal de la muerte no vengada
que de la tierra y aun del cielo espera
vengança tal segun ley ordenada
del mismo Dios, que quien matare muera,
Y aunque esto huuiere sido en vn desierto
tema el culpado su castigo cierto.

Dazu 5. Mose 32, 35.

63 Der Epheser-Brief, so erklärte Brecht etwa, sei ein »Schundroman«; vgl. Käthe Rülicke, in: *Sinn und Form. Zweites Sonderheft Bertolt Brecht* (Berlin, 1957), S. 294. – Brechts Bemerkung bezieht sich unmittelbar auf Eph. 3, 19.

64 Vgl. *Emblemata*, S. IV.

65 *Patrologia latina* 210, 579 A.

66 »Quanto ha il mondo d'ingegnoso, o è Iddio o è da Dio«; vgl. *Trattatisti e narratori del seicento*. A cura di E. Raimondi (Milano e Napoli, 1960), S. 24.

67 So der Titel der lateinischen Ausgabe (1681) des großen Handbuchs von Filippo Picinelli.

68 Vgl. Jöns, *Das »Sinnen-Bild«*, S. 56.

69 Schöne, *Emblematik*, S. 50.

70 Eberhard Buchwald, *Symbolische Physik* (Berlin, 1949).

71 Schöne, *Emblematik*, S. 51 ff.

72 *Emblemata*, S. XIII.

73 Vgl. ebd., S. XVII.

74 Christian Scriver; zit. nach Else Eichler, *Christian Scrivers ›Zufällige Andachten‹. Ein Beitrag zur Geistes- und Formgeschichte des 17. Jahrhunderts* (Diss. Halle, 1926), S. 20.

75 Alciatus in einem Brief an Franciscus Calvus; vgl. *Emblemata*, S. XIV.

76 Vgl. ebd., S. XIV f.

77 Ebd., S. XVI und XII.

78 Jöns fährt an der zitierten Stelle bezeichnenderweise fort: »denn die Vereinigung von Bild und begrifflich fixierbarem Sinn oder die zeichenhafte Verwendung eines Bildes überhaupt kann viel unter sich begreifen« (s. o. Anm. 68).

79 Vgl. die Beschreibung dieser und anderer Abweichungen, die Henkel und Schöne geben; *Emblemata*, S. XLV ff.

80 Zum Teil beziehen sich diese Prosakommentare jedoch auf mehrere »Photogramme« zugleich.

81 Es handelt sich um die Nummern 1, 2, 7, 9, 10, 21, 29, 57, 64, 65, 67, 68.

82 *Kriegsfibel*, Anhang (o. S.).

83 Ebd., Nr. 21.

84 Ebd., Nr. 39; dort in der letzten Zeile irrtümlich: »brauchst«.

85 Ursprünglich: »das Volk«; vgl. Manuskript, Nr. 42.

86 *Kriegsfibel*, Nr. 42.

87 Vgl. *Emblemata*, S. XII.

88 Barthélemy Aneau, *Picta Poesis* (Lyon, 1552), S. 23; vgl. *Emblemata*, Sp. 1050.

89 Vgl. *Emblemata*, S. XI: »So zeigt auch der Emblematiker eigentlich nicht das Selbstverständliche und für jedermann Offensichtliche, sondern öffnet erst die im Bild verborgene Bedeutung.«

90 Guillaume de La Perrière, *La Morosophie* (Lyon, 1553), Nr. 13; vgl. *Emblemata*, Sp. 1485.

91 Vgl. etwa *Kriegsfibel*, Nr. 5:

Ihr Leute, wenn ihr einen sagen hört
Er habe nun ein großes Reich zerstört
In achtzehn Tagen, fragt, wo ich geblieben:
Ich war dabei und lebte davon sieben.

Das Photo zeigt vorrückende deutsche Truppen; die Unterschrift heißt: »Einfall in Polen.«

92 Ebd., Nr. 7.

93 Ebd., Nr. 51.

94 *Emblemata*, S. XIX.

95 Schöne, *Emblematik*, S. 219.

96 Vgl. ebd.

97 Ebd., S. 221.

98 Ebd., S. 163.

99 Einzelne Einwände, die man erheben könnte, fallen nicht ins Gewicht.

100 Schöne, *Emblematik*, S. 214.

101 Ebd., S. 222.

102 Auch die allgemeinen, nicht notwendig emblematisch bestimmten »Sentenzenduelle«, von denen Schöne spricht, begegnen bei Brecht; vgl. Schöne, *Emblematik*, S. 145 ff. sowie 3, 1286.

103 Schöne, *Emblematik*, S. 150.

104 Ebd., S. 129.

105 Die Bühnenanweisung schreibt ausdrücklich vor: »Zum Publikum«.

106 Schöne, *Emblematik*, S. 213.

107 Ebd., S. 152.

108 Ebd., S. 156.

109 Schöne, *Emblematik*, S. 163 f. Es sei hier vermerkt, daß Schöne »mehr oder minder unvollkommene Varianten« von einer »reinen Form« unterscheidet; vgl. ebd., S. 174.

110 Vgl. Schönes Ausführungen über das Verhältnis von Rezitativ und Arie in der Oper des frühen 18. Jahrhunderts; ebd., S. 175 ff.

111 Man vergleiche auch die einzelnen Strophen des Puntilaliedes in ihrem Verhältnis zu den jeweiligen Szenen, denen sie zugeordnet sind.

112 Vgl. etwa 16, 702: »Alle Künste tragen bei zur größten aller Künste, der Lebenskunst.«

113 Vgl. dazu Volker Klotz, *Bertolt Brecht. Versuch über das Werk* (Darmstadt, 1957), S. 23 ff.

114 Eine direkte Anregung durch den Epilog zur *Saint Joan* des von Brecht bewunderten George Bernard Shaw wäre ebenfalls zu erwägen.

115 Vgl. *Emblemata*, S. XIII.

116 Vgl. Arnolt Bronnen, *Tage mit Bertolt Brecht. Geschichte einer unvollendeten Freundschaft* (Wien-München-Basel, 1960), S. 131 f.

117 Ebd., S. 47.

118 Vgl. 1, 123. In diesem Ausbruch prägt Kragler auch echt emblematische Doppeltitel: »Der halbe Spartakus oder Die Macht der Liebe. Das Blutbad im Zeitungsviertel oder Jeder Mann ist der beste Mann in seiner Haut.« Auch Stücktitel wie *Die Rundköpfe und die Spitzköpfe oder Reich und Reich gesellt sich gern* und *Mann ist Mann. Die Verwandlung des Packers Galy Gay in den Militärbaracken*

von Kilkoa im Jahre 1925 gehören hierher. Sie entsprechen durchaus den emblematischen Doppeltiteln des Barock; vgl. Schöne, *Emblematik*, S. 188 ff.

119 Vgl. hierzu auch den Essay *Brechts Rad der Fortuna* im vorliegenden Band.

120 Nach Brechts Eintragung in seinem *Arbeitsjournal* vom 15. 8. 1938.

121 Vgl. dazu Karl Riha, *Moritat, Song, Bänkelsang. Zur Geschichte der modernen Ballade* (Göttingen, 1965).

122 Brecht/Dessau, *Lieder und Gesänge*. Neue erweiterte Auflage (Berlin, 1963), S. 35.

123 Als unmittelbare Anregung für die *Kriegsfibel* kommen neben der Moritat sicherlich auch die (zum Teil ebenfalls schon mit Vierzeilern versehenen) Photomontagen John Heartfields in Frage, von denen viele in der *A-I-Z* erschienen sind. Man beachte Brechts Geleitwort zu *John Heartfield und die Kunst der Fotomontage* (Berlin, 1957), S. 5: »JOHN HEARTFIELD ist einer der bedeutendsten europäischen Künstler. Er arbeitet auf einem von ihm selbst geschaffenen Feld, der Fotomontage. Vermittels dieses neuen Kunstmittels übt er Gesellschaftskritik. Unentwegt auf der Seite der Arbeiterklasse, entlarvte er die zum Krieg treibenden Kräfte der Weimarer Republik und, ins Exil getrieben, bekämpfte er Hitler. Die Blätter dieses großen Satirikers, zum größten Teil erschienen in Arbeiterzeitschriften, werden von vielen, darunter dem Verfasser dieser Zeilen, für klassisch gehalten.« Daß der Dichter sich auch anderweitig von Heartfield anregen ließ, lehrt ein Vergleich von dessen Montage *Zum Krisen-Parteitag der SPD* (1931) mit Brechts kleinem Prosastück *Ein neues Gesicht* (um 1933); vgl. 11, 205 f. – Mein Dank gilt zum Schluß der Houghton Library in Harvard, vor allem aber Herrn Stefan S. Brecht, der seine Zustimmung zum Abdruck einiger unveröffentlichter Texte gab.

Brechts Rad der Fortuna

Daß Bertolt Brecht, der so viele Traditionen aufgegriffen und aufgehoben hat, auch in der »großen alten Motiv-Tradition des Rades der Fortuna« steht, scheint als erster Albrecht Schöne erkannt zu haben. In einem bis heute anregenden Aufsatz von 1958[1] identifizierte er das »Wasserrad« in Brechts gleichnamiger »Ballade« aus dem Stück *Die Rundköpfe und die Spitzköpfe,* wo sie von der Kellnerin und Prostituierten Nanna Callas gesungen wird, als das barocke Glücksrad. Es genügt, die Anfangsstrophe des Gedichts zu zitieren, um diesen Zusammenhang, der unmittelbar einleuchtet, zu belegen:

> Von den Großen dieser Erde
> Melden uns die Heldenlieder:
> Steigend auf so wie Gestirne
> Gehn sie wie Gestirne nieder.
> Das klingt tröstlich und man muß es wissen.
> Nur: für uns, die wir sie nähren müssen
> Ist das leider immer ziemlich gleich gewesen.
> Aufstieg oder Fall: wer trägt die Spesen?
> Freilich dreht das Rad sich immer weiter
> Daß, was oben ist, nicht oben bleibt.
> Aber für das Wasser unten heißt das leider
> Nur: daß es das Rad halt ewig treibt. (3, 1007)

Von entscheidender Wichtigkeit ist allerdings eine Änderung, die Brecht in der selbständigen Fassung des Gedichts, dem *Lied vom Wasserrad* aus den *Hundert Gedichten* von 1951, vornahm. Der Refrain, der sich ursprünglich in allen drei Strophen gleichblieb, lautet hier in der Schlußstrophe:

> Denn dann dreht das Rad sich nicht mehr weiter,
> Und das heitre Spiel, es unterbleibt,
> Wenn das Wasser endlich mit befreiter
> Stärke seine eigne Sach' betreibt.[2]

Schöne wandte gegen Brecht ein, durch jene Motiv-Tradition werde »die Unabänderlichkeit, die Unaufhörlichkeit der Drehung des Glücksrades« besiegelt; sie führe den »guten Schluß« einer revolutionären Lösung *ad absurdum.* Der Dichter habe zwar »in späteren Anmerkungen«[3] die *Ballade vom Wasserrad* ausdrücklich als »Zeugnis für die unentwickelte politische Haltung« der Nanna Callas hingestellt. Im »Gefüge des Dramas« jedoch, als Brechtscher Song, erhebe ein solches Zeugnis »Anspruch auf überpersonale, grundsätzliche Gültigkeit«, und schon damit werde diese »Selbstauslegung« fragwürdig. »Sie wird«, fügte Schöne hinzu, »praktisch zurückgenommen dadurch, daß Brecht es für nötig befand, den Refrain der dritten Strophe umzuschreiben.« Denn: »Jetzt ist die revolutionäre Lösung gerettet. Aber die in den ersten Strophen aufgerufene Kraft, mit der das Rad der Fortuna sich (gleichsam *ex definitione*) unaufhörlich weiterdreht, ist stärker als die ideologische Korrektur, und das Sinngefüge der Ballade zerbricht.« Ohne die beiden Fassungen durchgehend getrennt zu halten, spielt Schöne, anders gesagt, den »Balladendichter Brecht . . . gegen den Theoretiker und Ideologen« aus und gelangt so, nach einem damals gängigen Schema, zu der Folgerung, das Gedicht sei mißlungen und Bertolt Brecht mithin wieder einmal gescheitert.

Lassen wir diesen Einwand zunächst auf sich beruhen. Daß Brecht, obwohl die Göttin in seinem Gedicht gar nicht beim Namen genannt wird, mit dem Bild vom Glücksrad oder Rad der Fortuna vertraut war, steht jedenfalls fest. Die Entsprechung, die sein Wasserrad darstellt, ist alles andere als zufällig. Das beweist unwiderleglich Brechts Marlowe-Bearbeitung von 1924, das *Leben Eduards des Zweiten von England,* wo Mortimer, kurz bevor er zum Tode geführt wird, erklärt:

> 's ist, Knabe, die schlumpichte Fortuna treibt's
> Ein Rad. 's treibt dich mit nach aufwärts.
> Aufwärts und aufwärts. Du hältst fest. Aufwärts.
> Da kommt ein Punkt, der höchste. Von dem siehst du
> 's ist keine Leiter, 's treibt dich nach unten.
> Weil's eben rund ist. Wer dies gesehn hat, fällt er
> Knabe, oder läßt er sich fallen? Die Frage
> Ist spaßhaft. Schmeck sie! (1, 294 f.)

Gewiß, Mortimers Bild ist bei Marlowe bereits vorgegeben.[4] Brecht übernimmt es jedoch nicht bloß, sondern weitet es, wie sich gleich zeigen wird, bewußt auf das gesamte Stück aus. Auch bleibt es keineswegs auf dieses Frühwerk und das Gedicht vom Wasserrad beschränkt; es meldet sich vielmehr sogar noch – obzwar ohne ausdrückliche Nennung, aber dafür mitsamt der Haltung und Stimmung, die sich in Mortimers Rede äußern – in der

Erzählung *Caesar und sein Legionär*, die der Dichter Jahrzehnte später schrieb. »Caesar«, heißt es in ihr lapidar, »stand auf dem Gipfel seiner Macht. Vor ihm lag also [!] der Abgrund« (11, 344). Das Umgekehrte, nämlich endgültigen Aufstieg statt des unvermeidlichen Sturzes, lehrt hingegen der Schluß des Gedichts *Neue Zeiten,* das dann in der DDR entstand:

> Das Rad der Zeit – zum Glücke
> Dreht es sich nicht zurücke. (10, 977)

Daß damit ein verwandter, nach Sinn und Bewertung jedoch gänzlich verschiedener Aspekt des Motivs aufgegriffen wird, dürfte ebenso auf der Hand liegen wie seine glatte, im Vergleich zu anderen Brecht-Texten fast simplifizierende Verwendung. Desto verschlüsselter sind (oder wirken) dafür sechs Zeilen aus den *Buckower Elegien* von 1953. Was ich meine, ist natürlich das berühmte Gedicht *Der Radwechsel*:

> Ich sitze am Straßenrand
> Der Fahrer wechselt das Rad.
> Ich bin nicht gern, wo ich herkomme.
> Ich bin nicht gern, wo ich hinfahre.
> Warum sehe ich den Radwechsel
> Mit Ungeduld? (10, 1008)

In diesen Zeilen fassen wir wohl den eindrucksvollsten und zugleich schwierigsten Beleg für das Bild vom Rad, den Brechts Spätwerk enthält. Ob freilich das Rad, das hier gewechselt wird, noch irgend etwas mit dem Rad der Fortuna zu tun hat, ist eine Frage, die wir vorläufig ebenfalls offenlassen müssen.

Die Herkunft des Glücksrads führt, auch wenn man neuerdings dazu neigt, einseitig das Barocke des Motivs zu betonen[5], weit hinters 17. Jahrhundert bis ins frühe Mittelalter, ja bis in die Spätantike zurück. Bereits der Philosoph Boëthius zu Beginn des 6. Jahrhunderts hat das Bild der *rota Fortunae,* wie es dann im Barock erscheint, festgelegt. Man muß also geradezu umgekehrt sagen: »Das Motiv des Rades, in dem die Anschauungsweise des Mittelalters das ständige Auf und Ab der Menschen sinnlich konkretisiert hatte, verlor« – so die jüngste Monographie zu diesem Thema – »im 16./17. Jahrhundert nichts von seiner Gültigkeit.«[6] Sowohl die Dichtkunst als auch die Bildkunst und schließlich die Kombination beider in der Emblematik greifen es immer wieder auf. Fürs Mittelalter liefert zum Beispiel der *Hor-*

tus deliciarum der Herrad von Landsperg einen Beleg, fürs Barock *Le Livre de Fortune* von Jean Cousin. Was man zu dessen Emblem bemerkt hat, trifft im wesentlichen auch auf die ältere Darstellung zu, nur daß dort das Motiv noch breiter und figurenreicher ausgeführt ist. Beidemal steht im Zentrum der Abbildung das Rad, auf dem sich mehrere Herrschergestalten befinden, »die jedoch die wechselnden Situationen einer Person versinnbildlichen«. Bei Herrad sind es sechs, bei Cousin drei: »Ein König bemüht sich, an der Peripherie emporzuklimmen, ein anderer sitzt gebieterisch im Scheitelpunkt der Drehung, der dritte stürzt kopfüber hinunter und verliert dabei Krone und Szepter.« Brecht, dessen Verwandtschaft mit der barocken Emblematik ja kein Geheimnis ist[7], verwendet im Gedicht vom Wasserrad genau die gleiche Grundvorstellung. In *Caesar und sein Legionär* und in den Schlußzeilen des Gedichts *Neue Zeiten* zögert er sogar nicht, auch noch die Überlagerung des Glücksrads »mit den Motiven des Zeit- und Lebensrades«, die sich »schon früh« vollzogen hat, sowie das Doppelwesen der Fortuna, die einerseits als *Fortuna mala,* andererseits als *Fortuna bona* in Erscheinung tritt[8], in freilich höchst bezeichnender Abwandlung nachzuvollziehen. Während nämlich Caesar »auf dem Gipfel seiner Macht« dem wankelmütigen Glück mit Notwendigkeit zum Opfer fällt, dreht sich das »Rad der Zeit«, das die neue Gesellschaft an die Macht getragen hat, »zum Glücke« (!) nicht mehr zurück . . . obgleich ganz offensichtlich weiter. Es stoßen hier also, wie man begrifflich formulieren müßte, ein zyklischer und ein linearer Prozeß zusammen; und das Zwanghafte, das jenem *ex definitione* innewohnen soll, wird durch diesen auf ähnliche Weise gesprengt wie in der geänderten Fassung des Gedichts vom Wasserrad. Das simple Verspaar über die neuen Zeiten, dessen Sinn sich ohne Schwierigkeiten erschließt, eröffnet trotz seiner glatten, beinah redensartlichen Eingängigkeit einen Widerspruch oder zumindest ein Problem, dessen Bedeutung für Brechts Geschichtsauffassung kaum überschätzt werden kann.

Nun ist es zwar eine Binsenwahrheit, daß Brecht in vielen Fällen den radikalen Gegenpol zum Denken des Barock verkörpert. Doch selbst die Armen und Geplagten, die sein Wasserrad bildlich treiben, werden erstaunlicherweise bereits im 16. und 17. Jahrhundert zum Rad der Fortuna in Beziehung gesetzt. Allerdings sind nicht sie es, die dessen Teufelskreis dann sprengen, sondern – wie könnte es in jener Zeit anders sein – Gott. Die Menschen brauchen sich, damit dies geschieht, bloß vertrauensvoll in seinen Willen zu ergeben. So bringt etwa das Emblembuch der Georgette de Montenay (1571) unter dem Motto *Frangor patientia* ein solches Rad der Fortuna, das von der Hand Gottes zerbrochen ist. Man solle, mahnt die Unterschrift, »geduldig seyn«, was auch immer geschehe:

Denn GOtt der HERR erkendt die Last
Vnd hilfft den seinen auß der Noth
Die fest halten bey seim Gebott.[9]

Im Emblembuch des Laurentius Haechtianus (d. i. Lorenz van Haecht-Goidtsenhouen) vollends, das im Original von 1579 und in seiner deutschen Version von 1644 datiert, wird die Fortuna kurzerhand auf ihr eigenes Rad geflochten, und zwar von der Armut in Person. Das Motto lautet scheinbar unzweideutig: *Paupertas Fortune* [sic] *victrix*.[10] Die Armut selber überwindet diesmal das Glück – aber eben die ›Tugend‹ der Armut, keineswegs der arme Mann oder gar die Armen; denn wiederum, allem Anschein zum Trotz, sind es Geduld und Ergebung in den Willen Gottes, wodurch der Mensch den Launen der Fortuna überlegen bleibt. Im übrigen wird er aufs Jenseits vertröstet:

Sols mit jhm ebn nit oben schwebn
So hofft er auff ein ander lebn.

Nur noch als Negation klingt in diesen Zeilen ein aufsässiges »oben« an, wohingegen Haecht zunächst tatsächlich fast brechtische Töne anschlug:

Viribus inferior fortuna est paupere, pauper
Fortunae nescit succubuisse dolis.

Wäre nicht derlei, jedenfalls der erste Halbsatz des Distichons, ebensogut auf das *Lied vom Wasserrad* anwendbar? Auch bei Brecht sind schließlich die Kräfte, von deren Gunst die Reichen und Mächtigen abhängen, der ›Armut‹ auf die Dauer unterlegen – Armut nun allerdings nicht mehr als Tugend verstanden, sondern als Solidarität einer Klasse, die ihre Lage erkannt hat und zu ändern gewillt ist.

Doch kehren wir wieder zu Brechts »Emblematisierung der Historie«[11] zurück, dem *Leben Eduards des Zweiten von England*. In ihm wird ja das Rad der Fortuna nicht nur ausdrücklich

beim Namen genannt, sondern kreist auch ungehemmt und unhemmbar; das wankelmütige Glück, als »schlumpichte Fortuna«,
herrscht hier in der Tat schrankenlos. Mit der bloßen Erwähnung
in Mortimers Abschiedsrede ist dieses Motiv, soviel über das
Werk auch schon geschrieben wurde[12], ganz und gar nicht erschöpfend gekennzeichnet. Brecht schuf vielmehr aus dem von
Marlowe übernommenen Bild, indem er es von Anfang an inge-
niös einwob und vielfach variierte, dazu mit verwandten Vorstellungen wie der vom Leben als Traum und von der *Vanitas mundi*
(vgl. 1, 258 ff.) verband, das beherrschende Gerüst oder Gefüge
seines Dramas: jene Schicht, von der das Stück bildhaft und
gedanklich, in Bauelementen, Handlungs- und Charakterzügen
getragen wird, bis sich zum Schluß, mit der Rede Mortimers, alles
zum zusammenfassenden Emblem verdichtet. Die Mittel, deren
Brecht sich dabei konkret bediente, reichen von der direkten oder
auch assoziativen Nennung, sei es des Bildes oder seiner Komponenten, bis zur kunstvollen Montage ganzer Szenen, deren An-
ordnung und Abfolge ihrerseits das Rad der Fortuna und dessen
Umlauf nachbilden. Bild, Abbild, Sinnbild schließen sich zu
einem dichterischen Gebilde zusammen, das nichts anderes aussagen will – übrigens in voller Übereinstimmung mit der Tradition[13] – als das Paradox vom Walten der Fortuna: die Beständig-
keit des Unbeständigen. Bedeutsam genug ist an einer Stelle
gleich dreimal vom »Wechsel« die Rede und davon, daß er ein
»schneller« sei, auch daß »alles stets« wechsle; und nicht umsonst
heißt der Mensch, der auf dem Rad umgetrieben wird, »wechselnd mit Wechselndem« und im selben Atemzug geradezu ein
»Ding« (vgl. 1, 105 f.).

Wie in einen wuchtigen Rahmen eingespannt wirkt dieses Bild,
dieses riesige Rad der dramatischen Struktur; denn was Mortimer
endgültig bis zum Emblem verdichten und in den Begriff heben
wird, kündigt bereits der Vorspruch zum Stück, eine Art Bänkel-
sängerlitanei[14], unmißverständlich an:

Hier wird öffentlich vorgeführt die Historie von der unruhigen
Regierung Eduards des Zweiten, Königs von England, und sein
jammervoller Tod / Sowie Glück und Ende seines Günstlings Gaveston / Ferner das wirre Schicksal der Königin Anna / Desgleichen
Aufstieg und Untergang des großen Earl Roger Mortimer / Was alles
sich ereignete in England, vornehmlich zu London, vor nunmehr
sechshundert Jahren. (1, 196)

Immer wieder evoziert Brechts Text im folgenden »Aufstieg und Untergang«, »Glück und Ende« und insbesondere den jähen, grausamen Umschlag, der beide miteinander verknüpft. Wenn beispielsweise Mortimer am Morgen des Tages vor seinem Sturz noch auftrumpft: »Steig, elfter Feber, mir herauf« (1, 290), so entgegnet ihm bald darauf Anna resigniert: »Ach, Mortimer, jetzt gehen wir hinunter« (1, 291). In solchen und ähnlichen Bildern ist es die Drehung, also die reine Bewegung des Rades, die assoziativ wachgerufen wird; in anderen, zum Beispiel in Mortimers »Treibrad« des »Flaschenzugs / Menschlicher Stricke«, an das er gefesselt sei (vgl. 1, 268), erscheint das Fortuna-Rad selbst. Aber noch eindringlicher, weil unmittelbar auf das Walten des Glücks bezogen, ist die Evokation jenes Umschlags, jenes Moments auf der Scheitelhöhe des Rades. Gaveston etwa nimmt diese Erfahrung in ihrer Dialektik von Aufstieg und zwangsläufigem Fall schon sehr früh vorweg, wenn er, sein Testament schreibend, bekennt, er sei »durch [zu] günstige Umständ / Erledigt, ausgemerzt durch zuviel Glück« (1, 211).[15] Nicht anders als Mortimer und Anna müssen auch er und sein Freund Eduard »kopfüber / Hinunter«[16], wie der Dichter dies wortwörtlich ausdrückt, ganz als habe er die Darstellung eines Cousin oder einer Herrad von Landsperg vor Augen; und um nur ja keinen Zweifel an der Schnelligkeit des Vorgangs aufkommen zu lassen, verdeutlicht Brecht ihn zusätzlich durch die Zeitspanne, die zwischen »Essen und Mundabwischen« bleibt (vgl. 1, 294).

Im Zusammenhang lautet der betreffende Satz, den wiederum der »große Earl« Mortimer spricht:

> Nur nicht zwischen
> Essen und Mundabwischen so kopfüber
> Hinunter ...

Die Beschwörung dieser kargen Spanne, die lediglich eine Galgenfrist ist, schließt sich unverkennbar an frühere Worte an, die freilich nicht *von* Mortimer, sondern *zu* ihm gesprochen werden:

> Ach, zwischen Glück und Unglück ist nicht Zeit
> Einen Schluck Wasser zu trinken ... (1, 249)

Baldock, der so bewegt über das Doppelwesen der Fortuna klagt, befindet sich an derselben Stelle des Rades wie später Mortimer, an den er sich hier wendet. Jeder von ihnen erfährt mit exemplarischer Schärfe den plötzlichen Umschwung auf dem Gipfel des Glücks. Im Zusammenspiel ihrer zwei Äußerungen (das viel zu auffällig ist, als daß es unbeabsichtigt sein könnte) wird aber noch weit mehr sichtbar: nämlich zugleich, jedenfalls im Hinblick auf Mortimer, auch Aufstieg und Untergang insgesamt, wie sie sich im Laufe der Handlung vollziehen. Dadurch, daß Brecht beide Szenen einander mit umgekehrtem Vorzeichen zuordnet, vermag er in einer letzten Steigerung das Fortuna-Rad und dessen Kreisen in der Großstruktur des Dramas selber abzubilden. Und nicht bloß einmal sorgt er für solche Entsprechungen, sondern wiederholt. Sie alle zeigen uns die Figuren, wie sie zuerst »aufwärts« getrieben und dann unweigerlich »nach unten« (1, 294 f.) geschleudert werden. Teils stimmen ganze Szenen überein, um diesen Eindruck zu bewirken; teils erwächst er aus den verschiedenen Prophezeiungen, Flüchen und Verwünschungen, die den im Glück Übermütigen gelten und sich im Unglück traurig erfüllen; ja, zum Teil beruht er einfach auf der Wiederkehr markanter Formulierungen, die inhaltlich gar nichts mit dem Glücksrad zu tun haben, aber im Ohr haften. Man braucht dazu nur Mortimers Sottise vom »schweißigen« Markt oder Volk Londons, die sowohl kurz vor seinem Aufstieg als auch kurz vor seinem Fall (vgl. 1, 206 bzw. 283) begegnet, oder die königliche Formel vom ›Zeugnis‹, die zweimal auf ihn selbst angewandt wird, zu vergleichen. Der Gegensatz könnte schwerlich krasser sein, namentlich beim zweiten Beispiel. König Eduard, nach der Schlacht bei Killingworth, läßt in seiner Verblendung den Gefangenen laufen:

Ihr mögt gehen, Lord Mortimer. Geht herum
Ein wandelnd Zeugnis in der Sonne
Wie Eduard Longshanks Sohn seinen Freund
Rächte. (1, 239)

Dieser ›Begnadigung‹ des »großen Earl« in der Mitte des Stücks entspricht völlig seine Verurteilung am Ende, die durch den jungen Eduard erfolgt. »Du stirbst!« wird Mortimer verkündet: »Ein Zeugnis dieser Welt, daß deine / Allzu listige List . . . Gott / Zu listig war« (1, 293).

Die eindrucksvollste Parallele jedoch und diejenige, in der das Auf und Ab der ans Glücksrad sich Klammernden am deutlichsten erkennbar wird, ist bereits in der allerersten Szene angelegt.

In ihr übt Gaveston triumphierend Rache am Erzabt für seine Verbannung. Er »packt ihn« mit den Worten:

> Komm nur gleich mit. Dort gibt's ein Gossenwasser.
> Und weil du, Pfaff, jenes Papier geschrieben hast
> Tauch ich dich, einen Erzabt, in die Gosse
> Wie du mich tauchtest in das Irenmeer.

Beifällig bemerkt dazu König Eduard:

> 's ist gut, weil du's tust. Was du tust, ist gut.
> Ja, tauch ihn, Gaveston! Wasch ihm sein Gesicht
> Und barbiere deinen Feind mit Spülicht. (1, 201)

Viele Jahre danach geschieht dem König, nicht lange vor seinem Tode, genau das gleiche durch die Schergen und Schinder Gurney, die ihn zu seinem Feind Mortimer, dem »Aal«, führen. Sie behandeln ihn mit demselben triumphierenden Hohn wie er und Gaveston einst den Erzabt, und sie vergessen auch nicht, Eduard mit Nachdruck an seinen toten Günstling zu erinnern:

> DER ÄLTERE GURNEY Der Aal liebt es nicht, wenn man ihn schlecht
>   Gewaschen aufsucht. Da ist Kanalwasser.
>   Sitzt nieder, bitte, daß wir Euch barbiern.
>
> EDUARD Nicht mit Spülicht!
>
> DER JÜNGERE GURNEY Ihr wünscht also, daß wir Euch mit Spülicht
>   Barbieren?
>   *Sie barbieren ihn mit Gossenwasser.*
>   [. . .]
>
> DER ÄLTERE GURNEY War es nicht ein gewisser Gaveston
>   Der Euch ins Elend brachte?
>
> EDUARD Ja, dieses Gaveston erinnere ich mich durchaus.
>
> DER JÜNGERE GURNEY Haltet still! (1, 280 f.)

Brecht gelingt es durch den Hinweis auf Gaveston sowie durch die insistierenden, ebenfalls an das Frühere gemahnenden Wortwiederholungen (»Spülicht«, »barbier[e]n« usw.) auf überzeugende Weise, den Zusammenhang der beiden Szenen bewußt zu machen. Nirgends tritt das Fortuna-Rad seines Stückes, treten Aufstieg und Untergang, Glück und Ende, wie der Vorspruch sie jahrmarktsmäßig ausschreit und Mortimer sie ins krönende Emblem faßt, einprägsamer zutage als in dieser strukturellen Entsprechung. Selbst beim ersten Lesen, selbst beim Besuch einer auch nur durchschnittlichen Aufführung muß sie auffallen.

Was sich aus alldem ergibt, ist offenkundig. Fortuna, die barocke Geschichtsmacht, der die ganze Welt bloß als Schauplatz dient, auf dem sie sich entfaltet, regiert auch in Brechts Drama und bestimmt dessen Bild von der Geschichte. Und wie es ihrem Wesen entspricht und in ihren Attributen, dem Rad und daneben der Kugel, zum Ausdruck kommt, ist dieses Bild ein zyklisches: »Weil's eben rund ist« (1, 295). Das dürfen wir jedenfalls für das *Leben Eduards des Zweiten von England*, ohne auf die Verhältnisse im Barock noch weiter einzugehen[17], mit Sicherheit konstatieren. Zwar ist das Stück, trotz seines historischen Stoffes, gewiß kein Geschichtsdrama im herkömmlichen Sinn. Es wird in ihm weder ein geschichtlicher Moment um seiner selbst willen gezeigt noch auch das konkret Geschichtliche als Durchgangsstufe innerhalb einer universalhistorischen Entwicklung. Aber das heißt noch lange nicht, daß Brecht hier, wie Klaus-Detlef Müller in seiner sonst sehr bedeutsamen Studie meint, überhaupt davon absehe, »Geschichte darzustellen«.[18] Wer derlei vertritt oder das Werk gar – ein ›Topos‹, der seit fast zwei Jahrzehnten[19] durch die Forschung geistert – als rein »formales Experiment« abtun zu können glaubt, dem ist nicht nur der gesamte Fortuna-Komplex entgegenzuhalten, sondern außerdem, aufs engste damit verknüpft, der doppelte Befund, daß Brecht einerseits sein Stück ausdrücklich als »Historie« bezeichnete und es andererseits auf ganz spezifische Art auch ›historisierte‹. Denn wozu hätte der Dichter die (bei Marlowe fehlenden) detaillierten, aber zum Teil völlig frei erfundenen Zeitangaben einfügen sollen, wenn nicht zu dem Zweck, das Verrinnen, Vergehen der Stunden, Tage, Jahre zu veranschaulichen, also »Geschichte in ihrem Ablauf darzustellen«, wie sogar Schumacher[20] bereits erkannt hat? Auch der Untertitel bleibt, so betrachtet, keineswegs bloße »Gattungsbezeichnung im Sinne des elisabethanischen Theaters« und mithin »wenig aufschlußreich«[21]; er signalisiert vielmehr diese Historisierung oder Emblematisierung der Historie von vornherein. Bertolt Brecht hat in seinem Stück von 1924 bewußt Geschichte als Schauplatz der schnöden, »schlumpichten« Fortuna gestaltet. Freilich, ob etwas heute geschieht oder »vor nunmehr sechshundert Jahren«, wie der Vorspruch ebenfalls diese Absicht unterstreicht, ist *sub specie Fortunae malae,* die ihr Rad ewig im Kreise dreht, gleichgültig. Nicht Geschichte als Selbstzweck oder Mittel zu höheren Zwecken – ich wiederhole es – wird in Brechts Stück vorgeführt, sondern das Phänomen der Geschichtlichkeit und Zeitlichkeit als solches: menschliches Sein in der Zeit. Illusionslos und unumwunden zeigt der Dichter die *condition humaine,* den »wilden Jammer menschlichen Zustands« (1, 257).

Einzuräumen ist lediglich, daß dieser Zustand nicht nur in der Geschichte, sondern ebensosehr auch in der Natur gründet, an der der Mensch teilhat. Brecht läßt daran (vgl. 1, 239) keinerlei Zweifel. Im Gegensatz zu seiner späteren Auffassung jedoch, wie sie sich vor allem im *Guten Menschen von Sezuan* äußert, gilt ihm im *Leben Eduards des Zweiten von England* die Natur, genauer die menschliche Natur, als »böse«. Man darf diese Bemerkung Eduards über Mortimers »Natur« (vgl. 1, 227) ruhig verallgemeinern, sofern man sie nur genügend amoralisch, kreatürlich oder einfach tierhaft nimmt. Auf eine solche Auffassung, gleichsam diesseits von ›gut‹ und ›böse‹, weisen ja auch die gehäuften Tiermetaphern, die gerade in der Marlowe-Bearbeitung – abermals in Abweichung von der Vorlage – wie in keinem anderen Werk Brechts vorherrschen und nicht umsonst weitgehend Raubtiermetaphern sind. Die chaotische Natur in ihrer Triebgebundenheit[22], Irrationalität und Sinnlosigkeit korrespondiert dem sinnlosen Kreislauf der Geschichte; beide zusammen bedingen jenen »menschlichen Zustand« und seinen »Jammer«. Selbst Müller, der jede Geschichtsdarstellung in Brechts Historie so entschieden verneint, kann nicht umhin, diese Zusammenhänge wahrzunehmen, auch wenn er zunächst, mit Bezug auf das Frühwerk, behauptet, der »ewige Kreislauf der Natur« schließe Geschichte aus, »reine Natur« sei »Geschichtslosigkeit«. Er hebt diese Antinomie eigenhändig, wie mir scheint, wieder auf, wenn er dann im Gedicht vom Wasserrad die »meisten Themen und Motive des früheren Geschichtsverständnisses« feststellen muß. Wo nämlich, wenn nicht im *Leben Eduards des Zweiten von England,* wäre Brechts früheres Geschichtsverständnis zu finden? Woher sonst sollte es 1934, als das Gedicht erstmals veröffentlicht wurde[23], »zurückkehren«, selbstredend in »neuer«, »anderer« Akzentuierung, nachdem der Dichter sich dem Marxismus zugewandt hatte? Und sowenig einander Natur und Geschichte absolut entgegengesetzt sind, sowenig lösen sie einander auch ab. Sie tun es zumindest nicht in dem Sinne, daß im Gedicht vom Wasserrad plötzlich »aus der Frühzeit«, wie Müller nicht ohne

Widersprüchlichkeit schreibt, das Motiv des Kreislaufs (»einst der Natur, jetzt der Geschichte«) erschiene, bloß um alsbald für immer zu verschwinden.[24] Damit würde man das Gedicht, das keineswegs nur durch das Bild des Rades mit dem Gesamtschaffen Brechts verflochten ist[25], in gänzlich unzulässiger Weise isolieren. Doch muß sofort hinzugefügt werden, daß es umgekehrt Kritiker gibt, die eine Rückkehr solch düsterer Motivik – und zwar nicht allein unverändert, sondern als Selbstentlarvung des Dichters – nicht bloß nach zehn, sondern selbst noch nach zwanzig Jahren zu beobachten glauben. John Fuegi zum Beispiel schreibt über das *Lied von der Moldau*: »We are back in embarrassing proximity to Mortimer's sentiments expressed in *Eduard II* in his dissertation on ›the slut fortune‹.«[26] Trotz gewisser Vorbehalte, die man anmelden könnte, darf man für diesen Hinweis dankbar sein; denn es ist immerhin bemerkenswert, daß sich auch Brecht in späteren Jahren dem *Leben Eduards des Zweiten von England* gegenüber zwiespältig verhielt. In seinem *Arbeitsjournal* zählt er es unterm 30. 1. 1941 zu denjenigen Werken, die ihm, anders als *Trommeln in der Nacht* und *Im Dickicht der Städte,* nicht »fremd geworden« seien[27], während er im März 1954, bei Durchsicht seiner ersten Stücke, erklärte, er könne mit dieser frühen Bearbeitung »heute nicht mehr viel anfangen« (17, 951).

Wir unsererseits können, die Thesen Schönes ergänzend und berichtigend, zweierlei festhalten. Zum einen hat sich erwiesen, daß Fortuna, wenn irgendwo bei Brecht, in dessen Marlowe-Bearbeitung als allgewaltige Geschichtsmacht herrscht, die ihr Rad unaufhörlich treibt; zum andern enthüllte ein Blick auf die Emblematik, daß offenbar schon im Barock eine Überwindung dieser Macht und des zwanghaften Kreislaufs, den sie versinnbildlicht, möglich war. Das Rad der Fortuna, das sich in der Erstfassung des Gedichts vom Wasserrad unhemmbar dreht, konnte auch im 16. und 17. Jahrhundert, freilich mit ganz anderen Mitteln als in der Zweitfassung des Brechtschen Gedichts, angehalten, sogar zerbrochen werden.[28] Das sollte man, zumal als Kenner des Barock, nicht außer acht lassen, und am allerwenigsten bei einem Dichter des 20. Jahrhunderts von der Art Bertolt Brechts. Darüber hinaus bedarf aber auch die Funktion, die jene Erstfassung innerhalb des Stückganzen besitzt, einer Richtigstellung. Während nämlich die Rede Mortimers den Gehalt von

Brechts Historie bündig zusammenfaßt und so tatsächlich »überpersonale, grundsätzliche Gültigkeit« erlangt, stehen *Die Rundköpfe und die Spitzköpfe* und die *Ballade vom Wasserrad* ebenso bündig in verfremdendem Widerspruch. Die Ausweglosigkeit und Resignation, die Nanna Callas verkündet, sind nur für sie selbst wirklich, in Wahrheit jedoch scheinbar; sie sollen genau die gegensätzliche Einsicht und das ihr gemäße Handeln provozieren. Nichts anderes – wie jede aufmerksame Lektüre bestätigt – ist der Sinn des Gedichts »im Gefüge des Dramas« und der Lehrgehalt des Parabelstücks überhaupt. Dem Stückeschreiber, so verteidigte Brecht mit einem bekannten Wort sein Verfahren, »obliegt es nicht«, dramatische Figuren »sehend zu machen«: »ihm kommt es darauf an, daß der Zuschauer sieht« (17, 1150). Dieses Wort gilt für *Mutter Courage und ihre Kinder*, auf die es gemünzt ist, wie für Nanna und ihresgleichen. Denkt man vollends an ein Gedicht wie *Der Schneider von Ulm* (9, 645 f.) und dessen überzeugende Analyse durch Hans Mayer[29], so erkennt man, daß sich dasselbe Verfahren im Grunde sogar auf die aus dem Stückganzen gelöste Ballade anwenden ließe. Jedes Kind weiß heute, daß der Mensch fliegen kann, gleichgültig was ein Bischof anno 1592 dekretierte; aber jedermann weiß inzwischen auch, daß die Ausgebeuteten und Unterdrückten ihr Joch abschütteln können. Die *Ballade vom Wasserrad* sagt es gerade deshalb so eindringlich, weil sie es provozierend verschweigt.

Die Änderung, die der Dichter dann im *Lied vom Wasserrad* vornahm, wirkt daneben beinah wie jenes Zugeständnis primitiver Überdeutlichkeit, das er den Kritikern seiner *Courage*-Inszenierung (vgl. 17, 1142 ff.) beharrlich verweigert hat. Dies wäre jedenfalls, wie mir scheint, ein triftigerer Einwand als derjenige Schönes, der bereits dadurch ins Wanken gerät, daß ja die in ihm postulierte »Unabänderlichkeit«, die jede Auflehnung, jede »revolutionäre Lösung« angeblich *ad absurdum* führe, nicht einmal für die »große alte Motiv-Tradition« selbst, auf die er sich stützt, ohne Einschränkung galt. Doch merkwürdigerweise hat bisher, soweit ich sehe, noch niemand diese Zusammenhänge beachtet. Weder wird Schönes Einwand kritisch beim Wort genommen noch gar der soeben angedeutete erhoben, obwohl er sich schließlich aus Brechts eigenen Anschauungen geradezu aufdrängt. Statt dessen versucht man in der Regel, den geänderten Schlußrefrain entweder, unter gefährlicher Verkennung des Brechtschen Begriffs, als Verfremdung[30] zu rechtfertigen oder aber, mit fast formalistischer Volte, als »Durchbrechung der semantisch identischen Wiederholung«, was »die Möglichkeit der Veränderung explizit« mache.[31] Die kühnste und interessanteste dieser Ehrenrettungen – denn darauf scheint jede neuere Beschäftigung mit dem Gedicht hinauszulaufen – stammt aus einer Schrift mit dem unheilverkündenden Titel *Dichterwort und Parteiparole,* deren Verfasserin indes, ganz wider Erwarten, schlankweg erklärt, als »poetische Aussage« habe der Text durch jene »ideologische Korrektur« zwar »an Bildlogik eingebüßt«, als »politisch-publizistische Aussage mit beeinflussender Zielsetzung« jedoch sei er dadurch »erst einwandfrei gebrauchsfähig« geworden.[32] Wie bescheiden klingt dagegen die Feststellung, der Dichter habe durch seine Änderung eine gewandelte »Perspektive« geschaffen, und erst recht der vorsichtige Zusatz: »Ganz unmotiviert [nämlich bereits in der Erstfassung] ist das nicht.«[33]

Ich kann darauf sowenig mehr eingehen wie auf die Auseinandersetzung um das Gedicht insgesamt.[34] Doch die Stichworte ›Bildlogik‹ und ›Perspektive‹ sind wohl beredt genug. Die Gewaltsamkeit des verändernden Eingriffs, die alle Beurteiler im *Lied vom Wasserrad* zu spüren scheinen, rührt unzweifelhaft daher, daß hier das Rad der Fortuna, das in Brechts finsterer Historie ohne Aufhören kreist, unvermittelt mit dem Gang des historischen Fortschritts kollidiert. Eine zyklische Geschichtsauffassung, wie sie noch die *Ballade vom Wasserrad* prägt, wenn auch nur als kalkulierte Provokation, schlägt im *Lied vom Wasserrad* abrupt in eine lineare um. Jene, die fatalistische Vorstellung eines ewigen Kreislaufs von Natur und Geschichte, ist für den frühen Dichter kennzeichnend, diese, die progressive einer universalhistorischen Entwicklung, für den späteren, den Brecht *nach* seiner Wendung zum Marxismus. Beide Grundvorstellungen werden von den zwei Fassungen des Gedichts markiert, ohne selbstverständlich mit deren Entstehungsdaten irgendwie zusammenzufallen. Brechts neues Geschichtsdenken, das sich seit 1926 allmählich entfaltete, beginnt sich schon damals in entsprechenden Bildern, vor allem einem heraklitischen Fließen, zu spiegeln, so wie sich umgekehrt das Rad aus der Frühzeit sogar noch im Spätwerk gelegentlich weiterdreht.

Daß Brecht die ehrwürdige Tradition des Rades der Fortuna mit vollem Bewußtsein aufgegriffen hat, ist offensichtlich. Ob er allerdings imstande war, sie als guter Dialektiker auch aufzuheben, dürfte schwerer zu beantworten sein. Zyklisches und lineares Denken stoßen im Gedicht vom Wasserrad zweifellos antithetisch zusammen. Auch in den Schlußversen des Gedichts *Neue Zeiten,* so glatt und eingängig sie sind, glaubten wir zunächst einen solchen Zusammenstoß konstatieren zu müssen:

> Das Rad der Zeit – zum Glücke
> Dreht es sich nicht zurücke.

Aber handelt es sich hier wirklich um einen Widerspruch? Erweist er sich nicht bei näherer Betrachtung viel eher als eine Synthese zwischen Kreislauf und Progression, zyklischem und linearem Denken? Das Rad der Fortuna wäre dann im Rad der Zeit, das sich zugleich dreht *und* dabei aus der Vergangenheit in die Zukunft rollt, in der Tat aufgehoben. »Im Kreise laufend kommen wir weiter.«[35] Ja, es stünde diese neue Geschichtsepoche einer befreiten Menschheit ebensosehr im Zeichen der *Fortuna bona* wie einst diejenige der Unterdrückten und ihrer Beherrscher, die alte »Zeit des UNTEN und des OBEN« (10, 1038), im Zeichen der *Fortuna mala.* Das Rad der Fortuna würde gewissermaßen – soviel darf ich der großen Motiv-Tradition gerade noch zumuten – gewechselt[36]; es fände also eine Art welthistorischer Radwechsel statt . . .

Damit verglichen, scheint freilich jener vielzitierte »Radwechsel« in der Nähe von Buckow, den der Dichter »mit Ungeduld« sah, nicht bloß höchst banal zu sein, sondern auch alles andere zu bezeugen als schrankenlosen Zukunftsglauben:

> Ich bin nicht gern, wo ich herkomme.
> Ich bin nicht gern, wo ich hinfahre.

Das erste wäre nur allzu begreiflich; aber das zweite? Nimmt man diese Zeilen, nimmt man das ganze Gedicht so ernst, wie es unverkennbar gemeint ist, dann bleibt offenbar einzig und allein die reine Veränderung, die Bewegung an sich, der ewige Wechsel, Wandel oder – mit Brecht zu reden – »Fluß des Geschehens« (9, 588). Doch was unterscheidet eine lineare Bewegung, die nie endet, noch oder wieder von einer zyklischen? Ist nicht unendliches Fortschreiten letztlich mit einem Kreislauf identisch, so wie sich ja auch zwei Parallelen im Unendlichen schneiden? Und die Lehre vom gekrümmten Raum scheint dem Dichter, der die Physik liebte und kannte, ebenfalls wohlvertraut gewesen zu sein . . .[37] Wenn solche Überlegungen – ich bin mir ihrer aphoristischen Gewagtheit durchaus bewußt – auch nur einigermaßen zuträfen, wäre das Rad der Fortuna durch Bertolt Brecht endgültig, und in wahrhaft kosmischen Dimensionen, aufgehoben.

Anmerkungen

1 *Bertolt Brecht. Theatertheorie und dramatische Dichtung.* In: *Euphorion* 52 (1958), S. 272 ff.

2 Bertolt Brecht, *Hundert Gedichte 1918-1950* (Berlin, ²1952), S. 8.

3 Vgl. 17, 1086: »*Die Kellnerin Nanna Callas* wurde als ein Typus gezeichnet, der infolge doppelter Ausbeutung (als Kellnerin und Prostituierte) eine noch unentwickeltere politische Haltung als der Pächter [d. h. ihr Vater] zeigt. Ihre Einstellung ist nur scheinbar realistischer; sie ist in der Tat hoffnungslos. Die Darstellerin brachte das besonders deutlich in der ›Ballade vom Wasserrad‹ zum Ausdruck, aber auch sonst an vielen Stellen.«

4 Vgl. dazu zusammenfassend meine Schrift *Bertolt Brecht und die Weltliteratur* (Nürnberg, 1961), S. 29 ff.

5 Vgl. etwa Dieter Baacke / Wolfgang Heydrich, *Glück und Geschichte. Anmerkungen zur Lyrik Bertolt Brechts.* In: *Bertolt Brecht II.* Hrsg. v. H. L. Arnold (München, 1973), S. 14.

6 Gottfried Kirchner, *Fortuna in Dichtung und Emblematik des Barock. Tradition und Bedeutungswandel eines Motivs* (Stuttgart, 1970), S. 21; dort auch die beiden folgenden Zitate.

7 Vgl. hierzu den Essay *Marxistische Emblematik* im vorliegenden Band.

8 Vgl. Kirchner, S. 22 bzw. 12 ff.

9 Vgl. *Emblemata. Handbuch zur Sinnbildkunst des XVI. und XVII. Jahrhunderts.* Hrsg. v. A. Henkel u. A. Schöne (Stuttgart, 1967), Sp. 1807 f.

10 Hierzu vgl. ebd., Sp. 1803 f.

11 So, in anderem Zusammenhang, die Formulierung bei Albrecht Schöne, *Emblematik und Drama im Zeitalter des Barock* (München, ²1968), S. 231.

12 Vgl. zuletzt John Fuegi, *The Essential Brecht* (Los Angeles, 1972), S. 25 ff.; ferner Rodney T. K. Symington, *Brecht und Shakespeare* (Bonn, 1970), S. 53 ff. – Die ältere Literatur ist zusammengestellt in meinem Band *Bertolt Brecht* (Stuttgart, ³1971), S. 27 f. u. 174, sowie in: Brecht, *Leben Eduards des Zweiten von England. Vorlage, Texte und Materialien.* Hrsg. von R. Grimm (Frankfurt, 1968), S. 268 f. Vgl. inzwischen auch Volker Canaris, ›*Leben Eduards des Zweiten von England*‹ *als vormarxistisches Stück Bertolt Brechts* (Bonn, 1973).

13 Vgl. wieder Kirchner, S. 18 f.

14 Vgl. dazu allgemein Sammy K. McLean, *The ›Bänkelsang‹ and the Work of Bertolt Brecht* (The Hague/Paris, 1972).

15 Zur Frage der Fassungen vgl. meine Hinweise in: Brecht, *Leben Eduards des Zweiten von England,* S. 236.

16 Man beachte hier wie an ähnlichen Stellen auch das sehr bewußte Enjambe-

ment, das den Umschlag noch intensiviert; dazu jetzt allgemein Klaus Birkenhauer, *Die eigenrhythmische Lyrik Bertolt Brechts. Theorie eines kommunikativen Sprachstils* (Tübingen, 1971), S. 33 ff. u. pass.

17 Dazu sowie zum Attribut der Kugel und zu Fortuna als Geschichtsmacht vgl. zusammenfassend Kirchner, S. 19 ff., 49 ff. u. pass.

18 Vgl. Klaus-Detlef Müller, *Die Funktion der Geschichte im Werk Bertolt Brechts. Studien zum Verhältnis von Marxismus und Ästhetik* (München, ²1972), S. 8; dort auch das folgende Zitat.

19 Vgl. dazu Ernst Schumacher, *Die dramatischen Versuche Bertolt Brechts 1918-1933* (Berlin, 1955), S. 86, wo sich dieser Gedanke meines Wissens zum erstenmal findet.

20 Vgl. ebd., S. 87.

21 Müller, S. 8. – Selbst die Titeländerung *Leben Eduards des Zweiten von England* gegenüber Marlowes *Edward II* könnte man in diesem Sinne interpretieren.

22 Auch das so vielfach strapazierte Motiv der Homosexualität, das nicht allein im Dramenschaffen, sondern auch in der Prosa des frühen Brecht – man denke etwa an die Erzählung *Bargan läßt es sein* – begegnet, gehört natürlich als Ausdruck irrationalen Verfallenseins in diesen Zusammenhang.

23 Vgl. Walter Nubels Bibliographie, in: *Sinn und Form. Zweites Sonderheft Bertolt Brecht* (Berlin, 1957), S. 550.

24 Vgl. Müller, insbes. S. 16, 19, 21.

25 Auf Einzelnachweise muß ich hier leider verzichten; doch genügt ja als Beispiel schon das zweite Zentralmotiv, das des Wassers.

26 Fuegi, S. 110.

27 Vgl. Bertolt Brecht, *Arbeitsjournal*. Hrsg. v. W. Hecht (Frankfurt, 1973), Bd. I, S. 237.

28 Vgl. dazu ergänzend *Emblemata*, Sp. 1799 ff.; ferner Kirchner, Abb. 13 u. pass.

29 Vgl. Mayers *Anmerkungen zu Brecht* (Frankfurt, 1965), S. 46 ff.

30 Vgl. etwa Kurt Bräutigam, *Moderne deutsche Balladen* (»*Erzählgedichte*«). *Versuche zu ihrer Deutung* (Frankfurt, 1968), S. 21; ähnlich schon früher Roberto Fertonani, in: *Io Bertolt Brecht*. A cura di R. Fertonani (Milano, 1962), S. 200.

31 So Baacke/Heydrich, a.a.O.

32 Vgl. Ulla C. Lerg-Kill, *Dichterwort und Parteiparole. Propagandistische Gedichte und Lieder Bertolt Brechts* (Bad Homburg, 1968), S. 52.

33 So Müller, S. 22.

34 Vgl. zum folgenden vor allem noch den Aufsatz von Baacke und Heydrich. Auch im Hinblick auf den interessanten Aufsatz von Klaus-Detlef Müller, ›*Das Große bleibt groß nicht . . .‹ Die Korrektur der politischen Theorie durch die literarische Tradition in Bertolt Brechts ›Schweyk im zweiten Weltkrieg‹*. In: *Wirkendes Wort* 23 (1973), S. 26 ff., wären, zumindest was sein Endergebnis betrifft, ähnliche Erwägungen anzustellen.

35 Vgl. 12, 461. – Mit dem *Lied von der Moldau* und den auf dem Grunde des Flusses »wandernden«, d. h. rollenden Steinen verhielte es sich ganz ähnlich.

36 Es ist nur folgerichtig, daß bei Brecht auch die Kraft, die dieses Rad bewegt, ›gewechselt‹ wird. Wurde in seiner *Ballade vom Stahlhelm*, entstanden vor 1933, noch einigermaßen floskelhaft von »der Weltgeschichte Rad« (8, 305) gesprochen, so erscheinen später ausdrücklich die Völker, und zwar die »jungen Völker«, als treibende Kraft; für sie, heißt es zum Beispiel in *Me-ti/Buch der Wendungen*, sei es

gut, »wenn sich ihre Hände beim Treiben des Rades der Geschichte berühren« (12, 555).

37 Vgl. 12, 542, wo sich unter der Überschrift *Der gekrümmte Raum* folgende bemerkenswerte Definition findet: »Früher ... wurde der Raum als eine Art Schachtel ohne Wände betrachtet. Als das, worin alles ist. Die neueren Mathematiker betrachten den Raum nur als die Ausdehnung der Materie. Die Materie hängt also nicht mehr im Nichts, sondern ist selber alles. Nur die Materie ist etwas, aber außer ihr ist nichts, auch nicht der leere Raum. Das Nichts der alten Metaphysiker ist wirklich nichts und im Nichts kann nichts sein. So ist der Raum ein Raum für mögliche Bewegungen geworden, welche die Materie ausführen kann, ihr Weg sozusagen. Dieser Weg nun ist gekrümmt, denn gerade Bewegungen können von Materie nicht ausgeführt werden, wie die Erfahrung zeigt.«

Brecht und Nietzsche

>Philosophen werden meist sehr böse, wenn man
ihre Sätze aus dem Zusammenhang reißt. Me-ti
empfahl es.« (12, 471)

Als ich die beiden Namen Nietzsche und Brecht, verknüpft durch
jenes fatale ›und‹, zum erstenmal vor gewissen keuschen Ohren
nannte, fuhr man zurück wie von einer Tarantel gestochen. Man
begegnete diesem Thema mit äußerster Mißbilligung, ja mit Abscheu. Das war nicht nur, begreiflicherweise, im Osten der Fall;
auch einige meiner westlichen Freunde, die auf ihren Lukács
schwören, reagierten entsprechend. Denn wie? Der Dichter der
Maßnahme und der *Mutter*, des *Dreigroschenromans*, des *Solida-
ritätsliedes* und der *Tage der Commune* – und jener präfaschisti-
sche Apostel des Herren-, ja Übermenschentums? War dies nicht
ein völlig abwegiger, ein fast perverser Gedanke? Man hatte sich
doch längst darüber geeinigt, Nietzsche als Vorläufer der Nazis
einzustufen; und damit basta. »Es gibt kein einziges Motiv der
faschistischen [Philophie und] Ästhetik, das nicht direkt oder
indirekt von Nietzsche herstammen würde.« So Lukács bereits
1934.[1] Wie konnte es da jemand wagen, ausgerechnet einen
marxistischen Dichter mit dem vielleicht »wichtigsten Ahnen des
Faschismus« in Verbindung zu bringen?
   Nun, es ist immerhin bemerkenswert, daß sich in Brechts
eigener, ebenso schonungslos wie hartnäckig geführter Auseinandersetzung mit dem Faschismus nicht eine einzige Erwähnung
Nietzsches findet. In den gesamten einschlägigen Schriften fällt
dieser Name, soweit ich sehe, kein einziges Mal, auch nicht in den
so aufschlußreichen *Gesprächen mit jungen Intellektuellen*, die
zum Beispiel eine ätzende Satire auf Ernst Jünger (vgl. 20, 309)
enthalten. Statt dessen fand ich im Brecht-Archiv oder, genauer,
in Brechts Bibliothek nicht weniger als vier Bände Nietzsche.
Und Herta Ramthun, die freundliche Beraterin und Helferin
aller, die je dort gearbeitet haben, erklärte aufgeregt und halb
betrübt, nachdem sie einen der Bände durchflogen hatte, das
klinge ja immer wieder, als stammte es Wort für Wort von
Brecht ... In der Tat sind manche der Übereinstimmungen gera-

dezu verblüffend. Man höre etwa folgende Keunergeschichte:

> Herr K. diskutierte lange mit einem Freund. ›Sie haben sich heiser
> gesprochen‹, unterbrach ihn dieser plötzlich. ›So bin ich widerlegt‹,
> entgegnete Herr K. und stand auf. ›Reden wir nicht weiter davon!‹

Freilich ist diese Keunergeschichte apokryph; denn sie steht
– ich habe den Text kaum verändert – in Nietzsches Aphorismen-
sammlung *Morgenröte* (I, 1169).[2] Umgekehrt lautet ein Aphorismus über die Verneinung als Erkenntnisprinzip: »Du schüttelst
den Kopf wie einen Baum, daß seine Früchte auf den Boden
fallen, wo sie eingesammelt werden können.« Der Satz ist für
Nietzsche ausgesprochen typisch; nur steht er eben nicht bei ihm,
sondern in den *Stanislawski-Studien* Brechts (16, 843).

Aber gehen wir der Reihe nach vor. Es handelt sich bei jenen
vier Bänden, von einem Einzeldruck der *Götzen-Dämmerung*
abgesehen, um isolierte Exemplare zumeist aus Taschenausgaben,
und zwar mit den Werken *Die fröhliche Wissenschaft, Also sprach
Zarathustra, Ecce homo, Der Fall Wagner* und *Nietzsche contra
Wagner* sowie mit Teilen *Aus dem Nachlaß* der achtziger Jahre.
Zwei der Bücher[3] sind nachweislich (offenbar beim selben Händ-
ler oder jedenfalls gleichzeitig) antiquarisch erworben; eines – es
ist dasjenige, in dem sich der *Zarathustra* befindet – trägt auf dem
Titelblatt den datierten Besitzvermerk »Violette Peters. 1916«.[4]
In diesem wie im anderen Taschenband[5] begegnen auch verschiedene Ankreuzungen, Anstreichungen und gelegentliche Unter-
streichungen, wobei insbesondere die Striche am Rande, wie mir
Frau Ramthun bestätigt hat, den bei Brecht üblichen nicht unähn-
lich sind. Ob sie wirklich von seiner Hand herrühren, läßt sich
zwar nicht mit Sicherheit sagen; doch ist auffällig genug, daß
einige von ihnen Motiven und Formulierungen gelten, die in
seinem Schaffen eindeutig wiederkehren. Ein Gutteil der genannten Werke gehört ohnehin zu denen, die bei Brecht – das darf ich
bereits an dieser Stelle vorwegnehmen – die beweiskräftigsten
Spuren hinterlassen haben.

Während der Name Peters für uns unergiebig bleibt, liefert die
Jahreszahl 1916 eine Art *terminus post quem* – nicht etwa fürs
pure Faktum solcher Nietzsche-Beschäftigung, wohl aber für
deren Nachwirken. Die Mitteilung Hans Otto Münsterers: »1916
notiert Brecht, daß er Nietzsche nicht mehr mag«[6], und die
Vermutung von Peter Paul Schwarz, man dürfe bei Brecht für die

Jahre 1917/18 »noch keine profunde Kenntnis der Philosophie Nietzsches«[7] voraussetzen, sind in diesem Sinne zu berichtigen bzw. zu modifizieren. Dafür spricht übrigens gerade eine zweite Mitteilung Münsterers, nämlich die über die glanzvoll formulierten »Suren«, die an der Tür von Brechts Augsburger Dachkammer angeschlagen waren. »Der ganze Text«, so lesen wir, »atmete den Geist Lichtenbergs oder des Zarathustra...«[8] Aller Wahrscheinlichkeit nach hat sich der junge Brecht auch später nicht gänzlich von Nietzsche abgewandt, den er weitaus gründlicher kannte, als Schwarz glaubt, und den er vor allem wesentlich früher kennengelernt hat. Zumindest daran läßt das bekannte Selbstzeugnis aus den *Flüchtlingsgesprächen* keinerlei Zweifel. In den unverkennbar autobiographischen ›Memoiren‹, die der dicke Ziffel zum besten gibt, zählt Brecht lakonisch auf: »Schweinereien. Casanova wegen der Bayroszeichnungen. Maupassant. Nietzsche. Bleibtreus Schlachtenschilderungen« (14, 1412).

Eingeklemmt zwischen pubertärer Erotik und treudeutschem Patriotismus, scheint Nietzsche hier ein recht verschämtes und kurzatmiges Dasein zu fristen. Doch dies – wie so vieles bei ihm – täuscht. Noch 1934 hielt Walter Benjamin in seinen Aufzeichnungen fest, Brecht habe ihm den »Vorwurf einer tagebuchartigen Schriftstellerei im Stil Nietzsches«[9] gemacht; und falls ferner eine Beziehung zutrifft, die sich zwischen *Ecce homo* und einem Text von 1954 aufdrängt, so hätte sich Brecht sogar nicht bloß zwei, sondern volle vier Jahrzehnte nach seiner Jugendlektüre noch an diese Eindrücke erinnert. Die betreffende Stelle, die in seinem Exemplar gleich doppelt angestrichen ist[10], würde unter Einschluß der Notiz Benjamins einen Zusammenhang ergeben, der das Jahr 1916, die Jahre um und nach 1920 (von ihnen handelt jener Text) und das Jahr 1934 mit den allerletzten Lebensjahren des Dichters verbinden – sie würde, mit einem Wort, ein Nachwirken Nietzsches bezeugen, das den gesamten Zeitraum des Brechtschen Schaffens umspannt. Daß dieses Nachwirken mehr und mehr auch, obzwar beileibe nicht ausschließlich, auf Skepsis, Mißtrauen und brüske Abwehr stieß, ist inzwischen wohl deutlich geworden und eigentlich ja etwas Selbstverständliches, so wie sich natürlich andererseits Brechts Vertrautheit mit dem Philosophen keineswegs auf die im Nachlaß vorhandenen Werke beschränkt.

Unmittelbare Bezugnahmen auf Nietzsche, entweder ausdrücklich oder doch unmißverständlich, stützen und erhärten diesen Befund. Teils erfolgen sie mit offener Nennung, sei es des Namens oder des Titels; teils erscheinen sie als Zitate und Kryptozitate, Anspielungen und Entlehnungen. Zugegeben: wenn es vom Eheherrn Pätus im *Hofmeister* heißt, es sei »so fraglich wie gleichgültig, ob er die Peitsche vergessen wird, wenn er zu des Rektors Tochter geht« (17, 1248), oder wenn über Shaw gesagt wird, ihn zu lesen sei »vielleicht nicht dionysisch berauschend«, doch »außerordentlich gesund« (15, 101), so ist solchen Anspielungen (vgl. II, 330 bzw. I, 7 ff.) schwerlich allzuviel Gewicht beizulegen. Aus ihnen spricht eher der allgemeine Gebrauch geflügelter Worte – wie ›unzeitgemäß‹ das eine heute auch sein mag. Ganz anders verhält es sich dagegen mit der zweimaligen Entlehnung des Titels *Die fröhliche Wissenschaft*. In ihr nämlich verrät sich eine sehr spezifische, bis in die Denkstruktur reichende Nähe zur Quelle. Der Dichter empfand und gestaltete auch seine eigenen *Versuche* – denn er teilte diesen Begriff mit Nietzsche[11] – als »Proben einer fröhlichen Wissenschaft«, erwachsen aus der kritischen »Lust des Lernens und Probierens«[12]; mit Recht durfte er daher Stücke des *Messingkaufs,* seines theoretischen Hauptwerkes, *Die fröhliche Kritik* (16, 637) nennen. Beides war für Brecht wie Nietzsche synonym und vergnüglich. »Eine gute Sache«, weiß Ziffel, »könnens immer auch lustig ausdrükken« (14, 1442). Der Verfasser der *Fröhlichen Wissenschaft*, der *Morgenröte* und ähnlicher Schriften, in denen vor allem der kritische Aufklärer zu Wort kommt, hätte dem vollauf zugestimmt.[13]

Freilich verklärte Nietzsche umgekehrt im »Lachen« zugleich »alles Böse«, das darin »heilig- und losgesprochen« sei (vgl. II, 476). Und auch dieser Satz ist in Brechts *Zarathustra* markiert.[14] Nicht ohne Grund, wie ich fürchte; denn hier stoßen wir auf eine Verwandtschaft, bei der es dem Dichter selber unheimlich wurde, gerade weil sie ihm nur zu bewußt war. Sie betrifft jedoch gar nicht so sehr gewisse Dramenfiguren, die man wahllos zu Übermenschen ernannt hat[15], obschon sich ja Baal mit Alfred Polgar sehr wohl als eine »Kreuzung aus Tier und Übermensch«[16] charakterisieren ließe – Baal, dieser geniale Fettkloß, der nicht umsonst in seiner Jugend, will sagen in den Frühfassungen des gleichnamigen Werkes, eifrig Nietzsche gelesen hat, darunter eben auch die *Götzen-Dämmerung* und den *Fall Wagner*. Nein, was ich meine, ist etwas viel Beunruhigenderes: nämlich eine unverkennbar ›herrenmenschliche‹ Seite in Bertolt Brecht. Sie äußert sich zwar höchst selten und widerstrebend, tritt aber dafür, wenn sie einmal durchbricht, desto unverhüllter zutage. Wie hatte doch Zarathustra gefragt: »O meine Brüder, bin ich denn grausam« (II, 455)? »Meine Brüder waren grausam«, lautete Brechts Antwort, »ich bin der grausamste« (8, 101). – »Aber ich sage: was fällt, das soll man auch noch stoßen!« So bekanntlich wieder Zarathustra (II, 455); und Brecht, obgleich in anderem Zusammenhang: »Es macht nichts, wenn die da verrecken, sie können noch einen Fußtritt haben« (18, 11). Noch 1926/7 trug der Dichter in sein Notizheft ein: »Das schlimmste ist: Ich verachte die Unglücklichen zu stark« (20, 15). Und wie Nietzsche in *Jenseits von Gut und Böse* (vgl. II, 658), so sprach auch der junge Brecht vom »Herdentrieb« der Menschen und davon, daß »fast die ganze Moral« auf der »Angst« gründe (15, 59).[17]

Gleichzeitig versuchte er allerdings, diese Haltung aufzugeben oder zumindest gestaltend von sich zu rücken. Ein bezeichnendes Beispiel liefert die Brieferzählung *Der Tiger*. Brechts Abneigung »gegen das entnervende Mitleid mit Erschöpften« (11, 90), wie es mit unüberhörbarem Anklang an Nietzsches *Antichrist* heißt (vgl. II, 1168)[18], wird hier einerseits kalt eingestanden, andererseits jedoch, durch das Rollen-Ich des fiktiven Briefschreibers, spürbar objektiviert.[19] Überwunden war sie aber damit noch keineswegs. Das lehren etwa Texte wie namentlich *Das zehnte Sonett* (8, 164)[20], das überhaupt eine der rückhaltlosesten Beichten des Dichters darstellt. Es gipfelt in einer Formulierung, die sich bei Brecht nahezu zwanghaft wiederholt und die darum besonders erhellend wirkt:

Was ich nicht gern gesteh: gerade ich
Verachte solche, die im Unglück sind.

Nietzsche, in *Zur Genealogie der Moral*, hatte es für den verhängnisvollsten Irrtum aller Starken und Glücklichen erklärt, sich einzureden, es sei »eine Schande, glücklich zu sein«, da es »zu viel Elend« gebe (vgl. II, 865). So zu folgern galt ihm als das Schlimmste; wohingegen Brecht seinen jungen Genossen zwar ebenfalls beinah wörtlich ausrufen läßt: »Es gibt zuviel Elende«[21], ihm jedoch dazu die genau umgekehrte Folgerung in den Mund legt. Weder nämlich, so lautet sie, könne das Elend länger warten noch er selber, der Revolutionär, der es bekämpfe und endgültig abschaffen wolle.

Daß sich hierin eine radikale Gegenhaltung zu Nietzsche manifestiert, eine Haltung, wie sie den späteren, den marxistischen Dichter kennzeichnet, bedarf sowenig der Erörterung, wie das Stück *Die Maßnahme* eine solche nach wie vor entbehren kann.[22] Brechts Gegenhaltung wird vollends deutlich, wenn man auf den *Dreigroschenroman* von 1934 blickt, wo nämlich wider Erwarten das vorhin erwähnte *Zarathustra*-Wort vom Fallen und Stoßen noch ein zweites Mal begegnet. Und nicht einfach sinngemäß, sondern in der ursprünglichen, bis heute ›geflügelt‹ gebliebenen Fassung heißt es, im Text nur geringfügig erweitert: »Laß fallen, was fällt, bzw. was fällt, muß man noch stoßen« (13, 94). Gesprochen freilich wird dies nicht mehr von Brecht, sondern von Macheath, dem Gangster, Gauner und Geschäftsmann, dem der Nietzschesche Satz als Maxime brutalster Ausbeutung dient. Ganz ähnlich verhält es sich in Brechts Lehrstück *Die Ausnahme und die Regel,* wo der Kaufmann singt:

> Laß fallen, was fällt, gib ihm noch einen Tritt
> Denn das ist gut so. (2, 808)

Jeder Nachhall ›herrenmenschlicher‹ oder sozialdarwinistischer Gedanken ist nun verschwunden und hat der erbitterten Anklage und satirischen Brandmarkung des kapitalistischen Gesellschaftssystems Platz gemacht. Ja, die bloße Erinnerung an Vorstellungen vom Recht und Glück der Stärkeren erfüllte Brecht später mit Selbsthaß, wie er ausdrücklich bekannte:

> Ich weiß natürlich: einzig durch Glück
> Habe ich so viele Freunde überlebt. Aber heute nacht im Traum
> Hörte ich diese Freunde von mir sagen: ›Die Stärkeren überleben‹
> Und ich haßte mich.

So das Gedicht *Ich, der Überlebende* (10, 882) aus den Exiljahren um oder nach 1941.

Aber Brechts unmittelbare Bezugnahmen auf Nietzsche sind damit beileibe nicht erschöpft. Das gilt nicht einmal für das Stück *Baal,* wo sie sich nämlich keineswegs nur auf die beiden Werke *Götzen-Dämmerung* und *Der Fall Wagner* erstrecken, sondern mindestens auch auf Schriften wie *Jenseits von Gut und Böse, Menschliches, Allzumenschliches, Also sprach Zarathustra* und *Der Wille zur Macht.* Zumeist sind diese Entlehnungen förmlich mit Händen zu greifen. Der Held Baal, weltbrünstiger Viechskerl und Poet dazu und bald von Schweiß, bald von lyrischen Schauern triefend, muß sich zum Beispiel folgende Charakterisierung anhören: »Sie kennen nur Transpirationen und Inspirationen! Gott sei Dank fällt das bei Ihnen nicht zusammen, wie bei Richard Wagner!«[23] Brechts Anspielung ist unmißverständlich, und die Nennung des Namens macht sie vollends zu einem Wink mit dem Zaunpfahl. Folgt man diesem Wink, so stößt man zunächst auf den für Nietzsche ungewohnt freundlichen Satz: »Sie ist liebenswürdig, sie *schwitzt* nicht« (II, 905). Gemeint ist aber nicht etwa, wie bei Büchner, ein Frauenzimmer beim Tanzen, sondern die Musik – freilich nicht die Wagnersche, sondern diejenige des Franzosen Bizet, vor allem in dessen Oper *Carmen*. Es geht also, genau besehen, doch um eine Dame, die Nietzsche allerdings eingestandenermaßen[24] bloß darum gelobt hat, weil er Wagner, dem anfangs so Bewunderten, eins auswischen wollte. Das hinderte ihn nicht, die Bayreuther Weiheklänge und Marathonopern – jedenfalls im *Fall Wagner* – auch ausdrücklich als »Schirokko« zu empfinden: als schwülen, ungesunden Anhauch, bei dem – und nun wörtlich – »ein verdrießlicher Schweiß« an ihm ausbreche (vgl. ebd.).

Es sind jedoch nur die Frühfassungen des *Baal,* die sich auf diese musikalischen Schweißausbrüche beziehen. Daher mag es vielleicht überraschen, daß selbst noch in der neusachlichen Bühnenbearbeitung, die von 1926 datiert, der Schatten des Sängers des *Zarathustra* spukt: so namentlich, wenn Baal als das »ständige Problem« seines Lebens »die Erfindung einer bösen Tat« bezeichnet.[25] Selbstredend gab dieses Stichwort Nietzsche, in dessen Nachlaß es lautet: »*In summa:* damit der Mensch vor sich Achtung haben kann, muß er fähig sein, auch böse zu werden« (III, 746) – was sich Baal zu guter Letzt nicht zweimal sagen ließ, wie man weiß. Eine andere Entsprechung aus derselben Fassung liefert seine Sterbeszene, wo einer der Holzfäller grunzt: »Die Welt ist gar nichts. Sie ist eine Art von Einbildung.«[26] Die Nietzscheschen Formeln und Philosopheme, auf die sich dies belesene Rauhbein stützt – etwa von der Welt als »Fiktion« (II, 600) oder als »Resultat einer Menge von Irrtümern und Phantasien« (I, 458) –, sind zu bekannt, als daß ich sie einzeln aufzählen müßte. Ich empfehle statt dessen Baals Formulierung: »Müßiggang ist aller [Religion] Anfang«, die zu den Frühfassungen zurückführt und ebenfalls von Nietzsche stammt, obzwar diesmal auf einigen Umwegen.[27] Und so könnte man fortfahren und die Belege aus sämtlichen Fassungen häufen, sei es bei Nebenfiguren oder eben beim Helden selbst; denn er vor allem ist und hat sich an Nietzsche ›gebildet‹. Baal bleibt bis zuletzt jener Zwitter aus Tier und Übermensch, als der er aus dem Schoß der Inspiration kroch: so »stark« wie »böse« (wie er noch in den *Gesammelten Werken* heißt [1, 18]) und den Lüsten seines Wanstes nicht minder hemmungslos hingegeben als der Lyrik.

Apropos Lyrik! Es versteht sich wohl von selbst, daß sich das ungleiche Paar Brecht/Nietzsche auch darin nicht lumpen läßt. Man nehme Brechts *Choral vom großen Baal.* In ihm wird – vielleicht doch ein wenig schwitzend, wie ich vermute – folgende schöne Strophe gesungen:

> Seid nur nicht so faul und so verweicht
> Denn Genießen ist bei Gott nicht leicht!
> Starke Glieder braucht man und Erfahrung auch:
> Und mitunter stört ein dicker Bauch. (1, 4)

Nietzsche im *Zarathustra* erteilt ganz dieselbe erbauliche Mahnung; er drückt sich bloß etwas feiner aus: »Aber gut essen und trinken, o meine Brüder, ist wahrlich keine eitle Kunst!« Und er setzt mit einer vertrauten Formulierung hinzu: »Zerbrecht, zerbrecht mir die Tafeln der Nimmer-Frohen«! (II, 451) Sowohl von diesen sprichwörtlichen »Tafeln« – oder *Von alten und neuen Tafeln,* um genau zu sein und die volle Kapitelüberschrift zu zitieren – als auch allgemein von Lastern oder (wie man's nimmt) Tugenden, zu denen die »Kunst« des Genießens ja gehört, ist bei Brecht noch wiederholt die Rede, und nicht zuletzt im *Choral vom großen Baal.* Denn was lehrte Nietzsche von den Tugenden? Abermals durch den Mund Zarathustras verkündete er: »Ich liebe den, welcher nicht zu viele Tugenden haben will. Eine Tugend ist mehr als zwei, weil sie mehr Knoten ist, an den sich das Verhängnis hängt« (II, 282). Nicht umsonst trägt diese Weisheit bei Brecht einen Randstrich[28], wird sie doch gleich in die Nachbarstrophe des Chorals übernommen – und mit Schwung auf die Laster angewandt. Daß sie dabei auf ihren Kopf zu stehen kommt, ist zweifellos nur folgerichtig:

> Alle Laster sind zu etwas gut
> Und der Mann auch, sagt Baal, der sie tut.

Laster sind was, weiß man was man will.
Sucht euch zwei aus: Eines ist zu viel! (1, 4)

Wie man demnach, Nietzsche-Zarathustra zufolge, seine Tugenden unbedingt einschränken muß, damit sie die Kraft renaissancehafter *virtù* gewinnen, so soll man nach Brecht-Baal seine Laster tunlichst vermehren, weil sie nämlich erst dadurch in eine ›Tugend‹ umschlagen, der man guten Gewissens frönen kann. Zwei, und zwar möglichst solide und dauerhafte, sind in der Tat das Mindestmaß, um wacker zu sündigen.[29]

Das Wort ›sündigen‹ ist allerdings ironisch zu verstehen. Denn unter solchen Umständen – wiederum stimmen Brecht und Nietzsche völlig überein – hat der Begriff der Sünde jeglichen Sinn verloren. Zugleich freilich (das ist die Kehrseite dieser Dialektik) geht damit der ganze Reiz, gehen die Pikanterie und Subtilität des Sündigens flöten. Brecht hat das selber schmerzlich gespürt und in seinem Gedicht *Was erwartet man noch von mir* (vgl. 8, 101) mit wünschenswerter Klarheit ausgedrückt. Dessen entscheidende Zeile enthält auch bezeichnenderweise die besagten Nietzscheschen »Tafeln«. Geradezu wehmütig erkennt Brecht: »Mit den Gesetzestafeln sind die Laster entzweigegangen«; woran er, enttäuscht und fast beleidigt, den nur scheinbar frivolen Stoßseufzer fügt: »Man schläft schon bei seiner Schwester ohne rechte Freude.« Den gemeinsamen Nenner dafür liefert selbstverständlich die Bibel, der nicht allein Nietzsche – und nirgends mehr als im *Zarathustra* – zutiefst verpflichtet war, sondern auch Brecht. Der hektische ›Antichrist‹ des 19. und der Materialist des 20. Jahrhunderts reichen einander über der Lutherbibel die Hände. So nimmt es nicht wunder, wenn in jenem Gedicht auch die christliche Mythologie, nämlich der gute alte Teufel, noch einmal auftaucht, obschon bis zur Kenntlichkeit säkularisiert. Er, der sich einst auf der Wartburg mit Tintenfässern bewerfen ließ, hole heutzutage, so heißt es nicht ohne Bedauern, »seine besten Leute nicht mehr ab«.

Dieser Text steht bei Brecht nicht isoliert. Auch könnte man an ihn und ähnliche aus dem Frühwerk weitere Betrachtungen knüpfen, so insbesondere über das von Nietzsche prophezeite Phänomen des Nihilismus. Die nihilistischen Aspekte in derartigen Äußerungen sind ja schwerlich zu leugnen. Bis zur Neige hat der junge Brecht das Nichts erfahren, wie dies am schärfsten sein Gedicht *Der Nachgeborene* enthüllt, das bereits durch seinen

Titel aufhorchen läßt und im Schlußvers dann auch den leisesten Zweifel tilgt:

> Ich gestehe es: ich
> Habe keine Hoffnung.
> Die Blinden reden von einem Ausweg. Ich
> Sehe.

> Wenn die Irrtümer verbraucht sind
> Sitzt als letzter Gesellschafter
> Uns das Nichts gegenüber. (8, 99)

Freilich – wie jung war dieser angeblich so junge Brecht damals eigentlich? Müßte man nicht doch einige Bedenken anmelden, was die mit beinah ängstlichem Nachdruck gegebene Versicherung betrifft, es handle sich (so Brecht selbst im Rückblick[30]) um »eines der ältesten Gedichte«? Die salomonische Datierung »nach 1913«, mit der sich manche Herausgeber aus der Schlinge ziehen möchten[31], genügt jedenfalls kaum. Richtig daran dürfte lediglich sein, daß allein der vormarxistische Dichter es war, der »diesem unheimlichsten aller Gäste«, wie Nietzsche den Nihilismus nannte (III, 881), sehenden Auges gegenübersaß. Aber höchst erstaunlich – um es gelinde zu sagen – bleibt dennoch, mit welch müheloser Souveränität die »unregelmäßigen Rhythmen« des reifen Brechtschen Lyrikschaffens, die erst im Exil zur vollen, auch theoretischen (vgl. 19, 395 ff.) Entfaltung gelangten, in einem ›Anfängergedicht‹ gemeistert sind.

Wie dem auch sei: der frühe Spätling, der es verfaßte, dachte nicht im geringsten, trotz des fast identischen ursprünglichen Titels, *An die Nachgeborenen* im Sinne dieser berühmten, allzu verwandt klingenden und vollkommen andersgearteten Elegie, die er als Marxist in den dreißiger Jahren schrieb (vgl. 9, 722 ff.). Er verfiel aber auch keineswegs nihilistischer Verzweiflung. Ganz im Gegenteil, er genoß – wie sich Brecht noch lange erinnerte – die »Kälte«, die »Finsternis« und »seltne Helle«, selbst »das Bittre« solchen Lebens, das ihm bisweilen schlechthin »wunderbar« schien. Das »Nichts« gab ihm Leere, aber erst recht einen »weiten Raum«. Zum Beleg könnte man, neben diesen vieldeutig genug *Einst* (vgl. 10, 933 f.) überschriebenen Versen, noch etliche Aussagen heranziehen, und nicht etwa bloß aus der Lyrik. Brecht hat auf die Erfahrung des Nichts bald mit fatalistischem Achselzucken, manchmal mit Zynismus und nicht selten mit einem jauchzenden Ja geantwortet, das durchaus an Nietzsche gemahnt – allerdings eher, wie mir scheint, an dessen *amor fati* als an Gedanken, die der Analyse des Nihilismus gelten. Denn so häufig der eine, nach eigenem Zeugnis, »Frohsinn« und köstliche »Frische« aus solch »kalter Quelle« (vgl. ebd.) schöpfte, so vereinzelt rang sich der andere zur offenen Proklamation eines »ekstatischen Nihilismus« (III, 444) durch. Brechts Entwicklung berührt sich daher zwar mit den Erfahrungen Nietzsches; aber ob man deshalb behaupten kann, sie verlaufe auch »deutlich« in den von Nietzsche vorausgesagten, ja gleichsam vorausberechneten Bahnen des gesamteuropäischen Nihilismus, darf trotz der Vergleiche, die Schwarz in seinem Buch angestellt hat[32], einigermaßen zweifelhaft heißen. Daß die frühe Lyrik »die von Nietzsche diagnostizierten Symptome dieser kulturellen Krisenerscheinung« einfach bestätige, ist bei aller Vertrautheit des Dichters mit dem Philosophen eine Simplifizierung, die Kritik notwendig herausfordern und sich inzwischen übrigens schon gefallen lassen mußte.[33]

Doch diese Gefahr, übers Ziel hinauszuschießen, droht natürlich jeder vergleichenden Untersuchung. Ich will darum im folgenden eine Reihe von Übereinstimmungen lediglich zu erwägen geben, Übereinstimmungen, die man, einmal aufmerksam geworden, immer wieder entdeckt, die aber für sich genommen keine sehr große Beweiskraft besitzen. Die »zwei alten Tafeln« freilich, die in einem Text von 1947 (vgl. 10, 943 ff.) begegnen, können nach allem, was wir gehört haben, ihre Herkunft von Nietzsche nicht mehr verbergen. Der Doppeltitel dieser Satire – die beiläufig von Shelleys *Mask of Anarchy* inspiriert ist – sagt mit aller Deutlichkeit, was sie bezeichnen: nämlich »Freiheit und Democracy« als depravierte Ideale des Bürgertums, die von einem »anachronistischen Zug« durch das verwüstete, aber nicht verwandelte Nachkriegsdeutschland oder, genauer, dessen westliche Besatzungszonen getragen werden. Zarathustras ›alten‹ Tafeln entsprechen also die Werte der kapitalistischen Welt, seinen ›neuen‹ hingegen, mit unfreiwilliger Ironie, diejenigen der sozialistischen, die jene ablösen soll. Es ist eine Konstellation, die einerseits den ganzen Abstand veranschaulicht, der den späten vom frühen Brecht trennt, aber andererseits das verblüffende Beharrungsvermögen, das gewisse Nietzschesche Formeln hier entwickelt und hartnäckig an den Tag gelegt haben.

Ebenfalls noch recht auffällig wirkt ein Anklang, der sich am Schluß der Marlowe-Bearbeitung *Leben Eduards des Zweiten von England* einstellt. Die Sätze Nietzsches, aus *Also sprach Zarathustra* und *Menschliches, Allzumenschliches,* lauten: »Ich mag eure kalte Gerechtigkeit nicht; und aus dem Auge eurer Richter blickt mir immer der Henker und sein kaltes Eisen« (II, 331). Und: »Niemand ist für seine Taten verantwortlich, niemand für sein Wesen; richten ist soviel als ungerecht sein« (I, 481). Genau dasselbe bringt die Königin Anna in Brechts Drama zum Ausdruck. Sie wendet sich, ehe sie in den Tower abgeführt wird, mit den Worten an ihren Sohn:

Ihr, die Ihr die Entschuldigung habt, daß Ihr
Ein Kind, hineinschaut in so harte
Abgelebte Dinge, was wißt Ihr von der Welt
Auf der Entmenschteres nicht ist als kaltes
Urteil und Gerechtigkeit. (1, 295 f.)

Andere Anklänge fallen vielleicht weniger ins Ohr; doch man achte immerhin bei Nietzsches Diktum: »*Sich überflüssig machen* – das ist der Ruhm aller Großen«, das ebenfalls aus *Menschliches, Allzumenschliches* (I, 869) stammt, auf Äußerungen Brechts wie beispielsweise (auch als Titel [vgl. 9, 561 f.]): »Warum soll mein Name genannt werden?« Zu beachten wäre außerdem, diesmal wieder aus dem *Zarathustra* (vgl. II, 384), die Vorstellung, daß das Meer dem Hungrigen statt »guter Fische« einen »Stein« bietet – ein Motiv, dem Brecht sein gesamtes Prosagedicht *Der Steinfischer* (9, 732) gewidmet hat; zu vergleichen wäre weiterhin die Faszination, die Napoleon (der »große Napoleon«, wie Brecht, »diese Synthesis von *Unmensch* und *Übermensch*«, wie Nietzsche sagte [vgl. 8, 147 bzw. II, 797])[34] auf beide ausgeübt haben muß, wie sie ja überhaupt die pure »Kraft« zuzeiten höher bewerteten als die damit verbundene »Richtung« und »Verwendbarkeit« (vgl. 15, 101) oder sogar »Wahrheit« (vgl. I, 827). Trotzdem rief der Nietzsche der *Götzen-Dämmerung,* das »Ich« sei doch längst zur bloßen »Fabel« geworden (vgl. II, 973); und auch darin pflichtete der junge Brecht ihm bei. »Das kontinuierliche Ich ist eine Mythe«, so variierte er Nietzsches »Wortspiel« (ebd.) gut philologisch. Brecht fuhr fort: »Der Mensch ist ein immerwährend zerfallendes und neu sich bildendes Atom.«[35] Greifen wir dieses naturwissenschaftliche Stichwort auf, so gelangen wir – auf dem obligaten Umweg, der dabei noch einmal über *Menschliches, Allzumenschliches* führt – zum *Leben des Galilei*, wo der kleine Andrea schmollend bemerkt: »Mit Beispielen kann man es immer schaffen, wenn man schlau ist« (3, 1237). »Mit Bildern und Gleichnissen«, hatte auch Nietzsche gewarnt, »überzeugt man, aber beweist nicht«; daher müsse in der Wissenschaft »das kälteste Mißtrauen« gefordert werden: »weil das Mißtrauen der Prüfstein für das Gold der Gewißheit ist« (vgl. I, 933). An dieser Stelle fällt Galilei selber ein, indem er, wenn er nach achtjährigem Schweigen seine Untersuchungen der Sonnenflekken wieder aufnimmt, mit erhobener Stimme doziert: »Und was wir zu finden wünschen, das werden wir, gefunden, mit besonderem Mißtrauen ansehen. Also werden wir an die Beobachtung der Sonne herangehen mit dem unerbittlichen Entschluß, den *Stillstand* der Erde nachzuweisen! Und erst wenn wir gescheitert sind, vollständig und hoffnungslos geschlagen und unsere Wunden leckend, in traurigster Verfassung, werden wir zu fragen anfangen, ob wir nicht doch recht gehabt haben und die Erde sich dreht« (3, 1311)! Obwohl Brecht stets die Naturwissenschaften oder die Wissenschaft von der Gesellschaft meint, Nietzsche dagegen (die Unterscheidung ist wichtig) die sogenannten Geisteswissenschaften, deckt sich ihr wissenschaftliches Ethos völlig . . . solange sie es, heißt das, nicht wie später Galilei willentlich suspendieren.

Was aber wiederum Wagner und die Musiksituation der Gründerjahre betrifft, so schätzte der Dichter sie folgendermaßen ein: »Bismarck hatte das Reich, Wagner das Gesamtkunstwerk gegründet, die beiden Schmiede hatten geschmiedet und verschmolzen, und Paris war von beiden erobert worden. Die unglücklichen Wallstreetbankiers waren von Wagner gezwungen worden, sich mit den konfusen und nichts Gutes verkündenden Angelegenheiten Wotans zu befassen. Der Wink, daß der Retter unter keinen Umständen nach seiner Herkunft befragt werden sollte, fand in diesen Kreisen Verständnis. Für eine Erlösung (ohne Herabsetzung der Eintrittspreise) wurden die höchsten Preise bezahlt« (15, 486). Es erübrigt sich wohl, die Anspielungen auf Nietzsche, die ebenso zahlreich und durchsichtig sind wie diejenigen auf die Wagneropern, umständlich auszubreiten. Sämtliche einschlägigen Schriften, von *Richard Wagner in Bayreuth* (der vierten der *Unzeitgemäßen Betrachtungen*) über den *Fall Wagner* bis zu *Nietzsche contra Wagner*[36], sind hier versammelt. Ergänzend könnte man allenfalls noch auf die *Hochzeit Luthers* verweisen; denn auch dazu, zu diesem von Nietzsche mitgeteilten Wagnerschen Plan, liefert Brecht die Entsprechung. In seinem *Arbeitsjournal*[37] lesen wir klipp und klar: »Es wäre für die Deutschen gesund, ihr erstes Liebeslustspiel (ihr Mandragola) etwa in einem LUTHER-UND-KÄTTER-drama zu bekommen!« Diese Notiz erinnert auch insofern an die Mitteilung Nietzsches, als Brecht einleitend schreibt, es gebe in Deutschland nach wie vor »keinerlei Anzeichen einer verfeinerten Sinnlichkeit«. »Es gibt und gab unter den Deutschen immer viele Verleumder der Sinnlichkeit«, heißt es in *Zur Genealogie der Moral* (vgl. II, 840); und ferner: »Zwischen Keuschheit und Sinnlichkeit gibt es keinen notwendigen Gegensatz« – weshalb Wagner, dessen Lustspiel ebensosehr »ein Lob der Sinnlichkeit« wie »ein Lob der Keuschheit« geworden wäre, gut daran getan hätte, »diese *angenehme* Tatsächlichkeit seinen Deutschen mit Hilfe einer holden und tapferen Luther-Komödie wieder einmal zu Gemüte zu führen«. Zur Begründung erklärt Nietzsche zusätzlich, Luthers Verdienst sei vielleicht »in nichts größer als gerade darin, den Mut zu seiner *Sinnlichkeit* gehabt zu haben« – was sich genauso auf die Notiz Brechts anwenden läßt.

Tun wir einen Schritt weiter in die Sinnlichkeit hinein, so landen wir bei etwas, was man die experimentelle Handhabung der Liebe nennen könnte. Auch sie finden wir nicht erst bei Brecht, sondern – zumindest auf dem Papier – bereits bei Nietzsche. Er allerdings, der *male chauvinist* von Sils-Maria, empfahl seine »Ehen auf Frist« oder »Zeitehen«[38] als »Gegenmittel gegen die Prostitution« oder vollends als »deren Veredelung« (vgl. III, 832), während das Brechtsche Sonett *Über induktive Liebe*, obzwar nicht ohne eine Art lautlicher Komik, für absolute Gleichberechtigung plädiert. Es beginnt mit der Strophe:

> Der große Bacon baute auf Versuche.
> 's wär Zeit, sie in die Liebe einzuführen.
> Vielleicht, wir finden, wenn wir uns berühren:
> Wir liegen gerne unter einem Tuche.

Die Lehre, die Brecht daraus zieht, lautet:

> Nur dürfte weder Wollen noch Verwehren
> Bei dem Versuch das letzte Wort bedeuten.

Denn – und dies ist die Pointe –:

> Gestattete sie, daß er sie begattet
> Ist ihm, sich nicht zu gatten, auch gestattet. (9, 616 f.)

Mir sei gestattet, nicht nur nochmals das Gemeinsame an diesen erotischen ›Versuchen‹ zu unterstreichen, sondern darüber hinaus die Aufmerksamkeit auf Francis Bacon zu lenken. Brecht gab sich nämlich mit einer bloßen Berufung auf ihn keineswegs zufrieden; sein Sonett trägt vielmehr den ausdrücklichen Zueignungsvermerk: »*F. Bacon gewidmet, der die induktive Methode in die Naturwissenschaften einführte.*« Ebendiesen Bacon jedoch (dessen immense Wichtigkeit für Brecht keiner Beweise, wohl aber einer gründlichen Darstellung bedarf)[39] bewunderte und rühmte auch Nietzsche. Obgleich vom rein Literarisch-Philosophischen ausgehend, schrieb er in *Ecce homo* (II, 1089) unzweideutig: »Wir wissen lange nicht genug von Lord Bacon, dem ersten Realisten in jedem großen Sinn des Wortes, um zu wissen, *was* er alles getan, *was* er gewollt, *was* er mit sich erlebt hat . . .« Das soll nicht besagen, daß der Dichter unbedingt durch Nietzsche auf Bacon gestoßen sei. Doch haben Bemerkungen wie diese sein Interesse zweifellos entweder vorbereitet oder verstärkt; und zudem hat *Ecce homo* – das zeigt jeder Blick auf das im Nachlaß befindliche Exemplar – Brecht offenbar besonders intensiv beschäftigt.

Im übrigen verbindet sich im Falle Bacons der Einfluß Nietzsches mit dem von Karl Marx; denn dieser pries bekanntlich den Engländer als den »wahren Stammvater« aller »modernen experimentierenden Wissenschaften«. Aber Nietzsche kommt Marx, *mirabile dictu,* auch sonst zuweilen überraschend nahe. Sogar in dessen ureigenstem Terrain hat sich der als »Stammvater des Faschismus« Verschrieene eingenistet. Oder wer würde darauf verfallen, daß der folgende Satz bei Nietzsche steht? Ausgerechnet die Betrachtung über *Richard Wagner in Bayreuth,* die freilich ebenfalls schon, wie berühmtere Äußerungen, ein »Opiat gegen alles Umwälzende und Erneuernde« anprangert und damit die übliche Philosophie meint, die als »stillende und tröstende Macht« empfundene oder, um den Zusammenhang ganz deutlich zu machen, die gesamte bisherige – ich sage, ausgerechnet diese Schrift, von der man sich alles andere erwartet, enthält das Bekenntnis: »Mir scheint . . . die wichtigste Frage aller Philosophie zu sein, wie weit die Dinge eine unabänderliche Artung und Gestalt haben: um dann, wenn diese Frage beantwortet ist, mit der rücksichtslosesten Tapferkeit auf die *Verbesserung der als veränderlich erkannten Seite der Welt* loszugehen« (I, 379). Man möchte das geradezu als Nietzsches Version der elften Marxschen Feuerbachthese bezeichnen. Man möchte und muß aber vor allem wieder Brecht selber zitieren, den ebenso wißbegierigen wie eigenwilligen Schüler beider *philosophers to end all philosophy:* weil nämlich er genau dieselbe Überzeugung hegte und sie zum Teil sogar in dieselben Worte kleidete:

> Keinen Gedanken verschwendet an
> Das Unänderbare!
> Keinen Handgriff gönnt
> Dem nicht zu Verbessernden!
> Dem, was nicht zu retten ist
> Zeigt keine Träne! Aber
> [...]

Damit eröffnet, vorgeschrittener bereits als Nietzsche und selbstverständlich viel radikaler, Brecht ein politisches Gedicht aus seiner »reimlosen Lyrik mit unregelmäßigen Rhythmen«. Und auf das ›Aber‹, mit dem ich abbrach, da es in der für ihn charakteristischen Weise nicht bloß die Zeilenfuge, sondern zugleich den Gedankensprung markiert, folgen sinngemäß Entschluß und Aufruf: zur Verbesserung des als veränderlich Erkannten, zur Umwälzung, zur Weltveränderung als Weltrevolution (vgl. 8, 390 ff.).[40]

Jedermann weiß natürlich, daß Nietzsches Vorstellung von Weltveränderung ganz anderer Art war, ja daß er sich mit Vorliebe in den wütendsten Ausfällen gegen Revolution und Sozialismus erging. Mir liegt auch nichts ferner, als derlei im mindesten zu bagatellisieren. Indes darf man vielleicht dennoch neben jenes unvermutete, in solcher Umgebung beinah sozialistisch klingende Bekenntnis des asozialen Philosophen ein Bekenntnis des sozialistischen Dichters stellen, das ausgesprochen asozial klingt. Denn auf Anhieb wirkt dieser Asozialismus, so benannt, wohl nicht weniger schockierend, zumal er unlösbar mit den obersten Werten in Brechts Leben und Denken verknüpft ist. Worum es sich handelt, wäre vielfach zu belegen, läßt sich jedoch am besten abermals aus dem *Arbeitsjournal* erläutern. Wenn man, so heißt es dort unterm 11. 6. 1949, »alle Sittlichkeit von der Produktivität ableitet und das Höchste darin sieht, daß die Produktivität der ganzen Menschheit groß entfaltet wird, muß man achtgeben, daß der Bann von der bloßen Existenz, ja vom Widerstand gegen die Verwertung genommen wird«. Brecht verlangt von der vollendeten Gesellschaft, sie müsse »begabt sein, alles zu verwerten«, auch die Verweigerung, müsse »ein solches ›Kapital‹ [wie er in schamhaften Gänsefüßchen schreibt] von schon Produziertem, eine solche Fülle von Angeboten haben, daß die Produktion des Einzelnen gleichsam ein übriges, sozusagen Unerwartetes ist«. Oder anders ausgedrückt: »Ist die Produktivität das Höchste, dann behält der Streik seine Ehre.« Im »ästhetischen Bereich« sei das bereits so: »Der Asoziale erfreut ebenfalls; es wird als genügend angesehen, daß er ›sich produziert‹.«[41] Und der Dichter hat durchaus nicht gezögert, diese Gedanken in Druck zu geben. Ja, er hat sich nicht einmal gescheut, sie auf die eigene Gegenwart zu übertragen, wie sein im selben Jahr erschienenes *Kleines Organon für das Theater* lehrt, dessen § 25, mit dem nunmehr allerdings unumgänglich gewordenen kritischen Zusatz, bestimmt: »Selbst aus dem Asozialen kann die Gesellschaft so Genuß ziehen, wofern es vital und mit Größe auftritt. Da zeigt es oft Verstandeskräfte und mancherlei Fähigkeiten von besonderem Wert, freilich zerstörerisch eingesetzt« (16, 673).

Es sind demnach sowohl utopische als auch ästhetische Momente, die diesen Brechtschen ›Asozialismus‹ konstituieren – den wir nun unsererseits in dicke Anführungsstriche setzen müssen, weil er ganz offenkundig dem Brechtschen Sozialismus nicht etwa widerspricht, sondern ihn ergänzt. Und ebenso deutlich sind Utopie und Ästhetik dabei derart miteinander verbunden, daß diese für jene als utopischer Vorschein eintritt, während umgekehrt jene von dieser den ästhetischen Abglanz bewahrt. Erst in der vollendeten Gesellschaft wird Brechts wahrer ›Asozialismus‹ erreicht, der letztlich auf nichts Geringeres hinausläuft als auf eine sozialistische ἀποκατάστασις πάντων, indem er tatsächlich die Totalität der Menschheit ohne Ausnahme befreit, um nicht zu sagen: erlöst. Die verwirklichte Utopie fällt mit der entfesselten Produktivität und jeder oberste Wert mit diesem »höchsten« zusammen, in dem nicht nur der Gegensatz von Arbeit und Spiel oder, mit Brecht zu reden, von »Unterhalt« und »Unterhaltung« (vgl. 16, 700) endgültig aufgehoben ist, sondern eben auch das Asoziale. Die bloße Existenz – um jene ketzerische

Formel zu wiederholen – soll für den Menschen genügen. In ihr, der als solcher bereits eine ästhetische Dimension eignet, »produziere er sich in der leichtesten Weise«, rät und versichert der Dichter zugleich; denn »die leichteste Weise der Existenz« sei »in der Kunst« (vgl. ebd.). Das ist zwar eigentlich das krönende Schlußwort im *Kleinen Organon für das Theater*, ist an die Zuschauer gerichtet und gilt mithin Brechts Zeitgenossen. Doch wird damit im Grunde nicht auch, frage ich, Brechts sozialistisch-asoziale Utopie besiegelt?

Bei Nietzsche (bei dem sich nämlich selbst hierzu noch etwas Vergleichbares findet) hört sich ein solcher ›Asozialismus‹ weit weniger utopisch und schon gar nicht ästhetisch an. Das eine war fast zu gewärtigen; um so mehr wundert man sich über das andere. Produktivität gleich welcher Art taucht in Nietzsches Zusammenhang nicht im entferntesten auf, viel eher deren äußerste Pervertierung. »Es wäre«, so lesen wir in *Zur Genealogie der Moral*, »ein *Machtbewußtsein* der Gesellschaft nicht undenkbar, bei dem sie sich den vornehmsten Luxus gönnen dürfte, den es für sie gibt – ihren Schädiger *straflos* zu lassen. ›Was gehen mich eigentlich meine Schmarotzer an?‹ dürfte sie dann sprechen. ›Mögen sie leben und gedeihen: dazu bin ich noch stark genug!‹« Die ursprünglich ganz von der Vergeltung beherrschte Gerechtigkeit, setzt Nietzsche verdeutlichend hinzu, »endet damit, durch die Finger zu sehn und den Zahlungsunfähigen [!] laufen zu lassen – sie endet wie jedes gute Ding auf Erden, *sich selbst aufhebend*« (II, 814). Dies ist aber, wie sich sofort erweist, gerade keine egalitäre Aufhebung, sondern – trotz der begrifflichen Übereinstimmung, die zunächst frappieren mag – eine durch und durch elitäre Herablassung. Nicht zufällig wird die Gerechtigkeit, von der Nietzsche spricht, als »Gnade« und diese zu allem Überfluß als »Vorrecht der Mächtigsten« (vgl. ebd.) gekennzeichnet. An solchen und ähnlichen Unterschieden ist bei aller Vergleichbarkeit festzuhalten – auch wenn sich dann herausstellt, daß bei Brecht als einer der prominentesten ›Asozialen‹ der Nietzschejünger Baal erscheint. Das Bestreben des Stückeschreibers, ihn in die Schar jener erlösten Sünder einzureihen, beruht freilich ebensowenig auf Zufall. Aufschlußreich genug heißt es im *Arbeitsjournal*, diesmal unterm 7. 3. 1941: »Der große Irrtum, der mich hinderte, die Lehrstückchen vom BÖSEN BAAL DEM ASOZIALEN herzustellen, bestand in meiner Definition des Sozialismus als einer *großen Ordnung*. Er ist hingegen viel praktischer als *große Produktion* zu definieren. Produktion muß natürlich im weitesten Sinne genommen werden, und der Kampf gilt der Befreiung der Produktivität aller Menschen von allen Fesseln. Die Produkte können sein Brot, Lampen, Hüte, Musikstücke, Schachzüge, Wässerung, Teint, Charakter, Spiele, usw. usw.«[42] Auch Singen oder das Bauen eines Autos und insbesondere die Liebe gehören nach Brecht zu diesen Produkten, die selber wieder – das ist für ihn von entscheidender Bedeutung – produktiv machen[43] und dadurch den Gegensatz zu Nietzsche mit verdoppelter Schärfe vor Augen rücken.

Eine Verbindung ist also zwar gegeben; doch leuchtet ein, daß sie schwerlich als Beeinflussung im üblichen Sinne ausgelegt werden darf. Denn wenn Brecht wirklich (was wir völlig offenlassen müssen) die zitierte Stelle aus *Zur Genealogie der Moral* nicht bloß gekannt, sondern lange Zeit im Gedächtnis behalten hat, so kann es sich nur um eine negative Anregung, eine Provokation handeln. Beziehungen dieser Art sind jedoch von vornherein bestreitbar. Ich sagte zum Beispiel eingangs, in Brechts Auseinandersetzung mit dem Faschismus falle nie der Name Nietzsche. Das schließt untergründige Querverbindungen nicht aus. Eine solche könnte vielleicht vorliegen, wenn der Dichter die nazistische Auffassung von Kunst und Künstlertum schildert. Brecht referiert spöttisch: »Das Handeln des Künstlers erfolgt unbewußt, er gleicht dem Schlafwandler, seine Motive sind ihm selber meist unbekannt, er folgt Eingebungen, und er verlangt nicht, daß man ihn verstehe, sondern daß man sich in ihn einfühle.« Mit einem Wort: »Es ist die berühmte Definition, nach der ein Künstler ein dummer Kerl und doch ein großer Künstler sein kann« (19, 288). Diese Sätze und andere – so vor allem über die Kritikfeindschaft derartiger ›Schöpfernaturen‹ und ihrer Förderer, die von Brecht ebenfalls verhöhnt wird – ließen sich sehr wohl auch als Echo auf Äußerungen Nietzsches lesen, wie sie sich schon in *Menschliches, Allzumenschliches* und noch im Nachlaß der achtziger Jahre finden. Man schlage etwa § 147 im ersten Band der genannten Schrift auf, wo wir nicht nur erfahren, der Künstler werde »von seinem Kunsttrieb überfallen«, sondern wo überhaupt der Künstler als etwas Unreifes, Knaben- oder bestenfalls Jünglingshaftes vorgeführt wird, das sicherlich »nicht in den vordersten Reihen der Aufklärung« begegne (vgl. I, 546). In

Nietzsches Spätjahren lautet derlei sogar: »Es ehrt einen Künstler, der Kritik unfähig zu sein«; welcher nämlich »anfinge, sich zu begreifen, würde sich damit *vergreifen*« (vgl. III, 717).

Daß Nietzsche andererseits, zumindest soweit er Aufklärer war, die Brechtsche Haltung durchaus teilen konnte, soll nicht verschwiegen werden. Es gibt hier keine ganz klaren Fronten. Das gilt ähnlich auch für jenes anspruchsvolle Wort vom ›hohen Geistergespräch‹, das sich einst allgemeiner Beliebtheit erfreute. Es steht in der zweiten der *Unzeitgemäßen Betrachtungen* mit dem Titel *Vom Nutzen und Nachteil der Historie für das Leben*, wo Nietzsche bekanntlich die »Einzelnen« glorifiziert, »die eine Art von Brücke über den wüsten Strom des Werdens bilden«. Sie »setzen nicht etwa einen Prozeß fort, sondern leben *zeitlosgleichzeitig*, dank der Geschichte, die ein solches Zusammenwirken zuläßt, sie leben als die Genialen-Republik, von der einmal Schopenhauer erzählt; ein Riese ruft dem andern durch die öden Zwischenräume der Zeiten zu, und ungestört durch mutwilliges lärmendes Gezwerge, welches unter ihnen wegkriecht, setzt sich das hohe Geistergespräch fort« (I, 270). Ich könnte mir gut denken, daß sich darauf wieder eine Eintragung in Brechts *Arbeitsjournal* bezieht. Und falls diese Vermutung zuträfe, stünde die sarkastische Widerlegung von Nietzsches Wort bzw. Bild außer Frage; denn »genau betrachtet«, notierte der Dichter am 10. 2. 1940[44], nehme man lediglich »einige hochgeschossenen [*sic*] Champions« wahr: »ohne Verbindung untereinander, jeder mit seinen eigenen Kriterien, ein jämmerlicher Partikularismus«. Diese einsam hochgereckten Athleten, die wie hochgeschossene Pilze (Champignons) sind, wären in der Tat ein groteskes Gegenbild. Die Lautkomik, aus der es erwächst, scheint mir dabei keineswegs forciert zu sein: sie ergibt sich vielmehr bei süddeutscher Aussprache ganz von selber. Brecht dürfte dieses Wortspiel jedenfalls mit voller Absicht angewandt haben. Nicht nur die klägliche Isoliertheit derer, die sich im Glauben wiegen, einer esoterischen Gemeinschaft anzugehören, würde so – immer vorausgesetzt, daß unsere Vermutung stimmt – dem Anspruch Nietzsches entgegengehalten; er würde obendrein, gerade weil jenes Nietzsche-Wort unleugbares poetisches Pathos besitzt, erbarmungslos lächerlich gemacht.

Wie aus dem Zusammenhang hervorgeht, meint Brecht allerdings ausschließlich den deutschen Bereich und auch dort bloß den literarischen. Der Dichter, angeregt durch die Lektüre Macaulays und mit neidischem Blick auf die englische Literatur, die »eine wirkliche Geschichte und wirkliche Kontinuität« aufweise, spricht ausdrücklich von einem Partikularismus »der Poesie« in Deutschland, ja stellt summarisch fest: »Die Deutschen haben überhaupt noch keine Literatur.« Da Nietzsche die Deutschen gleichfalls nicht nur zu kritisieren, sondern oft weidlich zu beuteln pflegte, liegt es auf der Hand, daß Brecht sich mit solchen Hieben auf seine Landsleute abermals auf die Seite dessen schlägt, dem er im selben Gedankengang so gründlich am Zeug flickt. Und auch derlei – Übereinstimmung mitten im Widerspruch, Widerspruch trotz aller Übereinstimmung – ist ein für sein Verhältnis zu Nietzsche bezeichnender und ständig wiederkehrender Zug, genauso wie die Verquickung dieses Verhältnisses mit dem zu anderen Gestalten. Besonders Brechts Frühwerk legt davon ein beredtes Zeugnis ab. So schrieb der Dichter zum Beispiel nach der Lektüre von Hebbels Tagebüchern, dieser sei offenbar »eitel darauf, überall da noch einen Sinn zu entdecken, wo die Dümmeren keinen mehr entdecken«. Doch es gebe eben, meinte Brecht lapidar, »nicht viele Dinge, die nun wirklich einen Sinn haben« (vgl. 15, 50). Ergänzend bemerkte er im selben Jahr 1920, die Menschheit versuche eher, den »Unbegreiflichkeiten des Lebens« und »Unüberlegtheiten des Schicksals« einen »Sinn beizulegen«, als daß sie sich bemühte, deren »Unsinn zu entlarven« (vgl. 15, 54). Beide Äußerungen sind ebenso deutlich an Hebbel gerichtet wie von Nietzsche beeinflußt, nur daß sie diesem – anders als dem Sinnhuber aus Wesselburen, wie Brecht damals Hebbel empfand – stillschweigend beipflichten. In solchen Fragen, die dem jungen Tagebuchleser weitgehend als Gretchenfragen galten, hielt er es lieber mit dem Philosophen. Wie hatte doch dessen Urteil gelautet? Wer nicht seinen »Willen« in die Dinge zu legen vermöge, der wolle wenigstens noch einen »Sinn« hineinlegen; und ferner: »Es ist ein Gradmesser von *Willenskraft,* wie weit man des *Sinns* in den Dingen entbehren kann, wie weit man in einer sinnlosen Welt zu leben aushält: *weil man ein kleines Stück von ihr selbst organisiert*« (III, 550).

Natürlich liefert auch das, was wir die ›herrenmenschliche Seite‹ am jungen Brecht genannt haben, für diese Komplexität Belege, obzwar nun wieder auf Nietzsche allein bezogen. Dafür sind die Verknüpfungen verwickelter als je zuvor. Schlechtweg

›bewundert‹ hat Brecht »the strong man« und »Nietzschean hero« ohnehin nie, und schon gar nicht aus flauen Minderwertigkeitsgefühlen heraus, wie uns der Amateurpsychologe Martin Esslin[45] weismachen möchte. Es war vielmehr von Anfang an – man denke an den Einakter *Die Bibel* des erst Fünfzehnjährigen – zugleich mit jenem elitären Hang auch der entgegengesetzte in Brecht lebendig. Ausgerechnet eine Figur aus den Entwürfen zu *Im Dickicht der Städte* gibt darüber Aufschluß, indem sie beziehungsreich gesteht: »Ich will hinunter!« Denn diese frühe Sehnsucht ist nichts anderes als eine nach dem »Glück der Vielen«, wie Nietzsche in *Menschliches, Allzumenschliches* (I, 665) spottet – ein Drang zu denjenigen also, die der Sänger des *Zarathustra*, mit einer vertrauteren Formulierung, als die »Viel-zu-Vielen« (II, 310) beschimpfte, weil er sie gründlich verachtete. Shlink oder Garga – Brecht schreibt bloß »Er« – sagt es unmißverständlich: »Ich habe Lust, mich mit den Vielen zu mischen.«[46] Fehlt diese Lust freilich, werden »all die vielen andern Leute, die vielen guten Leute, alle die vielen anderen und guten Leute« ebenso verhöhnt und verachtet wie bei Nietzsche-Zarathustra, zu dem der Garga des fertigen Stückes (vgl. 1, 147) zurückkehrt: »ganze Haufen sind es schon, und niemand spuckt ihnen in die Suppe, und keiner befördert sie mit einem guten Fußtritt in das gute andere Jenseits.« Es herrschen hier dermaßen mannigfache Zusammenhänge, daß selbst das von Brecht zusätzlich verwendete Bild vom »Regentropfen«, der »ins Meer fällt«, in seinem Kern auf Nietzsche zurückgehen dürfte. Jedenfalls ist die entsprechende Stelle: »Ich liebe alle Die, welche wie schwere Tropfen sind, einzeln fallend aus der dunklen Wolke«[47], im Brechtschen *Zarathustra* markiert.

Aber viel bedeutsamer noch scheint mir eine – sei es diesmal auch unbewußte – Anknüpfung des älteren, zum Marxisten gewordenen Dichters zu sein. Sie betrifft Nietzsches antichristlichen Mitleidsbegriff, der dem jungen Brecht ja ebenfalls nicht ganz fremd gewesen war. In einem bruchstückhaften *Traktat über die Mängel unserer Sprache im Kampf gegen den Faschismus,* wo man das am allerwenigsten vermuten würde, erklärt Brecht zunächst, er sei im Gegensatz zur Mehrzahl seiner heutigen Genossen »sozusagen auf kaltem Wege« zu seiner marxistischen Einstellung gelangt. Er begründet diesen Umstand mit seiner Neigung zu den Naturwissenschaften und deren Argumenten und Experimenten, die ihn begeistern, und schließt daran die nüchterne Bemerkung: »Dem Elend gegenüber reagierte ich als normaler Mensch mit Mitleid, aber wenn man mir sagte: Große Massen Menschen hungern, dann fragte ich mich immerhin: Ist das nicht unvermeidlich? Über unvermeidliche Übel zu jammern, schien mir nicht vernünftig.« Der Marxismus, fährt Brecht fort, habe ihn indes, insbesondere durch »das große russische Beispiel«, belehrt, »daß es etwas Hinderliches, Unpraktisches in der Lebensweise der Völker gäbe, etwas Vermeidliches«. Die Folgerung daraus läßt an Schlüssigkeit nichts zu wünschen übrig: »Gut, dachte ich (ich fasse viele Gedanken plump zusammen), dann kann ich dem Mitleid mein Herz öffnen. Sie verstehen, ich verlangte nach einer Art Rückversicherung, um Mitleid zu bestätigen [sic], ich fürchtete vielleicht, daß Mitleid ohne Aussicht einen Menschen ohne Sinn zerstören könnte« (20, 96). Wir verstehen in der Tat: denn zu den vielen und vielfältigen Gedanken, die hier zusammengefaßt werden, gehört zweifellos die Warnung aus dem *Antichrist* vor den die Kräfte aufzehrenden, den »entnervenden« Wirkungen des Mitleids, vor denen auch der Briefschreiber aus der Erzählung *Der Tiger* seinerzeit gewarnt hatte. Hinzugekommen ist lediglich die Erwägung, diese Wirkungen drohten all denen, die Mitleid ohne Rückversicherung oder Aussicht »betätigen« (wie man doch wohl lesen muß) – nicht jedoch Menschen, Klassen und Völkern, die ändernd einzugreifen und Übel, die vermeidlich sind, zu beseitigen wissen.

Brechts Marxismus, anders ausgedrückt, vermochte Brechts Mitleid in sich aufzuheben und so die ambivalente Haltung der Frühzeit zu überwinden. Das, wozu sich der Dichter beim Anblick des Elends gedrängt fühlte, und das, was er mit Nietzsche daran fürchtete, sind im *Traktat über die Mängel unserer Sprache im Kampf gegen den Faschismus* versöhnt. Oder zumindest erweckt Brechts Erklärung diesen Anschein. Doch der *Traktat* blieb nicht zufällig ein kurzes Bruchstück. Neue Widersprüche taten sich auf, vor allem zwischen der Hilfe für den einzelnen und der Abhilfe für die gesamte Menschheit, auf die ein solches Mitleid ja zielt. Diese Kehrseite der erreichten Versöhnung veranschaulicht am besten wieder das schon früher erwähnte Stück *Die Maßnahme*. Gerade die eigentlichen Marxisten, nämlich die Agitatoren, sind es dort, die im Interesse des proletarischen Klassenkampfes jede Hilfe verweigern und dem jungen Genossen ein-

schärfen, sein Herz trotz, nein wegen seiner marxistischen Überzeugung nicht dem Mitleid zu öffnen; und gerade die Agitatoren
reden dabei die Sprache dessen, den auch die Faschisten auf ihren
Schild erhoben hatten. Bis in den Wortlaut hinein könnte der
folgende Satz (vgl. 2, 640) von Nietzsche stammen: »Verfalle aber
nicht dem Mitleid!« In äußerster, rücksichtsloser Härte wird
diese beschwörende Mahnung, die aus den Erfordernissen der
Revolution erwächst und mithin berechtigt und notwendig ist,
den Zuschauern und Darstellern eingehämmert. Wie sollte sie den
jungen Genossen, der darauf beharrt: »Der Mensch muß dem
Menschen helfen« (2, 634), nicht in ausweglose Widersprüche
stürzen? Zwischen diesem Satz, der Brechts berühmtes Gedicht
An die Nachgeborenen so gut wie wörtlich (vgl. 9, 725) vorwegnimmt, und dem Nietzscheschen und gleichwohl ebenfalls
Brechtschen von der Verderblichkeit desselben Mitleids ist eine
Versöhnung nicht möglich. Auch wenn man das Lehrstück daher
einzig und allein als dialektisches Exerzitium für die Spielenden
auffaßt, erweist sich der zerreißende Zwiespalt, der in ihm klafft
und an dem jener »mutige Kämpfer« (2, 661) schließlich zerbricht, als unaufgelöst und letztlich unauflösbar. Brechts *Maßnahme* zeigt das Schicksal eines Menschen, der ebendeshalb, weil
er als Revolutionär über den rettenden »Sinn« verfügt, vom
Mitleid tragisch zerstört wird.

Doch wenden wir uns nochmals dem Frühwerk zu. Denn der
marxistische Dichter konnte und wollte derlei nicht mehr anerkennen. Er war zwar für diese Widersprüche keineswegs blind,
hat aber unbeirrt daran festgehalten, daß er trotzdem die Lösung
sah:

> Traue nicht deinen Augen
> Traue deinen Ohren nicht
> Du siehst Dunkel
> Vielleicht ist es Licht. (10, 966)

Es durfte für den späteren Brecht nicht länger Tragik oder gar
Ausweglosigkeit geben, während der Dichter im Frühwerk, diesem schier beängstigenden Wildwuchs einer wuchernden Schaffenskraft, solche Fälle noch durchaus in Erwägung gezogen oder
zumindest nicht gänzlich ausgeschlossen hat. Zu bestreiten ist
freilich kaum, daß sich sein Argwohn gegen alles Tragische schon
recht bald und auf massiv materialistischer Basis regte – was nicht

zuletzt auch die folgenden Sätze belegen. Sie sind für unsere Einschätzung Brechts namentlich deswegen so erhellend, weil sie ebensosehr die ganze Widersprüchlichkeit seiner Beziehungen zu Nietzsche wie deren ganze Verflochtenheit mit seinem Verhältnis zu anderen Autoren sichtbar werden lassen. Jene doppelte Komplexität erscheint hier in geradezu klassischer Reinheit; und es lohnt sich darum, Brechts Notiz ungekürzt zu zitieren.

Der Dichter hat sie 1920 niedergeschrieben, fast zur selben Zeit wie seine Bemerkungen zu Hebbel. Eine Überschrift ist nicht vorhanden; ihre Funktion erfüllt der Einleitungssatz:

> Versuchen, einen neuen Charakter für die Mission des Posa im *Don Carlos* zu erfinden! Etwa einen unheilbaren Magister; breit, bucklig, schwerfällig, mit bleichem, gedunsenem Gesicht, der vor dem Spiegel steht und, wie eine Spinne Fäden, idealistische Gebilde aus seiner Brust hervorzieht. Voll tiefer Verachtung für die Menschen, nicht ohne Diplomatie, feig im Physischen, kühn im Geistigen, schwerfällig, aber in längerer Rede entzündbar, mit einer Neigung zu schönen Worten und Paradoxen, verführerisch für die Jugend, etwas unmännlich und mit wunden Stellen (auch zwischen den Beinen eine solche!). Objektivierte große Empfindungen, die nicht eigene sind, Posen, die er nie selbst ausführen könnte infolge der Unzulänglichkeit seiner Gliedmaßen (da die Herrschaft sich leider nicht bis auf die Extremitäten durchgesetzt hat ... Die Extremitäten machen den Erfolg, Liebe!). Deshalb auch hat er ein philosophisches System zur Verfügung, das ihm gestattet, seine Schüler zu verachten, und Schüler sind für ihn alle jene, die das tun, was er je gedacht hat oder je hätte denken können! (15, 52)

Zählt man die Gestalten nach, deren Umrisse sich in diesem Vexierbild abzeichnen, so findet man außer einem völlig verzerrten Schillerschen Posa nicht etwa bloß Nietzsche sowie, durch ihn hindurchschimmernd, Immanuel Kant, sondern andeutungsweise sogar den unseligen Läuffer aus Lenz' bzw. Brechts *Hofmeister* von 1952. Die wichtigsten Anspielungen dürften dabei wohl diejenigen sein, die auf dessen Landsmann aus Königsberg zielen; denn Brechts neuer Marquis von Posa, der zum Magister gewordene, ist unverkennbar nach Entwürfen, die Nietzsche von Kant gegeben hat, modelliert. Daß der »bucklig« oder verkrüppelt sei, wußte nämlich bereits die *Götzen-Dämmerung*, die ihn »jenen verwachsensten Begriffs-Krüppel« nennt, der je existiert habe (vgl. II, 988); das »bleiche, gedunsene Gesicht« rührt ebenfalls von einem offenkundigen »Stubenhocken *à la* Kant« her, wie es zum Beispiel der Nachlaß der achtziger Jahre tadelt (vgl. III, 733); und was vollends das ungewöhnliche Bild von der Spinne und ihren idealistischen Fäden betrifft, so erscheint Kant im *Antichrist* ja wortwörtlich als »dies Verhängnis von Spinne« (II, 1172). Wie Brecht dann umgekehrt das Kant-Porträt, das er Nietzsche verdankt, mit einer kritischen Skizze von Nietzsche selber übermalt, brauche ich nicht im einzelnen zu verfolgen; ich erwähne lediglich die Neigung zu funkelnden Paradoxen, die – zumal der Jugend gefährliche – Faszination und Verführungskraft oder schließlich die bewußte »unheilbare« Stelle: die Wunde »zwischen den Beinen.« Über dieselbe prekäre »Stelle« ist Brechts Zwitterwesen aus Kant und Nietzsche, dieser synthetische *philosophus teutonicus,* auch mit dem deutschen Hof- und Schulmeister verwandt, der das »ABC der Teutschen Misere« (6, 2333) lehrt und sich übrigens nicht mehr bloß, wie im 18. Jahrhundert, schlicht entmannen darf, sondern zu solchem Behufe erst eigens vor einen Spiegel treten muß, um sich prüfend zu beschauen – nicht anders als sein komplizierter Ahnherr von 1920. Der Läuffer der Brechtschen *Hofmeister*-Bearbeitung – die gesamte Szene fehlt bei Lenz – sagt eindeutig: »Du willst Menschlein erziehen nach deinem Ebenbild? Beschau dich im Spiegel der Fensterscheibe und schaudere.« Es ist freilich nur ein tragikomischer Schauder, den Läuffer, wenn er sich selbst das Messer an sein widerspenstiges Geschlecht setzt, beim Publikum weckt; und ganz und gar ins Lächerliche schlägt derlei um, wenn sein Mentor Wenzeslaus, nach vollzogenem Kastrationsakt, in die begeisterten Worte ausbricht: »Da ist er ja ein zweiter Origines! Laß dich umarmen, junger Mann, teures, auserwähltes Rüstzeug! Das ist die Bahn, auf der Ihr eine Leuchte der Schulwelt, ein Stern erster Größe der Pädagogik werden könnt« (vgl. 6, 2381 f.).

Dagegen weht ein gänzlich anderer, ein kosmischer Schauder aus Sätzen, wie sie der späte Nietzsche schrieb und an Brecht weitergab. In *Zur Genealogie der Moral* heißt es vom modernen Menschen: »Ach, der Glaube an seine Würde, Einzigkeit, Unersetzlichkeit in der Rangabfolge der Wesen ist dahin – er ist *Tier* geworden, Tier, ohne Gleichnis, Abzug und Vorbehalt, er, der in seinem früheren Glauben beinahe Gott (›Kind Gottes‹, ›Gottmensch‹) war ... Seit Kopernikus scheint der Mensch auf eine schiefe Ebene geraten – er rollt immer schneller nunmehr aus dem Mittelpunkte weg – wohin? ins Nichts?« (Der sogenannte *Wille zur Macht* bekräftigt lakonisch: »Seit Kopernikus rollt der Mensch aus dem Zentrum ins Nichts« [II, 893 bzw. III, 882].) Bei Brecht lautet eine Notiz, die im Rahmen einer Betrachtung über Christentum und Kirche begegnet: »Die Entdeckung des Kopernikus, die den Menschen dem Vieh näher bringt, indem sie ihn von den Gestirnen entfernt, die dem Menschen befiehlt, mit seinem Globus die Sonne zu umkreisen und die ihn aus dem Mittelpunkt in die Statisterie schmeißt, war zunächst niedergeknallt, dann für richtig und völlig unwichtig erklärt [worden]« (20, 12).[48] Nicht, wie man irrtümlich gemeint hat, John B. Watson und dessen Behaviorismus bilden die Quelle dieser Aufzeichnung vom 31. 8. 1920, sondern selbstverständlich die zitierten Sätze Nietzsches. Auch zeigt sich bei genauerer Untersuchung abermals das verblüffende Beharrungsvermögen solcher Eindrücke über Jahrzehnte hinweg, das uns soeben wieder am *Hofmeister* auffiel. Denn beide Vorstellungen, die Brechts Notiz mit Nietzsche verbinden, dazu das Stichwort selbst, um das sie sich gruppieren, erscheinen teils stärker, teils schwächer in Werken des Dichters, die zwar zumeist sehr früh geschrieben oder veröffentlicht wurden, in einem Fall jedoch – und er ist bei weitem der aufschlußreichste – noch aus den dreißiger, vierziger und sogar fünfziger Jahren stammen. Bald allein, bald in wechselnder Verknüpfung tauchen so der Name Kopernikus, die aus dem Mittelpunkt an den Rand, ja ins Nichts geschleuderte Erde und Menschheit und die daraus folgende Tierhaftigkeit des Menschen bei Brecht auf, und zwar in Gedichten wie in Stücken.

Aber nicht nur an verschiedenen Orten und mit verschiedener Intensität, auch auf die verschiedenste Weise hat sich im Schaffen Brechts die durch Nietzsche bewirkte Erschütterung fortgepflanzt. In dem Gedicht *Von den großen Männern* klingt sie zum Beispiel rein sachlich:

> Der große Kopernikus ging nicht schlafen
> Er hatte ein Fernrohr in der Hand
> Und rechnete aus: die Erde drehe sich um die Sonne
> Und glaubte nun, daß er den Himmel verstand. (8, 147)

Ganz ähnlich, doch ausgesprochen schnoddrig äußert sich in *Mann ist Mann* (vgl. 1, 340) der Soldat Jesse der Witwe Begbick gegenüber: »Was sagt Kopernikus? Was dreht sich? Die Erde dreht sich. Die Erde, also der Mensch. Nach Kopernikus. Also daß der Mensch nicht in der Mitte steht.« Jesse weiß auch sofort die entsprechende Folgerung zu ziehen. »Jetzt schauen Sie sich das einmal an«, erklärt er triumphierend. »Das soll in der Mitte stehen? Historisch ist das. Der Mensch ist gar nichts!« Dieselbe Grundvorstellung, bloß ohne Nennung des Namens, meldet sich in dem Stück *Im Dickicht der Städte*, wo Garga von »Dummheiten« redet »auf einem Planeten, der nicht in der Mitte ist« (vgl. 1, 189); oder es heißt in Brechts *Erstem Psalm*:

7. Wir fahren mit großer Geschwindigkeit auf ein Gestirn in der Milchstraße zu. (8, 241)

Nicht umsonst wurde dieses Gedicht später in die *Hauspostille* aufgenommen, in der auch die andere der beiden Vorstellungen, die von der Tierhaftigkeit, eine beherrschende Rolle spielt. Das »Schlußkapitel« mit der Überschrift *Gegen Verführung,* in das nach Brecht (vgl. 8, 171) jede Lektüre der *Hauspostille* münden soll, verkündet den Menschen mit geradezu biblischem[49] Ernst:

Ihr sterbt mit allen Tieren
Und es kommt nichts nachher. (8, 260)

Gleich daneben freilich, in dem nicht weniger bekenntnishaften »Anhang« mit dem Titel *Vom armen B. B.,* bemerkt Brecht in alter Schnoddrigkeit von den »Leuten«, sie seien »ganz besonders riechende Tiere«. Doch: »Es macht nichts, ich bin es auch« (vgl. 8, 261).

Die aufschlußreichste dieser Entsprechungen fällt indes in die Zeit der dreißiger bis fünfziger Jahre. Sie beschränkt sich auch keineswegs auf einen einzigen oder gar punktuellen Beleg, sondern betrifft ein Brechtsches Werk, das Stück *Leben des Galilei,* in seiner Gesamtheit. Nicht mehr nur jene zwei Kerngedanken um das Stichwort ›Kopernikus‹ gewinnen in ihm Bedeutung, sondern vor allem ihr Zusammenhang, in den ja *Zur Genealogie der Moral* ebenso gehört wie Brechts Notiz von 1920: nämlich die Entwicklung des Christentums und insbesondere der Kirche ... weshalb es sich empfiehlt, hierzu ergänzend Nietzsches ›Fluch‹ *Der Antichrist,* ebenfalls in seiner Gesamtheit, zu vergleichen. Schon der junge Brecht faßte den Konflikt zwischen Kirche und Wissenschaft (und einiges mehr) formelhaft zusammen, als er in seiner Aufzeichnung schrieb, die kopernikanische »Entdeckung« werde »zunächst niedergeknallt«, um dann für »richtig und völlig unwichtig« erklärt zu werden – während umgekehrt fast das gesamte Drama des reifen Dichters, von der ersten Szene an, im Zeichen des Kopernikus oder, wie der kleine Andrea sagt, »Kippernikus« (3, 1235) abläuft. Ich brauche diesen Ablauf nicht zu schildern; es genügt, Gespräche Galileis wie diejenigen mit Andrea oder Sagredo (vgl. 3, 1231 ff. u. 1249 ff.) nachzulesen, insbesondere aber seine ausführliche Unterredung mit dem kleinen Mönch (vgl. 3, 1293 ff.). Noch beweiskräftiger ist allerdings die Szene im Collegium Romanum, das 1616 Galileis astronomische »Entdeckungen« (wie Brecht schreibt [vgl. 3, 1278]) bestätigte; denn in ihr sagt ein uralter Kardinal wörtlich: »Dieser Herr Galilei versetzt den Menschen aus dem Mittelpunkt des Weltalls irgendwohin an den Rand. Er ist folglich deutlich ein Feind des Menschengeschlechts! Als solcher muß er behandelt werden« (3, 1281). Das ist ganz im Sinne des hageren Mönchs, der sich kurz zuvor (vgl. 3, 1280 f.) »fanatisch« auf Jos. 10,12 berufen und von Galilei und seinesgleichen herausfordernd erklärt hatte: »Die Heimat des Menschengeschlechts setzen sie einem Wandelstern gleich. Mensch, Tier, Pflanze und Erdreich verpacken sie auf einen Karren und treiben ihn im Kreis durch einen leeren Himmel. Erde und Himmel gibt es nicht mehr nach diesen. Die Erde nicht, weil sie ein Gestirn des Himmels ist, und den Himmel nicht, weil er aus Erden besteht. Da ist kein Unterschied mehr zwischen Oben und Unten, zwischen dem Ewigen und dem Vergänglichen. Daß wir vergehen, das wissen wir. Daß auch der Himmel vergeht, das sagen sie uns jetzt. Sonne, Mond und Sterne und wir leben auf der Erde, hat es geheißen und steht es geschrieben; aber jetzt ist auch die Erde ein Stern nach diesen da. Es gibt nur Sterne! Wir werden den Tag erleben, wo sie sagen: Es gibt auch nicht Mensch und Tier, der Mensch selber ist ein Tier, es gibt nur Tiere!«

Enger könnten die Übereinstimmungen wohl schwerlich sein. Brecht hat für ihre Vollständigkeit Sorge getragen, hat sich auch die theatralischen Möglichkeiten, die sie boten, nicht entgehen lassen. Immer mehr (vgl. 3, 1281 f.) steigert sich der gebrechliche Kardinal, der jenen Eiferer ablöst, in seine Erregung hinein: »Der Mensch ist die Krone der Schöpfung, das weiß jedes Kind, Gottes höchstes und geliebtestes Geschöpf. Wie könnte er es, ein solches Wunderwerk, eine solche Anstrengung, auf ein kleines, abseitiges und immerfort weglaufendes Gestirnlein setzen? Würde er so wohin seinen Sohn schicken?« Der Greis vergißt sein Alter und

seine Schwäche zuletzt dermaßen, daß er »stolz auf und ab zu
schreiten« beginnt und den ihn stützenden Mönch zurückstößt.
»Ich bin nicht irgendein Wesen auf irgendeinem Gestirnchen, das
für kurze Zeit irgendwo kreist«, stößt er hervor. »Ich gehe auf
einer festen Erde, in sicherem Schritt, sie ruht, sie ist der Mittelpunkt des Alls, ich bin im Mittelpunkt, und das Auge des
Schöpfers ruht auf mir und auf mir allein. Um mich kreisen,
fixiert an acht kristallene Schalen, die Fixsterne und die gewaltige
Sonne, die geschaffen ist, meine Umgebung zu beleuchten. Und
auch mich, damit Gott mich sieht. So kommt sichtbar und
unwiderleglich alles an auf mich, den Menschen, die Anstrengung
Gottes, das Geschöpf in der Mitte, das Ebenbild Gottes, unver-
gänglich und . . .« Doch wie zu erwarten, erfolgt auf solch massive Steigerung ein ebenso massiver Umschlag. Der Kardinal, laut
Szenenanweisung, »sinkt zusammen«.

Weder dieser schon beinahe billig anmutende Bühneneffekt
noch die anderen Entsprechungen, die ich bisher nannte, sind
aber das eigentlich Erhellende an Brechts Drama. Was den Ausschlag gibt, ist vielmehr die konsequente Umkehrung, die der
Dichter an beiden einst von Nietzsche entlehnten Grundvorstellungen vorgenommen hat. Programmatisch singt bereits der Kna-
benchor, der die erste Szene und somit das Stück insgesamt
eröffnet:

> Galileo Galilei rechnete aus:
> Die Sonn steht still, die Erd kommt von der Stell. (3, 1231)

Dieser Gegenentwurf ist radikal. Kein ›kosmischer Schauder‹
atmet mehr aus der kopernikanischen Erkenntnis, sondern ein
kosmisches Glücksgefühl. Galileis Hymne auf die »neue Zeit«
(vgl. 3, 1232 ff.) tilgt daran auch den leisesten Zweifel. Zweitau-
send Jahre hindurch habe die Menschheit geglaubt, unbeweglich
in ihrem ptolemäischen Gehäuse zu sitzen. »Aber jetzt fahren wir
heraus, Andrea, in großer Fahrt.« Alles bewege sich nun, die Erde
wie die Gestirne:

> Es hat immer geheißen, die Gestirne sind an einem kristallenen
> Gewölbe angeheftet, daß sie nicht herunterfallen können. Jetzt haben
> wir Mut gefaßt und lassen sie im Freien schweben, ohne Halt, und sie
> sind in großer Fahrt, gleich unseren Schiffen, ohne Halt und in großer
> Fahrt.
> Und die Erde rollt fröhlich um die Sonne, und die Fischweiber,

Kaufleute, Fürsten und die Kardinäle und sogar der Papst rollen mit ihr.

Das Weltall aber hat über Nacht seinen Mittelpunkt verloren, und am Morgen hatte es deren unzählige. So daß jetzt jeder als Mittelpunkt angesehen wird und keiner. Denn da ist viel Platz plötzlich.

Deswegen jedoch – auch daran läßt Brecht keinen Zweifel – fällt der Mensch nicht etwa in dumpfe Tierhaftigkeit zurück. Eher befreit er sich aus ihr nun endgültig. Der reiche Ludovico erzählt Galilei zwar von seinen Bauern: »Sie sind wirkliche Tiere, Sie können sich das kaum vorstellen. Auf das Gerücht, daß auf einem Apfelbaum eine Birne gesehen wurde, laufen sie von der Feldarbeit weg, um darüber zu schwatzen.« Galilei hebt interessiert den Kopf: »Ja?« Und Ludovico versichert noch einmal: »Tiere« (vgl. 3, 1309). Aber so handeln eben gerade nicht Tiere, sondern Menschen, denkende Wesen.[50] Der Gegenentwurf, wenn auch viel weniger programmatisch, ist hier nicht minder radikal.

Freilich bildet das *Leben des Galilei* eine gewisse Ausnahme. Abstand und Abhängigkeit zugleich (die man auch am Motiv der großen Gestirnfahrt, als Katastrophe oder Emanzipation des Universums, erläutern könnte) treten nicht überall mit solcher Klarheit zutage, wo sich der Bogen über Jahrzehnte spannt. Man nehme beispielsweise das *Lied vom Rauch* aus dem *Guten Menschen von Sezuan*, das Brecht, wie er im *Arbeitsjournal* mitteilt[51], zusammen »mit Grete [Steffin]« am 26. 1. 1941 abschloß. Der Ursprung dieses Songs – genauer: des einprägsamen Bildes im Refrain – ist ebenso offenkundig wie seine unveränderte Nähe zu einer Vorstufe in Brechts Frühwerk, dem *Gesang aus der Opiumhöhle*. Beide gingen hervor aus Nietzsches bekanntem Gedicht *Vereinsamt*, dessen vierte Strophe lautet:

Nun stehst du bleich,
Zur Winter-Wanderschaft verflucht,
Dem Rauche gleich,
Der stets nach kältern Himmeln sucht.[52]

Bei Brecht lauten die drei Refrainzeilen in ihrer älteren und jüngeren Fassung:

Rauch den schwarzen Rauch
Der in kältre Himmel geht. Ach, sieh ihm
Nach: so gehst du auch. (8, 90 f.)

Und:

> Sieh den grauen Rauch
> Der in immer kältre Kälten geht: so
> Gehst du auch. (4, 1507 f.)

Man bemerkt, wie sich einerseits aus Nietzsches »kältern Himmeln«, die in den zwanziger Jahren zunächst noch beibehalten werden, die »kältren Kälten« der Version von 1941 entwickeln, wie aber andererseits dieselbe Version durch ihre Einfügung des »immer«, das dem Nietzscheschen »stets« entspricht, auch wieder stärker an die Vorlage anknüpft. Am wichtigsten dürfte jedoch sein, daß die Grundstimmung einer absoluten Teilnahmslosigkeit oder »nihilistischen Selbstaufgabe«[53], die sich in jenem Bild verdichtet und die ohnehin – das lehrt jeder Blick auf die Texte – für beide Brecht-Gedichte gilt, davon völlig unberührt bleibt. (Was die Farbe des Rauches anbelangt, so hat sie natürlich, zumindest in unserem Zusammenhang, erst recht nichts zu besagen.) Ein wirklicher Abstand zwischen diesen Gedichten, trotz ihrer zeitlichen Distanz, fehlt.

Daß das *Lied vom Rauch* dennoch, innerhalb des Parabelstücks vom *Guten Menschen von Sezuan,* in besonderem Maße als ›Rollen‹-Gedicht zu werten ist, weit mehr als der auf »Mädchen«, »Mann« und »Greis« aufgeteilte *Gesang aus der Opiumhöhle,* muß nicht eigens betont werden, sowenig wie der unüberhörbare Anklang an Goethes »Ruhest du auch«, der sich beidemal in der Schlußzeile einstellt. Brecht hat ja *Wandrers Nachtlied,* wie man weiß, auch in der *Hauspostille* (vgl. 8, 181 ff.) verwendet – dort allerdings zu schonungsloser Parodie. Solch komplexe Abhängigkeitsverhältnisse sind nichts Neues. Allenfalls könnte man noch darauf hinweisen, daß das Motiv des Rauches auch anderswo in Brechts Werken erscheint: insbesondere in der *Ballade vom Weib und dem Soldaten,* die als gleichnamiges »Lied« in *Mutter Courage und ihre Kinder* Eingang gefunden hat (vgl. 8, 239 f. bzw. 4, 1367), oder in Gedichten wie *Epistel* (8, 106 f.) und *An Chronos* (8, 269 f.). Der zuletzt genannte Titel verrät bereits, daß dabei ebenfalls manche Querverbindung zu bedenken wäre, wie sich überhaupt die Anregungen bei derlei Motiven häufig kreuzen. Dafür wäre umgekehrt bei einem Chor aus dem Stück *Die Mutter* zu fragen, ob hier nicht nochmals Nietzsches *Vereinsamt* Pate gestanden habe. Es würde sich nun nicht mehr um die vierte

Strophe, sondern um die noch bekanntere sechste oder auch – der Unterschied ist geringfügig – um die erste handeln. Ich zitiere jene, die Schlußstrophe des Gedichts:

> Die Krähen schrein
> Und ziehen schwirren Flugs zur Stadt:
> – bald wird es schnein,
> Weh dem, der keine Heimat hat!

Brechts Bild von der »Krähe« im »winterlichen Schneesturm« (vgl. 2, 826) könnte durchaus, angesichts der Vertrautheit des Dichters mit Nietzsches Versen, von dieser berühmten Strophe angeregt sein.

Andere Spuren, die der Einfluß Nietzsches in der Brechtschen Lyrik hinterlassen hat, sind von vornherein entweder aufs frühe oder aufs späte Schaffen beschränkt. Das beste Beispiel liefert vielleicht das *Lied der müden Empörer,* das sowohl durch seinen Nebentitel *Philosophisches Tanzlied* als auch durch die Wahl seiner Motive auf Nietzsche deutet. Brecht hat es, wie sich Münsterer[54] erinnert, häufig »zur Gitarre gesungen«, wobei freilich zu beachten ist, daß in der entscheidenden Strophe »das Wort Grazie als Grazih gesprochen und auf dem i betont werden muß«:

> Wir tanzten nie mit mehr Grazie
> Als über Gräber noch.
> Gott pfeift die schönste Melodie
> Stets auf dem letzten Loch. (8, 34)

Bis in den Jux ihrer Wortverdrehung hinein erweisen sich diese Verse als eine Frucht der überschäumenden Augsburger Jugendjahre. Sie enthüllen sich aber ebenso unverkennbar als ein Erzeugnis dessen, der »Suren« im *Zarathustra*-Ton zu verfassen pflegte und ein Exemplar jenes Nietzscheschen Werkes besaß, in dem das gesamte *Trunkene Lied* markiert ist.[55] Denn darauf, und zwar auf den fünften Abschnitt (vgl. II, 554), weist beredt genug das Nebeneinander von »tanzen« und »Gräbern«, so wie selbstredend die Betitelung *Philosophisches Tanzlied,* die wohl die ursprüngliche war, auf Zarathustras *Tanzlied* und *Anderes Tanzlied* (vgl. II, 364 ff. u. 470 ff.) und vermutlich sogar auf die Gedichte der *Fröhlichen Wissenschaft* weist, wo ja *An den Mistral* (vgl. II, 272 ff.) dieselbe Bezeichnung trägt. Schwarz[56] hat diese Zusammenhänge, jedenfalls im wesentlichen, untersucht und dabei

Brechts Strophe nicht nur als »Ausdruck einer vitalen Bejahung sinnlicher Lebensfreude« interpretiert, sondern gleichzeitig als »provokative Geste eines Sich-Hinwegsetzens über die konventionelle Gottesvorstellung« – womit er in der Tat ein weiteres Zentralmotiv beim Namen nennt. Es ist Nietzsches Parole vom ›Tod Gottes‹, wie sie gerade *Also sprach Zarathustra* und *Die fröhliche Wissenschaft* am lautesten erschallen lassen. Auch dieser Ruf findet in der Lyrik des jungen Brecht, etwa im *Lied der Galgenvögel* oder in der *Legende von der Dirne Evlyn Roe* (vgl. 8, 35 f. u. 18 ff.), seinen Widerhall; und auch auf ihn – die Belegstellen bei Nietzsche sind zahlreich (vgl. II, 126 ff., 205 f., 348 u. ö.) – antwortet eine jener auffälligen Markierungen, obzwar diesmal auf reichlich ungewöhnliche Art. Die betreffende Stelle lautet: »Als Zarathustra aber allein war, sprach er also zu seinem Herzen: ›Sollte es denn möglich sein! Dieser alte Heilige hat in seinem Walde noch nichts davon gehört, daß *Gott tot* ist!‹«[57]

Es dürfte, gemessen am *Philosophischen Tanzlied,* schwerfallen, im späteren Lyrikwerk des Dichters ähnlich überzeugende Beispiele aufzuspüren. Seit Ende der zwanziger Jahre läßt in diesem Bereich der Einfluß Nietzsches nach. Doch kennen wir immerhin noch aus der Zeit um 1938 ein Gedicht, das nicht bloß zu den ganz wenigen direkten, sondern zweifellos zu den bedeutsamsten Zeugnissen gehört, über die wir verfügen. Bereits durch seinen Titel *Über Nietzsches ›Zarathustra‹* (9, 613) ist dieses fragmentarische Sonett bemerkenswert. Denn wo gäbe es sonst bei Brecht eine derart ungenierte Nennung des Philosophen, zusammen mit dessen Hauptwerk? Um wirklich etwas zu finden, was dem auch nur einigermaßen die Waage hält, muß man schon zu den theoretischen Schriften greifen und den Aufsatz *Vergnügungstheater oder Lehrtheater?* aufschlagen, wo Nietzsches berüchtigte Schiller-Invektive vom »Moral-Trompeter von Säckingen« (vgl. II, 991) aufs Korn genommen und bündig widerlegt wird. »Nach Friedrich Schiller«, so heißt es dort, »soll das Theater eine moralische Anstalt sein. Als Schiller diese Forderung aufstellte, kam es ihm kaum in den Sinn, daß er dadurch, daß er von der Bühne herab moralisierte, das Publikum aus dem Theater treiben könnte. Zu seiner Zeit hatte das Publikum nichts gegen das Moralisieren einzuwenden. Erst später beschimpfte ihn Friedrich Nietzsche als den Moraltrompeter von Säckingen. Nietzsche schien die Beschäftigung mit Moral eine trübselige Angelegenheit, Schiller erblickte darin eine durchaus vergnügliche. Er kannte nichts, was amüsanter und befriedigender sein konnte, als Ideale zu propagieren. Das Bürgertum ging daran, die Ideen der Nation zu konstituieren. Sein Haus einrichten, seinen eigenen Hut loben, seine Rechnungen präsentieren ist etwas sehr Vergnügliches. Dagegen ist vom Verfall seines Hauses reden, seinen alten Hut verkaufen müssen, seine Rechnungen bezahlen wirklich eine trübselige Angelegenheit, und so sah Friedrich Nietzsche ein Jahrhundert später die Sache. Er war schlecht zu sprechen auf Moral und also auch auf den ersten Friedrich« (15, 270 f.). Zu vermuten ist übrigens, daß sich diese Sätze zugleich auf Nietzsches Frühschrift *Die Geburt der Tragödie aus dem Geiste der Musik* beziehen, wo ausdrücklich festgestellt wird, »daß zum Beispiel die Tendenz, das Theater als Veranstaltung zur moralischen Volksbildung zu verwenden, die zu Schillers Zeit ernsthaft genommen wurde, bereits unter die unglaubwürdigen Antiquitäten einer überwundenen Bildung gerechnet wird« (I, 123). Der historische Aspekt, aus dem Brecht den Philosophen kritisiert, kommt hier vielleicht noch deutlicher zum Vorschein als in der *Götzen-Dämmerung,* aus der jene boshaft-lakonische Formel »*Schiller:* oder der Moral-Trompeter von Säckingen« stammt.

Das Sonett *Über Nietzsches ›Zarathustra‹* und der Aufsatz *Vergnügungstheater oder Lehrtheater?* sind hier vor allem deshalb wichtig, weil sie – zwar nicht unvorbereitet, aber doch ganz unabhängig – noch in die endenden dreißiger Jahre fallen und weil sie ferner, mit ihrer offenen Nennung von Autor und Werk, auch als besonders eindrucksvolle Bezugnahmen gelten dürfen. Damit ist freilich nicht gesagt, daß andere Bezugnahmen, bei denen es an solchen Nennungen mangelt, notwendig minder beweiskräftig seien. Manche von ihnen, so möchte ich meinen, sind im Gegenteil nicht weniger unwiderleglich als ein mit peinlichster Akribie gekennzeichnetes und nachgewiesenes Zitat. Auch bei den Beziehungen Brechts zu Nietzsche gehen, wie in den meisten derartigen Fällen, mittelbare und unmittelbare auf breiter Strecke ineinander über: sie lassen sich nun einmal nicht reinlich scheiden. Immer wieder konnten wir ja aus dem Bereich des Mutmaßens und der vielen möglichen Zusammenhänge zurücklenken zu den zahlenmäßig begrenzten, jedoch nach wie vor nicht erschöpften direkten Übereinstimmungen und unbestreitbaren Abhängigkeiten. Mögen jene, als Einzelbelege, mitunter auch unsicher oder selbst gesucht wirken, so stützen sie sich gleichwohl wechselseitig und erhärten dadurch den Gesamtbefund; wohingegen diese jeweils aus sich heraus, ob nun mit oder ohne Namens- und Titelnennung, überzeugen. Daß dabei ebenfalls beträchtliche Unterschiede begegnen, wird gerade im Vergleich mit Brechts Notizen von 1920 klar, die sich mithin in mehrfacher Hinsicht als ergiebig erweisen. Man halte nur etwa den frappierenden »neuen Charakter ... des Posa«, dessen Beeinflussung durch Nietzsche außer Zweifel steht, und die genauso zweifelsfrei von ihm beeinflußten kopernikanischen Reflexionen neben jene Äußerung, die wir soeben in *Vergnügungstheater oder Lehrtheater?* fanden. Hier, isoliert und von vornherein zeitlich viel später, eine grundsätzliche Stellungnahme, ein Urteil, eine Bestimmung des historischen Ortes; dort, im Anschluß an frühe Leseerfahrungen, teils ein spontanes Porträt, das die verschiedenartigsten Züge vereint und sich bloß noch ein einziges Mal höchst mittelbar spiegelt, teils aber wiederholte und unmittelbare Spiegelungen ganz verschiedener Art, die einen einzigen Eindruck rasch aufnehmen und auseinanderlegen, um ihn erst nach Jahren aufs neue zusammenzufügen, ja zum Gemälde auszugestalten.

Es wäre natürlich ein leichtes, weitere solche Spielarten der Rezeption und Auseinandersetzung anzugeben. Sie treten allenthalben zutage, nicht zuletzt in jenen aphoristischen Entsprechungen, die sich – ich erinnere an die gleich anfangs zitierte – in der Regel in den *Geschichten vom Herrn Keuner* niedergeschlagen haben. Und auch sie liegen, von Brecht her betrachtet, ziemlich spät. Aufschlußreich ist namentlich diejenige mit der Überschrift *Herr K. und die Lyrik.* Ihr Vorbild liefert § 193 im ersten Band von *Menschliches, Allzumenschliches*:

> *Drakonisches Gesetz gegen Schriftsteller.* – Man sollte einen Schriftsteller als einen Missetäter ansehen, der nur in den seltensten Fällen Freisprechung oder Begnadigung verdient: das wäre ein Mittel gegen das Überhandnehmen der Bücher. (I, 564)

Dieser ironische Vorschlag, der freilich für Nietzsches Stil fast schon tierisch ernst klingt, wird von Brecht nicht bloß reizvoll inszeniert, sondern zudem humoristisch konkretisiert – und zwar nach einem Verfahren, das nun ausgerechnet Nietzsches hier fehlende Komik ausnutzt, die ja vor allem eine Wortkomik ist. Man überzeuge sich:

> Nach der Lektüre eines Gedichtbandes sagte Herr K.: ›Die Kandidaten für öffentliche Ämter durften in Rom, wenn sie auf dem Forum auftraten, keine Gewänder mit Taschen tragen, damit sie keine Bestechungsgelder nehmen konnten. So sollten die Lyriker keine Ärmel tragen, damit sie keine Verse aus ihnen schütteln können.‹ (12, 397)

Nicht inhaltlich nur, auch formal ist demnach Brechts Geschichte *en miniature* mit der Aphoristik des Philosophen verknüpft – ja, selbst die Widersprüche, die sich dabei melden, sind symptomatisch. Noch verwickelter wird diese doppelte Bindung in der kleinen Keunergeschichte *Wenn Herr K. einen Menschen liebte,* die bereits unvermerkt über Nietzsche hinausführt:

> ›Was tun Sie‹, wurde Herr K. gefragt, ›wenn Sie einen Menschen lieben?‹ ›Ich mache einen Entwurf von ihm‹, sagte Herr K., ›und sorge, daß er ihm ähnlich wird.‹ ›Wer? Der Entwurf?‹ ›Nein‹, sagte Herr K., ›der Mensch.‹ (12, 386)

Was den entsprechenden Aphorismus Nietzsches betrifft, so steht er wiederum, diesmal als § 353, im ersten Band von *Menschliches, Allzumenschliches.* Doch bezeichnenderweise ist er nicht von der Liebe angeregt, sondern *Tyrannei des Porträts* überschrieben. »Künstler und Staatsmänner«, so lautet er, »die schnell aus einzelnen Zügen das ganze Bild eines Menschen oder Ereignisses kombinieren, sind am meisten dadurch ungerecht, daß sie hinterdrein verlangen, das Ereignis oder der Mensch müsse wirklich so sein, wie sie es malten; sie verlangen geradezu, daß einer so begabt, so verschlagen, so ungerecht sei, wie er in ihrer Vorstellung lebt« (I, 636). Brechts Berührung mit Nietzsche beschränkt sich in diesem Falle keineswegs darauf, eine aphoristische Einsicht zu teilen und zusätzlich auf witzige Art in Szene zu setzen; der Dichter kehrt vielmehr, auch darin Nietzsche verwandt, den ursprünglichen Gedanken überraschend um, wobei er ihn einerseits wirkungsvoll pointiert und andererseits, weit übers Sprachliche hinaus, dialektisch verschärft und fortführt.[58]

Daß deshalb einfachere Entsprechungen nicht ausgeschlossen sind, beweist zur Abwechslung der zweite Band von *Menschliches, Allzumenschliches,* wo Nietzsche (vgl. I, 826) die Frage aufwirft, ob es »eigentlich *nötig*« sei, »daß es einen Gott, nebst einem stellvertretenden Sündenlamme, wirklich *gibt,* wenn schon der *Glaube* an das *Dasein* dieser Wesen« ausreiche, »um die gleichen Wirkungen hervorzubringen«. Bei Brecht wird *Die Frage, ob es einen Gott gibt* (so der Titel der betreffenden Keunergeschichte [vgl. 12, 380]) in der Tat auf genau dieselbe Weise beantwortet, wie er ja auch den »Niedergang des Glaubens an den christlichen Gott« bzw. den Zerfall der Gottesvorstellung überhaupt und den gleichzeitigen »Sieg des wissenschaftlichen Atheismus« als denselben ursächlichen Zusammenhang begreift wie Nietzsche (vgl. II, 227). Im ›Radiolehrstück‹ *Der Ozeanflug* erklärt der im Kollektiv erscheinende Flieger unzweideutig, er sei in diesem Sinne »ein wirklicher Atheist«; und er setzt begründend hinzu, mit den düster-großartigsten Versen des gesamten Werkes:

> Zehntausend Jahre lang entstand
> Wo die Wasser dunkel wurden am Himmel
> Zwischen Licht und Dämmerung unhinderbar
> Gott. Und ebenso
> Über den Gebirgen, woher das Eis kam
> Sichteten die Unwissenden
> Unbelehrbar Gott, und ebenso
> In den Wüsten kam er im Sandsturm
> In den Städten wurde er erzeugt von der Unordnung
> Der Menschenklassen, weil es zweierlei Menschen gibt
> Ausbeutung und Unkenntnis, aber
> Die Revolution liquidiert ihn. Aber
> Baut Straßen durch das Gebirge, dann verschwindet er
> Flüsse vertreiben ihn aus der Wüste. Das Licht
> Zeigt Leere und
> Verscheucht ihn sofort. (2, 576)

Nicht zufällig trägt diese Szene die Überschrift *Ideologie*. Brechts *Flug der Lindberghs* (wie das Stück 1928/29 zunächst hieß) und Nietzsches aufklärerische Schrift *Die fröhliche Wissenschaft*, der ich jenes Wort vom »wissenschaftlichen Atheismus« entnommen habe, stimmen in ihrer Religionskritik völlig überein, auch wenn der Dichter von Gott schlechthin spricht und sich wohlweislich hütet, der Folgerung des Philosophen Raum zu geben, wonach es »die christliche Moralität selbst« gewesen sei, die paradoxerweise hier den Sieg errungen habe. Davon, daß der »Begriff der Wahrhaftigkeit, die Beichtväter-Feinheit des christlichen Gewissens, übersetzt und sublimiert zum wissenschaftlichen Gewissen, zur intellektuellen Sauberkeit um jeden Preis«

(vgl. II, 227 f.), die Aufklärung befördert oder gar hervorgerufen haben könnte, will der Aufklärer Brecht nichts hören. Seine Wissenschaftlichkeit – das erweist sich an dieser Stelle abermals – ist ebenso entschieden eine natur- und gesellschaftswissenschaftliche, wie diejenige Nietzsches, bei all ihrer Modernität, eine geisteswissenschaftliche ist.

Trotzdem sind selbst im Wissenschaftsbegriff der beiden die Übereinstimmungen, so zwischen *Vom Nutzen und Nachteil der Historie für das Leben* und den Brechtschen *Fünf Schwierigkeiten beim Schreiben der Wahrheit,* ganz erstaunlich. Wer, wenn nicht Brecht, sollte so eindringlich darauf pochen, daß es »sehr viele gleichgültige Wahrheiten« gibt wie zum Beispiel die, »daß Stühle Sitzflächen haben und der Regen von oben nach unten fällt«? Niemand anders war es doch, sollte man meinen, der darum »die ›reine, folgenlose‹ Erkenntnis oder, deutlicher, die Wahrheit, bei der nichts herauskommt«, ein für allemal verdammte. Aber was Brecht zu diesen Sätzen beigesteuert hat, ist lediglich (vgl. 18, 225) das anschauliche Bild vom Regen und von den Stühlen; alles übrige stammt von Nietzsche, der solche Einsichten Wort für Wort schon in seiner Schrift über den *Nutzen und Nachteil der Historie* (vgl. I, 245) formulierte. Und wie bei jenen *Fünf Schwierigkeiten* und deren Erwägung, »*welche* Wahrheit zu sagen sich lohnt« (18, 224), so treffen sich Brecht und Nietzsche noch bei anderen wissenschaftstheoretischen und wissenssoziologischen Überlegungen. Denn wirkt nicht die These, daß von Forschern oder Gelehrten vielfach bloß »*gewisse* ›Wahrheiten‹« gesucht und gefunden werden, und zwar »aus Untertänigkeit gegen gewisse herrschende Personen, Kasten, Meinungen, Kirchen, Regierungen«, weswegen es, im Hinblick auf Beruf und Broterwerb, einerseits »ersprießliche« Wahrheiten gebe, »denen viele dienen«, und andererseits »unersprießliche« – ich frage, wirkt nicht diese These, als sei sie geradewegs aus Brechts *Tui-Roman* oder seinem Stück *Turandot oder der Kongreß der Weißwäscher* übernommen? Ja, läßt sich derlei nicht sogar als beste und prägnanteste Zusammenfassung der Brechtschen Grundvorstellung vom »Tui« (»nach den Anfangsbuchstaben von Tellekt-Uell-In« [5, 2203]) lesen, der Vorstellung vom Intellektuellen also, dessen Kopf seine Ware ist, mit der er auf den Strich, will sagen auf den Markt geht? Man braucht eigentlich nur statt von »Kasten« von »Klassen« zu sprechen. Zu versichern, daß jene Sätze ebenfalls wieder aus der

Feder Nietzsches stammen, ist daher beinah überflüssig. Auch sie finden sich wörtlich in den *Unzeitgemäßen Betrachtungen*. Diejenige, um die es sich handelt, ist allerdings nicht mehr *Vom Nutzen und Nachteil der Historie für das Leben*, sondern die dritte aus der Reihe dieser Frühschriften, *Schopenhauer als Erzieher*. In ihr werden, genau wie von Brecht im *Tui-Roman* und in *Turandot* oder anderswo, der Gelehrtenstand und die Schicht der Intellektuellen angeprangert: weil sie auch für Nietzsche bereits fast ohne Ausnahme den herrschenden Wahrheiten, welche die Wahrheiten der Herrschenden sind, als schlimme »Kopflanger« (vgl. 12, 3*) dienen und sich so verkaufen, wenn nicht prostituieren.

Daß dabei den Philosophen besonderes Augenmerk geschenkt wird, nimmt schwerlich wunder. Wer immer es ertrage, erläutert Nietzsche, »Philosoph von Staats wegen zu sein«, der müsse es auch ertragen, vom Staat »so angesehen zu werden, als ob er darauf verzichtet habe, der Wahrheit in alle Schlupfwinkel nachzugehen«. Denn: »Mindestens solange er begünstigt und angestellt ist, muß er über der Wahrheit noch etwas Höheres anerkennen, den Staat. Und nicht bloß den Staat, sondern alles zugleich, was der Staat zu seinem Wohle heischt: zum Beispiel eine bestimmte Form der Religion, der gesellschaftlichen Ordnung, der Heeresverfassung – allen solchen Dingen steht ein *Noli me tangere* angeschrieben« (I, 354). Oder wie dieselbe Schrift an späterer Stelle dieses Verhältnis kennzeichnet: »Dem Staat ist es nie an der Wahrheit gelegen, sondern immer nur an der ihm nützlichen Wahrheit, noch genauer gesagt, überhaupt an allem ihm Nützlichen, sei dies nun Wahrheit, Halbwahrheit oder Irrtum. Ein Bündnis von Staat und Philosophie hat also nur dann einen Sinn, wenn die Philosophie versprechen kann, dem Staat unbedingt nützlich zu sein, das heißt den Staatsnutzen höher zu stellen als die Wahrheit« (I, 360 f.). Es wäre freilich, fährt Nietzsche hier unmittelbar fort, »für den Staat etwas Herrliches, auch die Wahrheit in seinem Dienst und Solde zu haben; nur weiß er selbst recht wohl, daß es zu ihrem *Wesen* gehört, nie Dienste zu tun, nie Sold zu nehmen. Somit hat er in dem, was er hat, nur die falsche ›Wahrheit‹, eine Person mit einer Larve; und diese kann ihm nun leider auch nicht leisten, was er von der echten Wahrheit so sehr begehrt: seine eigne Gültig- und Heiligsprechung. Wenn ein mittelalterlicher Fürst vom Papste gekrönt werden wollte, aber es von ihm nicht erlangen konnte, so ernannte er wohl einen Gegenpapst, der ihm dann diesen Dienst erwies. Das mochte bis zu einem gewissen Grade angehen; aber es geht nicht an, wenn der moderne Staat eine Gegenphilosophie ernennt, von der er legitimiert werden will: denn er hat nach wie vor die Philosophie gegen sich, und zwar jetzt mehr als vorher. Ich glaube allen Ernstes, es ist ihm nützlicher, sich gar nicht mit ihr zu befassen, gar nichts von ihr zu begehren und sie, so lange es möglich ist, als etwas Gleichgültiges gehen zu lassen. Bleibt es nicht bei dieser Gleichgültigkeit, wird sie gegen ihn gefährlich und angreifend, so mag er sie verfolgen« (I, 361).

Die Verlockung ist groß, diese Erweiterung des ähnlichen Ansatzes, mit ihren unvermuteten Sprüngen und Haken und selbstverständlich nun auch Widersprüchen zu Brecht, im einzelnen zu vergleichen. Man könnte etwa den Begriff der repressiven Toleranz ins Feld führen, wovon man sich anno 1874 offenbar noch nichts träumen ließ, oder umgekehrt fragen, wie es denn mit der Wahrheit oder mit Philosophie und Gegenphilosophie in einem Staatswesen von jener Beschaffenheit bestellt sei, für deren Verwirklichung der marxistische Dichter kämpfte und arbeitete. Kein Zweifel, daß vieles, was ins Zentrum seines wie auch des Nietzscheschen Denkens reicht, bei einem solchen Vergleich zur Sprache käme. Doch wir wollen uns, wie bisher stets, bloß an die Gemeinsamkeiten und Entsprechungen halten, die ohnehin zahlreich genug sind. Darin nämlich, daß die beiden den Tuismus gründlich durchschauen, stimmen sie durchaus überein – mit dem einzigen Unterschied, daß Brecht auch dieses Mal die unübertreffliche Veranschaulichung dessen liefert, was der Philosoph diskursiv darlegt oder allenfalls zu schildern versucht. Weder mit lateinischen Zitaten noch mit gelehrtem Wissen aus dem Mittelalter wartet Brecht auf; er nimmt vielmehr eine volkstümliche Redensart und setzt sie dermaßen wirkungsvoll und im konkretesten Sinne ›zugkräftig‹ in szenische Aktion um, daß ich es mir nicht versagen kann, diesen Text in seiner Gänze wiederzugeben. Er ist Teil des *Turandot*-Dramas und spielt dort in der sogenannten »Tuischule«; die Redensart, die er verbildlicht, ist keine andere als die vom ›Brotkorb, der einem höher gehängt wird‹. Eine einleitende Bühnenanweisung lautet: »Shih Meh, ein junger Mensch, kommt mit Nu Shan, der Lehrer hier ist, und besteigt eine kleine Rednerkanzel. Nu Shan stellt sich an die Wand und bedient eine Strickvorrichtung, vermittels welcher ein Brotkorb vor den Augen des Redners auf- und abgezogen werden kann.« Daraus entwickelt sich sodann (vgl. 5, 2212 f.) folgende Prüfung:

NU SHAN Das Thema heißt: ›Warum hat Kai Ho unrecht?‹ Immer wenn ich den Brotkorb höher ziehe, weißt du, daß du etwas Falsches sagst. Los!

SHI MEH Kai Ho hat unrecht, weil er die Menschen nicht in kluge und weniger kluge, sondern in reiche und arme einteilt. Aus dem Tuiverband wurde er ausgeschlossen, weil er die Kahnschlepper, Kätner und Spinner aufforderte, sich gegen die Gewalt aufzulehnen, die – *der Korb hebt sich* – angeblich – *der Korb schwankt* – gegen sie ausgeübt wird. Damit forderte er sie eindeutig zur Anwendung von Gewalt auf! *Der Korb senkt sich.* Der Kai Ho spricht von Freiheit. *Der Korb schwankt.* Aber in Wirklichkeit will er die Kahnschlepper, Kätner, Spinner zu seinen Sklaven machen. *Der Korb senkt sich.* Es wird gesagt, daß die Kahnschlepper, Kätner, Spinner nicht genug verdienen – *der Korb hebt sich* –, um ihre Familien –, um mit ihren Familien in Luxus und Überfluß leben zu können – *der Korb bleibt stehen* –, und daß sie zu hart arbeiten müssen – *der Korb hebt sich weiter* –, denn sie wollen ihr Leben in Trägheit verbringen – *der Korb bleibt stehen* –, was ja natürlich ist. *Der Korb schwankt.* Diese Unzufriedenheit vieler Leute – *der Korb hebt sich* –, einiger Leute – *der Korb bleibt stehen* – beutet der Kai Ho aus und ist also ein Ausbeuter! *Der Korb senkt sich schnell.* Herr Kai Ho verteilt in Ho Nang den Boden an die armen Pächter. Aber da er den Boden dazu erst stehlen muß, ist er also ein Dieb. Nach der Philosophie des Kai Ho – *der Korb schwankt wieder* – besteht der Sinn des Lebens darin, glücklich zu sein, zu essen und zu trinken wie der Kaiser selber – *der Korb schießt hoch* –, aber dies zeigt nur, daß der Kai Ho überhaupt kein Philosoph ist, sondern ein Schwätzer – *der Korb senkt sich* –, ein Hetzer, ein machtgieriger Lump, ein gewissenloser Spieler, ein Schmutzaufwirbler, ein Mutterschänder, ein Ungläubiger, ein Räuber, kurz ein Verbrecher. *Der Korb schwebt dicht vor dem Munde des Redners.* Ein Tyrann!

NU SHAN Wie du siehst, machst du noch Fehler, aber es steckt ein guter Kern in dir. Nimm jetzt eine Dusche und laß dich massieren.

Anschaulicher und ätzender, als es in dieser Szene geschieht, dürfte das anstrengende Gewerbe des Kopflangens kaum vor Augen zu führen sein.

Doch nicht allein Philosophen und Gelehrte sind Tuis oder können es werden, sondern die Intellektuellen jeglicher Observanz. Es fallen daher namentlich auch die Künstler unter diese Kategorie. Auf den Prachtalleen der Filmmetropole, so berichten Brechts *Hollywood-Elegien* ausdrücklich,

> Gehen die Musiker auf den Strich, zwei und zwei
> Mit den Schreibern. Bach
> Hat ein Strichquartett im Täschchen. Dante schwenkt
> Den dürren Hintern. (10, 850)

Aber weitaus bekannter sind die Verse, die der Dichter einfach *Hollywood* betitelt hat und in denen er aus der Stadt der »Traumfabriken« (vgl. 10, 849) vieldeutig meldet:

> Jeden Morgen, mein Brot zu verdienen
> Gehe ich auf den Markt, wo Lügen gekauft werden.
> Hoffnungsvoll
> Reihe ich mich ein zwischen die Verkäufer. (10, 848)

Nicht einmal sich selbst wagte Brecht, wie aus diesen Zeilen hervorgeht, von der Situation des Verkäufers seines Intellekts auszunehmen und damit in der »Zeit der Märkte und Waren« (vgl. 12, 3*) vom Stigma des ›ersprießlichen‹ Tuismus, den Nietzsche beschrieben hatte, zu lösen, so wie er andererseits schon Sokrates zwar ohne Namensnennung, jedoch unverkennbar[59] zur Sippschaft der Tuis rechnete.

Die subtilste Form des Tuismus scheint freilich diejenige zu sein, die Freud entdeckt und begründet oder, besser gesagt, aufgedeckt und ebendadurch als Schule etabliert hat. Oder sollte man sie eher die sublimierteste heißen, weil sie zugleich bewußt und unbewußt verfährt? Auch geht es ihr schließlich nicht nur um den schnöden Brotkorb, der bei Brecht so sichtbar vor dem Munde des Tui baumelt, sondern um Lust und Leistung und das Leben in der Kultur insgesamt. Doch sowenig den einzelnen Staatswesen, Nietzsche zufolge, an der Wahrheit gelegen ist, sowenig kümmert diese den Kulturprozeß als Ganzes. Beide wollen immer bloß, was ihnen nützt. Es gehört ja wahrhaftig keine Kühnheit mehr dazu, die Geschichte aller Kultur als einen riesigen Verdrängungsvorgang aufzufassen. Ich meine indes, man brauche auch nicht übermäßig boshaft zu sein, um die psychoanalytische Praxis, so wie sie heutzutage geübt wird, als ein gigantisches Tui-Unternehmen zu betrachten. Wenn die Psychoanalyse, nach jenem gängigen Witzwort von Kraus, genau die Krankheit ist, deren Heilung sie sein möchte, so kann man sie ebensogut als einen Tuismus entlarven, der die Kritik am Tuismus zum Gegenstand und mithin zum einträglichsten Geschäft macht. Der Analytiker wäre dann lediglich ein reflektierter Tui, der aus dem unreflektierten Tui, wie er in jedem Menschen sein Wesen treibt, mit dem besten Gewissen von der Welt Profit zieht und dabei zusätzlich die Untertänigkeit gegenüber der bestehenden Gesellschaftsordnung festigt. (Womit sich der Brechtsche Brotkorb wohl endgültig gesenkt hätte.)

Ich berufe mich nicht ohne Absicht wieder auf Brecht. Denn er, nach Kalifornien verschlagen, ist mit der Praxis der Psychoanalyse noch viel schonungsloser ins Gericht gegangen. Sie rangierte für ihn neben, ja noch unterhalb der Astrologie, in die er, wenn Psychoanalytiker auf Parties auftauchten, hastig auszuweichen versuchte, ohne ihnen allerdings entrinnen zu können. Das *Arbeitsjournal* klagt ironisch: »Und aus dem Glauben an die Astrologie wird sogleich ein Mutterkomplex – der Glaube an Hitler ist auch nur so was; dann ist da Narzißmus darin, daß man die Gestirne mit sich beschäftigt usw. usw.«[60] Vollends als Satire erscheint diese Ironie in den *Briefen an einen erwachsenen Amerikaner*, deren einer denselben »zwei Wissenschaften«, wie Brecht spöttelt, gewidmet ist. In ihm (vgl. 20, 300 ff.) zieht der Dichter nun wirklich vom Leder. Das »nationale Ideal«, so beginnt er, d. h. »die große Planlosigkeit, welche erzeugt wird durch die mannigfachen und heftigen Pläne vieler einzelner, die einander im Dunkeln lassen, wirft die Bevölkerung in eine beispiellose Unsicherheit. Zwei Fakultäten, die Astrologie und die Psychoanalyse, nehmen sich der Nation da an. Beide operieren, da es hier verlangt wird, auf wissenschaftlicher Grundlage, die erstere übrigens mehr, die letztere weniger.« Im Anschluß an diese feine Differenzierung verbreitet sich Brecht zunächst über die Astrologen sowie die Summen, die sie von ihren Patienten, nach deren Geldbeutel »abgestuft«, einzustreichen pflegen; danach läßt er sich darüber aus, daß beispielsweise Stalin bloß auf seine Nieren aufpassen müsse und daß auch Roosevelt, astrologisch gesehen, ein »vorteilhaftes Jahr« 1946 vor sich hätte, »wenn er nicht gestorben wäre«. Zur Abrundung und Überleitung fügt er hinzu: »Mitunter tauschen die Leute die Führung durch den Astrologen mit der Führung des Psychoanalytikers, oder umgekehrt; es ist jedoch selten, daß ein und derselbe Patient beide Erwerbszweige patronisiert. Es ist dies nicht nur der Kosten wegen, es ist auch, weil man nicht gut zwei Führern folgen kann. Beide sind recht absolutistisch und legen ihren Gefolgschaften Aufgaben auf, die sie voll ausfüllen. Es gibt da keinen Achtstundentag.«

Der Rest des Briefes gilt dann nahezu ganz der Psychoanalyse. Sie, als die unwissenschaftlichere Fakultät, ist für den Dichter die wahre tuistische Pseudowissenschaft unter diesen zwei Erwerbszweigen. Angeblich haben die Analytiker, bemerkt Brecht, »mehr sex appeal als die Astrologen«. Doch: »Damit ist natürlich nicht gemeint, daß sie ihren Klientinnen und Klienten physisch zur Verfügung stehen; das Verhältnis zu ihnen ist wie das zu hübschen Eunuchen ein geistiges. Was sie zu verkaufen haben, ist Verständnis. Man vergleicht sie gewöhnlich mit den Beichtigern der Kirche, ich glaube aber, daß das Vergnügen, sexuelle Regungen zur Sprache zu bringen, im Beichtstuhl tiefer ist als auf dem Sofa des Analytikers, da sich da größere Gegensätze berühren. Freilich verschafft die Psychoanalyse ein anderes Vergnügen, nämlich das, möglichst viel Geld für die eigene Person auszugeben. Die Psychoanalytiker sehen bekanntlich eine starke Heilkraft im Zahlen – der Patient nimmt sie ernst, weil er zahlt; sehr ernst, weil er sehr viel zahlt. Zum Beispiel finden die höchstbezahlten Sklaven der Nation, die Film-Schreiber, Produzenten, Schauspieler, in der Psychoanalyse etwas, was sie ernst nehmen können; sie sollen, ob man es glaubt oder nicht, wenn sie von der Arbeit zu ihren Schwimmbassins heimkehren, ein Gefühl der Leere empfinden. Wenn oberflächliche Naturen, wie zum Beispiel der Verfasser, über die Psychoanalyse lachen (das heißt über ihre Kunden), so wissen sie nur nicht, wie es mit ihnen selber steht. In einer Gesellschaft wurde der Verfasser höhnisch gefragt, warum er, seiner Meinung nach, das Bedürfnis empfinde, eine hochgeschlossene Jacke zu tragen (und, wenn irgend zulässig, keine Krawatte); nach Ansicht der Gesellschaft war er mehr als reif für die Psychoanalyse.« Offensichtlich denkt Brecht dabei an den Doppelsinn von »Gesellschaft« als *party* und als *society*; denn er fährt, aufs Ökonomische übergehend, fort: »Eine Trumpfkarte der Psychoanalytiker ist, daß die ärmere Bevölkerung ebenfalls eine riesige Anzahl von Neurotikern aufweist. Allerdings verschwinden die Neurosen, höre ich, wenn der Patient eine Anstellung bekommt: Der Psychoanalytiker wird arbeitslos, wenn der Patient Arbeit bekommt. Für den Armen ist das ein fast unlösbares Problem. Wenn er nicht verdient, braucht er Psychoanalyse, kann sie aber nicht erschwingen. Wenn er verdient und sie erschwingen kann, braucht er sie nicht mehr. Eine Art Lösung wäre es, wenn er, solange er Arbeit hat, in eine Kasse einzahlte, aus der er, wenn er arbeitslos wird, eine Behandlung finanziert bekäme. Und daß er immer einmal wieder arbeitslos werden wird, kann ihm jeder Astrologe bestätigen, es steht in seinen Sternen.«

Natürlich bewirken diese selben metaphorischen Sterne, daß »die Ideen der Herrschenden« beinah »unumschränkt herrschen«, wie es schon im ersten der insgesamt drei *Briefe an einen erwachsenen Amerikaner* (vgl. 20, 295) heißt: »Nichtübereinzustimmen wird gemeinhin als bloßes Nichtkennen des allgemein Gebilligten angesehen, als ein gefährliches Unvermögen, sich anzupassen.« Die Anpassung stelle deshalb, ergänzt der Dichter, »ein eigenes Lehrfach« dar: der »Intelligentere« leiste darin mehr, der »Widerstrebende« sei »ein Problem der Ärzte und Psychologen« – lies: der Psychoanalytiker. Denn es liegt auf der Hand, daß auch damit vor allem sie gemeint sind. Brecht war sich sämtlicher Implikationen der psychoanalytischen Praxis bewußt.

Um aber zu Freud zurückzukehren und den theoretischen Aspekt seiner Lehre ins Auge zu fassen, so liegt wohl nicht weniger klar zutage, wie außerordentlich eng ihr Zusammenhang mit Nietzsche ist. Ein Mann wie Gottfried Benn ging sogar so weit, die »ganze Psychoanalyse« – im Sinne einer ernsthaften Wissenschaft – als dessen »Tat« zu bezeichnen.[61] Das mag übertrieben sein; unbestreitbar ist jedenfalls, daß selbst der Begriff der Sublimierung nicht erst bei Freud, sondern schon bei Nietzsche (vgl. I, 1149) begegnet. Daß aus umgekehrter Sicht Freud, wenn irgend jemand, jener »philosophische Arzt im ausnahmsweisen Sinne des Wortes« (II, 12) gewesen wäre, den Nietzsche prophezeit hatte, darf man zumindest vermuten. Wer sonst könnte beanspruchen, das »Problem der Gesamt-Gesundheit von Volk, Zeit, Rasse, Menschheit« auch nur annähernd so gründlich behandelt zu haben, wie es in der *Fröhlichen Wissenschaft* (vgl. ebd.) erwartet wird? Solche Verbindungen wurden gerade von einem Verehrer Freuds wie Arnold Zweig anerkannt – während Freud selber sie, sonderbar genug, verleugnen zu müssen glaubte. »Meine Kenntnisse über Nietzsche überschätzen Sie sehr«, schrieb er im Sommer 1934 an Zweig; ähnlich abweisend, dazu eigentümlich vage, erklärte er in einem früheren Brief aus demselben Jahr, Nietzsche habe ihm in seiner Jugend »eine mir unzugängliche Vornehmheit« bedeutet. Doch der Umstand, daß sich Freud in so auffälliger Weise dagegen verwahrte, in eine »Beziehung« zu dem Philosophen gebracht zu werden, ändert an deren Vorhandensein nicht das geringste. Eher fast, scheint mir, wird diese »Beziehung« dadurch noch gestützt.[62]

Desto überraschender muß – nach allem, was wir zuletzt gehört haben – ein ausführliches, sorgsam belegtes und durchaus bejahendes Zitat aus Freud wirken, das sich in Brechts *Anmerkungen zur Oper ›Aufstieg und Fall der Stadt Mahagonny‹* (erstmals 1930) findet. Man wird indes, hoffe ich, auch beobachtet haben, daß der Dichter sehr wohl, mitten in seiner großen Diatribe, zwischen der Psychoanalyse selbst und »ihren Kunden«, also zwischen Theorie und Praxis oder wissenschaftlicher Erkenntnis und angewandtem Tuismus, zu unterscheiden weiß. So gesehen, muten die folgenden Sätze doch nicht so ganz überraschend an. Brecht hat sie der ebenfalls 1930 zum ersten Male veröffentlichten Schrift *Das Unbehagen in der Kultur* entnommen, die er demnach noch im Jahr ihres Erscheinens gelesen haben muß. Der vollständige Text seiner Fußnote – denn um eine solche handelt es sich (vgl. 17, 1015 f.) – lautet:

> ›Das Leben, wie es uns auferlegt ist, ist zu schwer für uns, es bringt uns zuviel Schmerzen, Enttäuschungen, unlösbare Aufgaben. Um es zu ertragen, können wir Linderungsmittel nicht entbehren. Solcher Mittel gibt es vielleicht dreierlei: mächtige Ablenkungen, die uns unser Elend geringschätzen lassen, Ersatzbefriedigungen, die es verringern, Rauschstoffe, die uns für dasselbe unempfindlich machen. Irgend etwas dieser Art ist unerläßlich. Die Ersatzbefriedigungen, wie die Kunst sie bietet, sind gegen die Realität Illusionen, darum nicht minder psychisch wirksam, dank der Rolle, die die Phantasie im Seelenleben behauptet hat.‹ (Freud, *Das Unbehagen in der Kultur*, Seite 22.) ›Diese Rauschmittel tragen unter Umständen die Schuld daran, daß große Energiebeträge, die zur Verbesserung des menschlichen Loses verwendet werden könnten, nutzlos verlorengehen.‹ (Ebendaselbst, S. 28.)

Brechts Seitenangaben stimmen. Aber man fühlt sich ja von vornherein beruhigt und wissenschaftlich abgesichert, wozu insbesondere auch das treuherzig-altfränkische »Ebendaselbst« beiträgt, mit dem er kokettiert. Wie gut man allerdings trotzdem daran tut, einiges Mißtrauen walten zu lassen, erweist sich sofort, wenn man den Originaltext im einzelnen vergleicht. Bei Freud nämlich haben jene Sätze – ich hebe das von Brecht Ausgelassene oder Veränderte durch Kursivdruck hervor – folgenden Wortlaut:

> Das Leben, wie es uns auferlegt ist, ist zu schwer für uns, es bringt uns zuviel Schmerzen, Enttäuschungen, unlösbare Aufgaben. Um es zu ertragen, können wir Linderungsmittel nicht entbehren. *(Es geht nicht ohne Hilfskonstruktionen, hat uns Theodor Fontane gesagt.)* Solcher Mittel gibt es vielleicht dreierlei: mächtige Ablenkungen, die uns unser Elend gering schätzen lassen, Ersatzbefriedigungen, die es verringern, Rauschstoffe, die uns für dasselbe unempfindlich machen. Irgend etwas dieser Art ist unerläßlich. *Auf die Ablenkungen zielt Voltaire, wenn er seinen ›Candide‹ in den Rat ausklingen läßt, seinen Garten zu bearbeiten; solch eine Ablenkung ist auch die wissenschaftliche Tätigkeit.* Die Ersatzbefriedigungen, wie die Kunst sie bietet, sind gegen die Realität Illusionen, darum nicht minder psychisch wirksam dank der Rolle, die die Phantasie im Seelenleben behauptet hat.

An dieses gekürzte Zitat knüpft Brecht unmittelbar sein zweites; und daß er dabei mit völliger Bewußtheit verfährt, zeigt der kleine, jedoch höchst folgenschwere Eingriff, den er zu solchem Zweck vornehmen muß. Denn nicht etwa »Diese Rauschmittel« heißt es im *Unbehagen in der Kultur,* sondern einfach »Sie«:

> *Sie* tragen unter Umständen die Schuld daran, daß große Energiebeträge, die zur Verbesserung des menschlichen Loses verwendet werden könnten, nutzlos verlorengehen.

Was Freud hier meint, sind ganz und gar nicht die »Ersatzbefriedigungen, wie die Kunst sie bietet«. Sein Pronomen bezieht sich vielmehr auf die allerkonkretesten Rauschmittel wie auch deren reale »Gefahr und Schädlichkeit« für den Körper: »Sie« knüpft an die »chemische ... Intoxikation« als »roheste, aber auch wirksamste Methode« an.[63]

Daß der Dichter sein Doppelzitat manipuliert hat, ist somit eindeutig. Auch worauf er abzielt, ist leicht zu erkennen, jedenfalls in der Hauptsache: Brecht streicht und montiert Freuds Text absichtlich so, daß die Kunst als pures Rauschgift und mithin nicht bloß als Selbstzweck, sondern als direkte und massive Schädigung des Menschen wie der Gesellschaft erscheint. Das geschieht namentlich durch die geschickte Koppelung der beiden aus dem Zusammenhang gerissenen Abschnitte; wohingegen das Ausklammern der Sätze im ersten Zitat, obwohl dadurch größere Textteile erfaßt werden, eine weniger gravierende Veränderung darstellt. Ausgeschieden werden aber immerhin zwei für Freud bezeichnende Äußerungen: einmal seine Berufung auf Fontane (den Brecht damals sicher als einen ausgesprochen bürgerlichen und veralteten Schriftsteller abgetan hat) und zum andern sein Hinweis auf Voltaire (der als Aufklärer vermutlich hätte passieren dürfen, würde nicht im selben Atemzug auch die Wissenschaft, ja die Arbeit überhaupt zu den »Hilfskonstruktionen« und »Ablenkungen« gezählt und damit abgewertet). So brühwarm der Dichter also aus Freud zu zitieren scheint, so stark weicht er dennoch mit kühler Überlegung von ihm ab. Nur als vertrackte Ironie ist seine scheinbare Zustimmung zu verstehen, wonach in der »Oper als Abendunterhaltung« die »Illusionen ... gesellschaftlich wichtige Funktionen« haben (vgl. 17, 1015); und erst recht trifft dies auf jene Formulierung zu, an die seine so zuverlässig klingende Fußnote anknüpft: »Der Rausch ist unentbehrlich; nichts kann an seine Stelle gesetzt werden« (ebd.). Das ›Unbehagen in der Kultur‹, in Brechts Einschätzung, bleibt trotz Freuds bilderstürmerischer Radikalität an eine bestimmte Gesellschaftsordnung gebunden; es gehört zum Bürgertum und zum Kapitalismus, und deren Kunst hat damit zu tun (die es natürlich ebenso abzuschaffen gilt wie jene Gesellschaftsordnung selber). Insofern, d. h. in solch eingeschränktem und modifiziertem Sinne, pflichtete der Dichter Freud in der Tat bei, und zwar so kräftig wie möglich.

Welche Folgerungen haben wir aus diesem Befund zu ziehen? Lediglich die, daß Brecht ›ebendaselbst‹ einigermaßen großzügig beim Zitieren verfuhr – »im Ausdruck« können bekanntlich »Zugeständnisse gemacht werden« (vgl. 15, 31) – und daß er sich abermals, wie so oft, als jener unsichere Kantonist entpuppt hat, den zu bereden man nicht müde wird? Oder steckt vielleicht doch noch etwas mehr hinter seiner Manipulation? Mit gutem Grund erblickte ja Arnold Zweig[64] allenthalben im Werk des bewunderten Freud »Brücken zu Nietzsche hinüber«; und diese Einsicht bezieht sich auch beileibe nicht bloß auf die schriftstellerische Leistung, an der sie gewonnen ist, sondern zugleich und vor allem auf die Verwandtschaft Freuds mit Nietzsche insgesamt. Sie, insbesondere dessen Vorläuferschaft, war es, die Zweig im Auge hatte. Als er bereits seinen Freud-Nietzsche-Beitrag *Apollon bewältigt Dionysos* vorbereitete, der dann volle sechs Jahre später im Pariser *Neuen Tagebuch* publiziert wurde, schrieb er im selben Brief vom 2. 12. 1930 an den väterlichen Freund: »Immer wieder stoße ich bei meinen Gedanken auf das Thema eines Aufsatzes, welchen ich über Ihr Verhältnis zu Nietzsche schreiben müßte, wenn ich Zeit hätte. Ich sehe nämlich die Sache so, daß Sie alles getan haben, was Nietzsche intuitiv als Aufgabe empfand, ohne doch imstande zu sein, es mit seinem von genialen Inspirationen durchleuchteten Dichteridealismus auch wirklich zu erreichen. Er versuchte, die Geburt der Tragödie zu gestalten, Sie haben es in *Totem und Tabu* getan, er ersehnte ein Jenseits von Gut und Böse, Sie haben durch die Analyse ein Reich aufgedeckt, auf das zunächst einmal dieser Satz paßt. Die Analyse hat sich [*sic*] alle Werte umgewertet, sie hat das Christentum überwunden, sie hat den wahren Antichrist gestaltet und den Genius des aufsteigenden Lebens vom asketischen Ideal befreit.« Und hingerissen von seinem eigenen Redestrom, setzt Zweig hinzu, die Psychoanalyse habe »den Willen zur Macht auf das zurückgeführt, was ihm zu Grunde liegt, ja in Einzelfragen, die Nietzsche sehr beschäftigten, über die sprachliche Herkunft moralischer Begriffe ein unendlich viel größeres und wichtigeres Problem des Sprechens und Aussprechens, Gedankenverbindens und Mitteilens angeschnitten und gelöst«. Zusammenfassend heißt es: »Den logizistischen Geist, den er als den sokratischen ablehnte, haben Sie in seiner Bedingtheit, seiner Beschränktheit auf die bewußten Reiche viel schärfer eingekreist und, dank der Tatsache, daß Sie ein Naturforscher sind und ein Schritt für Schritt vorwärtsgehender Psychologe dazu, das erreicht, was Nietzsche gern vollbracht hätte: die wissenschaftliche Beschreibung und Verständlichmachung der menschlichen Seele – und darüber hinaus, da Sie ja Arzt sind, ihre Regulierbarkeit, den heilenden Eingriff gelehrt und geschaffen.« Selbst die »Unerschrockenheit des ›mit dem Hammer philosophierenden‹ Nietzsche« wird nach Zweig »weit übertroffen ... von derjenigen, die das Orphische und Dionysische Nietzsches in schlicht sachlich wirkender Richtung suchte und aufdeckte, in der es noch heute in jedem von uns wirksam ist«. Der Briefschreiber schließt mit der Hoffnung, es wäre doch »herrlich«, wenn Freud sich »einmal ›den wirklichen Willen zur Macht‹, nämlich im gesellschaftlichen Kampf den Machtwillen der Politiker«, vornähme: gerade ihn könnte und müßte man »von seiner ideologischen Bewußtseins-helle bis in die Tiefe hinunter« verfolgen.

Was im Vergleich dazu die *Anmerkungen zur Oper ›Aufstieg und Fall der Stadt Mahagonny‹* betrifft, so liefern sie mit ihrer Fußnote gewissermaßen die rückläufige Entsprechung zu Zweigs enthusiastischem Brief. Denn es dürfte wohl mit Händen zu greifen sein, daß der von Brecht angeführte Freud-Text einen der deutlichsten und tragfähigsten jener Brückenschläge bietet, die der Verfasser von *Apollon bewältigt Dionysos* erwähnt. Aber erst dadurch, daß der Blick sich nunmehr umkehrt, wird hier »der Kreis der Freud-Nietzsche'schen Beziehung« (Zweig) geschlos-sen und kommt der Gesamtzusammenhang endgültig ans Licht. Erst Brecht, indem er Freuds Sätze zitierte und manipulierte, hat ihre Tendenz »zu Nietzsche hinüber« bloßgelegt: er allein, ob bewußt oder unbewußt, hat diesen Palimpsest entziffert. Das geschah indes, wie wir nicht vergessen wollen, ebenfalls bereits 1930. Seit dem Erscheinungsjahr der Freudschen Schrift hört sich Brechts Doppelzitat daraus an, als stammte es aus der Feder Nietzsches. Doch niemand scheint bisher auf derlei aufmerksam geworden zu sein, obwohl man nach authentischen Texten wahr-haftig nicht lange zu stöbern braucht. Schon in der *Geburt der Tragödie aus dem Geiste der Musik* ist wie bei Freud von »Illusionen« und deren Notwendigkeit für den Menschen die Rede – was allerdings bloß für die »edler ausgestatteten Naturen« gelten soll, »von denen die Last und Schwere des Daseins über-haupt mit tieferer Unlust empfunden wird« und die darum »durch ausgesuchte Reizmittel über diese Unlust hinwegzutäu-schen sind«. Verallgemeinernd sagt Nietzsche jedoch unmißver-ständlich: »Aus diesen Reizmitteln besteht alles, was wir Kultur nennen« (vgl. I, 99). Es sind, mit Freud zu sprechen, dieselben unerläßlichen Linderungsmittel, die dann von Brecht rigoros auf die Kunst – namentlich des Dramas und der Oper – eingegrenzt und in ein verderbliches Rauschgift umfunktioniert werden. Aus-gerechnet damit aber, bis in Einzelheiten hinein, gelangen wir wiederum zu Nietzsche, der in *Menschliches, Allzumenschliches,* noch weiter ausholend, sogar erklärt: »Je mehr die Herrschaft der Religionen und aller Kunst der Narkose abnimmt, um so strenger fassen die Menschen die wirkliche Beseitigung der Übel ins Auge« (I, 517). Das bekannte Opium, das man in diesem Apho-rismus wittert, bedarf keiner Erläuterung, zumal Nietzsches Zu-

satz, ein solcher Vorgang sei »freilich schlimm für die Tragödien-
dichter«, unmittelbar auf eine ähnliche, nicht minder erhellende
Einsicht aus *Menschliches, Allzumenschliches* weist. Ihr zufolge
vermögen die Dichter die Menschheit förmlich davon abzuhalten,
»an einer wirklichen Verbesserung ihrer Zustände zu arbeiten,
indem sie gerade die Leidenschaft der Unbefriedigten, welche zur
Tat drängen, aufheben und palliativisch entladen« (I, 547). Was
somit der Mythomane und Wagnerianer erkannt hatte, wurde
vom Aufklärer, der Nietzsche ja außerdem war, wiederholt:
beide, aus denen sich sein Janusantlitz zusammensetzt, haben sich
im gleichen Sinne und mit gleichem Nachdruck geäußert, auch
wenn die Bewertung jeweils grundverschieden ist. Nietzsches
Sätze und diejenigen des zum Zeugen präparierten Freud lassen
sich, mit einem Wort, fast beliebig vertauschen. Selbst wenn es
daher so vielleicht gar nicht beabsichtigt war: Der Autor, auf den
sich Brecht eigentlich berief, war nicht Freud, sondern in Wahrheit – Nietzsche.

Brechts Verhältnis zur Psychoanalyse ist damit natürlich sowenig erschöpft wie das Verhältnis Freuds zur Nietzscheschen
Philosophie. Für dieses mag die von Zweig entworfene Skizze
genügen, obschon ihre Einseitigkeit oder auch Unstimmigkeit[65]
kaum zu übersehen ist. Anders steht es dagegen mit jenem.
Freuds *Unbehagen in der Kultur* – um uns darauf zu beschränken
– enthält noch eine ganze Reihe von Berührungspunkten, an die
Brecht anknüpfen konnte und möglicherweise tatsächlich ange-
knüpft hat. Falls das zuträfe, hielten sich dabei Abwehr und
Zustimmung abermals die Waage. Wenn Freud zum Beispiel
behauptet, die »menschliche Aggressionslust« werde sich ihrem
»Wesen« nach nie ändern; sie bilde den »Bodensatz« nicht bloß
der menschlichen Beziehungen im allgemeinen, sondern sogar
»aller zärtlichen und Liebesbeziehungen unter den Menschen,
vielleicht mit alleiniger Ausnahme der einer Mutter zu ihrem
männlichen Kind«[66] – wenn eine solche Auffassung ohne weiteres
dekretiert wird, so war dies für den Dichter des *Guten Menschen
von Sezuan* trotz der Art, wie er vorwegnehmend die Mutterliebe
Shen Tes zu ihrem erhofften Sohn gestaltete, zweifellos eine harte
Nuß. Ebenso könnte man aber mit Fug und Recht fragen, ob
nicht der Dichter des *Kaukasischen Kreidekreises* die ungewöhnliche Lösung, die er vorschlägt, außer als Gegenentwurf zur
chinesischen Vorlage und zu »Salomons Schwertprobe« (vgl. 17,

1205) eben auch als Antwort auf Freud konzipiert und gestaltet habe. Das Stück ließe sich jedenfalls unschwer als massive Widerlegung der Freudschen These verwenden: einmal im negativen Sinn durch die Haltung der Gouverneursfrau und Rabenmutter Natella Abaschwili, zum andern im positiven durch die Haltung der Magd und Ziehmutter Grusche, die sich des kleinen Michel annimmt, ja erbarmt. (Ich wähle diesen Begriff mit Vorbedacht; denn Brecht hat Grusche zwar als die »Dumme«, als »Wurzen« und *sucker* hingestellt, jedoch ausdrücklich darauf bestanden, daß ihr »mütterlicher Instinkt« [17, 1206] für ihr Verhalten haftbar zu machen sei. Das eine wie das andere widerstreitet, scheint mir, jener Behauptung im *Unbehagen in der Kultur*.)

Andererseits heißt es in Freuds Schrift[67], die »Kulturhöhe eines Landes« erkenne man daran, »daß alles in ihm gepflegt und zweckmäßig besorgt wird, was der Ausnützung der Erde durch den Menschen und dem Schutz desselben vor den Naturkräften dienlich, also kurz zusammengefaßt: ihm nützlich ist«. Zur Exemplifizierung nennt *Das Unbehagen in der Kultur* »Flüsse, die mit Überschwemmungen drohen«, weshalb sie der Mensch »in ihrem Lauf reguliert« und »ihr Wasser durch Kanäle« dorthin lenkt, »wo es entbehrt wird«. Dieser Gedanke lag Freud offenbar am nächsten; zumindest hat er ihm die erste Stelle eingeräumt. Wie aber das Schaffen Brechts auf Schritt und Tritt belegt, dachte der Dichter des *Kaukasischen Kreidekreises* und des *Guten Menschen von Sezuan* genauso. Bereits die Ausnutzung, ja Ausbeutung der Natur ist ein Brechtscher Grundgedanke, der unentwegt im Sinne Freuds variiert wird; und was vollends dessen einprägsames Beispiel anlangt, so erscheint dieses Bild mit Überschwemmung und Dammbau, Regulierung und Bewässerung dermaßen häufig bei Brecht, daß man geradezu von einem Leitmotiv sprechen muß. Ungefähr seit 1930 begegnet es immer wieder: bald konkret und bald figurativ, bald vollständig und bald in einzelnen Teilen und stets in der mannigfaltigsten Form und Funktion.[68] Sämtliche Gattungsbereiche vom Drama und von der Lyrik bis zur erzählenden und theoretischen Prosa – denn welches Feld hätte »der letzte katholische Schriftsteller«[69] nicht beackert? – sind dabei vertreten.

Mit klassischer Einfachheit schreibt Brecht etwa in dem Gedicht *Über die kritische Haltung* (wobei er übrigens dieselbe Priorität beobachtet wie Freud):

Die Regulierung eines Flusses
Die Veredlung eines Obstbaumes
Die Erziehung eines Menschen
Der Umbau eines Staates
Das sind Beispiele fruchtbarer Kritik.
Und es sind auch
Beispiele von Kunst. (9, 774)

Worauf eine solche Kritik, die ebensosehr Kunst sein soll, basiert und wie sie konkret im Künstlerischen verankert ist, erörtert Brechts wohl bekannteste theoretische Schrift, das *Kleine Organon für das Theater*. § 21 endet mit der Frage: »Welches ist die produktive Haltung gegenüber der Natur und gegenüber der Gesellschaft, welche wir Kinder eines wissenschaftlichen Zeitalters in unserm Theater vergnüglich einnehmen wollen?« Der folgende Paragraph gibt die Antwort:

Die Haltung ist eine kritische. Gegenüber einem Fluß besteht sie in der Regulierung des Flusses; gegenüber einem Obstbaum in der Okulierung des Obstbaums, gegenüber der Fortbewegung in der Konstruktion der Fahr- und Flugzeuge, gegenüber der Gesellschaft in der Umwälzung der Gesellschaft. Unsere Abbildungen des menschlichen Zusammenlebens machen wir für die Flußbauer, Obstzüchter, Fahrzeugkonstrukteure und Gesellschaftsumwälzer, die wir in unsere Theater laden und die wir bitten, ihre fröhlichen Interessen bei uns nicht zu vergessen, auf daß wir die Welt ihren Gehirnen und Herzen ausliefern, sie zu verändern nach ihrem Gutdünken. (16, 671)

In solchen Sätzen kommt Brecht endgültig zu sich selbst. Nicht nur ins Zentrum seiner Ästhetik, sondern erneut mitten in sein utopisches Denken führt diese Verbindung von Produktivität und Kritik; ja, sie bildet vielleicht überhaupt – mitsamt der in ihr aufgehobenen Kunstbewertung, die sich so drastisch entwickelt hat – den Kernbezirk der Brechtschen Weltauffassung.

Ihre nähere Bestimmung, für ein Verständnis der dichterischen Ideologie unbedingt erforderlich, ist hier weder möglich noch notwendig. In unserem Zusammenhang geht es ausschließlich darum, jene leitmotivische Übereinstimmung festzuhalten: zunächst mit Freuds *Unbehagen in der Kultur,* wo sie bis in die Betonung reicht, sodann aber innerhalb des Brechtschen Wortgebrauchs selber, der nämlich auf weite Strecken beinah identisch bleibt. Gerade im *Kaukasischen Kreidekreis,* dessen gesamter Rahmen dem »Projekt einer Bewässerungsanlage« (5, 2004) gilt

und der damit doppelte Bedeutung gewinnt, kehrt beides ein-
drucksvoll wieder. »Vermittels eines Staudamms an userm Berg-
see können 300 Hektar unfruchtbaren Bodens bewässert werden«, erklärt die Agronomin; und ferner: »Unser Kolchos könnte
dann nicht nur mehr Obst, sondern auch Wein anbauen« (ebd.).
Im Fazit des Stückes (vgl. 5, 2105) übergibt der Sänger dement-
sprechend

> Die Kinder den Mütterlichen, damit sie gedeihen
> Die Wagen den guten Fahrern, damit gut gefahren wird
> Und das Tal den Bewässerern, damit es Frucht bringt.

Indem sich die zwei Kolchosen darauf einigen, »daß da gehören
soll, was da ist, denen, die für es gut sind«, rückt zwar das
entscheidende Motiv, der Struktur des Spiels im Spiel gemäß, an
die letzte Stelle; doch erscheint einleuchtend, daß es ebendadurch
noch gewichtiger wirkt. Denn nicht bloß die Rahmenhandlung,
sondern das Stück als Ganzes gipfelt nun in dem an Freud
erinnernden Bild.

Um auch für die restlichen Gattungen jeweils ein Beispiel zu
bieten, könnte man einerseits auf die Sammlung der *Flüchtlingsgespräche* und andererseits auf die Geschichte *Die Trophäen des
Lukullus* verweisen. In ihr, die leider im Schatten der thematisch
verwandten größeren Werke steht, wird eingangs geschildert, wie
ein römisches Heer einen vom Hochwasser unterspülten Damm,
der zu bersten droht, im Angesicht der feindlichen Schlachtreihen
rettet – und dies nicht einfach nur, anstatt zu kämpfen, sondern in
gemeinsamer Anstrengung mit dem Feind. Mehrere Seiten lang
(vgl. 11, 305 ff.) verweilt Brechts Erzählung bei solch unerhörter
Begebenheit, die doch gar kein wirkliches Ereignis meint, lediglich einen Alptraum des Feldherrn.

Dafür ist aber die sogenannte *Ziffel- und Kalleschrift*, ein
Bruchstück aus den *Flüchtlingsgesprächen* (vgl. 14, 1510 ff.), desto greifbarer. Es handelt sich, wie Brecht humoristisch anmerkt,
um eine »Erfindung zweier ausgeruhter Köpfe« oder, schlicht
gesprochen, zweier Emigranten, die ihr Los zu Untätigkeit und
ödem Warten verdammt; und sie läuft denn auch auf nichts
anderes hinaus als auf eine Anzahl selbstverfertigter Ideogramme.
Diese echt brechtische Chinoiserie verkündet lapidar: »REGIE-
REN ist verglichen mit FLUSSREGULIEREN.« Der Begriff
habe freilich, präzisiert der Dichter, »zwei Zeichen«:

Das eine steht für GUTES REGIEREN:
[Das Ideogramm zeigt eine Gerade.]
Der Lauf des Flusses wird verkürzt
Die Schiffahrt wird leichter
Die Kraft des Flusses wird größer
Die Instandhaltung erfordert weniger Menschen.
Das zweite Zeichen steht für SCHLECHTES REGIEREN:
[Das Ideogramm zeigt einen Mäander.]
Der Lauf des Flusses wird verlängert
Die Schiffahrt wird mühvoller [*sic*]
Die Kraft des Flusses wird geschwächt
Die Instandhaltung erfordert mehr Menschen.

West-östliche Scherze? Gewiß. Aber so verspielt Brechts ›Erfindung‹ anmuten mag, so erhellend ist sie gleichwohl im Hinblick auf sein Leitmotiv.

Übrigens sind dessen »zwei Zeichen« samt Kommentar beileibe nicht der einzige Beleg, den die *Flüchtlingsgespräche* enthalten. Beachtung verdient insbesondere auch eine längere Äußerung Kalles.[70] Er habe sich, so erklärt er hier, »oft gefragt, wie das bei einer Überschwemmung ist. Für gewöhnlich wird der Fluß als ›reißend‹ hingestellt und das Flußbett als vollkommen friedlich, zusammen mit seinen malerischen Faschinen und Zementkonstruktionen, und dann kommt der Fluß und reißt alles nieder, und da ist er natürlich der Schuldige, er kann noch so laut schreien, daß es im Gebirg zu stark geregnet hat und daß alles das Wasser in ihn hineinstürzt und er kommt nur nicht mehr aus mit dem Bett« (14, 1486). Brecht beläßt es also keineswegs bei einer einsinnig positiven Verwendung, auch nicht bei einer Verlagerung von Freuds »Kulturhöhe eines Landes« auf dessen gute oder schlechte Regierung; er entfaltet vielmehr zusätzlich, mit der ihm eigenen Dialektik, die verborgenen Widersprüche, die dem auf Anhieb ebenso schlüssigen wie überzeugenden Bild innewohnen. Das wird noch viel deutlicher in einem Gedicht wie *Über die Gewalt* und in den ebenfalls in Versform geschriebenen *Briefen der Mutter an ihre Kinder in der Ferne*, deren einer, epigrammatisch verknappt, lautet:

Der Damm schreit im Frühjahr:
Der Fluß gebraucht Gewalt!
Aber der Fluß antwortet ihm: und was
Gebrauchst du das ganze Jahr? (9, 801)

Das andere Gedicht beginnt ganz ähnlich:

Der reißende Strom wird gewalttätig genannt
Aber das Flußbett, das ihn einengt
Nennt keiner gewalttätig. (9, 602)

Allerdings schlägt *Über die Gewalt* dann im folgenden[71] eine Richtung ein, die von der ursprünglichen Motiventsprechung mit dem *Unbehagen in der Kultur* völlig abführt, so wie Brecht ja ohnehin, trotz auffälliger Konstanz des Bildfeldes und sogar Wortgebrauchs, die Freudsche Grundvorstellung ständig nicht bloß wiederholt, sondern erweitert, verschiebt und schließlich geradezu umkehrt. Während etwa die spontane Solidarität der römischen Legionäre, die Lukullus so verstört, durchaus im Sinne Freuds als Ausdruck eines naiven Kulturwollens erscheint, deckt sich das bildkräftige Plädoyer fürs Naturhafte, das die zuletzt zitierten Beispiele gestalten, schon fast mit Brechts ketzerischem Eintreten für das Recht des Asozialen. Dazwischen jedoch, im sprachlichen wie im gedanklichen Kern des Gesamtbildes, triumphiert auch bei ihm die soziale Leistung, das Bändigen und lustvolle Überwinden der Natur durch die Kultur: Flußregulierung als ›fröhliche Wissenschaft‹, gefeiert als Einheit von Kritik und Produktion und damit als Kunst.

Nur scheinbar sind wir mit diesem umfangreichen Exkurs über Freud und die Psychoanalyse vom Gang unserer Untersuchung abgewichen. Denn es bedarf wohl kaum der Beweise mehr, daß sich bereits in der Haltung, die Brecht zum *Unbehagen in der Kultur* einnimmt, unverkennbar sein Verhältnis zu Nietzsche spiegelt und daß außerdem der verwirrende, längst nicht zu Ende diskutierte Beziehungskomplex zwischen ihm, Freud und dem Philosophen bloß eine weitere Variante dessen darstellt, was wir als Konstellation Brecht/Hebbel/Nietzsche oder Brecht/Nietzsche/Bacon (und Marx) kennengelernt haben und was sich zum Beispiel auch bei Sokrates aufzeigen ließe. Zu unterstreichen wäre lediglich, daß ein solches Verquicken der verschiedenartigsten Elemente, vollends das charakteristische Neben-, ja Ineinander von Zustimmung und Ablehnung, das dabei herrscht, im Umgang mit Freud und dessen Schrift besonders einprägsam zur Veranschaulichung gelangt. Ausgerechnet jenes *Unbehagen in der Kultur*, auf das sich der frischgebackene Marxist 1930 berief, lehrt mit allem Nachdruck, die marxistische Lösung sei nichts weniger als ein Allheilmittel – da nämlich »ihre psychologische Voraussetzung«, die »Abschaffung des privaten Eigentums«, sich unweigerlich als »haltlose Illusion« erweise.[72] Krasser könnte der Gegensatz, bei immerhin erstaunlicher Übereinstimmung in mancher Hinsicht, schwerlich sein. Aber Brecht hatte keinerlei Bedenken, Freud auszuplündern; er kannte nur zu gut den Nutzwert selbst des Gegners. Ob er diesem sein Bild von der Flußregulierung tatsächlich verdankt, ist daher gar nicht ausschlaggebend, wiewohl es nicht bloß bei ihm unverhältnismäßig oft, sondern auch im *Unbehagen in der Kultur* an zentraler Stelle auftaucht; und ob er das Phänomen der Psychoanalyse insgesamt richtig verstanden und eingeschätzt hat[73], braucht uns erst recht nicht zu kümmern. Im Grunde hat derlei hier sowenig zu besagen wie Freuds Abhängigkeit oder Unabhängigkeit von Nietzsche. Worauf es allein ankommt, ist Brechts Verfahren: daß er dem *Unbehagen in der Kultur*, mit dem er nachweislich vertraut war, ebensosehr zustimmte wie widersprach – nicht anders als den Werken Nietzsches.

Die klassische Formel dafür liefert der Dichter selber, und zwar gleich in zweifacher Ausfertigung. In *Me-ti / Buch der Wendungen* findet sich, unter der Überschrift *Behandlung von Systemen*, die von mir nicht zufällig als Motto gewählte Eintragung: »Philosophen werden meist sehr böse, wenn man ihre Sätze aus dem Zusammenhang reißt. Me-ti empfahl es.« Die Begründung zu diesem lakonischen Rat lautet: »Sätze von Systemen hängen aneinander wie Mitglieder von Verbrecherbanden. Einzeln überwältigt man sie leichter. Man muß sie also voneinander trennen. Man muß sie einzeln der Wirklichkeit gegenüberstellen, damit sie erkannt werden. Alle zusammen hat man vielleicht nur bei einem Verbrechen gesehen, jeden Einzelnen aber schon bei verschiedenen.« Als ein »anderes Beispiel« fügt Brecht noch hinzu: »Der Satz ›Der Regen fällt von unten nach oben‹ paßt zu vielen Sätzen (etwa zu dem Satz ›Die Frucht kommt vor der Blüte‹), aber nicht zum Regen« (12, 471). Daß Brechts schwäbisches (und zugleich griechisches) *alter ego*[74] darin seinem chinesischen Milchbruder, der Me-ti zweifellos ist, vollauf beipflichtet, nimmt nicht wunder. Der betreffende Text in den *Geschichten vom Herrn Keuner*, der unmittelbar an jenes Beispiel anzuknüpfen scheint, faßt auch die Überschrift entsprechend, bloß wortkarger: sie lautet *Über Systeme*. Es genügt, den ersten Abschnitt der Geschichte (vgl. 12,

414) wiederzugeben:

> ›Viele Fehler‹, sagte Herr K., ›entstehen dadurch, daß man die Reden-
> den nicht oder zu wenig unterbricht. So entsteht leicht ein trügeri-
> sches Ganzes, das, da es ganz ist, was niemand bezweifeln kann, auch
> in seinen einzelnen Teilen zu stimmen scheint, obwohl doch die
> einzelnen Teile nur zu dem Ganzen stimmen.‹

Me-Ti und Herr K. kennzeichnen diese Haltung zu Systemen
und Philosophemen zwar nicht vollständig, aber mit wünschenswerter Genauigkeit. Und wenn irgendwo, so hat Brecht sein
Verfahren an Freud und namentlich Nietzsche praktiziert. Immer
wieder hat er sie unterbrochen, immer wieder ihre Sätze aus dem
Zusammenhang gerissen und der Wirklichkeit, wie er sie sah,
gegenübergestellt: um diese Sätze zu erkennen, sie zu verwerfen
oder aufzugreifen oder, sofern er es für nötig hielt, nach Gutdünken zu verändern.

Eine Erläuterung, so scheint es, erübrigt sich. Und doch ist sie
gerade hier ganz und gar nicht überflüssig. Man ahnt ja wohl,
welcher Art sie wiederum sein wird. Denn es war natürlich kein
anderer als Friedrich Nietzsche, der den besagten *locus classicus*
auch diesmal geliefert hat. Klipp und klar heißt es unter § 201 im
zweiten Band von *Menschliches, Allzumenschliches*:

> *Irrtum der Philosophen.* – Der Philosoph glaubt, der Wert seiner
> Philosophie liege im Ganzen, im Bau: die Nachwelt findet ihn im
> Stein, mit dem er baute und mit dem, von da an, noch oft und besser
> gebaut wird: also darin, daß jener Bau zerstört werden kann und *doch
> noch* als Material Wert hat. (I, 814)

Der Nietzschesche Text spricht in solchem Kontext für sich
selber. Aber hoffentlich hat man darüber auch das nächste Stichwort, das er bringt, nicht überhört? Andernfalls mache man die
Probe und lese den Schluß dieses Aphorismus einmal laut. Was
nämlich ›doch noch‹ oder auch ›nur noch‹ als »Material Wert«
hat, besitzt immerhin »Materialwert« – und so ist in der Tat, ganz
wörtlich, eine Niederschrift aus Brechts Nachlaß betitelt. Veran-
laßt wurde sie durch eine Rundfrage der *Vossischen Zeitung* vom
4. 4. 1926, zu der der Dichter eine Antwort beigesteuert hatte, die
Hebbels *Herodes und Mariamne* kaltschnäuzig als »Gipsrelief«
und »billiges und gestammeltes Zeug« (vgl. 15, 104) bezeichnete,
was aber interessanterweise nicht bloß die Empörung der Spießer
hervorrief, sondern eine nochmalige, nunmehr jedoch fundierte

und grundsätzliche Kritik an Hebbel. Dieser doppelten Reaktion des sein Erbe teils selbstgefällig pflegenden, teils avantgardistisch negierenden Bürgertums gilt *Der Materialwert* (vgl. 15, 105 ff.), worin sich Brecht, nach längerer Einleitung, folgendermaßen äußert:

> Ich habe neulich mit drei Worten Hebbels Monumentalwerk *Herodes und Mariamne* zum alten Gerümpel geworfen. (Selbstverständlich hat altes Gerümpel auf mich eine große Anziehungskraft. Eine auseinandergenommene, teilweise vernichtete Droschke ist mir viel lieber, weil sie Material ist.)
> Unmittelbar [danach] hat in einer literarischen Zeitschrift jemand sorgfältig literarische Argumente gegen Hebbel in würdiger Form ins Feld geführt. Ich möchte betonen, daß das in seriöser Weise geschah und daß der Mann erschossen werden müßte. Ich selber wollte längst einmal *Herodes und Mariamne* aufführen. Selbstverständlich dachte ich dabei nur an den reinen Materialwert, also etwa die grobe Handlung, übrigens wahrscheinlich ohne die des letzten Aktes. Meine Schnoddrigkeit kam von dieser meiner positiven Einstellung. Es ist völlig gleichgültig und nützt niemandem, wenn über den gleichgültigen Friedrich Hebbel die nächsten fünfzig Jahre eine andere Ansicht herrscht als die vorigen fünfzig Jahre. Wichtig dagegen ist höchstens, daß eine gewisse schädliche Ehrfurcht, eine rücksichtslose und brutale Pietät das Publikum hindert, sich den Materialwert seiner doch nun schon einmal gemachten Arbeiten zunutze zu machen.

Ähnlich verhalte es sich – »um auch an einigen bisher unberührten Lesern nicht spurlos vorüberzugehen« – mit den Stücken *Wallenstein* und *Faust*; sie besitzen nach Brecht ebenfalls »einen gar nicht geringen Materialwert« und dürfen somit »verwendbar« heißen. »Wie soll man denn«, schließt er, »ein Repertoire aufbauen können, wenn man diese Sachen durch Argumente zerstört und als Ganzes ablehnt? Andrerseits, wie kommen wir dazu, diese für andere Theater geschriebenen und mit uns unbekannten Argumenten verteidigbaren, aber sicher talentvollen Monumente vergangener Kunstanschauungen, jede Verantwortung vor unseren Zeitgenossen schlicht ablehnend, einfach wie Katzen in Säkken zu übernehmen?«

Gleichklang wie inhaltliche Gleichheit des Schlüsselbegriffs und die Verwandtschaft der (bei Brecht freilich viel breiter ausgesponnenen) Überlegungen: beides ist offenbar zu ungewöhnlich, als daß es auf purem Zufall beruhen könnte. Doch selbst wenn sich zeigen ließe, daß der Dichter von Nietzsche gänzlich unbeeinflußt war, so bliebe immer noch die Tatsache, wie verblüffend genau er mit ihm in dieser Frage übereinstimmt. Der Tonfall des noch nicht Dreißigjährigen, der sich damals gern als Bürgerschreck und *enfant terrible* gab, kann uns nicht beirren. Brecht lästerte, aber er flunkerte nicht. Seine Schnoddrigkeit kam wirklich von einer Einstellung, welche – gemessen sowohl an den schlechten Bewahrern, die in ihrer eigenen Sterilität ersticken, als auch an den schlechten Neuerern, die blindlings alles über Bord werfen – eine durchaus ›positive‹ war; und ebendarin, in dieser Positivität, traf er sich mit Nietzsche. Dessen Aphorismus beschränkt sich zwar von vornherein auf das Wiederverwenden der Bausteine und erwähnt die Zerstörung des Gebäudes, die dafür Voraussetzung ist, bloß nebenbei, wohingegen Brecht, wesentlich kesser und vor allem gründlicher vorgehend, solch teilweiser Vernichtung beinah mehr Aufmerksamkeit schenkt als dem Nutzbarmachen des durch sie Gewonnenen. Auch sollte man nicht unbeachtet lassen, daß sich Nietzsche ausschließlich auf die Lehrgebäude seiner Kollegen bezieht, also auf philosophische Systeme, während der Dichter nicht nur die »Droschken« der Literatur, also Kunstwerke, aufs Korn nimmt, sondern sämtliche geschlossenen – und deshalb zerlegbaren und der Zerlegung bedürftigen – Systeme; und man wird ferner bemerken, wo dabei jeweils wieder, begreiflich genug, Anziehung oder Abstoßung, die dieses »Gerümpel« ausübt, überwiegt. Was jedoch Brecht und Nietzsche gemeinsam im Auge haben und, ob erschöpfend oder nicht, beschreiben, ist ein und derselbe Vorgang des Niederreißens und neuerlichen Aufbauens, erwachsen aus ein und derselben, zugleich ablehnenden und zustimmenden Einstellung zur Überlieferung. Beider Denken kreist in diesem Sinne um deren Materialwert: beide haben, mit einem Wort, dasselbe Verhältnis zur Tradition.

Daß sich Brechts kalkulierter Vandalismus, dem Nietzsche das Stichwort lieh, mit Vorliebe an Friedrich Hebbel austobte, geschah nicht von ungefähr. Hebbel nämlich, trotz und wegen seiner gipsernen Monumentalität, hat den jungen Dichter viel stärker, auch nachhaltiger beeindruckt, als man gemeinhin zu glauben geneigt ist.[75] Was sich bei Brecht änderte, war lediglich, jenem wie Goethe oder Schiller gegenüber, der Tonfall. Denn es muß ja nicht eigens hervorgehoben oder gar nachgewiesen werden, daß sich der reife Dichter, insbesondere seit seiner Übersiedlung in die DDR, vor solchen Namen entschieden weniger despektierlich aufführte. Um so bedeutsamer ist darum, daß sich sein Verhältnis zur Tradition trotzdem prinzipiell gleichblieb. (Im Ausdruck, wir wissen es, können Zugeständnisse gemacht werden.) Brechts Haltung zu ihr wandelte sich sowenig wie seine Einstellung zum Originalitätsbegriff, der damit aufs engste zusammenhängt. Hierin freilich, in seiner spezifischen Auffassung von Originalität, stimmt er dann mit Nietzsche nur noch bedingt überein. Ohnehin pflegte sich dieser, verfangen im bürgerlichen Eigentumsdenken wie auch in seiner Selbststilisierung zum einsamen Unzeitgemäßen und Geistesheroen, über Originalität recht widersprüchlich zu äußern. So konnte er wohl bei Gelegenheit abschätzig von der »modernen Originalitätswut« (vgl. I, 925) reden oder, unter der provozierenden Überschrift *Gegen die Originalen*, sogar erklären: »Wenn die Kunst sich in den abgetragensten Stoff kleidet, erkennt man sie am besten als Kunst« (I, 562); für eine »grundsätzliche Laxheit in Fragen geistigen Eigentums« aber, wie Brecht sie (vgl. 18, 100) weitaus provozierender vertrat, wäre er sicherlich nicht zu haben gewesen. *Menschliches, Allzumenschliches*, woraus ich soeben zweimal zitierte, enthält bezeichnenderweise auch den folgenden Aphorismus, dessen Titel kaum beredter sein könnte:

> *Das Raub-Genie.* – Das Raub-Genie in den Künsten, das selbst feine Geister zu täuschen weiß, entsteht, wenn jemand unbedenklich von jung an alles Gute, welches nicht geradezu vom Gesetz als Eigentum einer bestimmten Person in Schutz genommen ist, als freie Beute betrachtet. Nun liegt alles Gute vergangner Zeiten und Meister frei umher, eingehegt und behütet durch die verehrende Scheu der wenigen, die es erkennen: diesen wenigen bietet jenes Genie, kraft seines Mangels an Scham, Trotz und häuft sich einen Reichtum auf, der selber wieder Scheu und Verehrung erzeugt. (I, 779)

Der späte Nietzsche, etwa in *Ecce homo*, verhärtete sich vollends und ließ jede schonende Rücksicht fahren. Er (vgl. II, 1087) proklamierte, nun seinerseits wahrhaft originalitätswütig, schlechterdings eine Art »Selbst-Vermauerung«, wenn auch bloß während der »geistigen Schwangerschaft«, und fragte rhetorisch: »Werde ich es erlauben, daß ein *fremder* Gedanke heimlich über die Mauer steigt?«

Brechts bekannte Keunergeschichte *Originalität*, seine klarste und abgewogenste Stellungnahme zu diesem Thema, liest sich wie eine direkte Entgegnung auf derlei Vorstellungen. Doch wir halten damit besser noch hinterm Berg. Feststehen dürfte zunächst so viel, daß der Dichter geistiges Eigentum wesentlich anders verstand als der Philosoph; von »geistiger Schwangerschaft« – falls er ein solches Bild überhaupt je verwendete – ganz zu schweigen. Nicht im entferntesten dachte Brecht dabei an Abschirmung oder »Selbst-Vermauerung«, an falsche Scheu, Täuschung oder Scham. Statt für hermetische Abkapselung plädierte er einfach für Offenheit, statt für ein gesetzlich geschütztes Privateigentum an Geistesprodukten für ihre kollektive, kritisch tradierte Verfügbarkeit und Nutzung. Herausfordernd schrieb er einmal, er plane, unter Berufung auf »Shakespeare, Goethe und so weiter«, eine »Ehrung des literarischen Plagiats« sowie dessen längst fällige »Wiedereinsetzung in seine alten angestammten Rechte« (vgl. 18, 79); denn »natürlich« basiere »so ziemlich jede Blütezeit der Literatur auf der Kraft und Unschuld ihrer Plagiate«, während es bei den Heutigen ja vielfach scheine, als arbeiteten sie nur, »um Plagiate zu vermeiden« (vgl. 18, 101 bzw. 15, 202). Ein andermal (vgl. 12, 408) schrieb Brecht, erneut in der Maske und abgeklärteren Sprache der Keunergeschichten, das einzige, was er vom Stil verlange, sei: »Er sollte zitierbar sein. Ein Zitat ist unpersönlich. Was sind die besten Söhne? Jene, welche den Vater vergessen machen!«

Das gemahnt an Anschauungen, von denen schon früher die Rede war; denn man erinnert sich vielleicht, daß Nietzsche den Ruhm der Großen ebenfalls darin erblickt hat, »sich überflüssig [zu] machen«. Es ergibt sich demnach selbst hier, aller Gegensätze ungeachtet, eine Gemeinsamkeit zwischen ihm und dem Dichter. Und sie steht keineswegs allein. Denn obwohl Nietzsche in der leidigen Plagiatsaffäre, die Alfred Kerr um die Songs der *Dreigroschenoper* anzettelte, zweifelsohne die Partei von Brechts Gegner ergriffen hätte, wäre er mit der Abfuhr, die der Dichter daraufhin dem eitlen Nörgler erteilte, vermutlich nicht minder einig gewesen. Jedenfalls gilt dies im Bereich des Zitats. Bereits der zweite Band von *Menschliches, Allzumenschliches* rät zur »Vorsicht beim Zitieren« und empfiehlt, man solle sich stets gegenwärtig halten, »daß der gute Ausdruck, der gute Gedanke sich nur unter seinesgleichen gut ausnimmt, daß ein vorzügliches Zitat ganze Seiten, ja das ganze Buch vernichten kann« (I, 922); und mit demselben Argument verteidigte Brecht sich gegen jene

Anwürfe, indem er erklärte, Schriftsteller vom Schlage Kerrs
seien freilich »außerstande, ihrem Geschreibsel irgend etwas von
andern Stammendes einzufügen, weil es durch grammatikalisch
richtigen Satzbau entsetzlich herausfallen würde« (18, 102). Das
Trennende im Gemeinsamen kommt aber sofort wieder zum
Vorschein, wenn der Dichter in diesem Zusammenhang (vgl. 18,
101) nicht bloß das Zitat, sondern auch das sogenannte Plagiat
rechtfertigt. Bewunderung für die »schöne offene Großmut«, mit
der ein Shakespeare »alles, was bei ihm auf der Bühne während
eines Stückes gesprochen wird, mit seinem großen Namen
deckt«, oder Freude an den »großen sensationellen Fällen, wo es
dem Autor glückte, ganze Akte sich einzuverleiben«, wie sie
abermals Shakespeare »reichlich zu verzeichnen« habe, hätte
Nietzsche schwerlich empfunden. Daran ändert auch ein Hinweis
auf den Materialwert[76] nichts.

Signalisiert dieses Wort die Verwandtschaft, ja fast schon Identität einer Haltung, die Brecht und Nietzsche einnehmen, so
markieren umgekehrt dessen Kritik am schamlosen »Raub-Genie« und Brechts wiederholte Rechtfertigung des Plagiats extreme
Gegenpositionen. Solche Widersprüche bestehen nicht nur im
Hinblick auf den Originalitätsbegriff, sondern, wie sich nunmehr
herausstellt, sogar im Verhältnis zur Tradition; aber sie lösen
oder schließen sich letztlich von selber. Zu ihrem Verständnis
verhelfen insbesondere zwei weitere Aphorismen Nietzsches,
obwohl sie – und dies trotz ihrer Titelgebung – eher vom
Gegenstand weg- als zu ihm hinzuführen scheinen. Der eine,
Original, stammt aus dem zweiten Band von *Menschliches, Allzumenschliches,* der andere, *Originalität,* aus der *Fröhlichen Wissenschaft.* Ihre definitorischen Sätze lauten: »Nicht daß man etwas
Neues zuerst sieht, sondern daß man das Alte, Altbekannte, von
jedermann Gesehene und Übersehene *wie neu* sieht, zeichnet die
eigentlich originalen Köpfe aus« (I, 814). Und entsprechend:
»Was ist Originalität? Etwas *sehen,* das noch keinen Namen trägt,
noch nicht genannt werden kann, ob es gleich vor aller Augen
liegt« (II, 158). Zwar könnte die jeweilige Fortsetzung den Anschein erwecken, als wolle sich Nietzsche ganz ins Psychologische verlieren; doch genaugenommen bleiben Erwägungen wie
die vom »Zufall« als »erstem Entdecker« (vgl. I, 814) oder vom
»Namen«, der ein Ding »erst . . . sichtbar« mache (vgl. II, 158),
lediglich Schnörkel. Das Problem der Originalität wird hier in

Wahrheit nicht so sehr aufs Psychologische verschoben als vielmehr ins Erkenntnistheoretische oder Gnoseologische hinübergerückt, womit sich übrigens – das trifft zumindest auf den früheren der beiden Aphorismen zu – bereits Nietzsches Nähe zu Brechts Verfremdungsdenken zu enthüllen beginnt. Dessen philosophische Grundlegung bietet, wie man weiß, das Hegelsche Diktum: »Das Bekannte überhaupt ist darum, weil es *be*kannt ist, nicht *er*kannt«[77]; seine ästhetische Anwendung aber besteht in nichts anderem als in der Kunst, das Gewohnte und Selbstverständliche ungewohnt, unvertraut, merkwürdig, ja fragwürdig zu machen – kurzum: die Menschen das Alte »wie neu« sehen zu lehren.

Nietzsches doppelte Haltung zur Tradition sowie zum Originalitätsbegriff wäre demnach dahingehend zu definieren, daß er offenbar in beiden Fällen eine scharfe Grenze zog, um – pietätvoller Bildungsbürger, der er trotz allem war – den Bezirk der Kunst von der Philosophie sorgsam und säuberlich zu scheiden. Seine Einsicht in den Materialwert der geistigen Überlieferung, die von der Nachwelt getrost als Steinbruch benutzt werden könne, erstreckte sich, anders gesagt, einzig und allein auf die Systeme der Philosophen; vor den Werken der Kunst machte Nietzsche ehrfürchtig halt. Jene waren ihm bloßer Stoff und zugleich Gemeingut – diese nicht nur primär Formgebilde, sondern unantastbares persönliches Eigentum, aus dem man allenfalls zitieren, das man jedoch nie ›plagiieren‹ dürfe. So großzügig er sonst auch denken mochte oder zu denken meinte: im Raum des Künstlerischen zeigte er sich nicht willens, auf den »Streit um den Besitztitel«, das »beliebte Geduldspiel der Bourgeoisie« (vgl. 18, 101), zu verzichten. Der ästhetische Originalitätsbegriff, dem Nietzsche huldigte, läßt sich daher von deren »schäbigem Besitzbegriff« (um vollends mit Brecht zu reden [vgl. 15, 202]) nicht trennen. Hierin unterscheiden sich Brecht und Nietzsche nicht bloß bedingt, sondern ganz und gar, trotz der gelegentlichen Schwankungen, die wir ja beim einen schon festgestellt haben, von denen aber auch der andere nicht gänzlich frei war. Selbst Brecht, obwohl er den bürgerlichen Besitzbegriff längst auf den Müll geworfen hatte, war nicht stets oder völlig rigoros und ließ zum Beispiel »das Originale ... von Format« (18, 101) immerhin gelten; ja, er drang einmal sogar auf »Originalität der Ausdrucksweise« (vgl. 15, 321). Doch »Interesse an eigener Originalität« um jeden Preis (vgl. 15, 202) bekundete er, soweit ich sehen kann, nirgends. Besonders aufschlußreich wirkt unter diesem Aspekt das Urteil über Stefan George: »Seine Ansichten scheinen mir belanglos und zufällig, lediglich [!] originell« (18, 61). Diese Bemerkung, so beiläufig sie klingt, ist vielleicht überhaupt das beste Fazit der Brechtschen Auffassung von Originalität.

Eine pietätvoll-besitzbürgerliche Grenzziehung, wie der Philosoph sie vornahm, war dem Dichter jedenfalls gründlich fremd. Im Gegensatz zu Nietzsche, dessen Einsichten er aufgriff oder zumindest teilte und radikalisierte, dehnte Brecht sein Verhältnis zur Tradition, das im Prinzip durchaus das gleiche war, auch und erst recht auf den ›geheiligten‹ Bezirk der Kunst aus; er beschränkte sich keineswegs auf jene »trügerischen« oder gar »verbrecherischen« Systeme, über die er sich ausließ. Beides, Kunst wie Philosophie, war für Brecht Material und hatte als Material Wert. Wenn er daher andererseits, statt die bewußten alten »Droschken« ostentativ zu demolieren, »Nachahmung« (vgl. 15, 287) berühmter »Vorbilder«, und zwar »vieler Vorbilder« (vgl. 15, 202), forderte und überdies – weil derlei »am lehrreichsten sei – den »Vergleich« (vgl. 19, 361), so meinte er mit solcher Umkehrung ebenfalls die Entwürfe der Philosophie so gut wie die Gebilde der Kunst. Der Dichter kannte weder Grenzen noch ein Copyright im Bereich der geistigen Überlieferung: seine Haltung zum philosophischen Originalitätsbegriff, den er mit Nietzsche verwarf, war dieselbe wie die zu jedem ästhetischen. Es ist daher nahezu folgerichtig, wenn Brechts programmatische Äußerung über Originalität, die Keunergeschichte gleichen Titels, nicht von Kunst, sondern von Philosophie handelt – und dabei genauso fürs Ästhetische gilt, mithin als Entgegnung auf Nietzsches Vorstellung vom »Raub-Genie in den Künsten« nicht nur gelesen werden kann, sondern muß. In beiderlei Hinsicht ist *Originalität* eine Geschichte *Über Systeme*, ja gewissermaßen die ins Positive gewandte *Behandlung von Systemen*. Denn reißt nicht der bewundernd Zitierende auf ähnliche Weise, wie Me-ti es empfahl, Sätze aus dem Zusammenhang eines Ganzen? Fällt nicht auch er einem Redner ständig ins Wort? Man prüfe den Text selbst:

›Heute‹, beklagte sich Herr K., ›gibt es Unzählige, die sich öffentlich rühmen, ganz allein große Bücher verfassen zu können, und dies wird allgemein gebilligt. Der chinesische Philosoph Dschuang Dsi verfaßte noch im Mannesalter ein Buch von hunderttausend Wörtern, das zu neun Zehnteln aus Zitaten bestand. Solche Bücher können bei uns nicht mehr geschrieben werden, da der Geist fehlt. Infolgedessen werden Gedanken nur in eigner Werkstatt hergestellt, indem sich der faul vorkommt, der nicht genug davon fertigbringt. Freilich gibt es dann auch keinen Gedanken, der übernommen werden, und auch keine Formulierung eines Gedankens, die zitiert werden könnte. Wie wenig brauchen diese alle zu ihrer Tätigkeit! Ein Federhalter und etwas Papier ist das einzige, was sie vorzeigen können! Und ohne jede Hilfe, nur mit dem kümmerlichen Material, das ein einzelner auf seinen Armen herbeischaffen kann, errichten sie ihre Hütten! Größere Gebäude kennen sie nicht als solche, die ein einziger zu bauen imstande ist!‹ (12, 379 f.)

Was Brecht verfocht und ein Leben lang meisterhaft übte, war das strikte Gegenteil dieser depravierten Originalität. Der Dichter besaß in der Tat die Unbefangenheit oder, mit seinen eigenen Worten, genügend »Geist«, um »unbedenklich« (vgl. I, 779) Gedanken und Formulierungen aus allen Zeiten und Zonen, allen Gattungen und Disziplinen zu übernehmen. Und nicht zuletzt Nietzsche, der ihm darin wenigstens auf halbem Wege vorangegangen war, gehört zu diesem befruchtenden Erbe. Er hätte Brechts Unbefangenheit zwar eher Unverfrorenheit genannt, wie ja noch heutzutage mancher; doch immerhin pries er wörtlich den »Kollektivgeist« und erläuterte, ein »guter Schriftsteller« habe eben »nicht nur seinen eigenen Geist«, sondern obendrein »den Geist seiner Freunde« (vgl. I, 562). Begrenzt aufs Philosophische, kommt diese These aus dem ersten Band von *Menschliches, Allzumenschliches* der Theorie, die Herr K. vertritt, bereits ziemlich nahe. Noch näher kommt sie allerdings der Praxis von dessen Dichter: nämlich dem konkreten Verfahren eines kollektiven Schaffens, wie Brecht es von Anfang an vorzog und dann immer mehr entwickelt und vervollkommnet hat. Wobei bloß zu ergänzen wäre, daß dieses »Raub-Genie« so unvoreingenommen und auch fähig war, nicht nur über den Geist seiner Freunde, sondern sogar über den seiner Feinde souverän zu verfügen.

Denn gerade von einem Kollektivgeist Nietzschescher Provenienz zeugen die *Geschichten vom Herrn Keuner* noch verschiedentlich. Ich hebe zwei besonders markante Komplexe heraus, die ihrerseits auf charakteristische Art miteinander verklammert sind. Bekannt ist Brechts Geschichte *Das Wiedersehen*:

Ein Mann, der Herrn K. lange nicht gesehen hatte, begrüßte ihn mit den Worten: ›Sie haben sich gar nicht verändert.‹ ›Oh!‹ sagte Herr K. und erbleichte. (12, 383)

Aber schon in der Sammlung *Der Wanderer und sein Schatten,* also im zweiten Band von *Menschliches, Allzumenschliches,* liest man unter § 306:

> *Sich selber verlieren.* – Wenn man erst sich selber gefunden hat, muß man verstehen, sich von Zeit zu Zeit zu *verlieren* – und dann wieder zu finden: vorausgesetzt, daß man ein Denker ist. Diesem ist es nämlich nachteilig, immerdar an eine Person gebunden zu sein. (I, 996)

Man könnte die beiden Texte im einzelnen konfrontieren. Namentlich der Unterschied zwischen Nietzsches perspektivischem, wenn nicht gar zyklischem und damit, trotz aller Bewegung, statischem Denken und einem linear-progressiven, das für Brecht (freilich ebensowenig widerspruchsfrei) bezeichnend ist[78], ließe sich herausarbeiten. Doch es geht uns hier nicht um Unterschiede, sondern ums Gemeinsame; es geht um die Bewegung, den Wechsel, die Veränderung. Wie bei Brecht dieses Moment geradezu fetischisiert wird, ist für jeden auch nur einigermaßen Aufmerksamen unverkennbar. Belege sind beinah überflüssig. Ich darf daher, stellvertretend für sämtliche übrigen, das Gedicht *Alles wandelt sich* zitieren, dessen Überschrift, zugleich sein Eingangs- und Kernsatz, den apodiktischen Slogan zu Brechts Haltung liefert:

> Alles wandelt sich. Neu beginnen
> Kannst du mit dem letzten Atemzug.
> Aber was geschehen, ist geschehen. Und das Wasser
> Das du in den Wein gossest, kannst du
> Nicht mehr herausschütten.
>
> Was geschehen, ist geschehen. Das Wasser
> Das du in den Wein gossest, kannst du
> Nicht mehr herausschütten, aber
> Alles wandelt sich. Neu beginnen
> Kannst du mit dem letzten Atemzug. (10, 888)

Auch bei Nietzsche bieten sich Beispiele von allen Seiten an. Bis in die Formulierung entspricht dem Brechtschen Slogan der Schluß von *Jenseits von Gut und Böse,* mit dem Gedicht *Aus hohen Bergen* und dessen Zeile:

> Nur wer sich wandelt, bleibt mit mir verwandt. (II, 759)

Oder man nehme Nietzsches *Morgenröte*, wo die Fähigkeit freier Geister, ihre Meinung zu ändern, als »eine seltene und hohe Auszeichnung« gerühmt wird, die um so begehrenswerter sei, je weiter sie »ins Alter hineinreicht« (vgl. I, 1049). In derselben Schrift erscheint auch das Bild von der Schlange, die zugrunde gehe, sobald sie sich nicht mehr »häuten« könne. »Geister, welche man verhindert, ihre Meinungen zu wechseln«, fügt Nietzsche lakonisch hinzu, »hören auf, Geist zu sein« (I, 1279). Das ist genau die Befürchtung, die Herrn K. zum Erbleichen bringt.

Doch selbst darin erschöpfen sich diese Übereinstimmungen nicht. Sowohl Brecht als auch Nietzsche haben ihre Grundeinsicht bis hinein ins Paradoxe (mindestens der Sprachgebung) und bis ins – jedenfalls nach bürgerlichen Begriffen – moralisch Anstößige mit der gleichen Unerbittlichkeit verfolgt und verschärft. Wir müssen hierzu wiederum den ersten Band von *Menschliches, Allzumenschliches* aufschlagen, dessen § 58 die Frage stellt: *Was man versprechen kann* (Titel). »Man kann«, antwortet Nietzsche, »Handlungen versprechen, aber keine Empfindungen; denn diese sind unwillkürlich. Wer jemandem verspricht, ihn immer zu lieben oder immer zu hassen oder ihm immer treu zu sein, verspricht etwas, das nicht in seiner Macht steht; wohl aber kann er solche Handlungen versprechen, welche zwar gewöhnlich die Folgen der Liebe, des Hasses, der Treue sind, aber auch aus anderen Motiven entspringen können; denn zu einer Handlung führen mehrere Wege und Motive. Das Versprechen, jemanden immer zu lieben, heißt also: so lange ich dich liebe, werde ich dir die Handlungen der Liebe erweisen; liebe ich dich nicht mehr, so wirst du noch dieselben Handlungen, wenn auch aus anderen Motiven, immerfort von mir empfangen: so daß der Schein in den Köpfen der Mitmenschen bestehen bleibt, daß die Liebe unverändert und immer noch dieselbe sei« (I, 491). Wer »ohne Selbstverblendung jemandem immerwährende Liebe gelobt«, faßt Nietzsche zusammen, der verspreche also nicht Liebe, sondern »die Andauer des Anscheines der Liebe« (vgl. ebd.). Oder mit den Worten, die Brechts Garga seiner Jane gegenüber gebraucht: »Ich weiß nicht, ob ein Mann allzeit lieben kann, aber paß auf, ich verspreche dir: ich bleibe bei dir« (1, 133). War sich der Dichter des Zusammenhangs bewußt? Aber wir wollen das lieber offenlassen. Auf jeden Fall ist in diesem Satz aus *Im Dickicht der Städte* Nietzsches gesamte Erörterung formelhaft verdichtet.

Sie klingt, zugestanden, noch recht bieder, obwohl sie illusionslos genug ist. Andere Erwägungen, die im ersten Band von *Menschliches, Allzumenschliches* angestellt werden, schlagen dafür wesentlich deutlichere Töne an. So fragt sich Nietzsche gegen Ende, unter § 629: »Weil man Treue geschworen [und] sein Herz hingegeben hat, einem Fürsten, einer Partei, einem Weibe, einem priesterlichen Orden, einem Künstler, einem Denker, im Zustande eines verblendeten Wahnes, welcher Entzückung über uns legte und jene Wesen als jeder Verehrung, jedes Opfers würdig erscheinen ließ – ist man nun unentrinnbar fest gebunden? Ja, haben wir uns denn damals nicht selbst betrogen? War es nicht ein hypothetisches Versprechen, unter der freilich nicht laut gewordnen Voraussetzung, daß jene Wesen, denen wir uns weihten, wirklich die Wesen sind, als welche sie in unserer Vorstellung erschienen? Sind wir verpflichtet, unsern Irrtümern treu zu sein, selbst mit der Einsicht, daß wir durch diese Treue an unserm höheren Selbst Schaden stiften?« Und jetzt lautet die Antwort ohne Zögern: »Nein, es gibt kein Gesetz, keine Verpflichtung der Art: wir *müssen* Verräter werden, Untreue üben, unsere Ideale immer wieder preisgeben. Aus einer Periode des Lebens in die andere schreiten wir nicht, ohne diese Schmerzen des Verrates zu machen und auch daran wieder zu leiden« (I, 723). Was solchen Verrat – und noch mehr die Person des »Verräters« – »rettet«, ist allein »der Geist« (vgl. I, 730): er ist die einzige und zugleich oberste Rechtfertigung für Nietzsche. Vom »Geist getrieben«, so heißt es im vorletzten Abschnitt des Bandes mit nochmaliger Steigerung, »schreiten wir ... von Meinung zu Meinung, durch den Wechsel der Parteien, als edle *Verräter* aller Dinge, die überhaupt verraten werden können, – und dennoch ohne ein Gefühl von Schuld« (ebd.).

Der wahre Denkende als Verräter und erst als solcher wahrhaft gerechtfertigt – man weiß natürlich längst, worum es sich dabei handelt. Brecht hat schließlich nicht umsonst den anstößigen Begriff in die Überschrift gesetzt. Titel wie Text seiner Keunergeschichte *Über den Verrat* zielen auf Schock und Paradoxie ab:

Soll man ein Versprechen halten?
Soll man ein Versprechen geben? Wo etwas versprochen werden muß, herrscht keine Ordnung. Also soll man diese Ordnung herstellen. Der Mensch kann nichts versprechen. Was verspricht der Arm dem Kopf?

Daß er ein Arm bleibt und kein Fuß wird. Denn alle sieben Jahre ist er ein anderer Arm. Wenn einer den andern verrät, hat er denselben verraten, dem er versprochen hat? Solang einer, dem etwas versprochen ist, in immer andere Verhältnisse kommt und sich also immer ändert nach den Verhältnissen und ein anderer wird, wie soll ihm gehalten werden, was einem andern versprochen war? Der Denkende verrät. Der Denkende verspricht nichts, als daß er ein Denkender bleibt. (12, 404)

So gänzlich schockierend, wie Brecht sie beabsichtigt haben mag, wirkt diese Geschichte freilich nicht mehr, nachdem man nun Nietzsche gehört hat, der das bewußt Paradoxe daran ja vielfach schon aufhebt. Doch die gedanklichen, zum Teil sogar begrifflichen Entsprechungen, die hier offen zutage liegen, sind um so eindrucksvoller. Nietzsche wie Brecht gehen in dieser moralischen Frage vom Wandel aus, dem der Mensch unterworfen ist, und zwar als Versprechender nicht bloß, sondern auch als Versprechen Empfangender; und beide gelangen sie zu Lösungen, die scheinbar ›unmoralisch‹ sind, in Wahrheit jedoch – falls man den herkömmlichen Terminus beibehalten will – einer höheren ›Moral‹ gehorchen. Dadurch sollen die Unterschiede, die nach wie vor bestehen, keineswegs verwischt werden. Brecht ist nicht nur kälter, nüchterner, knapper als Nietzsche, der ziemlich umständlich und auf Strecken beinah weitschweifig verfährt; der Dichter ist zudem mit keinerlei Skrupeln mehr behaftet – gar nicht zu reden von seinem unverhohlenen Aktivismus. Worin sich ihre Texte aber vor allem unterscheiden, ist die Ursächlichkeit jenes Wandels: die Reduktion aufs weitgehend Psychologische im einen, aufs Soziologische im anderen Fall. Für Nietzsche sind es die Empfindungen, die sich und damit die Menschen ändern; für Brecht sind es die gesellschaftlichen Verhältnisse und mit ihnen notwendig die Menschen als deren Produkt. Der Dichter ist also, grob gesprochen, an der Basis orientiert, der Philosoph dagegen am Überbau; ja, Nietzsche ist auf geistige Selbstverwirklichung und freie Entfaltung der Persönlichkeit geradezu fixiert. Trotzdem sind sich beide, indem sie Denken schlechthin als Verrat bestimmen und diese heikle Dialektik schonungslos entwickeln und bejahen, sowohl im Ansatz als auch im Ergebnis ihres kritischen Philosophierens erstaunlich einig. Folgern kann man daraus nur eins. Wenn, bei aller Verschiedenheit, eine dermaßen kompakte Ähnlichkeit herrscht, so muß sie entweder auf unmittelbarer Beeinflussung beruhen oder aber auf einer Affinität, die mit Fug und Recht als ganz außergewöhnlich bezeichnet werden darf.

Selbst noch in der sprachlichen Pointierung äußert sich diese Verwandtschaft. Keuners Geschichte *Über den Verrat* arbeitet, in kalkulierter Provokation, von vornherein mit Paradoxen; doch auch Nietzsche spricht zuletzt mit provozierender Zuspitzung von »edlen« Verrätern – was wiederum ebensogut von Herrn K. gesagt sein könnte. Andererseits beklagte sich dessen Dichter in Kalifornien einmal, sein Freund Lion Feuchtwanger wolle sich nicht dazu entschließen, eine gegebene Zusage zurückzuziehen und so »sein Versprechen charaktervoll zu brechen«.[79] Könnte diese kostbare Wendung nicht umgekehrt von Nietzsche stammen? Denn sie ist ja lediglich die komische Lesart dessen, was in Brechts Keunergeschichte trocken-sachlich und in *Menschliches, Allzumenschliches* bald redselig breit, bald mit heroischem Pathos vorgetragen wird. Daß aber Nietzsche, nicht anders als Brecht, im Wortspiel und in der Ironie, in Sarkasmus, Satire und Persiflage – kurz: im Bereich des Witzigen – genauso zu Hause war wie im Bereich des pointierten Ernstes, bedarf gewiß keiner Beteuerung. Nicht bloß in ihrer Denkweise, auch in wichtigen Stilelementen stimmen beide in ungewöhnlichem Maß überein. Und wohin man auch blickt, erfährt dieser Befund zusätzliche Bestätigung.

Was dabei am meisten auffällt, ist etwas, was wir schon mehrfach festgestellt und auch soeben wieder, am Anfang der Brechtschen Keunergeschichte, in musterhafter Ausprägung angetroffen haben. »Soll man«, fragt Herr K. dort, »ein Versprechen halten?« Worauf mit sofortigem Umschlag die Gegenfrage erfolgt: »Soll man ein Versprechen geben?« Der Dichter läßt derlei am liebsten hart zusammenstoßen, während der Philosoph in solchen Fällen – man denke an jenen Aphorismus aus *Morgenröte* (vgl. I, 1049) – eher dazu neigt, ein emphatisches »Umgekehrt!« dazwischenzurufen.[80] Doch das Prinzip, eben »Umkehrung«, ist beide Male das gleiche und wird von diesem Leit- und Lieblingsbegriff Nietzsches, der überall und in sämtlichen Abwandlungen bei ihm auftaucht, durchaus angemessen beschrieben. (Der berühmtere Begriff »Umwertung« ist selbstverständlich damit verknüpft; er erscheint aber weniger häufig und besitzt kaum die formale Dimension, auf die es hier ankommt.) Der Grundvorgang jedenfalls eines abrupten und unvermuteten Umschlags findet sich nicht allein bei Brecht, sondern ebenso bei Nietzsche, und zwar Dutzende und Aberdutzende von Malen; und nicht zufällig waren auch wir bereits wiederholt gezwungen, dessen Kennwort darauf anzuwenden. Im übrigen liegt es auf der Hand, daß derartige Umkehrungen – inhaltlich oft schon mit einer Umwertung identisch – sowohl am Wesen der Komik als auch am Wesen der Verfremdung, die ohnehin ihrerseits zusammenhängen[81], partizipieren; denn alle diese Bereiche decken sich zu einem bestimmten Teil und durchdringen einander nicht selten völlig. Eine Wahrheit respektlos umzudrehen, einen Gedankengang oder eine Formulierung auf den Kopf oder – um es ebenfalls mit einer naheliegenden ›Umkehrung‹ auszudrücken – vom Kopf auf die Füße zu stellen: das ist ein ebenso erheiterndes wie erhellendes Verfahren, das von Brecht und Nietzsche virtuos gehandhabt wird und das in der Tat ihren Stil, sei es im Denken oder im Schreiben, zutreffender kennzeichnet als jedes andere Phänomen. Hierin, wenn in irgend etwas, sind die beiden wirklich wahlverwandte Meister.

Dieses Brecht-Nietzschesche Umkehrungsverfahren erstreckt sich vom Detail der Wortbildung, ja eines eingeschmuggelten Buchstabens oder vertauschten Satzzeichens bis in die Großstruktur und übergreifende Konzeption ganzer Werke und Werkgruppen. Bereits ein blasphemischer Titel wie *Der Antichrist*, in dem Nietzsche seine totale »Gegenphilosophie« (vgl. I, 361)[82] zusammenfaßte, oder eine kritische Vokabel wie »Gegenentwurf« (5, 2*), die ebenfalls weit über ihren Anlaß hinaus für Brechts »nichtaristotelische Dramatik« (15, 278) Bedeutung hat, sprechen wortwörtlich Bände; doch genau dasselbe Prinzip waltet selbst dann noch, wenn Zarathustra »*zum* Kreuze kriechen« (II, 428) statt, wie zu erwarten wäre, ›*zu* Kreuze kriechen‹ sagt oder wenn Brecht, mit winzigem Eingriff, ein Komma durch einen Doppelpunkt ersetzt, so daß seine Mutter Courage nunmehr, statt fromm zu versichern: ›Der Mensch denkt, Gott lenkt‹, gut atheistisch und antichristlich singen kann:

> Der Mensch denkt: Gott lenkt –
> Keine Red davon! (4, 1395 f.)

Überhaupt waren es christliche, insbesondere biblische Sprach- und Gedankenelemente, die Nietzsche und Brecht immer wieder zu solchen Umkehrungen reizten. Dazu gehört nicht bloß Zarathustras bekannte »Fernsten-Liebe« (»Meine Brüder, zur Nächstenliebe rate ich euch nicht: ich rate euch zur Fernsten-Liebe« [II, 325]); mindestens ebenso aufschlußreich ist ein Aphorismus, der aus *Menschliches, Allzumenschliches* (vgl. I, 500) stammt. Er kündigt vorweg an, in ihm werde »Lukas 18, 14 verbessert«, und lautet demgemäß: »Wer sich selbst erniedrigt, *will* erhöhet werden.« Unmittelbar und ausdrücklich wird mit dieser Umkehrung, ganz wie es Nietzsches Vorsatz entspricht, ein Bibelwort psychologisch entlarvt – wohingegen Brecht, soziologisch denkend, sich abermals eine erbauliche Volksweisheit vorknöpft. Nicht am nächsten, sondern »am fernsten« sei die Hilfe, »wo die Not am größten«, schreibt er in einem Gedichtfragment aus den vierziger Jahren (vgl. 10, 910). Der Anklang an die Losung Zarathustras, der sich dabei einstellt, kommt nicht von ungefähr: so nämlich, möchte man sagen, äußert sich die Brechtsche Form einer ›Fernstenliebe‹.[83] Der eigentliche Überraschungseffekt besteht ja darin, daß gerade das umgedrehte Sprichwort, in neuerlichem Umschlag, uneingeschränkt ernst genommen und als kalte Lehre den Erwartungen der Unterdrückten, die sich eine prompte Beseitigung ihres Elends erhoffen, entgegengehalten wird. Brecht wendet sich ›mitleidlos‹ an den einzelnen Ausgebeuteten:

Wärme ist's, was du brauchst, und Brot und schnell brauchst
                      du's und von allen
Lehren der Welt nur die, wie du schnell bekommst, was dir mangelt.
Und jetzt erfährst du als erstes: verbanne zuvörderst die Schnelligkeit
Ganz aus dem Kopf!
Wo die Not am größten, ist die Hilfe am fernsten.
Ebenso kalt wie der Wind ist die Lehre ihm zu entgehen
Ebenso dürftig wie deine Nahrung der Rat sie endlich zu mehren.
(ebd.)

Das ist, wenn auch indirekt und auf kleinstem Raum, die gleiche Übertragung christlicher Vorstellungen auf den Klassenkampf, die gleiche Säkularisierung und damit Beerbung, wie sie direkt und in größerem Rahmen das Stück *Die Maßnahme* zeigt, dessen ursprüngliche Fassungen die Szene, in der der junge Genosse erschossen und in die Kalkgrube geworfen wird, unmißverständlich *Grablegung*[84] nennen.

Blasphemie (oder jedenfalls Travestie) einerseits und andererseits tödlicher Ernst und eine fast mythisierende Weihe halten einander bei Brecht wie in *Also sprach Zarathustra* die Waage. Denn selbstredend nahm auch Nietzsche seine Umkehrung der christlichen Nächstenliebe vollkommen ernst. Lehrt, ja predigt Zarathustra nicht erst recht, wenn er zur »Fernsten-Liebe« rät? Und zehrt er nicht ebenfalls, genau wie der junge Genosse, von jener ererbten oder meinetwegen erborgten Weihe? Solche Fragen sind rein rhetorisch. Wiederum stimmen Brecht und Nietzsche, im Ansatz wie im Ergebnis, auf die erstaunlichste Weise überein. Noch in der Wiederholung und gleichsam Potenzierung ihres Verfahrens ist dessen Grundprinzip am Werk, nicht anders als beim doppelten Übergang ins Komische und in die Verfremdung. Er ist freilich ein gleitender, und zwar in jeder Hinsicht; klare Grenzen lassen sich schwer ziehen. Eher komisch wirkt es zum Beispiel, wenn in *Menschliches, Allzumenschliches* dem Asketen die (echte oder imaginäre) Kutte gelüftet und triumphierend von ihm erklärt wird, er mache »aus der Tugend eine Not« (I, 497). Eher verfremdend wirkt es hingegen, wenn Brecht, mit gleicher ideologiekritischer Einstellung und Methode, im *Kleinen Organon für das Theater* (vgl. 16, 676) fragt: »Haben wir nicht gesehen, wie der *Un*glaube Berge versetzt hat?« Er, der Dichter, ist es diesmal, der ein Schriftwort (nämlich 1. Kor. 13, 2) ›verbessert‹ und in nochmaliger Umkehrung für sich in Anspruch nimmt; und er versteht es, im Sinne einer Umgestaltung der Erde durch den mündig gewordenen Menschen, so materialistisch konkret wie nur möglich. Eine ähnliche, allerdings wieder psychologische, ja kraß psychopathische Konkretheit gilt auch für den Philosophen, der sich dieses Wort des Paulus natürlich ebensowenig entgehen ließ. Nietzsches Version lautet: »Daß . . . der Glaube keine Berge versetzt, wohl aber Berge *hinsetzt,* wo es keine gibt: ein flüchtiger Gang durch ein *Irrenhaus* klärt zur Genüge darüber auf« (II, 1216). So im *Antichrist;* doch schon im zweiten Band von *Menschliches, Allzumenschliches* hieß es, wenn auch minder kraß: »Zwar hat der Glaube bisher noch keine wirklichen Berge versetzen können, obschon dies ich weiß nicht wer behauptet hat; aber er vermag Berge dorthin zu setzen, wo keine sind« (I, 826). Die Aggressivität dieser Umkehrung wird durch die Unschuldsmiene der Ironie kaum gemildert.

An solchen Stellen kommen Nietzsche und Brecht einander vielleicht am nächsten. Ihre Haltung scheint fast ununterscheidbar zu sein, ihr lebenslanger Umgang mit der Bibel und mit christlichem Sprach- und Gedankengut geradezu austauschbar. Das ist auch gar kein Wunder: beide haben sich offen zu ihrer Abhängigkeit von dieser Tradition bekannt. Nietzsche besaß die Kühnheit, zu dekretieren, er habe »die Sprache Luthers und die poetische Form der Bibel als Grundlage einer neuen deutschen Poesie«[85] entdeckt; Brecht, als man seinen »stärksten Eindruck« wissen wollte, versicherte mit sorgfältig ausgefeilter Arglosigkeit: »Sie werden lachen: die Bibel.«[86] Aber reichen die beiden, so muß man trotzdem fragen, einander hier tatsächlich wieder so einträchtig die Hände? War Luthers Bibel (und mit ihr die gesamte christliche Überlieferung) für jeden von ihnen auf dieselbe Weise ein, wenn nicht das sprachlich-gedankliche Reservoir bzw. Antireservoir und sozusagen ein Museum der ideologischen Gegenbeispiele? Wer das Gemeinsame bei Brecht und Nietzsche untersucht, kann nicht umhin, gleichzeitig die tiefgreifenden Unterschiede wahrzunehmen. Gewiß, die Lutherbibel war das große Vorbild für den Sprachrausch des Zarathustra wie für das »Gestische« (vgl. 19, 398) und einiges mehr in der Sprache dessen, der nicht zufällig einst ebenfalls Psalmen geschrieben hatte. Und was beide Male entstand, war – wie Hans Mayer es benannt hat – »umfunktionierte Theologie«.[87] Dennoch klafft ein Abgrund zwischen der forciert poetischen und pseudoreligiösen Gebärde, mit der Nietzsche, und der zugleich volkstümlich schlichten und aufklärerisch schlagenden, mit der Brecht dieses Erbe antrat und kritisch verwaltete. Solche Verschiedenheit trotz aller Übereinstimmung äußert sich freilich weniger im isolierten Satz oder Vers als in vollständigen Werken, die ganze Bände füllen. Am schärfsten kommt sie wohl zum Ausdruck bei einer Gegenüberstellung von Nietzsches Antichrist und Brechts Dreigroschenroman, die zwar jeweils ein gnadenloses Gericht über Christentum und Kirche halten und »die furchtbarste aller Anklagen« (II, 1234), die in die Verurteilung »zum Tode« (vgl. 13, 1165) mündet, gegen sie erheben, doch dabei Ziele verfolgen, die einander vielfach völlig entgegengesetzt sind. Zwischen der »Umwertung aller Werte« (II, 1235) bei Nietzsche und der ebenso radikalen, mit demselben Begriff belegbaren marxistischen Gegenwendung Brechts besteht ein himmelweiter Unterschied – und dies, obwohl der Vorgang als solcher durchaus identisch ist und sich auch jedesmal, im Traum des Soldaten Fewkoombey (13, 1151 ff.) wie im ›Fluch auf das Christentum‹ (so Nietzsches Untertitel), verblüffend ähnlich manifestiert.

Beider weltanschauliche Positionen sind hinlänglich bekannt und brauchen nicht näher umrissen zu werden. Dagegen dürfte hier der Ort sein, wenigstens andeutungsweise auf ein paar Gemeinsamkeiten aufmerksam zu machen, die, ebenfalls stilistischer und formaler Art, abseits jenes allgemeinen Umkehrungsverfahrens liegen. Sie hängen vereinzelt noch mit ihm zusammen, vor allem im Bereich der Sprachkomik; zum größeren Teil sind sie unabhängig davon. Beachtung verdienen insbesondere Fälle einer frappierenden Wörtlichkeit der Übereinstimmung. Sowohl der Begriff ›Jasager‹ als auch sein Gegenbegriff ›Neinsager‹, die für sich und kombiniert (*Der Jasager und Der Neinsager*) als Titel Brechtscher Schulopern erscheinen, finden sich bei Nietzsches Zarathustra: dieser nennt sich selbst (vgl. II, 415) einen »Ja-Sager«, fordert aber ebenso bereits (vgl. II, 335) den »Nein-Sager«. Auch eine Formel wie »Fluß des Geschehens«, die unverändert (vgl. 9, 588) oder mit Abwandlungen (vgl. 12, 434 f.) einen entscheidenden Schlüsselbegriff des Dichters bildet, findet man wörtlich schon bei Nietzsche; und sie wird von ihm in der *Fröhlichen Wissenschaft* (vgl. II, 120) in einem Sinne verwendet, der dem Brechtschen vollauf entspricht. Ja, wenn man will, kann man sogar ein groteskes Bild aus *Also sprach Zarathustra* (vgl. II, 454) mit der Weigerung der Whiskysäufer in *Aufstieg und Fall der Stadt Mahagonny* in Verbindung bringen. Gott alias Dreieinigkeitsmoses bekommt dort von ihnen, die er in seine Hölle zu scheuchen versucht, die Antwort:

Jedermann streikt! An den Haaren
Kannst du uns nicht in die Hölle ziehen
Weil wir immer in der Hölle waren. (2, 560)

Das entsprechende Bild Nietzsches liefert die ironische ›Umkehrung‹: »Wahrlich, ihr werdet ihn noch an den Haaren in seinen Himmel ziehen müssen – diesen Helden!«

Erwägen läßt sich diese Verbindung immerhin, auch wenn sie zugestandenermaßen am Rande bleibt und von vornherein punktuell ist. Dafür weist ein anderer Nietzsche-Text desto vielfältigere, obzwar nun nicht mehr stets und ganz wortgetreue Beziehungen auf. Was ich meine, ist § 206 aus der *Fröhlichen Wissenschaft*, betitelt *Beim Regen*:

Es regnet, und ich gedenke der armen Leute, die sich jetzt zusammendrängen, mit ihrer vielen Sorge und ohne Übung, diese zu verbergen, also jeder bereit und guten Willens, dem andern wehe zu tun und sich auch bei schlechtem Wetter eine erbärmliche Art von Wohlgefühl zu machen. – Das, nur das ist die Armut der Armen! (II, 149)

Nicht Brechts frühe *Betrachtungen bei Regen*, woran Nietzsches Titel auf den ersten Blick erinnern mag, bieten hierzu die auffälligste Entsprechung, sondern Stücke wie *Die heilige Johanna der Schlachthöfe*. Am Schluß von Johannas »zweitem Gang in die Tiefe«, der ihr nach dem Wunsch Maulers »die Schlechtigkeit der Armen« vorführen soll (vgl. 2, 689), fragt ihr Begleiter Slift höhnisch: »Hast du gesehn, Johanna, daß ihre Schlechtigkeit ohne Maß ist?« Johanna erwidert:

> Wie aber beherrschest du
> Ihre Schlechtigkeit! Wie nützt ihr sie aus!
> Siehst du nicht, daß es auf ihre Schlechtigkeit regnet?
> [. . .]
> Ist ihre Schlechtigkeit ohne Maß, so ist's
> Ihre Armut auch. Nicht der Armen Schlechtigkeit
> Hast du mir gezeigt, sondern
> *Der Armen Armut.* (2, 696)

Lediglich in der Wortstellung, die zweifellos noch wirkungsvoller ist als bei Nietzsche, weicht Brecht von jenem Aphorismus aus der *Fröhlichen Wissenschaft* ab, während umgekehrt der Gegensatz zu dessen kühl registrierender, ja fast schon snobistisch gefärbter Beobachtung – oder soll ich sagen: Johannas Entgegnung auf sie? – schwerlich einschneidender gedacht werden könnte.

Von besonderer Wichtigkeit ist jedoch auch, daß Brechts einprägsame Formel nicht bloß – was der Stückeschreiber ohnehin nur höchst selten tat – im Druckbild eigens hervorgehoben wird, sondern daß sich zudem dadurch, daß ergänzend das Motiv des Regens einbezogen ist, eine sogar zweifache Verknüpfung mit Nietzsche ergibt. Denn gerade die Situation »beim Regen«, zusätzlich zur Dialektik von Armut und Schlechtigkeit, deutet unverkennbar auf ein weiteres von Brechts Lieblingsstücken.[88] Man blättere, um sich von dieser abermaligen Verdoppelung zu überzeugen, in den Eingangsszenen des *Guten Menschen von Sezuan* und betrachte das Verhalten der armen Leute zu Beginn sowie die Begegnung zwischen Shen Te und dem Flieger Sun im abendlichen Park, als es zu regnen anfängt. Hier, zumindest

nachträglich, die charakteristische Zweiheit von »Hoffnungslo-
sigkeit und ... Regen« (vgl. 4, 1528); dort – mit brillant
verfremdendem Umschlag, der wiederum die volle Gegensätzlichkeit der Brechtschen und Nietzscheschen Positionen aufreißt
– nochmals Verse über die wahre »Armut der Armen«:

> Sie sind schlecht.
> Sie sind niemandes Freund.
> Sie gönnen keinem einen Topf Reis.
> Sie brauchen alles selber.
> Wer könnte sie schelten? (4, 1502)

Es dürfte, angesichts einer derart dichten Verflochtenheit,
kaum sehr willkürlich sein, im gleichen Zusammenhang selbst
den scheinbar gänzlich entlegenen Text *Über reine Kunst* aus
Me-ti / Buch der Wendungen (vgl. 12, 509) zu nennen. Auch er
vereint schließlich, beziehungsreich genug, das Motiv des Regens
mit dem der Armut. Der Dichter Kin-jeh, ein *alter ego* Brechts
wie Me-ti, sieht sich in dieser Geschichte außerstande, Lyrik
»über das Geräusch fallender Regentropfen« zu verfassen und
damit den Regen »zu einem genußvollen Erlebnis« zu machen:
solange es nämlich Menschen gebe, »die kein Obdach besitzen
und denen die Tropfen zwischen Kragen und Hals fallen, während sie zu schlafen versuchen«. Wie Nietzsche und doch durch
und durch anders gedenkt Brecht alias Kin-jeh »der armen Leute«
und dessen, was ihnen »bei schlechtem Wetter« droht – nicht
etwa seelische oder moralische Erbärmlichkeit, sondern die er-
bärmlichste Not des Leibes. Sie, nur sie ist für ihn der Grund
ihres ›Schlechtseins‹.

Und doch war der Dichter imstande, wenn nicht reine Kunst,
so doch Kunst über die Unmöglichkeit reiner Kunst »in finsteren
Zeiten« (vgl. 9, 772 f.) zu schaffen. (Und hat nicht selbst sie, wie
uns Brecht zu verstehen gibt[89], ihre ›Reinheit‹?) Nicht bloß in
seinem lyrischen Vermächtnis *An die Nachgeborenen,* auch nicht
bloß in den bekenntnishaften Versen über *Die Landschaft des
Exils* (vgl. 10, 830 f.) bricht dieser Impuls durch, sondern sogar
und erst recht im folgenden Geständnis. Es gehört in der Tat zum
Persönlichsten und als künstlerisches wie menschliches Zeugnis
Ergreifendsten, was Brecht hinterlassen hat:

> Ausschließlich wegen der zunehmenden Unordnung
> In unseren Städten des Klassenkampfs

Haben etliche von uns in diesen Jahren beschlossen
Nicht mehr zu reden von Hafenstädten, Schnee auf den Dächern,
                                                              Frauen
Geruch reifer Äpfel im Keller, Empfindungen des Fleisches
All dem, was den Menschen rund macht und menschlich
Sondern zu reden nur mehr von der Unordnung
Also einseitig zu werden, dürr, verstrickt in die Geschäfte
Der Politik und das trockene ›unwürdige‹ Vokabular
Der dialektischen Ökonomie
Damit nicht dieses furchtbare gedrängte Zusammensein
Von Schneefällen (sie sind nicht nur kalt, wir wissen's)
Ausbeutung, verlocktem Fleisch und Klassenjustiz eine Billigung
So vielseitiger Welt in uns erzeuge, Lust an
Den Widersprüchen solch blutigen Lebens
Ihr versteht. (9, 519)

Unverhüllter, als es in diesen zögernden, beinah bangen Schlußzeilen geschieht, hat der marxistische Dichter sich wohl selten über sich geäußert. Gesteht Brecht nicht geradezu, daß auch er – noch als Marxist, noch im Exil, noch während des Kampfes gegen den Faschismus – der Versuchung eines Nietzscheschen Jasagens zur Welt in all ihren Manifestationen, selbst noch den grausamsten, ausgesetzt war?

Aber ich will hier lieber abbrechen. Und ich denke, ich darf es auch: nun, nachdem sich der Kreis meiner essayistischen Betrachtungen (›Versuche‹ im Brechtschen wie im Nietzscheschen Sinne) mit dem Prosastück *Über reine Kunst* und dem Gedicht *Ausschließlich wegen der zunehmenden Unordnung* geschlossen hat. Zugegeben, manches wäre noch zu sagen, zu Brecht im allgemeinen wie insbesondere zu Brecht und Nietzsche. Denn ich fürchte, daß ich nicht einmal die unmittelbaren Bezugnahmen auf den Philosophen, die das Werk des Dichters enthält, vollständig erfaßt habe; zu schweigen von den mittelbaren. (Methodologisch wäre anzumerken, daß ein Vergleich dieser Art, wenn er nicht zur pedantischen positivistischen Einflußschnüffelei entarten soll, ohnehin notwendig im Offenen enden muß.) Lassen wir daher jene unmittelbaren Bezugnahmen auf Nietzsche! Brechts mittelbare Beziehungen zu ihm sind ja mindestens ebenso wichtig, vielleicht sogar noch wichtiger. Sie erstrecken sich, wie wir gesehen haben, auf Denkinhalte und Denkformen, auf den aphoristischen Stil wie insgesamt auf die pointierte, so ungemein schöpferische Sprache, die ihnen gleichermaßen eignet. Es ist eine totale Dialektik, ein Denken und Dichten in ständigen Umkehrungen, Sprüngen, Widersprüchen, überraschenden Wendungen und Gegenentwürfen – ein ›Umwerten aller Werte‹, wenn man will, das aber ebensosehr ein ›Umworten aller Worte‹ ist. Jeder der beiden verfährt dabei auf seine, in vielem wahrhaft durch Welten geschiedene und dennoch verwandte Weise. Am aufschlußreichsten zeigen dies Brechts aphoristische Geschichten (ob um Herrn K. oder um Me-ti) und die kritisch-aufklärerischen, die sogenannten ›sokratischen‹ oder ›voltairischen‹ Aphorismenbände Nietzsches. Hier, bei dem ganz aufs Diesseits gerichteten ›fröhlichen Wissenschaftler‹, konnte der Dichter des Klassenkampfs bis zuletzt lernen, während er den ins Metaphysische wabernden Jünger des Dionysos wohl von Anfang an verwarf. Dessen mythisierende *Geburt der Tragödie aus dem Geiste der Musik,* mit ihrer Verhimmelung des Wagnerschen Gesamtkunstwerks, ist jedenfalls in mancher Hinsicht förmlich das Negativbild eines Brechtschen Theaters.[90]

Oder . . . sollten selbst im Bereich des Mythischen, ja Metaphysischen – eines Materialistisch-Metaphysischen, wie man gerechter- wie paradoxerweise sagen muß – noch untergründige Zusammenhänge herrschen?[91] Eine besondere Würdigung erfuhr nämlich gleichwohl Nietzsches anderer Mythos, der sich als verkappte Metaphysik enthüllt: *Also sprach Zarathustra.* Ausgerechnet über dieses Nietzschesche Hauptwerk verfaßte Brecht, wie schon erwähnt, um 1938 ein Gedicht, und zwar im Rahmen einer Sammlung von Sonetten, die er *Studien* nannte. Es sind, nach seiner eigenen Definition, einerseits »sozialkritische Sonette«, die jedoch andererseits »den Genuß an den klassischen Werken nicht [etwa] vereiteln« sollen. Sie sollen ihn vielmehr, was ausdrücklich betont wird, »reiner machen« (vgl. 10, 16*). Wie also? Nietzsche, der ›Vorläufer des Faschismus‹, als Klassiker im Kanon des marxistischen Dichters, neben Dante und Shakespeare, Goethe, Schiller und Kant (denen bekanntlich ebenfalls solche *Studien*-Sonette gewidmet sind)? *Also sprach Zarathustra* als Teil eines Erbes, das es wert ist, bewahrt und wohlwollend geprüft und betrachtet, ja ›rein‹ genossen zu werden? Man prüfe und erwäge sie ihrerseits, Brechts Verse *Über Nietzsches ›Zarathustra‹,* die leider – vielleicht nicht ganz zufällig – unvollendet geblieben sind! Man urteile selbst:

Du zarter Geist, daß dich nicht Lärm verwirre

Bestiegst du solche Gipfel, daß dein Reden
Für jeden nicht bestimmt, nun misset jeden:
Jenseits der Märkte liegt nur noch die Irre.

Ein weißer Gischt sprang aus verschlammter Woge!
Was dem gehört, der nicht dazu gehört
[Lücke]
Im Leeren wird die Nüchternheit zur Droge. (9, 613 f.)

Dies das *Zarathustra*- und zugleich Nietzsche-Sonett des marxistischen Dichters, geschrieben mitten im härtesten ideologischen Kampf gegen die Hitlerei, als Lukács und seinesgleichen (darunter natürlich die gesamte sowjetische Forschung) den Philosophen immer massiver und radikaler verdammten! Die einzige Ausnahme scheint damals Ernst Bloch – man vergleiche seine *Erbschaft dieser Zeit* von 1935 – gebildet zu haben . . .

Ich will diese Verse nicht mehr kommentieren: jedenfalls nicht näher, als ich das, wie knapp und andeutungsweise auch, bereits getan habe.[92] Oder besser noch: Ich will sie statt dessen durch ein weiteres Brecht-Gedicht »vom Erbe« ergänzen und erläutern. Was ich meine, ist selbstverständlich das lapidar so betitelte *Sonett vom Erbe* und damit ein abermaliges Fazit der Brechtschen Haltung – nunmehr freilich nicht bloß gegenüber Nietzsche, sondern zur Tradition überhaupt. Und zwar gerade zur widerspruchsvollen, umstrittenen, in der marxistischen (oder sich marxistisch wähnenden) Erbediskussion weitgehend verdammten und verteufelten Tradition. Denn dieses Brecht-Gedicht, das bezeichnenderweise bisher keinerlei Beachtung gefunden hat, lautet unzweideutig:

Als sie mich sahn aus alten Büchern schreiben
Saßen sie traurig mürrisch bei mir, die Gewehre
Auf ihren Knien und folgten meinem Treiben:
Gehst du bei unseren Feinden in die Lehre?

Ich sagte: Ja. Sie wissen, wie man schreibt.
Und zwar die Lüge, sagten sie, die Lüge.
(Und standen auf.) Ich freute mich der Rüge
Und sagte hastig (und erschrocken): Bleibt.

Das sind die Leute, die uns [Lücke]
Die uns das Brot in dünne Scheiben schneiden
Und ihres Volkes Schlägern raten: Schlagt es!
Was können die dich lehren? Sagte ich: Zu schreiben.

Und was zu schreiben? Sagte ich: Ihr sagt es:
Sie schneiden euch das Brot in dünne Scheiben. (9, 615 f.)

Man bedenke die Verwandtschaft beider Gedichte oder Gedichtfragmente, sogar ihr rein räumliches Nebeneinander in der Ausgabe der *Gesammelten Werke*! Könnte die vierte Zeile dieses *Sonetts vom Erbe* nicht ebensogut heißen: »Gehst du bei Friedrich Nietzsche in die Lehre«?

Aber damit will ich endgültig abbrechen. Ohnedies sind Fragmente vielleicht nicht die schlechteste Art, um einen fragmentarischen Beitrag einigermaßen sinnvoll zu beschließen. Ja, vielleicht darf am Ende gar, in aller Bescheidenheit, an Thomas Carlyles Ausspruch vom »vollendeten Bruchstück« erinnert werden. Für das *Sonett vom Erbe* – das die ganze einschlägige, zumeist fade und spießige Diskussion sowohl der beamteten Gralshüter als auch der selbstbestallten Erbwalter im Grunde überflüssig macht – gilt dieses Wort sicherlich.

Anmerkungen

1 Vgl. vor allem den Aufsatz *Nietzsche als Vorläufer der faschistischen Ästhetik.* In: Georg Lukács, *Beiträge zur Geschichte der Ästhetik* (Berlin, 1954), S. 286 ff.; hier S. 286 u. 314. – Zum folgenden Zitat vgl. ebd., S. 317.

2 Die besagte ›Keunergeschichte‹, die keineswegs die einzige ihrer Art ist, lautet im Original: »*Aus einer Disputation.* – A: Freund, Sie haben sich heiser gesprochen! – B: So bin ich widerlegt. Reden wir nicht weiter davon!«

3 *Götzen-Dämmerung oder Wie man mit dem Hammer philosophirt.* Von Friedrich Nietzsche. Vierte Auflage. Leizpig 1896; Friedrich Nietzsche, *Die fröhliche Wissenschaft* (»la gaya scienza«). 6. und 7. Tausend. Leipzig 1900 [= *Nietzsche's Werke.* Erste Abtheilung. Band V].

4 *Nietzsches Werke.* Taschen-Ausgabe. Band VII. Leipzig o. J. (enthält außer *Also sprach Zarathustra* noch *Aus dem Nachlaß 1882-1885*).

5 *Nietzsches Werke.* Taschen-Ausgabe. Band XI. Leipzig o. J. (enthält *Aus dem Nachlaß 1883/88, Der Fall Wagner, Nietzsche contra Wagner* und *Ecco homo*). – Es handelt sich bei beiden Taschenbänden um die Ausgaben des Kröner Verlags, jedoch, wie das Verlagssignet ausweist, um jeweils verschiedene.

6 Hans Otto Münsterer, *Bert Brecht. Erinnerungen aus den Jahren 1917-22* (Zürich, 1963), S. 49.

7 Vgl. Peter Paul Schwarz, *Brechts frühe Lyrik 1914-1922. Nihilismus als Werkzusammenhang der frühen Lyrik Brechts* (Bonn, 1971), S. 43.

8 Münsterer, S. 18.

9 Vgl. Walter Benjamin, *Versuche über Brecht.* Hrsg. u. mit einem Nachwort versehen v. R. Tiedemann (Frankfurt, 1966), S. 121.

10 Sie findet sich auf S. 290 des in Anm. 6 genannten Bandes und lautet: »So wenig als möglich *sitzen;* keinem Gedanken Glauben schenken, der nicht im Freien geboren ist und bei freier Bewegung« usw. [= II, 1084]; vgl. dazu Brechts *Bei Durchsicht meiner ersten Stücke,* wo es über die Entstehung von *Im Dickicht der Städte* heißt: »Ich schrieb das Stück größtenteils im Freien, im Gehen« (17, 950). Im übrigen war ja, wie man weiß, die gesamte Arbeitsmethode Brechts durch eine solche ›Beweglichkeit‹ im weitesten Sinne charakterisiert.

11 Im Gegensatz etwa zu Lessing, wo die gleiche Entsprechung rein oberflächlich bleibt, spielen Begriffe wie ›Versuch‹ und ›Experiment‹ bei Nietzsche eine entscheidende Rolle, so wie ja auch sein ganzer Denkstil ein ›experimentierender‹ ist. Vgl. dazu u. a. I, 1231, 1248 *(Morgenröte);* II, 72, 118, 186, 206, 209 *(Die fröhliche Wissenschaft);* II, 605, 666, 674 *(Jenseits von Gut und Böse).*

12 Vgl. Bertolt Brecht, *Arbeitsjournal 1938 bis 1955.* Hrsg. v. W. Hecht (Frankfurt, 1973), Bd. I, S. 442 (11. 5. 1942).

13 Vgl. etwa § 327 der *Fröhlichen Wissenschaft,* wo Nietzsche sich gegen das »Vorurteil« wendet, daß »gute Laune« und »Lachen und Fröhlichkeit« dem Denken abträglich seien (II, 189). – Beachtung verdient übrigens auch, daß Brecht bereits in *Im Dickicht der Städte* das japanische Jiu-Jitsu nicht nur die »leichte« [eigentlich ›sanfte‹], sondern ausdrücklich »die fröhliche Kunst« nennt (vgl. 1, 142).

14 Auf S. 338 des in Anm. 5 genannten Bandes [= II, 476].

15 So namentlich Bjørn Ekmann, *Gesellschaft und Gewissen. Die sozialen und moralischen Anschauungen Bertolt Brechts und ihre Bedeutung für seine Dichtung* (Kopenhagen, 1969), S. 59 u. pass.

16 Vgl. Polgars Besprechung in der *Weltbühne* vom 13. 4. 1926; abgedruckt in: Bertolt Brecht, *Baal. Der böse Baal der asoziale. Texte, Varianten, Materialien.* Kritisch ed. u. kommentiert v. D. Schmidt (Frankfurt, 1968), S. 206. – In den sechziger Jahren tauchen ähnliche Gedanken sowohl in der Tageskritik als auch in der Nietzsche-Forschung auf; vgl. etwa ebd., S. 228 f. sowie Peter Pütz, *Friedrich Nietzsche* (Stuttgart, 1967), S. 59, wo *Baal* sogar im trauten Verein mit Jünger und Langbehn begegnet.

17 »Herden-Instinkt« und »Herden-Moral« als »Moral der Furchtsamkeit« lauten die entsprechenden Formulierungen bei Nietzsche, die dann allerdings im einzelnen zu differenzieren wären.

18 »Man verliert Kraft, wenn man mitleidet«, erklärt Nietzsche hier; Mitleid wirke »depressiv«. Auch der Kaiser in Brechts frühem Einakter *Der Bettler oder Der tote Hund* macht diese Erfahrung und kommt zu dem Schluß: »Es ist nichts mit dem Mitleid« (7, 2753). – Wie diese Haltung bei Nietzsche konstant bleibt, braucht nicht weiter dokumentiert zu werden; noch in *Ecce homo* bekennt er ja: »Die Überwindung des Mitleids rechne ich unter die *vornehmsten* Tugenden« (vgl. II, 1075 ff.). Bei Brecht dagegen liegen die Dinge nicht so ganz einfach. Denn einerseits äußert sich zwar seine Wandlung in Sätzen wie: »Die leidet am Mitleid« (so Mutter Courage über Kattrin; vgl. 4, 1425), was eher kritisch gemeint ist, oder vollends im Slogan des für Hitler stehenden Gangsters Ui, es sei »Naturgesetz«, daß ›Schwache zugrund gehn« (vgl. 4, 1753); andererseits aber darf Galilei nicht ohne Billigung erklären, er »verachte Leute, deren Gehirn nicht fähig ist, ihren Magen zu füllen« (3, 1259): »Leute, welche leiden, langweilen mich« (3, 1338). Man kann natürlich einwenden, daß auch darin ein kritischer Unterton mitschwinge; um so schärfer kommt dafür das Fortwirken der ganzen Problematik an anderer Stelle zum Ausdruck (s. S. 177 ff.). Hier mag der Hinweis auf Brechts Filmstory *Die seltsame Krankheit des Herrn Henri Dunant* genügen, in der in dieser als »ein Opfer der

zerstörenden Leidenschaft, die *Güte* genannt wird«, erscheint; vgl. Bertolt Brecht, *Texte für Filme II* (Frankfurt, 1969), S. 406 ff.

19 Eine Entsprechung zu Nietzsche bildet in dieser Erzählung auch der Satz: »Von der Philosophie bleibt die Physiologie übrig« (11, 88); vgl. dazu aus der Vorrede zur *Fröhlichen Wissenschaft*: »Die unbewußte Verkleidung physiologischer Bedürfnisse unter die Mäntel des Objektiven, Ideellen, Rein-Geistigen geht bis zum Erschrecken weit – und oft genug habe ich mich gefragt, ob nicht, im großen gerechnet, Philosophie bisher überhaupt nur eine Auslegung des Leibes und ein *Mißverständnis des Leibes* gewesen ist« (II, 11).

20 Vgl. außerdem das – wohl schon durch Selbstironie relativierte – Gedicht *Inschrift auf einem nicht abgeholten Grabstein* (8, 305).

21 Bertolt Brecht, *Die Maßnahme*. Kritische Ausgabe mit einer Spielanleitung v. R. Steinweg (Frankfurt, 1972), S. 26.

22 Zur Ergänzung vgl. meinen Band *Strukturen. Essays zur deutschen Literatur* (Göttingen, 1963), S. 248 ff. – Abweichende Thesen hat, in ebenso einseitiger wie anmaßlicher Form, namentlich Reiner Steinweg vorgetragen; vgl. dessen Buch *Das Lehrstück. Brechts Theorie einer politisch-ästhetischen Erziehung* (Stuttgart, 1972) sowie insbesondere den Aufsatz »Brechts *Die Maßnahme* – Übungstext, nicht Tragödie«. In: *Das deutsche Drama vom Expressionismus bis zur Gegenwart. Interpretationen*, hrsg. v. M. Brauneck (Bamberg, ²1972), S. 145 ff. Zur Kritik an Steinweg vgl. etwa Antony Tatlow, *Theory and Practice of the Didactic Play*. In: *Jahrbuch der Internationalen Brecht-Gesellschaft* 3 (1973/74), S. 255 ff.; G. E. Nelson, *The Birth of Tragedy out of Pedagogy. Brecht's ›Learning Play‹ Die Maßnahme*. In: *German Quarterly* 46 (1973), S. 568 ff.; Heinrich Berenberg-Gossler, Hans-Harald Müller, Joachim Stosch, *Das Lehrstück – Rekonstruktion einer Theorie oder Fortsetzung eines Lernprozesses?* In: Joachim Dyck [u. a.], *Brechtdiskussion* (Kronberg, 1974), S. 121 ff.

23 Bertolt Brecht, *Baal. Drei Fassungen*. Kritisch ed. u. kommentiert v. D. Schmidt (Frankfurt, 1966), S. 49 u. 113.

24 Vgl. Nietzsches Brief an Carl Fuchs vom 27. 12. 1888: »Das, was ich über Bizet sage, dürfen Sie nicht ernst nehmen; so wie ich bin, kommt Bizet tausendmal für mich nicht in Betracht. Aber als ironische *Antithese* gegen Wagner wirkt es sehr stark; es wäre ja eine Geschmacklosigkeit ohnegleichen gewesen, wenn ich etwa von einem Lobe Beethovens hätte ausgehen wollen« (III, 1347).

25 Vgl. Brecht, *Baal. Drei Fassungen*, S. 165.

26 Ebd., S. 180.

27 Vgl. ebd., S. 53 u. 118, wo der Gefängnisgeistliche der Hoffnung Ausdruck gibt, Baal könne durch die »seelischen Qualen« in der Zelle »für die Religion empfänglich« gestimmt sein. Darauf Baal: »Müßiggang ist aller Laster Anfang.« Baal substituiert also höhnisch den Religionsbegriff; eigentlich sagt er: »Müßiggang ist aller Religion Anfang.« Das entspricht aufs genaueste einem Aphorismus in Nietzsches *Götzen-Dämmerung:* »Müßiggang ist aller Psychologie Anfang. Wie? wäre Psychologie – ein Laster?« (II, 943)

28 Vgl. S. 17 des in Anm. 5 genannten Bandes [= II, 282].

29 Vgl. ergänzend auch Nr. 20 *(Zur Erwägung)* aus dem *Vorspiel in deutschen Reimen* in Nietzsches *Fröhlicher Wissenschaft*:

Zwiefacher Schmerz ist leichter zu tragen
Als *ein* Schmerz: willst du darauf es wagen? (II, 21)

Wie dieses Epigramm, das Brecht sicher ebenfalls vertraut war, bereits auf dessen Umkehrung der *Zarathustra*-Mahnung deutet, so scheint andererseits eine Lehre aus der *Maßnahme,* wonach ein Kommunist »von allen Tugenden nur eine« habe: »daß er für den Kommunismus kämpft« (2, 638), unmittelbar an Nietzsche anzuknüpfen.

30 Brechts handschriftliche Notiz, die nach Elisabeth Hauptmann aus den »fünfziger Jahren« (10, 5*) stammt, lautet vollständig: »eines der ältesten gedichte aus der frühzeit. aber es müßte heißen: *der* nachgeborene«; vgl. Herta Ramthun, *Bertolt-Brecht-Archiv. Bestandsverzeichnis des literarischen Nachlasses.* Bd. 2: Gedichte (Berlin u. Weimar, 1970), S. 55. – Sowenig Brechts Datierung überzeugt, sosehr leuchtet seine Berichtigung des Titels (er hieß nämlich ursprünglich »Den Nachgeborenen« [vgl. ebd.]) ein. Denn diese bekenntnishaften Verse sind ja zweifellos an seine Zeitgenossen und nicht etwa an irgendwelche Nachfahren gerichtet. Die Perspektive des Gedichts ist eine völlig andere als die des ganz ähnlich – nämlich *An die Nachgeborenen* – betitelten, aber zukunftsoffenen aus der Spätzeit.

31 Vgl. zum Beispiel Bertolt Brecht, *Ausgewählte Gedichte.* Auswahl v. S. Unseld, Nachwort v. W. Jens (Frankfurt, 1964), S. 97. – Ramthun (ebd.) datiert das Gedicht auf die Zeit »um 1920«, während sich die jüngste Forschung entweder allgemein auf die »frühen zwanziger Jahre« beschränkt oder, auf Grund stilistischer Befunde, eine Datierung »um 1925 (eher noch später)« vorschlägt; vgl. Jürgen Bay, *Brechts Utopie von der Abschaffung der Kälte* (Stuttgart, 1975), S. 16, u. Edgar Marsch, *Brecht-Kommentar zum lyrischen Werk* (München, 1974), S. 107.

32 Vgl. Schwarz, S. 42 ff. u. pass.

33 Vgl. dazu Jan Knopf, *Bertolt Brecht. Ein kritischer Forschungsbericht. Fragwürdiges in der Brecht-Forschung* (Frankfurt, 1974), insbes. S. 134 ff.

34 Fast die gleiche Formulierung begegnet auch in einem Brief Nietzsches an Hippolyte Taine vom 4. 7. 1887 (vgl. III, 1258).

35 Vgl. Bernard Guillemin, *Gespräch mit Bert Brecht.* In: *Zeitgemäßes aus der ›Literarischen Welt‹ von 1925-1932.* Hrsg. v. W. Haas (Stuttgart, 1963), S. 54 f.

36 Vgl. etwa I, 402, 432; II, 908, 1049.

37 Vgl. Brecht, *Arbeitsjournal,* Bd. I, S. 248 (8. 3. 1941).

38 Ein solches Schauspiel *Luthers Hochzeit* plante übrigens tatsächlich, und zwar noch in seinen letzten Lebensjahren, Brechts Antipode Thomas Mann, wenn auch wohl mehr nach dem unmittelbaren Vorbild Wagners als auf Grund jener Anregung durch Nietzsche. Im Zürcher Thomas-Mann-Archiv sind an Vorarbeiten immerhin 47 handgeschriebene Oktavseiten vorhanden. Vgl. dazu die ausführliche Darstellung bei Kurt Aland, *Martin Luther in der modernen Literatur. Ein kritischer Dokumentarbericht* (Witten u. Berlin, 1973), S. 369 ff.

39 Erste Ansätze bei Heinz Brüggemann, *Literarische Technik und soziale Revolution. Versuche über das Verhältnis von Kunstproduktion, Marxismus und literarischer Tradition in den theoretischen Schriften Bertolt Brechts* (Reinbek, 1973), S. 250 ff. u. pass.; zur Kritik an Brüggemann vgl. Knopf, S. 168 f.

40 Vgl. Friedrich Nietzsche, *Kritische Gesamtausgabe* ed. Colli u. Montinari, Bd. V/2, S. 370.

Auf ähnliche Weise bringt Brecht auch an anderer Stelle diese Grundüberzeugung zum Ausdruck. So heißt es zum Beispiel in einem Vierzeiler (8, 376) mit lapidarer Antithese:

Ich, der ich nichts mehr liebe
Als die Unzufriedenheit mit dem Änderbaren
Hasse auch nichts mehr als
Die tiefe Unzufriedenheit mit dem Unveränderlichen

41 Vgl. Brecht, *Arbeitsjournal,* Bd. II, S. 906.

42 Ebd., Bd. I, S. 247.

43 Wie Anm. 41.

44 Vgl. ebd., Bd. I, S. 87; dort auch das folgende Zitat.

45 Vgl. dessen *Brecht – A Choice of Evils. A Critical Study of the Man, his Work, and his Opinions* (London, 1959), S. 220; dasselbe Urteil auch noch in der deutschen Übersetzung (*Brecht. Das Paradox des politischen Dichters* [München, ²1972], S. 317).

46 Vgl. Bertolt Brecht, *Im Dickicht der Städte. Erstfassung und Materialien.* Ed. u. kommentiert v. G. E. Bahr (Frankfurt, 1968), S. 132; dort auch das im folgenden erwähnte Bild.

47 Vgl. S. 18 des in Anm. 5 genannten Bandes [= II, 283].

48 Inzwischen hat Herta Ramthun eine bessere Lesung dieses Satzes vorgelegt, die meine Emendation bestätigt. Die Stelle hätte demnach zu lauten: »Die Entdeckung des Kolumbus ... wird zunächst niedergeknallt, dann für richtig und völlig unwichtig erklärt«; vgl. Bertolt Brecht, *Tagebücher 1920-1922. Autobiographische Aufzeichnungen 1920-1954.* Hrsg. v. H. Ramthun (Frankfurt, 1975), S. 43. – Zum Folgenden vgl. Hansjürgen Rosenbauer, *Brecht und der Behaviorismus* (Bad Homburg, 1970), S. 18; dagegen schon Knopf, S. 86 f.

49 Zur Rolle der Bibel in diesem Gedicht vergleiche man den Essay *Porträt mit biblischen Zügen* im vorliegenden Band; insbesondere s. S. 90.

50 Vgl. hierzu auch meine Schrift *Bertolt Brecht. Die Struktur seines Werkes* (Nürnberg, ⁶1972), S. 37.

51 Vgl. Brecht, *Arbeitsjournal*, Bd. I, S. 234.

52 Friedrich Nietzsche, *Gedichte.* Mit einem Nachwort hrsg. v. J. Hermand (Stuttgart, 1964), S. 24.

53 So Helmut Jendreiek, *Bertolt Brecht. Drama der Veränderung* (Düsseldorf, 1969), S. 224.

54 Vgl. Münsterer, S. 77 f.

55 Vgl. S. 461 des in Anm. 5 genannten Bandes [= II, 551 ff.]. – Ebenfalls markiert ist (vgl. ebd., S. 427 [= II, 537] die folgende Stelle aus dem *Zarathustra*: »Ihr freien Seelen, wohin ist eure Freiheit! Fast, dünkt mich's, gleicht ihr Solchen, die lange schlimmen tanzenden nackten Mädchen zusahn: eure Seelen tanzen selber!« Auch hier ist der Anklang – diesmal an den Titel *Lied der müden Empörer* und an die Halbstrophe »Und wer nie müd noch traurig ward / Der hat auch nie getanzt« (8, 34) – nicht zu überhören.

56 Weniger deutlich ist dagegen, obwohl sich Brecht einmal (vgl. 15, 3) auf ein »Tanzlied« von Wedekind beruft, die Entsprechung zu dessen *Grand Ecart* mit dem Untertitel ›Tanzlied‹, wie sie neuerdings vertreten wird; vgl. ebd., S. 54 f. sowie Marsch, S. 91, und Schwarz, S. 41 ff. – Daß zwischen dem *Lied der müden Empörer* und Wedekinds Gedicht *Erdgeist* ebenfalls ein Zusammenhang besteht, scheint freilich Schwarz wie Münsterer entgangen zu sein. Die letzte Strophe dieses Gedichts (vgl. Frank Wedekind, *Prosa, Dramen, Verse* [München, ²1960], S. 43) lautet indes deutlich genug:

Glücklich, wer geschickt und heiter
Über frische Gräber hopst.
Tanzend auf der Galgenleiter
Hat sich keiner noch gemopst.

Vermutlich liegt mithin im *Lied der müden Empörer* – man denke an den ursprünglichen Titel – sogar eine doppelte Anleihe Brechts vor.

57 Vgl. S. 12 des in Anm. 5 genannten Bandes [= II, 279]. – Das Fragezeichen, das hier erstaunlicherweise die Markierung bildet, dürfte wohl kaum der Parole vom

Tod Gottes gelten; sinnvoll wird es eigentlich bloß, wenn man es auf die Ignoranz des alten Heiligen bezieht.

58 Dies Verwandte und dennoch Trennende, bei aller Übereinstimmung der Themen und Mittel, kommt nochmals zum Ausdruck, wenn man zur Ergänzung *Jenseits von Gut und Böse* aufschlägt, wo einer der *Sprüche* im vierten Hauptstück lautet: »Wir machen es auch im Wachen wie im Traume: wir erfinden und erdichten erst den Menschen, mit dem wir verkehren – und vergessen es sofort« (II, 635).

59 Vgl. 19, 458, wo es heißt: »In den [aristophanischen] *Wolken* gibt ein Bauer seinen Sohn zu einem Tui in die Lehre« usw.

60 Brecht, *Arbeitsjournal*, Bd. I, S. 305 (26. 10. 1941).

61 Vgl. Gottfried Benn, *Gesammelte Werke in vier Bänden*. Hrsg. v. D. Wellershoff (Wiesbaden, 1958 ff.), Bd. I, S. 482.

62 Vgl. Sigmund Freud / Arnold Zweig, *Briefwechsel*. Hrsg. v. E. L. Freud (Frankfurt, 1968), S. 96 u. 89. – Ich zweifle jedenfalls sehr, ob Freuds Verhältnis zu Nietzsche wirklich so ganz und gar »ungeklärt« sei, wie man bisher gemeint hat (vgl. dazu vor allem Odo Marquard, *Zur Bedeutung der Theorie des Unbewußten für eine Theorie der nicht mehr schönen Kunst.* In: *Die nicht mehr schönen Künste. Grenzphänomene des Ästhetischen.* Hrsg. v. H. R. Jauß [München, 1968], S. 375 ff.). Auch Freuds übrige Selbstzeugnisse sind nämlich, gelinde gesagt, widersprüchlich. Einmal erklärt er: »Den hohen Genuß der Werke Nietzsches habe ich mir dann in späterer Zeit der bewußten Motivierung versagt, daß ich in der Verarbeitung der psychoanalytischen Eindrücke durch keinerlei Erwartungsvorstellung behindert sein wollte.« Ein andermal bemerkt er, Nietzsche – »dessen Ahnungen und Einsichten sich oft in der erstaunlichsten Weise mit den mühsamen Ergebnissen der Psychoanalyse decken« – sei von ihm »gerade darum lange gemieden« worden; Freud fügt hinzu: »an meiner Priorität lag mir ja weniger als an der Erhaltung meiner Unbefangenheit« (vgl. Sigmund Freud, *Gesammelte Werke. Chronologisch geordnet.* Unter Mitwirkung v. M. Bonaparte [u. a.] hrsg. v. A. Freud [London bzw. Frankfurt, 1940 ff.], Bd. X, S. 53, u. Bd. XIV, S. 86). Auch ohne daß man auf die einzelnen Widersprüche einzugehen braucht, läßt sich also immerhin soviel sagen, daß Freud, entgegen seiner Behauptung, mit Nietzsche bemerkenswert gut vertraut und sich der Bedeutung von dessen Schaffen für die Psychoanalyse vollauf bewußt war. Falsch ist daher Thomas Manns Versicherung, Freud habe »Nietzsche nicht gekannt«, sosehr im übrigen der Zusatz ins Schwarze trifft: »bei dem man überall Freudsche Einsichten blitzhaft vorweggenommen findet« (vgl. *Adel des Geistes. Sechzehn Versuche zum Problem der Humanität* [Frankfurt, 1955], S. 501); und erst recht unverständlich bleibt ein Bericht, wonach Freud erklärt haben soll: »Nietzsche had in no way influenced his ideas. He had tried to read him, but found his thought so rich that he renounced the attempt« (so Ernest Jones, *Sigmund Freud. Life and Work* [New York, 1954 ff.], Bd. II, S. 385). – Vgl. ergänzend auch Elrud Kunne-Ibsch, *Die Stellung Nietzsches in der Entwicklung der modernen Literaturwissenschaft* (Tübingen, 1972), S. 238 ff. sowie die Hinweise bei Marquard und in dem Sammelband *Psychoanalyse und Literaturwissenschaft. Texte zur Geschichte ihrer Beziehungen.* Hrsg., eingeleitet u. mit einer weiterführenden Bibliographie versehen v. B. Urban (Tübingen, 1973), S. XXII u. pass.

63 Vgl. hierzu Sigmund Freud, *Das Unbehagen in der Kultur* (Wien, 1930), S. 27 f. – Zur Bewertung von Freuds Kunstauffassung in dieser Schrift vgl. ferner Peter von Matt, *Literaturwissenschaft und Psychoanalyse. Eine Einführung* (Freiburg i. Br., 1972), S. 28.

64 Zum folgenden vgl. Freud/Zweig, *Briefwechsel*, S. 35 f.

65 Man nehme etwa Zweigs schiefe Einschätzung des Sokratischen bei Nietzsche (vgl. ebd.).

66 Vgl. Freud, *Das Unbehagen in der Kultur*, S. 84.

67 Vgl. ebd., S. 50.

68 Vgl. dazu, neben den im folgenden zitierten Stellen, vor allem 2, 704, 761; 5, 2261; 8, 392; 9, 742, 770; 10, 844, 1014 f., 1024 ff.; 15, 377; 16, 616, 618, 680; 19, 486; 20, 220.

69 So Brecht; zit. nach Siegfried Melchinger, *Drama zwischen Shaw und Brecht. Ein Leitfaden durch das zeitgenössische Schauspiel* (Bremen, 1957), S. 174.

70 Eine kürzere, die nichts Neues erbringt, legt Brecht ebenfalls Kalle in den Mund (vgl. 14, 1505).

71 Die zweite und zugleich letzte Strophe lautet:
Der Sturm, der die Birken biegt
Gilt für gewalttätig
Aber wie ist es mit dem Sturm
Der die Rücken der Straßenarbeiter biegt?

72 Vgl. Freud, *Das Unbehagen in der Kultur*, S. 83 – wobei der eifernde Bürger allerdings übersieht, daß es sich um das Privateigentum an den Produktionsmitteln handelt.

73 Falls man aus jenem Einschub in den *Briefen an einen erwachsenen Amerikaner* (vgl. 20, 301) eine Unterscheidung zwischen der landläufigen Psychoanalyse und einem »Freudianismus« im engeren Sinne herauslesen darf, hätte Brecht sich übrigens durchaus auf der Höhe auch der heutigen Forschung befunden; vgl. dazu von Matt. S. 8 f. Vgl. ergänzend Richard Waigaman, *The Intellectual Relationship Between Nietzsche and Freud*. In: *Psychiatry* 36 (1973), S. 458 ff., u. Jörg Salaquarda, *Gesundheit und Krankheit bei Nietzsche*. In: *Studi tedeschi* 17/2 (1974), S. 73 ff. – Während der Amerikaner, trotz aller notgedrungenen Aufgeschlossenheit, »profound divergences that underlie almost every superficial similarity« (S. 461) wahrzunehmen glaubt, stellt der Deutsche, ohne deshalb bestehende Unterschiede zu verkennen, zusammenfassend fest, Nietzsche sei »hinsichtlich der Einsicht in das Unbewußte und seiner Gesetzlichkeiten ein direkter Vorläufer Freuds und ... diesem in der Erforschung der historischen Bedingtheit von Verdrängungen ebenbürtig, wenn nicht sogar überlegen« (S. 83).

74 Daß der Name Keuner sowohl als mundartliche Form von »keiner« wie auch als Anspielung auf das griechische κοινός aufzufassen ist, darf inzwischen als erwiesen gelten.

75 Vgl. dazu allgemein Betty Nance Weber, *Bertolt Brecht and Friedrich Hebbel. A Study in Literary Influence and Vandalism* (Diss. University of Wisconsin, 1973).

76 Grundsätzlich sei, bemerkt Brecht hier ergänzend, »für den Theaterschreiber die Äußerung irgendeines Theaterschreibers ebenso als Material begrüßenswert wie die eines Götz von Berlichingen oder eines Herrn Henschel«.

77 Vgl. Hegel, *Sämtliche Werke* ed. Glockner, Bd. II, S. 33.

78 Vgl. dazu in diesem Band den Essay *Brechts Rad der Fortuna*.

79 Vgl. Brecht, *Arbeitsjournal*, Bd. II, S. 556 (12. 12. 1942).

80 Auf solche ›diskursiven‹ Momente scheint sich ein Kritiker zu stützen, der – meines Erachtens zu gewaltsam – den Unterschied zwischen der Nietzscheschen und der Brechtschen Aphoristik zugleich als »difference between a piece of ingenious writing and a work of art« zu bestimmen sucht. Vgl. C. P. Magill, *Two Types of German Prose Miniature*. In: *Deutung und Bedeutung. Studies in German and Comparative Literature, Presented to Karl-Werner Maurer*. Ed. by B. Schluder-

mann [u. a.] (The Hague / Paris, 1973), S. 79 ff.; hier S. 89.

81 Vgl. den Aufsatz *Komik und Verfremdung* in meinem Band *Strukturen,* S. 226 ff.

82 Ich glaube, man ist durchaus berechtigt, den Spieß umzudrehen und diesen von Nietzsche ja kritisch gemeinten Begriff auf ihn selber anzuwenden.

83 Nietzsche dagegen bleibt seinem psychologischen Ansatz treu, wenn er in der *Fröhlichen Wissenschaft* mit ähnlichem Anklang schreibt: »Jeder ist sich selber der Fernste« (II, 194). Auch gilt diese Umkehrung nicht mehr einem Bibelzitat oder erbaulichen Sprüchlein, sondern einem geflügelten Wort aus dem Terenz *(proximus sum egomet mihi).*

84 Vgl. Brecht, *Die Maßnahme,* S. 31, 62, 93.

85 Vgl. Nietzsche, *Musarion-Ausgabe* ed. Oehler [u. a.], Bd. XVII, S. 346.

86 Vgl. *Die losen Blätter* (Beilage zu *Die Dame*) vom 1. 12. 1928; dazu insgesamt die Bemerkungen bei Hans Mayer, *Bertolt Brecht und die Tradition* (Pfullingen, 1961), S. 48 ff.

87 Vgl. ebd., S. 49.

88 Vgl. Lion Feuchtwanger, *Bertolt Brecht.* In: *Sinn und Form. Zweites Sonderheft Bertolt Brecht* (Berlin, 1957), S. 103 ff.

89 Vgl. hierzu den Einleitungsessay im vorliegenden Band.

90 Erste Ansätze zu einer Analyse bietet mein Aufsatz *Dionysos und Sokrates. Nietzsche und der Entwurf eines neuen politischen Theaters.* in: *Karl Marx und Friedrich Nietzsche. Acht Beiträge.* Hrsg. von R. Grimm u. J. Hermand (Königstein, 1978), S. 152 ff.

91 Vgl. vor allem Peter Hellers Diskussionsbeitrag *Zum Thema Brecht und Nietzsche.* In: *Studi tedeschi* 18/3 (1975), S. 147 ff. – Meine *Replik (con sordino)* erschien im selben Heft dieser Zeitschrift; vgl. dort S. 153 ff.

92 Vgl. hierzu nochmals meinen Essay *Geständnisse eines Dichters.* – Was die (spärlichen) Lesarten zu jenen Versen betrifft, so werde ich sie bei Gelegenheit gesondert mitteilen.

Nachweise

Geständnisse eines Dichters. Unveröffentlicht. Eine Kurzfassung erschien unter demselben Titel in dem von Walter Hinck herausgegebenen Band *Ausgewählte Gedichte Brechts mit Interpretationen* (Frankfurt, 1978), S. 48 ff.

Brechts Anfänge. Der Aufsatz erschien zunächst in englischer Sprache in der Zeitschrift *The Drama Review* (New York) 12 (1967), Nr. 1, S. 22 ff.; den gleichen Text enthält auch der von Erika Munk herausgegebene Band *Brecht* (New York, 1972), S. 12 ff. – Die deutsche Fassung erschien in dem von Wolfgang Paulsen herausgegebenen Band *Aspekte des Expressionismus. Periodisierung · Stil · Gedankenwelt* (Heidelberg, 1968), S. 133 ff.

Porträt mit biblischen Zügen. Unter dem Titel *Bertolt Brecht* erschienen in dem von Benno von Wiese herausgegebenen Sammelband *Deutsche Dichter der Moderne. Ihr Leben und Werk* (Berlin, 1965); der hier abgedruckte Text folgt dem der 3., überarbeiteten und vermehrten Auflage von 1975, S. 561 ff. – Eine gekürzte englische Fassung enthält der von Henry J. Schmidt und mir herausgegebene Band *Brecht Fibel* (New York, Evanston and London, 1970), S. XIII ff.

Marxistische Emblematik. Erstmals veröffentlicht, mit dem Zusatz *Zu Bertolt Brechts ›Kriegsfibel‹*, in dem Band *Wissenschaft als Dialog. Studien zur Literatur und Kunst seit der Jahrhundertwende.* Hrsg. von Renate von Heydebrand u. Klaus Günther Just (Stuttgart, 1969), S. 351 ff. u. 518 ff.; eine englische Fassung erschien unter dem Titel *Marxist Emblems: Bertolt Brecht's ›War Primer‹* in der Zeitschrift *Comparative Literature Studies* (Urbana, Ill.) 12 (1975), S. 263 ff.

Brechts Rad der Fortuna. Veröffentlicht in *Special Issue Bertolt Brecht. 75th Anniversary of his Birth* der Zeitschrift *German Quarterly* (Philadelphia) 46 (1973), S. 549 ff.

Brecht und Nietzsche. Unveröffentlicht. Teile daraus erschienen unter den Titeln *Brecht und Nietzsche* bzw. *Notizen zu Brecht, Freud und Nietzsche* in der Zeitschrift *Studi tedeschi* (Neapel) 17/2 (1974), S. 5 ff., und im *Brecht-Jahrbuch 1974* (Frankfurt, 1975), S. 34 ff.; ein weiterer kleiner Beitrag, betitelt *Kant, Kopernikus und einige ihrer Zeitgenossen. Zwei Beispiele für Nietzsche als Erblasser Brechts,* ist im neuen Band der *Nietzsche-Studien* enthalten.

Allgemein anzumerken wäre noch, daß die Mehrzahl dieser Texte, in gleicher oder veränderter Form, vielfach als Vorträge gehalten wurden, und zwar teils in deutscher, teils in englischer Sprache zumeist an Universitäten des In- und Auslandes, aber auch auf Tagungen sowie in Goethe-Häusern und ähnlichen Instituten. *Brechts Anfänge* und *Brechts*

Rad der Fortuna wurden außerdem, in gekürzter Fassung, vom Süddeutschen Rundfunk Stuttgart gesendet.

Zur Ergänzung sei ferner auf die Diskussionsbeiträge von Peter Heller (zu *Brecht und Nietzsche*) und Christian Wagenknecht (zu *Marxistische Emblematik*) hingewiesen. Hellers Beitrag erschien unter dem Titel *Zum Thema Brecht und Nietzsche* in den *Studi tedeschi* 18/3 (1975), wo sich auch meine *Replik (con sordino)* findet; Wagenknechts Beitrag, unter dem Titel *Marxistische Epigrammatik*, sowie meine Entgegnung darauf enthält der im Erscheinen begriffene Sammelband zur Emblemforschung der ›Wege der Forschung‹ (Wissenschaftliche Buchgesellschaft Darmstadt), den Sibylle Penkert herausgibt. Bereits im *Brecht-Jahrbuch 1977* erschien, polemisch zugespitzt, mein Beitrag *Gehupft wie gesprungen. Eine kurze, doch notwendige Erwiderung,* der ebenfalls zu Wagenknechts Thesen Stellung nimmt.

Soweit erforderlich, sind sämtliche hier abgedruckten Texte ergänzt bzw. überarbeitet. Den Verlagen und Herausgebern, die freundlicherweise die Wiederveröffentlichung gestattet haben, sei auch an dieser Stelle gedankt.

R. G.

edition suhrkamp

921 Silvia Bovenschen, Die imaginierte Weiblichkeit

922 Anderson, Von der Antike zum Feudalismus

923 Sozialdemokratische Arbeiterbewegung, Band 1, Herausgegeben von Wolfgang Luthardt

925 Friedensanalysen 6

927 Ausgewählte Gedichte Brechts, Herausgegeben von Walter Hinck

928 Betty Nance Weber, Brechts ›Kreidekreis‹

929 Auf Anregung Bertolt Brechts: Lehrstücke. Herausgegeben von Reiner Steinweg

930 Walter Benjamin, Briefe 1 und 2. Herausgegeben von Gershom Scholem und Theodor W. Adorno

933 Ute Gerhard, Verhältnisse und Verhinderungen

934 Sozialdemokratische Arbeiterbewegung, Band 2, Herausgegeben von Wolfgang Luthardt

935 Literatur ist Utopie. Herausgegeben von Gert Ueding

936 Berger/Heßler/Kavemann, Brot für heute, Hunger für morgen

938 Habermas, Bovenschen u. a., Gespräche mit Marcuse

939 Thomas Brasch, Rotter Und weiter

940 Simone Weil, Fabriktagebuch

941 Ute Volmerg, Identität und Arbeitserfahrung

942 Klaus Eßer, Lateinamerika

943 Gewerkschaften und Strafvollzug, Hrsg. v. Lüderssen u. a.

944 Alexander von Brünneck, Politische Justiz

945 Jacques Derrida, Die Stimme und das Phänomen

949 Julia Kristeva, Die Revolution der poetischen Sprache

954 Elias/Lepenies, Zwei Reden. Theodor W. Adorno-Preis 1977

955 Friedensanalysen 7

956 Brecht-Jahrbuch 1978. Hrsg. Fuegi/Grimm/Hermand

957 Gesellschaft, Beiträge zur Marxschen Theorie 11

958 Friedensanalysen 8

959 Martin Walser, Wer ist ein Schriftsteller?

960 Albert Soboul, Französische Revolution und Volksbewegung

963 Starnberger Studien 2

968 Frauen, die pfeifen. Herausgegeben von R. Geiger, H. Holinka, C. Rosenkranz, S. Weigel

969 Ernst Bloch, Die Lehren von der Materie

971 Siegfried Kracauer, Jacques Offenbach

974 Jiří Kosta, Abriß der sozialökonmischen Entwicklung der Tschechoslowakei 1945-1977

979 Bertolt Brecht, Tagebücher 1920-1922

985 Agnes Schoch, Vorarbeiten zu einer pädagogischen Kommunikationstheorie

Alphabetisches Verzeichnis der edition suhrkamp

Abendroth, Sozialgesch. d. europ. Arbeiterbewegung 106
Abendroth, Ein Leben 820
Achternbusch, L'Etat c'est moi 551
Adam, Südafrika 343
Adorno, Drei Studien zu Hegel 38
Adorno, Eingriffe 10
Adorno, Kritik 469
Adorno, Jargon d. Eigentlichkeit 91
Adorno, Moments musicaux 54
Adorno, Ohne Leitbild 201
Adorno, Stichworte 347
Adorno, Zur Metakritik der Erkenntnistheorie 590
Adorno, Gesellschaftstheorie u. Kultur 772
Aggression und Anpassung 282
Alberts/Balzer/Heister/Warneken u.a., Segmente der Unterhaltungsindustrie 651
Alff, Der Begriff Faschismus 456
Alff, Materialien zum Kontinuitätsproblem 714
Althusser, Für Marx 737
Altvater/Basso/Mattick/Offe u. a., Rahmenbedingungen 824
Andersch, Die Blindheit des Kunstwerks 133
Anderson, Von der Antike 922
Antworten auf H. Marcuse 263
Architektur als Ideologie 243
Architektur u. Kapitalverwertung 638
Über H. C. Artmann 541
Arzt u. Patient in der Industriegesellschaft, hrsg. v. O. Döhner 643
Aspekte der Marxschen Theorie I 632
Aspekte der Marxschen Theorie II 633
Auf Anregung Bertolt Brechts: Lehrstücke, hrsg. von Reiner Steinweg 929
Augstein, Meinungen 214
Aus der Zeit der Verzweiflung 840
Ausgewählte Gedichte Brechts, hrsg. von W. Hinck 927
Autonomie der Kunst 592
Autorenkollektiv Textinterpretation . . ., Projektarbeit als Lernprozeß 675
Bachrach/Baratz, Macht und Armut 813
Baran/Sweezy, Monopolkapital [in Amerika] 636
Barthes, Mythen des Alltags 92
Barthes, Kritik und Wahrheit 218
Basaglia, F., Die abweichende Mehrheit 537
Basaglia, F. (Hrsg.), Die negierte Institution 655
Basaglia, F. (Hrsg.), Was ist Psychiatrie? 708

Basso, L., Gesellschaftsformation u. Staatsform 720
Baudelaire, Tableaux Parisiens 34
Becker, E. / Jungblut, Strategien der Bildungsproduktion 556
Becker, H., Bildungsforschung 483
Becker, J., Felder 61
Becker, J., Ränder 351
Becker, J., Umgebungen 722
Über Jürgen Becker 552
Beckett, Aus einem aufgegeb. Werk 145
Beckett, Fin de partie / Endspiel 96
Materialien zum ›Endspiel‹ 286
Beckett, Das letzte Band 389
Beckett, Warten auf Godot 3
Beckett, Glückliche Tage 849
Beiträge zur marxist. Erkenntnistheorie 349
Benjamin, Drei Hörmodelle 468
Benjamin, Das Kunstwerk 28
Benjamin, Über Kinder 391
Benjamin, Kritik der Gewalt 103
Benjamin, Städtebilder 17
Benjamin, Versuche über Brecht 172
Benjamin, Briefe 1 und 2, hrsg. v. Scholem/Adorno 930
Bergk/Ewald/Fichte u.a., Aufklärung und Gedankenfreiheit 890
Berger, Untersuchungsmethode u. soziale Wirklichkeit 712
Berger/Heßler/Kavemann, Brot für heute 936
Bergman, Wilde Erdbeeren 79
Bergmann, Beiträge zur Soziologie d. Gewerkschaften 905
Bernhard, Amras 142
Bernhard, Fest für Boris 440
Bernhard, Prosa 213
Bernhard, Ungenach 279
Bernhard, Watten 353
Über Thomas Bernhard 401
Bernstein, Beiträge zu einer Theorie 850
Bertaux, Hölderlin u. d. Französ. Revol. 344
Berufsbildungsreform, hrsg. v. C. Offe 761
Blatter, Genormte Tage 858
Blanke u. a., Bürgerlicher Staat 861
Bloch, Avicenna 22
Bloch, Ästhetik des Vor-Scheins I 726
Bloch, Ästhetik des Vor-Scheins II 732
Bloch, Das antizipierende Bewußtsein 585
Bloch, Die Lehren von der Materie 969
Bloch, Christian Thomasius 193
Bloch, Durch die Wüste 74
Bloch, Über Hegel 413

Bloch, Pädagogica 455
Bloch, Tübinger Einleitung in die Philosophie I 11
Bloch, Tübinger Einleitung in die Philosophie II 58
Bloch, Über Karl Marx 291
Bloch, Vom Hasard zur Katastrophe 534
Bloch, Widerstand und Friede 257
Bloch/Braudel/Ł. Febvre u. a., Schrift und Materie der Geschichte 814
Block, Ausgewählte Aufsätze 71
Blumenberg, Kopernikan. Wende 138
Böhme, Soz.- u. Wirtschaftsgesch. 253
Bock, Geschichte des ›linken Radikalismus‹ in Deutschland 645
Boer, Lodewijk de, The Family 760
Böckelmann, Theorie der Massenkommunikation 658
du Bois-Reymond, B. Söll, Neuköllner Schulbuch, 2 Bände 681
du Bois-Reymond, M., Strategien kompensator. Erziehung 507
du Bois-Reymond, Verkehrsformen 830
Bond, Gerettet / Hochzeit d. Papstes 461
Bond, Bündel 500
Borneman, Psychoanalyse des Geldes 902
Bosse, Verwaltete Unterentwicklung 752
Bowles/Gintis, Pädagogik 917
Brackert, Bauernkrieg 782
Brandt u. a., Zur Frauenfrage im Kapitalismus 581
Brandys, Granada 167
Brasch, Rotter 939
Braun, Gedichte 397
Braun, Es genügt nicht die einfache Wahrheit 799
Brecht, Antigone / Materialien 134
Brecht, Arturo Ui 144
Brecht, Ausgewählte Gedichte 86
Brecht, Baal 170
Brecht, Baal der asoziale 248
Brecht, Brotladen 339
Brecht, Das Verhör des Lukullus 740
Brecht, Der gute Mensch v. Sezuan 73
Materialien zu ›Der gute Mensch . . .‹ 247
Brecht, Der Tui-Roman 603
Brecht, Die Dreigroschenoper 229
Brecht, Die Geschäfte des Julius Cäsar 332
Brecht, Die heilige Johanna der Schlachthöfe 113
Brecht, Die heilige Johanna / Fragmente und Varianten 427
Brecht, Die Maßnahme 415
Brecht, Die Tage der Commune 169
Brecht, Furcht u. Elend d. 3. Reiches 392
Brecht, Gedichte u. Lieder aus Stücken 9
Brecht, Herr Puntila 105

Brecht, Im Dickicht der Städte 246
Brecht, Jasager – Neinsager 171
Brecht, Kaukasischer Kreidekreis 31
Materialien zum ›Kreidekreis‹ 155
Brecht, Kuhle Wampe 362
Brecht, Leben des Galilei 1
Materialien zu ›Leben des Galilei‹ 44
Brecht, Leben Eduards II. 245
Brecht, Stadt Mahagonny 21
Brecht, Mann ist Mann 259
Brecht, Mutter Courage 49
Materialien zu ›Mutter Courage‹ 50
Materialien zu ›Die Mutter‹ 305
Brecht, Die Mutter (Regiebuch) 517
Brecht, Über Realismus 485
Brecht, Über d. Beruf d. Schauspielers 384
Brecht, Schweyk im zweiten Weltkrieg 132
Materialien zu ›Schweyk im zweit. Weltkrieg‹ 604
Brecht, Die Gesichte der Simone Machard 369
Brecht, Über Politik und Kunst 442
Brecht, Über experiment. Theater 377
Brecht, Trommeln in der Nacht 490
Brecht, Tagebücher 1920-1922 979
Brecht, Über Lyrik 70
Brecht, Gedichte in 4 Bänden 835-38
Brecht-Jahrbuch 1974 758
Brecht-Jahrbuch 1975 797
Brecht-Jahrbuch 1976 853
Brecht-Jahrbuch 1977 906
Brecht-Jahrbuch 1978 956
Brecht, Drei Lehrstücke 817
Brecht im Gespräch, hrsg. von Werner Hecht 771
Brechts Modell der Lehrstücke, hrsg. von Rainer Steinweg 929
Brede u. a., Determinanten d. Wohnungsversorgung 745
Brede u. a., Politische Ökonomie d. Bodens 868
Bredekamp, Kunst als Medium sozialer Konflikte 763
Materialien zu H. Brochs ›Die Schlafwandler‹ 571
Brooks, Paradoxie im Gedicht 124
Brus, Funktionsprobleme d. sozialist. Wirtschaft 472
Brus, W., Sozialistisches Eigentum 801
Brünneck, Politische Justiz 944
Bubner, Dialektik u. Wissenschaft 597
Bürger, Die französ. Frühaufklärung 525
Bürger, Theorie der Avantgarde 727
Bürger, Aktualität und Geschichtlichkeit 879
Bulthaup, Zur gesellschaftl. Funktion der Naturwissenschaften 670
Burke, Dichtung als symbol. Handlung 153

Burke, Rhetorik in Hitlers ›Mein Kampf‹ 231

Busch, Die multinationalen Konzerne 741

Cardoso/Faletto, Abhängigkeit 841

Caspar D. Friedrich u. d. dt. Nachwelt, hrsg. v. W. Hofmann 777

Celan, Ausgewählte Gedichte 262

Über Paul Celan 495

Chasseguet-Smirgel (Hrsg), Psychoanalyse der weiblichen Sexualität 697

Chomsky, Aus Staatsraison 736

Claas, Die politische Ästhetik 832

Clemenz, Gesellschaftl. Ursprünge des Faschismus 550

Cohen/Taylor, Ausbruchsversuche 898

Cogoy, Wertstruktur und Preisstruktur 810

Cooper, Psychiatrie u. Anti-Psychiatrie 497

Córdova/Michelena, Lateinamerika 311

Creeley, Gedichte 227

Dallemagne, Die Grenzen der Wirtschaftspolitik 730

Damus, Entscheidungsstrukturen in der DDR-Wirtschaft 649

Deleuze/Guattari, Kafka 807

Determinanten der westdeutschen Restauration 1945-1949 575

Deutsche und Juden 196

Die Hexen der Neuzeit, hrsg. von Claudia Honegger 743

Dobb, Organis. Kapitalismus 166

Dobb, Wert- und Verteilungstheorien 765

Döbert, R./Nunner-Winkler, G,. Adoleszenzkrise und Identitätsbildung 794

Dorst, Eiszeit 610

Dorst, Toller 294

Über Tankred Dorst (Werkbuch) 713

Drechsel u. a., Massenzeichenware 501

Doras, Ganze Tage in den Bäumen 80

Duras, Hiroshima mon amour 26

Eckensberger, Sozialisationsbedingungen d. öffentl. Erziehung 466

Eco, Zeichen 895

Eich, Abgelegene Gehöfte 288

Eich, Botschaften des Regens 48

Eich, Mädchen aus Viterbo 60

Eich, Setúbal / Lazertis 5

Eich, Marionettenspiele / Unter Wasser 89

Über Günter Eich 402

Eichenbaum, Theorie u. Gesch. d. Literatur 119

Eisner, Politik des libatären Sozialismus 422

Eisner, Sozialismus als Aktion 773

Elias/Lepenies, Zwei Reden 954

Eliot, Die Cocktail Party 98

Eliot, Der Familientag 152

Eliot, Mord im Dom 8

Eliot, Was ist ein Klassiker? 33

Entstalinisierung in der Sowjetunion 609

Enzensberger, Blindenschrift 217

Enzensberger, Deutschland 203

Enzensberger, Einzelheiten I 63

Enzensberger, Einzelheiten II 87

Enzensberger, Landessprache 304

Enzensberger, Das Verhör von Habana 553

Enzensberger, Palaver 696

Enzensberger, Der Weg ins Freie 759

Über H. M. Enzensberger 403

Erkenntnistheorie, marxist. Beiträge 349

Eschenburg, Über Autorität 129

Euchner, Egoismus und Gemeinwohl 614

Expressionismusdebatte, hrsg. von H. J. Schmitt 646

Fassbinder, Antiteater 443

Fassbinder, Antiteater 2 560

Fassbinder, Stücke 3 803

Fichant/Pêcheux, Überlegungen zur Wissenschaftsgeschichte 866

Fischer-Seidel, James Joyces »Ulysses« 826

Fleischer, Marxismus und Geschichte 323

Materialien zu M. F. Fleißer 594

Foucault, Psychologie u. Geisteskrankheit 272

Frauenarbeit – Frauenbefreiung, hrsg. v. A. Schwarzer 637

Frauenfrage im Kapitalismus, Brandt/Kootz/Steppke 581

Frauen im Gefängnis, hrsg. von Dürkop/Hardtmann 916

Frauen, die pfeifen, hrsg. von Geiger/Holinka u. a. 968

Frerichs/Kraiker, Konstitutionsbedingungen 685

Friedensanalysen 1 784

Friedensanalysen 2 834

Friedensanalysen 3 847

Friedensanalysen 4 871

Friedensanalysen 5 891

Friedensanalysen 6 925

Friedensanalysen 7 955

Friedensanalysen 8 958

Frisch, Ausgewählte Prosa 36

Frisch, Biedermann u. d. Brandstifter 41

Frisch, Die chinesische Mauer 65

Frisch, Don Juan oder Die Liebe zur Geometrie 4

Frisch, Graf Öderland 32

Frisch, Frühe Stücke. Santa Cruz / Nun singen sie wieder 154

Frisch, Zürich – Transit 161

Frisch, Öffentlichkeit 209

Frisch/Hentig, Zwei Reden 874

Über Max Frisch 404

Über Max Frisch II 852

Materialien zu Max Frischs »Andorra« 653

Fritzsche, Politische Romantik 778

Fromm, Sozialpsychologie 425
Fučík, Reportage unter dem Strang geschrieben 854
Fuegi/Grimm/Hermand (Hrsg.), Brecht-Jahrbuch 1974 758
Gastarbeiter 539
Gefesselte Jugend / Fürsorgeerziehung 514
Geiss, Geschichte u. Geschichtswissenschaft 569
Germanistik 204
Gerhard, Ute, Verhältnisse und Verhinderungen 933
Gesellschaft, Beiträge zur Marxschen Theorie I 695
Gesellschaft II 731
Gesellschaft III 739
Gesellschaft IV 764
Gesellschaft V 787
Gesellschaft VI 806
Gesellschaft VII 827
Gesellschaft VIII/IX 863
Gesellschaft X 886
Gesellschaft XI 957
Gesellschaftsstrukturen, hrsg. v. O. Negt u. K. Meschkat 589
Gespräche mit Ernst Bloch, Hrsg. von Rainer Traub und Harald Wieser 798
Gewerkschaften und Strafvollzug, Hrsg. v. Lüderssen u. a. 943
Goeschel/Heyer/Schmidbauer, Soziologie der Polizei I 380
Goffman, Asyle 678
Goldscheid/Schumpeter, Finanzkrise 698
Gombrich/Hochberg/Black, Kunst, Wahrnehmung, Wirklichkeit 860
Grass, Hochwasser 40
Gröll, Erziehung 802
Groth, Die Krise der Staatsfinanzen 918
Guattari, Psychotherapie 768
Guérin, Anarchismus 240
Haavikko, Jahre 115
Habermas, Logik d. Sozialwissenschft. 481
Habermas, Protestbewegung u. Hochschulreform 354
Habermas, Technik u. Wissenschaft als Ideologie 287
Habermas, Legitimationsprobleme im Spätkapitalismus 623
Habermas, Bovenschen u. a., Gespräche mit Marcuse 938
Hacks, Das Poetische 544
Hacks, Stücke nach Stücken 122
Hacks, Zwei Bearbeitungen 47
Handke, Die Innenwelt 307
Handke, Kaspar 322
Handke, Publikumsbeschimpfung 177
Handke, Wind und Meer 431

Handke, Ritt über den Bodensee 509
Über Peter Handke 518
Hannover, Rosa Luxemburg 233
Hartig/Kurz, Sprache als soz. Kontrolle 543
Haug, Kritik d. Warenästhetik 513
Haug, Bestimmte Negation 607
Haug, Warenästhetik. Beiträge zur Diskussion 657
Hecht, Sieben Studien über Brecht 570
Hegel im Kontext 510
Hegels Philosophie 441
Heinemann, Präsidiale Reden 790
Heinsohn/Knieper, Theorie d. Familienrechts 747
Heller, A., Das Alltagsleben 805
Heinsohn/Knieper, Spielpädagogik 809
Heller, E., Nietzsche 67
Heller, E., Studien zur modernen Literatur 42
Hennicke (Hrsg.), Probleme d. Sozialismus i. d. Übergangsgesellschaften 640
Hennig, Thesen z. dt. Sozial- u. Wirtschaftsgeschichte 662
Hennig, Bürgerliche Gesellschaft 875
Henrich, Hegel im Kontext 510
Herbert, Ein Barbar 2 365
Herbert, Gedichte 88
Hermand, J., Von deutscher Republik 793
Herzen, Die gescheiterte Revolution 842
Hesse, Geheimnisse 52
Hesse, Tractat vom Steppenwolf 84
Hildesheimer, Das Opfer Helena / Monolog 118
Hildesheimer, Interpretationen zu Joyce u. Büchner 297
Hildesheimer, Mozart / Beckett 190
Hildesheimer, Nachtstück 23
Hildesheimer, Herrn Walsers Raben 77
Über Wolfgang Hildesheimer 488
Hirsch, Wiss.-techn. Fortschritt i. d. BRD 437
Hirsch/Leibfried, Wissenschafts- u. Bildungspolitik 480
Hirsch, Staatsapparat u. Reprod. des Kapitals 704
Hobsbawm, Industrie und Empire I 315
Hobsbawm, Industrie und Empire II 316
Hobsbawm, Auf dem Weg zum ›historischen‹ Kompromiß 851
Hochmann, Thesen zu einer Gemeindepsychiatrie 618
Hoffmann-Axthelm, Theorie der künstler. Arbeit 682
Hoffmann (Hrsg.), Perspektiven kommunaler Kulturpolitik 718
Hofmann, Universität, Ideologie u. Gesellschaft 261
Hondrich, Theorie der Herrschaft 599

Horn, Dressur oder Erziehung 199

Horn u. a., Gewaltverhältnisse u. d. Ohnmacht d. Kritik 775

Horn (Hrsg.), Gruppendynamik u. ›subjekt. Faktor‹ 538

Hortleder, Gesellschaftsbild d. Ingenieurs 394

Hortleder, Ingenieure in der Industriegesellschaft 663

Horvat, B., Die jugoslaw. Gesellschaft 561

(Horváth) Materialien zu Ödön v. H. 436

Materialien zu H., ›Geschichten aus dem Wienerwald‹ 533

Materialien zu H., ›Glaube Liebe Hoffnung‹ 671

Materialien zu H., ›Kasimir und Karoline‹ 611

Über Ödön v. Horváth 584

Hrabal, Tanzstunden 126

Hrabal, Zuglauf überwacht 256

(Huchel) Über Peter Huchel 647

Huffschmid, Politik des Kapitals 313

Imperialismus und strukturelle Gewalt, hrsg. von D. Senghaas 563

Information über Psychoanalyse 648

Internat. Beziehungen, Probleme der 593

Jacoby, Soziale Amnesie 859

Jaeggi, Literatur und Politik 522

Jahoda u. a., Die Arbeitslosen v. Marienthal 769

Jakobson, Kindersprache 330

Jauß, Literaturgeschichte 418

Johnson, Das dritte Buch über Achim 100

Johnson, Karsch 59

Über Uwe Johnson 405

(Joyce, J.) Materialien zu J., ›Dubliner‹ 357

Joyce, St., Dubliner Tagebuch 216

Jugendkriminalität 325

Kalivoda, Marxismus 373

Kapitalismus, Peripherer, hrsg. von D. Senghaas 652

Kasack, Das unbekannte Ziel 35

Kaschnitz, Beschreibung eines Dorfes 188

Kern/Schumann, Industriearbeit 907

Kino, Theorie des 557

Kipphardt, Hund des Generals 14

Kipphardt, Joel Brand 139

Kipphardt, In Sachen Oppenheimer 64

Kipphardt, Die Soldaten 273

Kipphardt, Stücke I 659

Kipphardt, Stücke II 677

Kirche und Klassenbindung, hrsg. v. Y. Spiegel 709

Kirchheimer, Politik und Verfassung 95

Kirchheimer, Funktionen des Staates u. d. Verfassung 548

Kirchheimer, Von der Weimarer Demokratie 821

Klöckner, Anna 791

Kluge/Negt, Öffentlichkeit und Erfahrung 639

Kluge, Lernprozesse mit tödlichem Ausgang 665

Kluge, Gelegenheitsarbeit einer Sklavin 733

Kluge, Neue Geschichten 819

Knieper, Weltmarkt 828

Über Wolfgang Koeppen 864

Kommune i. d. Staatsorganisation 680

Kosta, Abriß d. sozialökonomischen Entwicklung der Tschechoslowakei 974

Kracauer, Jacques Offenbach 971

Kraiker/Frerichs, Konstitutionsbedingungen 685

Kristeva/Eco/Bachtin u. a., Textsemiotik 796

Kristeva, Die Revolution d. poetischen Sprache 949

Kritische Friedenserziehung 661

Kritische Friedensforschung 478

Kroetz, Drei Stücke 473

Kroetz, Oberösterreich u. a. 707

Kroetz, Vier Stücke 586

Krolow, Ausgewählte Gedichte 24

Krolow, Landschaft für mich 146

Krolow, Schattengefecht 78

Über Karl Krolow 527

Kris, Die ästhetische Illusion 867

Kropotkin, Ideale und Wirklichkeit 762

Kühn, Ausflüge im Fesselballon 656

Kühn, Goldberg-Variationen 795

Kühn, Grenzen des Widerstands 531

Kühn, Unternehmen Rammbock 683

Kühnl/Rilling/Sager, Die NPD 318

Kulturpolitik, Kommunale 718

Kunst, Autonomie der 592

Laermann, u.a., Reise und Utopie 766

Laing, Phänomenologie der Erfahrung 314

Laing/Cooper, Vernunft und Gewalt 574

Laing/Phillipson/Lee, Interpers. Wahrnehmung 499

Landauer, Erkenntnis und Befreiung 818

Leithäuser/Volmerg/Wutka, Entwurf zu einer Empirie 878

Lefebvre, H., Marxismus heute 99

Lefebvre, H., Dialekt. Materialismus 160

Lefebvre, H., Metaphilosophie 734

Lefebvre, Einführung in die Modernität 831

Lehrlingsprotokolle 511

Lehrstück Lukács, hrsg. v. I. Matzur 554

Leithäuser/Heinz, Produktion, Arbeit, Sozialisation 873

Lempert, Berufliche Bildung 699

Lenhardt, Berufliche Weiterbildung 744

Lévi-Strauss, Ende d. Totemismus 128

Liberman, Methoden d. Wirtschaftslenkung im Sozialismus 688

Linhartová, Geschichten 141

Literaturunterricht, Reform 672
Lippe, Bürgerliche Subjektivität 749
Literatur und Literaturtheorie, hrsg. von Hohendahl u. P. Herminghouse 779
Loch/Kernberg u. a., Psychoanalyse im Wandel 881
Lorenz, Sozialgeschichte der Sowjetunion 1 654
Lorenz (Hrsg.), Umwälzung einer Gesellschaft 870
Lorenzer, Kritik d. psychoanalyt. Symbolbegriffs 393
Lorenzer, Gegenstand der Psychoanalyse 572
Lotman, Struktur d. künstler. Textes 582
Lukács, Heller, Márkus u. a., Individuum und Praxis 545
Luthardt (Hrsg.), Sozialdemokratische Arbeiterbewegung Band 1 923/Bd. 2 934
Lyon, Bertolt Brecht und Rudyard Kipling 804
Majakowskij, Wie macht man Verse? 62
Malkowski, Was für ein Morgen 792
Mandel, Marxist. Wirtschaftstheorie, 2 Bände 595/96
Mandel, Der Spätkapitalismus 521
Marcuse, Versuch über die Befreiung 329
Marcuse, H., Konterrevolution u. Revolte 591
Marcuse, Kultur u. Gesellschaft I 101
Marcuse, Kultur u. Gesellschaft II 135
Marcuse, Theorie der Gesellschaft 300
Marcuse, Zeit-Messungen 770
Marx, Die Ethnologischen Exzerpthefte 800
Marxist. Rechtstheorie, Probleme der 729
Marxsche Theorie, Aspekte, I 632
Marxsche Theorie, Aspekte, II 633
Massing, Polit. Soziologie 724
Mattick, Spontaneität und Organisation 735
Mattick, Beiträge zur Kritik des Geldes 723
Matzner, J. (Hrsg.), Lehrstück Lukács 554
Mayer, H., Anmerkungen zu Brecht 143
Mayer, H., Anmerkungen zu Wagner 189
Mayer, H., Das Geschehen u. d. Schweigen 342
Mayer, H., Repräsentant u. Märtyrer 463
Mayer, H., Über Peter Huchel 647
Über Hans Mayer 887
Meier, Begriff ›Demokratie‹ 387
Meschkat/Negt, Gesellschaftsstrukturen 589
Michel, Sprachlose Intelligenz 270
Michels, Polit. Widerstand in den USA 719
Mitbestimmung, Kritik der 358
Mitscherlich, Krankheit als Konflikt I 164
Mitscherlich, Krankheit als Konflikt II 237
Mitscherlich, Unwirtlichkeit unserer Städte 123

Mitscherlich, Freiheit und Unfreiheit i. d. Krankheit 505
Mittelstraß, J. (Hrsg.) Methodologische Probleme 742
Monopol und Staat, hrsg. v. R. Ebbinghausen 674
Moral und Gesellschaft 290
Moser, Repress. Krim.psychiatrie 419
Moser/Künzel, Gespräche mit Eingeschlossenen 375
Moser, Verstehen, Urteilen, Verurteilen 880
Most, Kapital und Arbeit 587
Müller, Die Verdrängung des Ornaments 829
Münchner Räterepublik 178
Mukařovský, Ästhetik 428
Mukařovský, Poetik 230
Napoleoni, Ökonom. Theorien 244
Napoleoni, Ricardo und Marx, hrsg. von Cristina Pennavaja 702
Negt/Kluge, Öffentlichkeit u. Erfahrung 639
Negt/Meschkat, Gesellschaftsstrukturen 589
Negt, Keine Demokratie 812
Neues Hörspiel O-Ton, hrsg. von K. Schöning 705
Neumann-Schönwetter, Psychosexuelle Entwicklung 627
Neumann, Wirtschaft, Staat, Demokratie 892
Nossack, Das Mal u. a. Erzählungen 97
Nossack, Das Testament 117
Nossack, Der Neugierige 45
Nossack, Der Untergang 19
Nossack, Pseudoautobiograph. Glossen 445
Über Hans Erich Nossack 406
Nyssen (Hrsg.), Polytechnik in der BRD? 573
Obaldia, Wind in den Zweigen 159
v. Oertzen, Die soz. Funktion des staatsrechtl. Positivismus 660
Oevermann, Sprache und soz. Herkunft 519
Offe, Strukturprobleme d. kapitalist. Staates 549
Offe, Berufsbildungsreform 761
Olson, Gedichte 112
Ostaijen, Grotesken 202
Parker, Meine Sprache bin ich 728
Peripherer Kapitalismus, hrsg. von D. Senghaas 652
Perspektiven der kommunalen Kulturpolitik, hrsg. v. H. Hoffmann 718
Piscator, Theater der Auseinandersetzung 883
Piton, Anders leben 767
Piven/Cloward, Regulierung der Armut 872
Politik der Subjektivität, hrsg. von Michaela Wunderle
Politzer, Kritik der Grundlagen 893
Poulantzas, Die Krise 888
Pozzoli, Rosa Luxemburg 710
Preuß, Legalität und Pluralismus 626

Price, Ein langes glückl. Leben 120
Probleme d. intern. Beziehungen 593
Probleme d. marxist. Rechtstheorie 729
Probleme d. Sozialismus u. der Übergangsge-
sellschaften 640
Probleme einer materialist. Staatstheorie, hrsg.
v. J. Hirsch 617
Projektarbeit als Lernprozeß 675
Prokop D., Massenkultur u. Spontaneität 679
Prokop U., Weiblicher Lebenszusammenhang
808
Pross, Bildungschancen v. Mädchen 319
Prüß, Kernforschungspolitik i. d. BRD 715
Przybós, Werkzeug aus Licht 908
Psychiatrie, Was ist . . . 708
Psychoanalyse als Sozialwissensch. 454
Psychoanalyse, Information über 648
Psychoanalyse d. weibl. Sexualität 697
Queneau, Mein Freund Pierrot 76
Rajewsky, Arbeitskampfrecht 361
Rammstedt, Soziale Bewegung 844
Reform d. Literaturunterrichts, hrsg. v. H.
Brackert / W. Raitz 672
Reichert/Senn, Materialien zu Joyce ›Ein Por-
trät d. Künstlers‹ 776
Restauration, Determinanten d. westdt. R.
575
Ritsert (Hrsg.), Zur Wissenschaftslogik 754
Ritter, Hegel u. d. Franzós. Revolution 114
Ritter-Röhr, D. (Hrsg.) Der Arzt, sein Patient
und die Gesellschaft 746
Rocker, Aus d. Memoiren eines dt. Anarchi-
sten 711
Róheim, Psychoanalyse und Anthropologie
839
Rolshausen, Wissenschaft 703
Rossanda, Über Dialektik v. Kontinuität u.
Bruch 687
Rossanda/Magri, Der lange Marsch 823
Rottleuthner (Hrsg.), Probleme d. marxist.
Rechtstheorie 729
Runge, Bottroper Protokolle 271
Runge, Frauen 359
Runge, Reise nach Rostock 479
Rüpke, Schwangerschaftsabbruch 815
Russell, Probleme d. Philosophie 207
Russell, Wege zur Freiheit 447
Sachs, Das Leiden Israels 51
Sandkühler, Praxis u. Geschichtsbewußtsein
529
Sarraute, Schweigen / Lüge 299
Schäfer/Edelstein/Becker, Probleme d. Schule
(Beispiel Odenwaldschule) 496
Schäfer/Nedelmann, CDU-Staat 370
Schedler, Kindertheater 520
Scheugl/Schmidt jr., Eine Subgeschichte d.
Films, 2 Bände 471

Schklowskij, Schriften zum Film 174
Schklowskij, Zoo 130
Schlaffer, Der Bürger als Held 624
Schlaffer, Studien zum ästhetischen Historis-
mus 756
Schmidt, Ordnungsfaktor 487
Schmitt, Der Streit mit Georg Lukács 579
Schmitt, Expressionismus-Debatte 646
Schneider/Kuda, Arbeiterräte 296
Schnurre, Kassiber / Neue Gedichte 94
Scholem, Judentum 414
Schoch, Vorarbeiten 985
Schram, Die perman. Revolution i. China 151
Schütze, Rekonstrukt. d. Freiheit 298
Schule und Staat im 18. u. 19. Jh., hrsg. v. K.
Hartmann, F. Nyssen, H. Waldeyer 694
Schwarzer (Hrsg.), Frauenarbeit – Frauenbe-
freiung 637
Sechehaye, Tagebuch einer Schizophrenen
613
Segmente der Unterhaltungsindustrie 651
Senghaas, Rüstung und Materialismus 498
Senghaas, Weltwirtschaftsordnung 856
Setzer, Wahlsystem in england 664
Shaw, Caesar und Cleopatra 102
Shaw, Der Katechismus d. Umstürzlers 75
Siegert, Strukturbedingungen 882
Soboul, Französische Revolution 960
Söll/du Bois-Reymond, Neuköllner Schul-
buch, 2 Bände 681
Sohn-Rethel, Geistige u. körperl. Arbeit 555
Sohn-Rethel, Ökonomie u. Klassenstruktur d.
dt. Faschismus 630
Sohn-Rethel, Warenform und Denkform 904
Sozialistische Realismuskonzeptionen 701
Spazier/Bopp, Grenzübergänge. Psychothera-
pie 738
Spiegel (Hrsg.), Kirche u. Klassenbindung
709
Sraffa, Warenproduktion 780
Starnberger Studien 1 877
Starnberger Studien 2 963
Sternberger, Bürger 224
Straschek, Handbuch wider das Kino 446
Streik, Theorie und Praxis 385
Strindberg, Ein Traumspiel 25
Struck, Klassenliebe 629
Sweezy, Theorie d. kapitalist. Entwicklung
433
Sweezy/Huberman, Sozialismus in Kuba 426
Szondi, Über eine freie Universität 620
Szondi, Hölderlin-Studien 379
Szondi, Theorie d. mod. Dramas 27
Tagträume vom aufrechten Gang, hrsg. von
Arno Münster 920
Tardieu, Imaginäres Museum 131
Technologie und Kapital 598

Teige, Liquidierung der ›Kunst‹ 278

Tibi, Militär u. Sozialismus i. d. Dritten Welt 631

Tiedemann, Studien z. Philosophie Walter Benjamins 644

›Theorie der Avantgarde‹ hrsg. v. W. Martin Lüdke 825

Tohidipur (Hrsg.), Verfassung 822

Tohidipur (Hrsg.) Der bürgerliche Rechtsstaat 901

Toleranz, Kritik der reinen 181

Toulmin, Voraussicht u. Verstehen 292

Tumler, Nachprüfung eines Abschieds 57

Tynjanov, Literar. Kunstmittel 197

Ueding, Glanzvolles Elend. Versuch über Kitsch u. Kolportage 622

Ueding, (Hrsg.), Literatur ist Utopie 935

Uspenskij, Poetik der Komposition 673

Volmerg, Identität und Arbeitserfahrung 941

Vossler, Revolution von 1848 210

Vyskočil, Knochen 211

Walser, Abstecher / Zimmerschlacht 205

Walser, Heimatkunde 269

Walser, Der Schwarze Schwan 90

Walser, Die Gallistl'sche Krankheit 689

Walser, Eiche und Angora 16

Walser, Ein Flugzeug über d. Haus 30

Walser, Kinderspiel 400

Walser, Leseerfahrungen 109

Walser, Lügengeschichten 81

Walser, Überlebensgroß Herr Krott 55

Walser, Wie u. wovon handelt Literatur 642

Walser, Sauspiel mit Materialien, hrsg. von Werner Brändle 913

Walser, Wer ist ein Schriftsteller? 959

Über Martin Walser 407

Was ist Psychiatrie?, hrsg. v. F. Basaglia 708

Weber, Über d. Ungleichheit d. Bildungschancen in der BRD 601

Weber, Betty N., Brechts ›Kreidekreis‹ 928

Wehler, Geschichte als Histor. Sozialwissenschaft 650

Weil, Simone, Fabriktagebuch 940

Weiss, Abschied von den Eltern 85

Weiss, Stücke I 833

Weiss, Stücke II 910

Weiss, Fluchtpunkt 125

Weiss, Gesang v. Lusitanischen Popanz 700

Weiss, Gespräch d. drei Gehenden 7

Weiss, Jean Paul Marat 68

Materialien zu ›Marat/Sade‹ 232

Weiss, Rapporte 2 444

Weiss, Schatten des Körpers 53

Über Peter Weiss 408

Weiss, Alexander, Bericht aus der Klinik 889

Wellek, Konfrontationen 82

Wellershoff, Die Auflösung des Kunstbegriffs 848

Wellmer, Gesellschaftstheorie 335

Wesker, Die Freunde 420

Wesker, Die Küche 542

Wesker, Trilogie 215

Winckler, Studie z. gesellsch. Funktion faschist. Sprache 417

Winckler, Kulturwarenproduktion / Aufsätze z. Literatur- u. Sprachsoziologie 628

Wirth, Kapitalismustheorie in der DDR 562

Witte (Hrsg.), Theorie des Kinos 557

Wittgenstein, Tractatus 12

Wolf, Danke schön 331

Wolf, Fortsetzung des Berichts 378

Wolf, mein Famili 512

Wolf, Pilzer und Pelzer 234

Wolf, Auf der Suche nach Doktor Q. 811

Wolf, Die Gefährlichkeit 845

Über Ror Wolf 559

Wolff/Moore/Marcuse, Kritik d. reinen Toleranz 181

Wuthenow, Muse, Maske, Meduse 897

Zima, Kritik der Literatursoziologie 857

Zimmermann, Vom Nutzen der Literatur 885

Zoll, Der Doppelcharakter der Gewerkschaften 816